大跨度桥梁
拉索风效应与流动控制

陈文礼　高东来　李　惠　著

科学出版社

北　京

内 容 简 介

大跨度缆索承重桥梁的柔性索结构（悬索桥吊索、斜拉桥斜拉索等）因刚度小、阻尼低，易发生复杂风致振动，影响桥梁服役性能和运营安全。因此，探索柔性索结构复杂风致振动的动力特征与机理以及发展适应工程应用的有效控制方法，具有重要的科学意义和工程应用价值。本书综合采用风洞试验、计算流体力学数值模拟、理论建模、现场监测等方法，系统研究了大跨度桥梁斜拉索多模态涡激振动、大跨度桥梁斜拉索风雨激振以及悬索桥桥塔尾流区吊索风致振动，提出主动、被动流动控制方法来抑制柔性索结构的复杂风致振动。

本书可供桥梁工程、风工程等领域的科研、设计和施工人员参考，也可供高等院校土木工程、风工程、航空工程、船舶与海洋工程等相关专业的教师和研究生阅读。

图书在版编目（CIP）数据

大跨度桥梁拉索风效应与流动控制/陈文礼，高东来，李惠著. —北京：科学出版社，2023.6

ISBN 978-7-03-074697-9

Ⅰ. ①大… Ⅱ. ①陈… ②高… ③李… Ⅲ. ①桥梁结构-缆索-风致振动-研究 Ⅳ. ①U443.38

中国国家版本馆 CIP 数据核字（2023）第 018622 号

责任编辑：王 钰 / 责任校对：马英菊

责任印制：吕春珉 / 封面设计：东方人华平面设计部

科学出版社 出版

北京东黄城根北街 16 号

邮政编码：100717

http://www.sciencep.com

北京中科印刷有限公司 印刷

科学出版社发行 各地新华书店经销

*

2023 年 6 月第 一 版 开本：B5（720×1000）

2023 年 6 月第一次印刷 印张：18

字数：347 000

定价：178.00 元

（如有印装质量问题，我社负责调换〈中科〉）

销售部电话 010-62136230 编辑部电话 010-62137026

前　言

改革开放四十余年来，为适应国民经济飞速发展的战略需求，我国交通事业蓬勃发展并取得了举世瞩目的成就。2019 年 9 月，中共中央、国务院印发的《交通强国建设纲要》提出："到 2035 年，基本建成交通强国。""到本世纪中叶，全面建成人民满意、保障有力、世界前列的交通强国。"为实现交通强国的伟大构想，建设现代化高质量综合立体交通网络，构建便捷顺畅的城市（群）交通网迫在眉睫。其中，高速公路和高速铁路是构建全国交通网的重大公共基础设施。由于我国南北方、东西部自然地理条件差异巨大，高速公路和高速铁路的建设必然伴随着跨越众多江、河、湖、海峡和山谷。因此，大跨度桥梁常常成为众多重大工程建设的节点工程。

斜拉桥、悬索桥等缆索承重体系桥梁，由于跨越能力强、受力合理、桥型美观、造价经济等特点，在中长跨径的桥梁工程中占较大比重，大量斜拉桥、悬索桥已建成使用或正在建设（规划）中。随着我国桥梁设计建造技术的迅猛发展，大跨度桥梁结构正朝着跨度大、质量轻的方向不断发展，而拉索、吊索结构是大跨度桥梁关键结构构件。随着长度增加，索结构刚度与阻尼逐渐降低，非线性特征显著，对外界荷载更加敏感且更容易发生振动，严重影响桥梁结构的服役性能和运营安全。本书综合采用风洞试验、计算流体力学数值模拟、理论建模、现场监测等方法，系统研究了大跨度桥梁斜拉索多模态涡激振动、大跨度桥梁斜拉索风雨激振以及悬索桥桥塔尾流区吊索风致振动，提出主动、被动流动控制方法来抑制柔性索结构的复杂风致振动。

本书是对大跨度桥梁拉索风效应与流动控制研究成果的总结，全书共 7 章。第 1 章介绍大跨度桥梁体系，同时介绍工程已知的斜拉索风致振动形式与控制措施；第 2 章介绍全书内容所需的流体力学基础知识；第 3 章介绍自然界风的成因、风力等级、大气边界层及近地风特性，并对大跨度桥梁结构的风荷载与绕流场特征进行讲解，归纳桥梁工程中常见的风致振动特征；第 4 章综合风洞试验、计算流体力学数值模拟、现场监测方法，详细介绍了大跨度桥梁斜拉索多模态涡激振动的结构振动响应与流场特征；第 5 章介绍大跨度桥梁斜拉索风雨激振中水线动力机理、绕流场状态及拉索多模态振动特征分析，并对台风作用下国内两座大跨度斜拉桥的斜拉索多模态风雨激振特性与机理进行实测分析；第 6 章为悬索桥桥塔尾流区吊索的风致振动风洞试验、计算流体力学方法与理论分析建模研究，并对季风及台风下国内某大跨度悬索桥的桥塔吊索振动特征进行分析；第 7 章介绍柔性索结构绕流场流动控制的研究成果，着重介绍了中央开槽控制、被动吸吹气套环控制及非一致表面流动控制作用下的索结构气动力及绕流场特征。

本书由陈文礼、李惠负责确定各章内容并制定全书大纲，陈文礼和高东来共同撰写了本书的主要内容。此外，研究生黄业伟、闵祥威、郭艳娇、余海洋、宁志超、杨文瀚等参与了书中部分内容的研究工作及部分章节的资料整理和编校工作，在此一并致谢。全书由李惠和陈文礼审定。

本书是近十年来哈尔滨工业大学桥梁抗风研究团队在相关领域理论研究和工程实践方面的总结，希望能对读者有所裨益。囿于研究水平，不足之处在所难免，还望各位同行专家批评指正。

陈文礼　高东来　李　惠

2021 年 10 月

目　录

第 1 章　大跨度缆索承重桥梁拉索风致振动

1.1　引　　言

在桥梁体系中，缆索承重桥梁以跨越能力强为主要特点，尤其是在 1000m 以上跨径优势明显。缆索承重桥梁的主要构成包括桥面板（或加劲梁）、拉索体系、桥塔和锚固构件[1]。

大跨度缆索承重桥梁可分为斜拉桥和悬索桥。一般来说，悬索桥跨越能力更强；斜拉桥的设计更为灵活，可通过多种措施改善受力特点，且其横向稳定性优于悬索桥。

1.2　大跨度桥梁概述

1.2.1　斜拉桥

斜拉桥主要由主梁、桥塔、斜拉索和锚固体系组成，如图 1-1 所示。

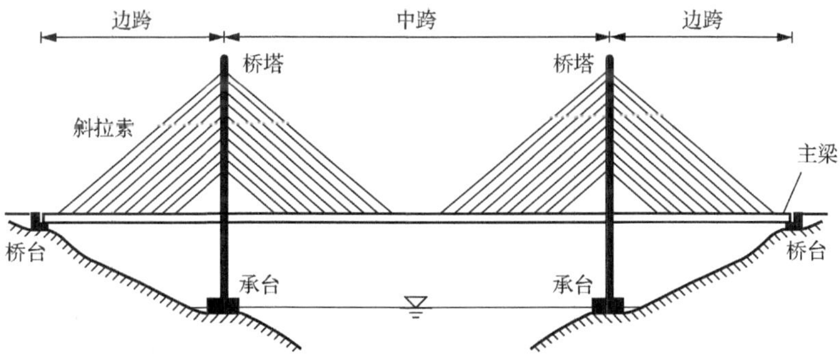

图 1-1　双塔三跨式斜拉桥

主梁为压弯构件，承担的主要荷载有局部弯矩和由拉索水平分力产生的轴力。主梁的受力形式类似于多点弹性支承连续梁，其作用是直接承受车辆荷载并传递至斜拉索、将横风荷载传递至下部结构以及抗震等[2, 3]。主梁按组成材料可分为混凝土主梁、钢主梁、钢-混凝土叠合梁、钢-混凝土混合梁和钢-混凝土组合梁。

拉索将主梁桥面系的恒载和各种活载传递至桥塔处，使桥塔承受巨大的轴力和弯矩，塔柱和柱间横梁是其主要组成构件[1, 3]。混凝土塔柱有实心式和空心式，横截面形状主要有矩形、五角形、六角形和 H 形，可通过设置倒角或圆角以改善其空气动力特性。对于受力更加复杂或有造型需求的斜拉桥，可采用钢桥塔，其横截面形式多为矩形。

拉索可将主梁自重和桥面荷载传递至桥塔处，也可在施工阶段作为主梁的锚固措施。制作拉索的材料一般为高强度钢丝或钢绞线，拉索的种类主要有平行钢丝索、平行钢绞线索和封闭式钢缆[3, 4]。拉索的锚固方式有自锚式、地锚式和部分地锚式[2]。

根据主梁支承形式的不同，可将斜拉桥的结构体系分为漂浮体系、半漂浮体系、塔梁固结体系和刚构体系。漂浮体系指塔墩固结、塔梁分离。若在其桥塔处为主梁附加竖向支承，即为半漂浮体系。桥塔与主梁固结并支承在桥墩上时，称为塔梁固结体系。若再进一步使其与桥墩固结，即为刚构体系，此时主梁的受力形式为具有多点弹性支承的连续刚构。

1.2.2 悬索桥

悬索桥主要由主缆、吊索、桥塔、鞍座、加劲梁和锚碇等组成，如图 1-2 所示。悬索桥的跨越能力比同时期斜拉桥更强，但其抗风稳定性比斜拉桥差，在设计中需重点考虑。

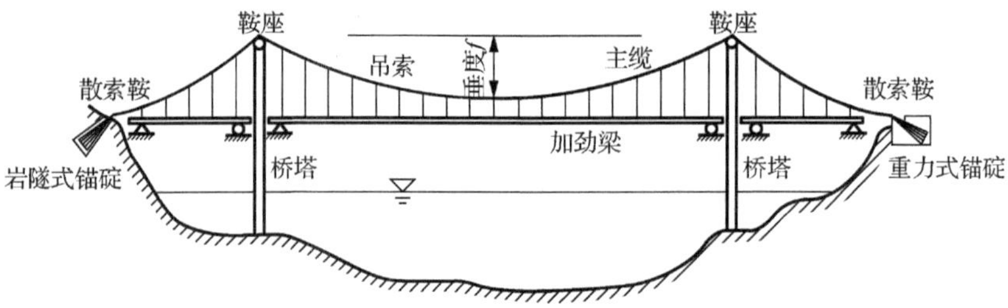

图 1-2 三跨悬索桥

主缆、桥塔和锚碇是悬索桥主要的承重构件，称为第一承重体系。悬索桥的主缆是大位移非线性的几何可变体，以承受拉力为主[5]。桥塔在恒载和活载作用下的受力分别以轴压和压弯为主。锚碇主要有重力式和岩隧式两种，前者依靠混凝土结构的自重平衡主缆的拉力，而后者是依靠岩体的嵌固作用。自锚式悬索桥作为一种特殊的桥型，其主缆直接锚固于加劲梁处，主缆的水平分力由加劲梁承担，不需要设置锚碇[2, 5, 6]。

为保证抗风稳定性，加劲梁的截面形式一般为闭口式，与斜拉桥的主梁相比，悬索桥的加劲梁主要作用为保证车辆正常行驶、传递荷载至吊索以及保证抗风性能等，内力以弯矩为主。加劲梁截面类型有桁架式、板-桁结合式和扁平钢箱式等。在桥塔区，加劲梁可连续通过，也可以设置铰，以方便施工[2, 5]。

吊索的作用是连接主缆和加劲梁，并将桥面荷载（恒载、车辆荷载和风荷载等）传递至主缆。在设计及施工时，可通过改变吊索初张力的大小，使悬索桥达到合理成桥状态，即利用良好的主缆线形和合理的加劲梁弯矩分布[5]。

鞍座布置于桥塔顶部，起到支承主缆的作用，并将主缆的竖向分力传递至桥塔，同时使主缆的线形平顺。主缆不应在鞍座处发生滑动，因此需验算其抗滑稳定性。

主缆的施工方法主要有空中编缆法和预制平行束股法。两种方法均将多根高强度钢丝组成一根钢丝束股，再由多根钢丝束股共同组成悬索桥的主缆。在主缆外侧涂抹防腐材料或内部填充干空气，可起到防腐的作用[2]。

根据悬吊跨数的不同，悬索桥可分为单跨、三跨和多跨式，最常用的是单跨和三跨悬索桥。当边跨位于浅水区或岸上，或者边跨为弯桥时，可采用单跨悬索桥。三跨悬索桥的边跨部分一般位于深水区，可满足通航需求。此外，还有一种特殊的布置形式，即一侧边跨用桥墩支承，而另一侧用吊索支承，成为不对称的两跨悬索桥[2]。

1.3　拉 索 风 振

拉索可能发生的风致振动类型有涡激振动（vortex-induced vibration，VIV）、驰振(galloping)、尾流驰振(wake-induced galloping)和风雨激振(rain-wind induced vibration，RWIV）等。拉索的风振幅度如果过大，可能会导致锚固端的疲劳破坏，甚至会造成拉索自身的破坏，影响交通安全[7]。

1.3.1　涡激振动

缆索承重桥梁中使用的拉索一般为圆形横截面，当风流经具有圆形横截面的拉索时，会形成有规律的、反对称的漩涡脱落，称为卡门涡街（von Kármán vortex street）[8]，如图 1-3 所示。

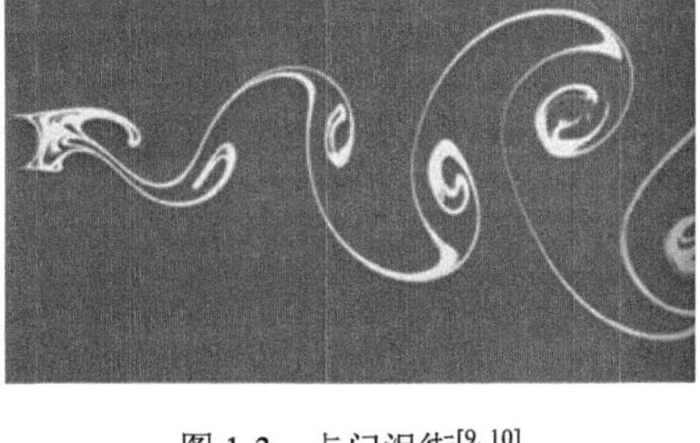

图 1-3　卡门涡街[9, 10]

在研究漩涡脱落时，衡量漩涡周期性脱落的无量纲频率参数是斯特劳哈尔（Strouhal）数，其定义为

$$Sr=\frac{f_{\mathrm{s}}D}{U_{\infty}}=\frac{D}{U_{\infty}T} \tag{1-1}$$

式中，f_{s}为漩涡脱落频率（简称涡脱频率）；D为圆柱直径；U_{∞}为自由来流风速；T为漩涡脱落周期，$T=1/f_{\mathrm{s}}$。在桥梁工程常见的雷诺数范围下，圆柱的Sr约为0.2。拉索尾部交替的漩涡脱落会对拉索产生周期性动力作用使其振动。假设拉索的某阶振动模态频率为f_{k}，当f_{s}与f_{k}接近时，拉索就会发生涡激振动[7]。由式（1-1）可以得到拉索发生涡激振动时对应的风速为

$$U_{\mathrm{cr}}=\frac{f_{\mathrm{k}}D}{Sr} \tag{1-2}$$

假设Sr为0.2，可得到U_{cr}为$5f_{\mathrm{k}}D$，即当拉索的振动频率不高时，在较低的风速下即可发生涡激振动，因此涡激振动是拉索风致振动中常见的形式。漩涡脱落频率与风速的关系如图1-4所示，从图中可以看出，当发生涡激振动时，漩涡脱落频率会在一定的风速区间内被结构的自振频率所捕获，这种现象称为频率锁定（lock-in 或 frequency synchronization）[11, 12]。锁定现象发生的原因是结构的振动对漩涡脱落产生了反作用，使漩涡脱落频率在一定风速区间内被结构的振动频率所控制[7]。

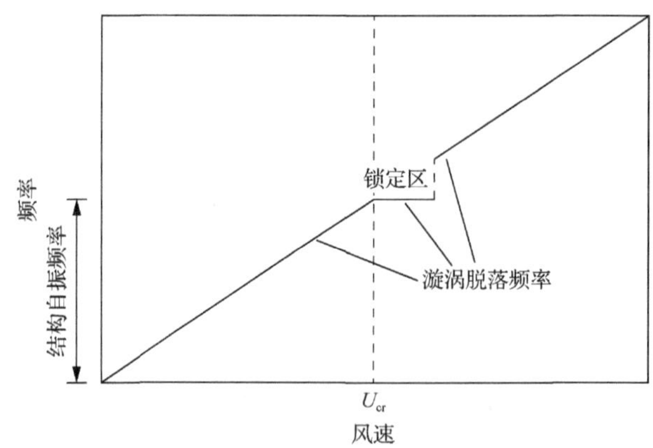

图1-4　漩涡脱落频率与风速关系[11]

通过改变拉索的质量和阻尼比可以降低涡激振动的振幅，衡量结构固有阻尼特性的无量纲参数是斯克鲁顿（Scruton）数，其定义为

$$S_{\mathrm{c}}=\frac{m_{\mathrm{e}}\xi}{\rho D^{2}} \tag{1-3}$$

式中，m_e为拉索单位长度质量；ξ为拉索阻尼比；ρ为空气密度。Yamada[13]统计了日本的一些斜拉桥的拉索长度与S_c的关系，如图 1-5 所示。Griffin 等[14]给出了S_c与拉索在锁定区发生涡激振动的最大振幅y_0/D之间的关系，如图 1-6 所示。一般来说，具有图 1-5 所示的S_c值的拉索在发生涡激振动时振幅较小。

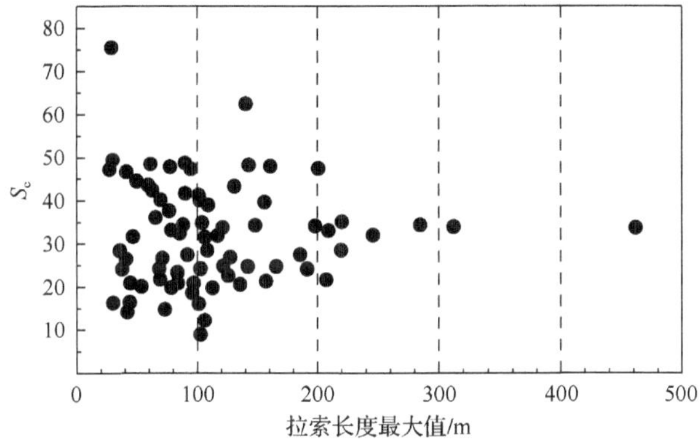

图 1-5　斜拉桥拉索长度与S_c的关系[13]

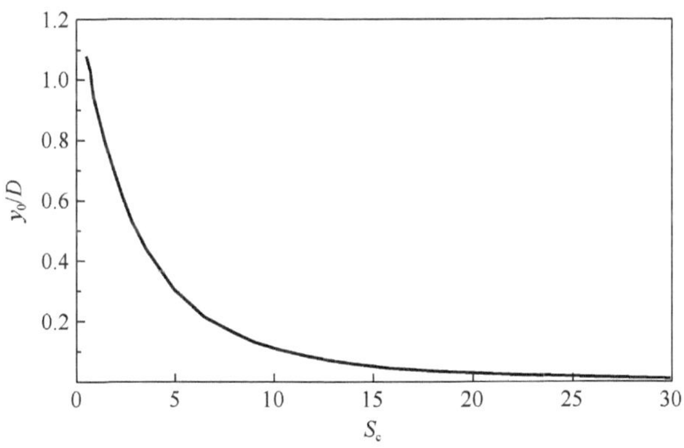

图 1-6　S_c与y_0/D的关系[14]

1.3.2　驰振与尾流驰振

细长物体的驰振属于一种发散的、以纯弯曲大幅振动为特征的气动弹性现象。气动弹性现象是指浸没在气流中的弹性体自身的变形或振动引起周边气流流动状态和气动力发生变化，进而使该弹性体的变形或振动加剧。细长的物体（如输电线）有可能发生驰振，振幅往往很大，可达其直径的十几倍[7]。驰振与涡激振动的不同点在于：涡激振动是限幅振动，振幅往往很小，而驰振是发散的，振幅很大；涡激振动的锁定区风速在一定范围内，当风速超过一定值时涡激振动不再发

生，而当风速超过驰振的临界风速时，驰振会一直发生[11]。驰振的判定依据是[15]

$$\left.\left(\frac{\mathrm{d}C_{\mathrm{L}}}{\mathrm{d}\alpha}+C_{\mathrm{D}}\right)\right|_{\alpha=0}<0 \tag{1-4}$$

式中，C_L为升力系数；α为风攻角；C_D为阻力系数。不等式左边称为驰振力系数。式（1-4）称为邓哈托准则（Den Hartog necessary condition），它是各类型截面发生驰振的必要不充分条件。式（1-4）表明，发生驰振时驰振力系数一定为负值。值得注意的是，理想圆截面由于升力系数C_L不随α变化，其驰振力系数始终为正值，即不会发生驰振；当圆柱表面有覆冰等物质使其不再是理想圆截面时，就可能发生驰振。

在进行驰振分析时，细长结构体的受力情况如图 1-7 所示，其中U_α为风速，U为其水平分量，$\dot{y}$为物体自身横风向的微振动速度[15]。可以得到竖向振动方程为

$$m(\ddot{y}+2\xi\omega\dot{y}+\omega^2 y)=-\frac{1}{2}\rho U^2 B\left(\frac{\mathrm{d}C_{\mathrm{L}}}{\mathrm{d}\alpha}+C_{\mathrm{D}}\right)\frac{\dot{y}}{U} \tag{1-5}$$

式中，m为结构体质量；ω为物体振动角频率。

净阻尼项为

$$d=2m\xi\omega+\frac{1}{2}\rho UB\left.\left(\frac{\mathrm{d}C_{\mathrm{L}}}{\mathrm{d}\alpha}+C_{\mathrm{D}}\right)\right|_{\alpha=0} \tag{1-6}$$

式（1-6）右侧第二项即为驰振力系数，显然只有当$d<0$时才可能发生驰振，此时驰振力系数为负值，这就是邓哈托准则的动力学意义[15]。

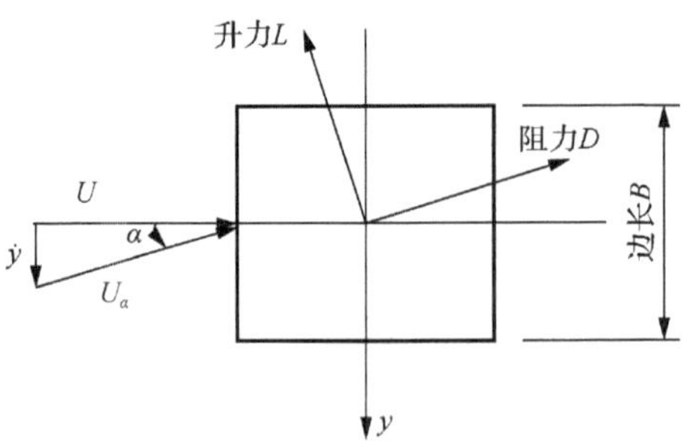

图 1-7　细长结构体驰振受力情况分析示意图

以上所述的经典驰振是单独的细长物体在风作用下发生的，当两根拉索串列时，上游的拉索会在其尾流区产生不稳定驰振区，若下游拉索位于其中则会发生大幅值的极限环振动，称为尾流驰振[7]。一般可通过增大上下游拉索间距以防止尾流驰振的发生，也可增大拉索的S_c以提高尾流驰振临界风速。

大跨度桥梁中为限制拉索的尺寸，在一个吊点处经常布置 2 根或 4 根拉索。这些平行拉索的中心距只有几倍拉索直径，并且拉索两端锚固在同一标高位置上。图 1-8（a）为沪通长江大桥天生港专用航道桥上同一吊点布置 2 根平行拉索，图 1-8（b）为舟山西堠门大桥在同一吊点矩形布置 4 根拉索。当采用同一吊点多根拉索的布置方式时，在一定的吊索间距范围内，处于下游的拉索极易受到上游拉索尾流的影响，使下游拉索的振动幅值随风速的增大而增大，即发生尾流驰振。同经典驰振一样，尾流驰振也可采用修正过的准定常理论，推导得到类似于邓哈托判别式的判别准则。因此，当下游拉索满足邓哈托准则，使运动系统净阻尼为负时，下游拉索从空气中持续吸收能量，从而引发尾流驰振的不稳定现象发生。

（a）天生港专用航道桥　（b）舟山西堠门大桥

图 1-8　实桥同一吊点多根吊索布置图

1.3.3　风雨激振

Hikami 和 Shiraishi[16]在 1988 年提出了斜拉桥拉索风雨激振的概念，他们观察到日本明港西大桥（Meikonishi Bridge）在风-雨的共同作用下发生了大幅度振动，现场实测的结果如图 1-9 所示。拉索的振动频率与对应风速下的漩涡脱落频率相差较大，不可能发生涡激振动；拉索间距也较大，不至于发生尾流驰振，因此他们认为这是一种新的失稳现象。通过风洞试验再现风雨激振现象，他们认为拉索表面形成的上水线是发生风雨激振的重要原因。

拉索的风雨激振有如下特点：中小强度的降雨量可能引起拉索的风雨激振，

对应的风速一般为 8～18m/s；各种长度的拉索都被观测到有风雨激振发生，而长索发生次数更多；拉索振动频率很低，一般小于 3Hz；拉索的下倾方向与风向相同时，上水线易在背风侧形成周向振荡，使风雨激振更容易发生；拉索的振动方向以面内为主，但面外的振幅也不可忽视，即拉索的振动轨迹为椭圆形[7, 17, 18]。目前，斜拉索发生风雨激振的深层机理尚未探明。

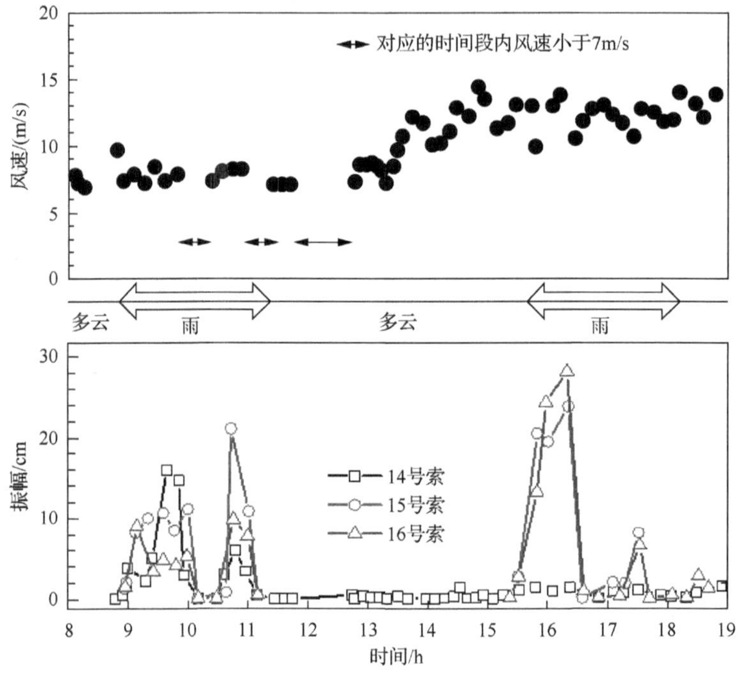

图 1-9 风速和拉索振幅随时间变化[16]

1.3.4 抖振

拉索抖振是指拉索在湍流场作用下引起的随机振动。抖振是一种强迫振动，其振动幅值是有限的，长时间作用下也会造成拉索的疲劳损伤。引起结构发生抖振现象的情况有三种，即自然风的脉动分量、结构自身尾流和上游邻近结构尾流中的湍流。对于拉索结构，后两种湍流因素的影响较小，因此主要考虑由自然风的脉动分量引起的拉索抖振。

1.4 拉索风振控制

拉索因存在各种风致振动，需采用振动控制措施来抑制拉索振动。拉索风振控制措施一般可分为三类，即机械措施、气动措施和结构措施。

拉索风振控制主要的控制方式是被动控制，若在被动控制的基础上进行拓展，采用现代控制理论的主动控制算法，则可利用主动和半主动控制措施进行拉索风振控制[11]。主动和半主动技术需要消耗外部能量以对控制驱动器进行调整和优化。主动控制一般需要消耗大量的能量，可能不适用于工程实际。半主动控制阻尼器只需要少量的能量输入，也称为可控被动装置。近年来有学者对其进行研究发现，与被动控制中的线性黏滞阻尼器相比，半主动控制阻尼器可达到更好的减振效果[19-21]。然而，主动和半主动控制的控制算法和控制策略还有待完善，需进行更深入的研究。

1.4.1　机械措施

拉索控制的机械措施主要是指在桥塔或桥面位置安装机械阻尼器进行振动控制。传统阻尼器包括黏滞/黏弹性阻尼器、调谐质量阻尼器（tuned mass damper，TMD）、调谐液体阻尼器（tuned liquid damper，TLD）。近些年电涡流阻尼器得到较好的开发和应用。

调谐质量阻尼器包括质量块和缓冲器系统，其中质量块一般占结构总质量的1%～2%。法国诺曼底大桥（Normandie Bridge）是较早应用 TMD 的工程实例，该桥建成于 1995 年，主跨 856m，是当时世界上跨度最大的斜拉桥[22]。Livesey 和 Larose[23]研究了诺曼底大桥主梁配备 TMD 的控制效果，图 1-10 展示了该桥在不同的折算风速 $U/(fB)$（U 为来流风速，B 为桥面宽度，f 为结构横桥向 1 阶模态振动频率）下的主梁端部横桥向位移和加速度峰值响应。图中 D 为位移，a 为加速度，均进行了无量纲化。从图中可以看出，TMD 可以很好地抑制斜拉桥主梁的振动。

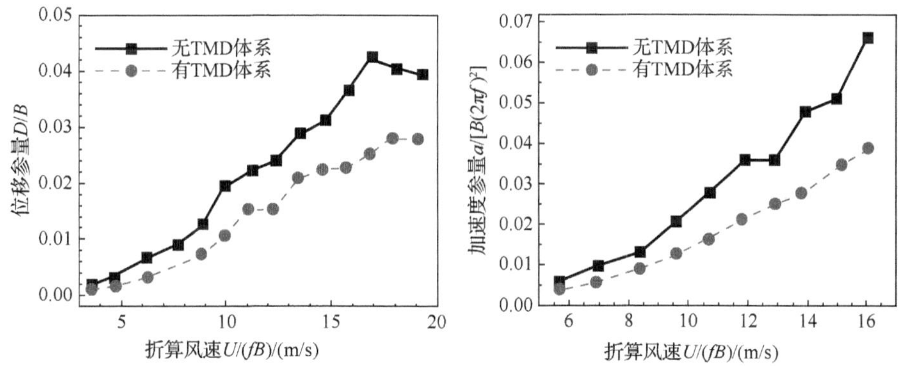

（a）横桥向位移参量（风偏转角0°）　（b）横桥向加速度参量（风偏转角35°）

图 1-10　诺曼底大桥装配 TMD 的控制效果[23]

Conti 等[22]对诺曼底大桥装配 TMD 后的主梁横桥向位移响应进行了频域分

析，其位移功率谱如图 1-11 所示。频谱结果中的主频为 1.23Hz 和 6.98Hz，而无控模型的前两阶振动频率为 1.37Hz 和 5.8Hz，可见 TMD 对斜拉桥主梁振动有明显的控制效果。

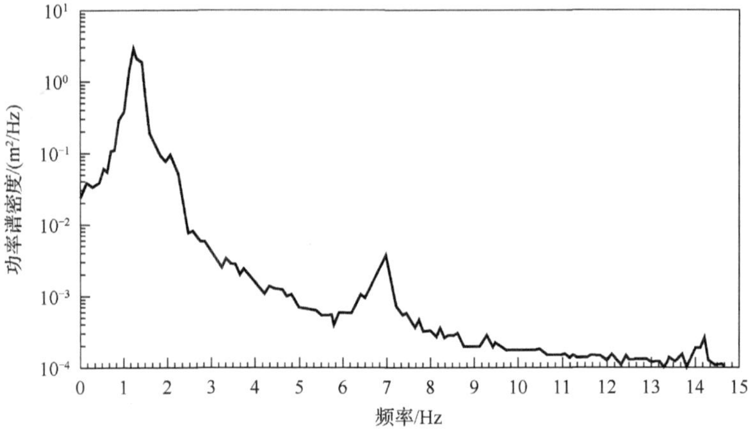

图 1-11 装配 TMD 后的诺曼底大桥横桥向位移功率谱[22]

TMD 也可应用于拉索上，Cu 和 Han[24]研究了普通黏滞阻尼器和 TMD 的设计曲线，如图 1-12 所示。拉索的长度为 L，由于尺寸限制，普通黏滞阻尼器的安装位置距离锚固端的距离 l 不能过大。TMD 的质量为 M；目标调谐模态为 1 阶（$\varepsilon=1$）；无量纲化阻尼参数的定义为 $\eta = c/\sqrt{Tm}$ ，其中 c 为阻尼系数，T 为拉索拉力，m 为拉索单位长度质量。从图中可以看出，TMD 对单个目标模态（模态 1）的系统阻尼比控制效果更明显，但对非目标模态的控制效果很弱。因此，当拉索发生多模态振动时，TMD 的控制作用会受到限制[11]。

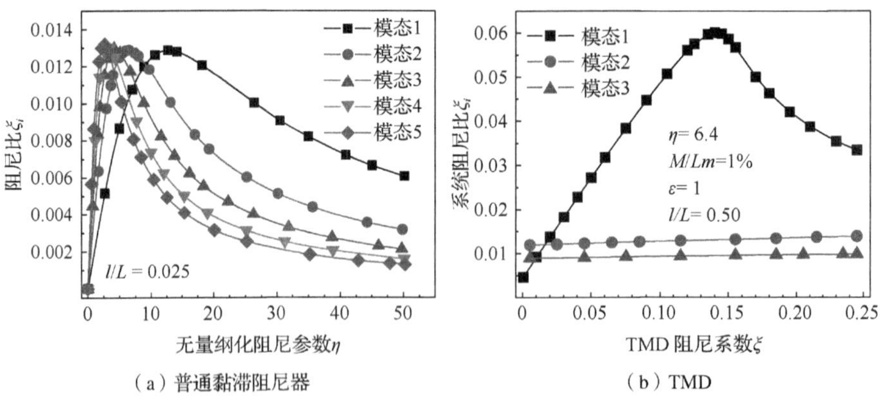

图 1-12 阻尼设计曲线[24]

悬索桥的吊杆在风致振动下可能会发生疲劳破坏，在极端天气情况下也可能影响交通安全。An 等[25]研究了环形调谐液体阻尼器（rind-shaped tuned liquid damper，RSTLD）对大连星海湾大桥吊杆 1 阶振动模态的控制效果。RSTLD 安装在吊杆的中部，对其 1 阶振动模态有明显的控制作用。吊杆的加速度响应频域分析结果如图 1-13 所示，从中可以看到，安装 RSTLD 后吊杆的主频能量幅值受到了削弱，主频也发生了偏移。

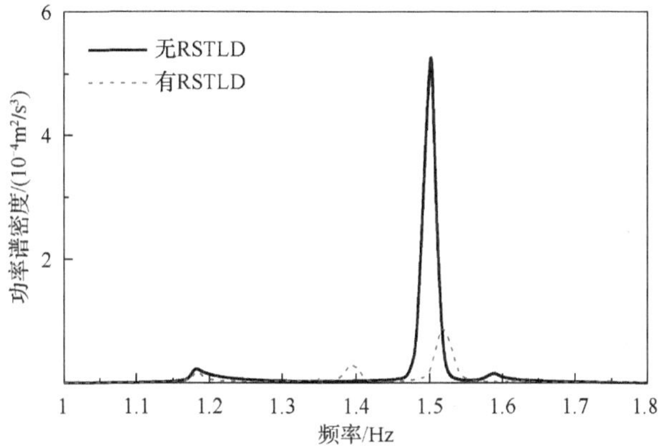

图 1-13　吊杆加速度响应频域分析结果[25]

当阻尼器中采用智能材料时，可通过半主动控制技术对拉索的振动进行更高效的控制。智能材料指能够对外界作用做出反应的材料，可用于拉索阻尼器中的材料有磁流变液（magneto rheological fluid，MRF）、压电材料和形状记忆合金等[21, 26]。磁流变阻尼器可在磁场的作用下，将内部的磁流变液可逆地转化为宾厄姆（Bingham）塑性固体，其特点是高黏度和低流动性，因此磁流变液也称为可控流体。图 1-14 所示的是简化的 Bingham 塑性固体的应力-应变关系模型与牛顿流体的对比，可以看出二者有较大差异[27]。磁流变阻尼器有许多优点，如工作电压低（几十伏）、对杂质不敏感、温度适应范围广以及响应迅速（可快于 5ms）等[21]。

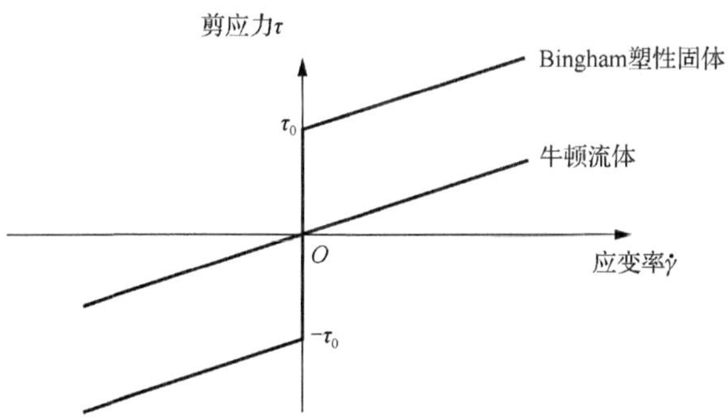

图 1-14　Bingham 塑性固体应力-应变关系

美国 Parker LORD 公司生产多种磁流变阻尼器，可用于拉索的振动控制中，典型的磁流变阻尼器构造如图 1-15 所示。

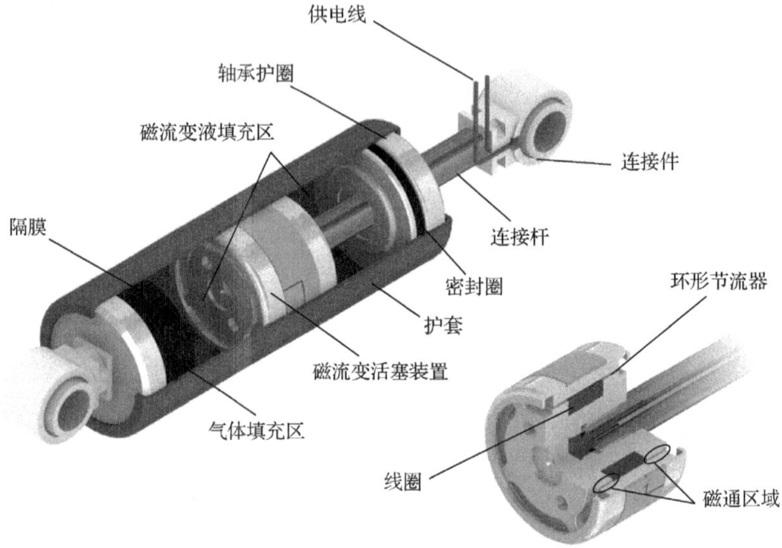

（a）磁流变阻尼器　　（b）磁流变活塞

图 1-15　典型的磁流变阻尼器构造图

TMD 采用的阻尼器大多为油阻尼器，虽然阻尼力和耗能密度较高，但是其密封系统十分复杂，启动摩擦力较大，导致其在实际应用中的灵敏度不高，不便于调节阻尼，且服役寿命一般较短。图 1-16 所示为一种典型的阻尼器——电涡流阻尼器，其原理是通过导体与永磁体之间的电磁感应而产生阻碍导体运动的力（阻

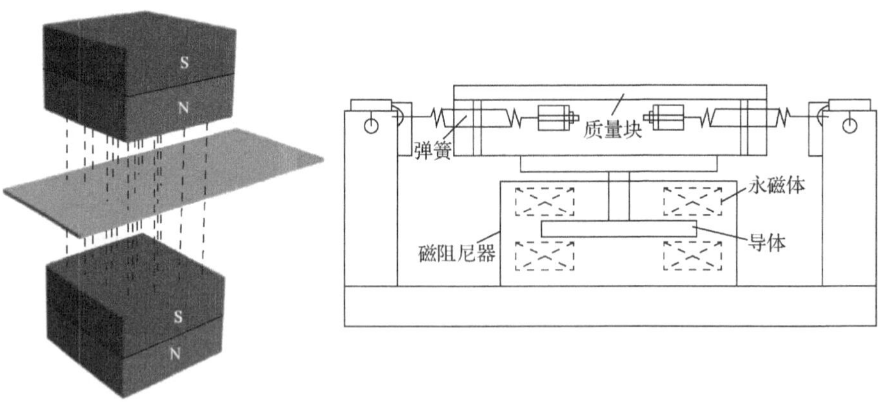

（a）工作原理示意图　　（b）早期日本电涡流阻尼器构成

图 1-16　电涡流阻尼器[28]

尼力），可将拉索振动的能量由动能转换成电能，再转换成热能耗散到大气中，以此达到耗能的目的。电涡流阻尼器的主要优点为：导体与永磁体间摩擦力很小，启动摩擦力可以忽略不计，耐久性好；结构形式比 TMD 更为简单；阻尼系数易于调节等。

然而，传统电涡流阻尼器的阻尼系数往往不够大，不适用于抑制桥梁工程中的大质量低频振动；耗能密度也远低于黏滞流体阻尼（耗能密度定义为阻尼系数与阻尼单元的轮廓体积之比）。为解决传统的电涡流阻尼器所存在的上述问题，陈政清等[28]研发了两种新型的电涡流减振装置，即永磁电涡流调谐质量减振器和滚珠丝杆式轴向电涡流阻尼器，如图 1-17 所示。在传统的 TMD 基础上，图 1-17（a）中的板式电涡流单元应用于图 1-17（b）所示的永磁电涡流调谐质量减振器，实现了最短磁路设计，减少了漏磁和磁阻，使耗能效率大幅提高（约为传统电涡流阻尼器的 6 倍）。同时，该装置也形成了几何开放式结构，永磁体与导体在空间上互不约束，使永磁体的安装和阻尼的调节更为简便。在以上装置的基础上，图 1-17（c）所示的滚珠丝杆式轴向电涡流阻尼器可进一步提高电涡流阻尼器的耗能密度。其主要原理为：利用螺旋传动装置，使阻尼器两端的直线相对运动变为阻尼器内部的高速转动，进而得到与油阻尼器相当的阻尼力，并且可避免油阻尼器的缺点，该阻尼器可用于抑制拉索的多模态风致振动。此外，陈政清等[28]也针对该阻尼器对电涡流阻尼三元减振理论进行了研究。

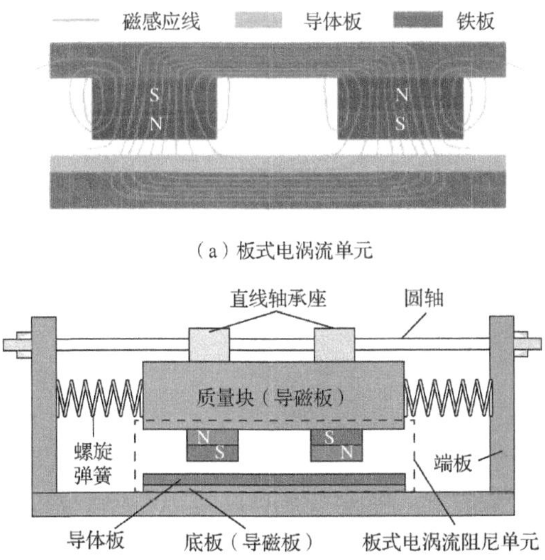

（a）板式电涡流单元

（b）基于板式电涡流单元的永磁电涡流调谐质量减振器

图 1-17　新型电涡流减振装置[28]

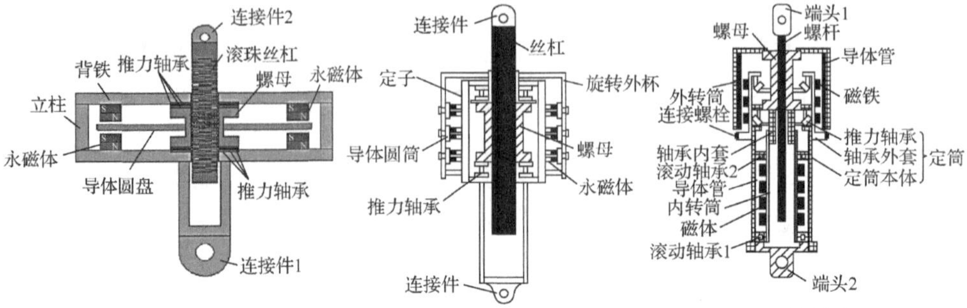

盘式　　外旋转管式　　内旋转管式

（c）滚珠丝杆式轴向电涡流阻尼器

图 1-17（续）

1.4.2　气动措施

结构风振控制的气动措施主要是指修正结构外形以减小气动力作用和结构响应[11]。对于斜拉索的风雨激振而言，有研究指出，在风的作用下，水线的存在使风-雨-结构之间发生了复杂的耦合作用，斜拉索的阻力系数和尾流区旋涡强度增加，同时增加了准周期性涡街的发生频率，而周向运动的水线又使反对称的旋涡脱落更加频繁[29]。因此，可防止水线形成的气动措施对抑制斜拉索的风雨激振十分重要。拉索可通过适当调整表面护套的粗糙度来抑制水线的形成（图 1-18），常见的措施为设置螺旋线、肋条、突起和凹坑等[11]。

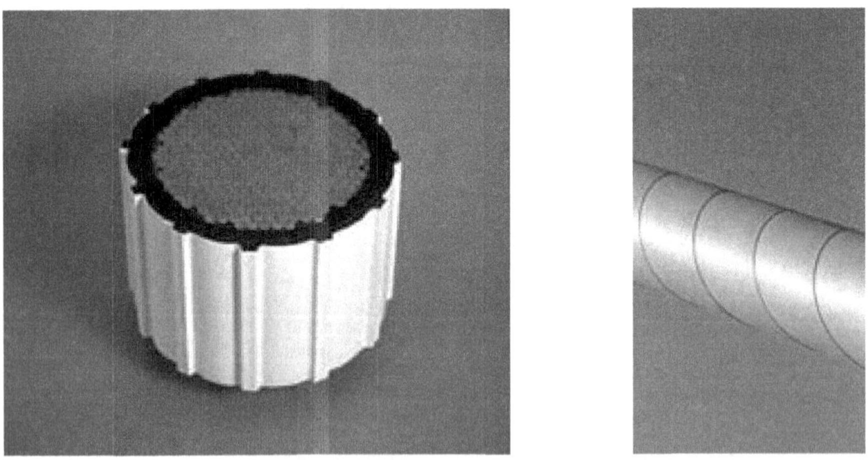

（a）肋条，应用于日本东神户大桥　　（b）螺旋线，应用于葡萄牙瓦斯科・达伽马大桥

图 1-18　增加拉索表面粗糙度的措施[11]

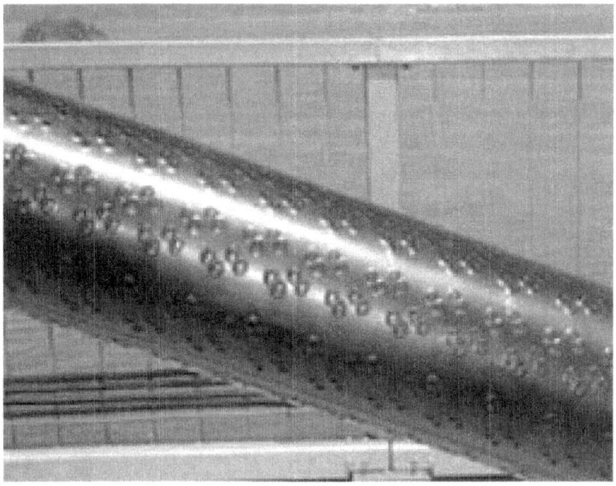

（c）凹坑，应用于日本多多罗大桥

图 1-18（续）

气动控制方法一般分为两类，即主动控制和被动控制。被动控制的特点是无须外部能量输入即可达到控制效果。然而，为达到良好的可控性和可适应性，需采用主动控制的方法，即输入外部能量以达到控制目的[17]。主动控制措施主要有稳定吸吹气（steady jet）、合成射流（synthetic jet）、等离子激励器（plasma actuator）、电磁控制、柱体加热和旋转等。Wu 等[30]通过数值模拟的方法研究了行波壁（travelling wave wall，TWW）对圆柱状钝体的气动控制效果，该研究参考了仿生学中海豚在高速行进中皮肤表面产生行波以减小运动阻力的行为，如图 1-19 所示。

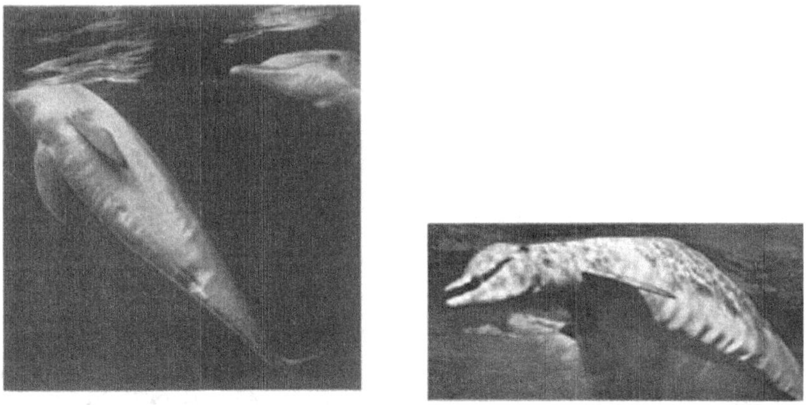

（a）跃出水面前　（b）高速行进中

图 1-19　海豚皮肤表面的行波[30]

Chen 等[31]对行波壁的流动控制效果进行了试验研究，如图 1-20 所示。该研究发现，行波壁可对绕经圆柱体的流场施加对称扰动，使流场趋向于对称，在行波壁控制下，反对称的漩涡脱落受到了抑制，尾流区域宽度减小，平均阻力系数降低。据此，行波壁系统可作为一种有效的气动措施应用于拉索风振控制中。

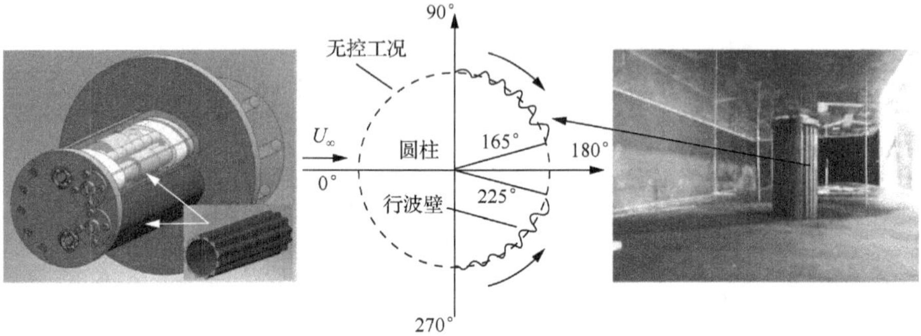

（a）机械装置设计　（b）行波壁位置　（c）试验模型

图 1-20　行波壁试验示意[31]

1.4.3　结构措施

改变斜拉桥的拉索体系布置形式，可起到减小风致振动响应的效果。如图 1-21 所示，日本的伊唐岛大桥的拉索布置采用了密索体系，改变了吊索频率并增大了索面的刚度，显著抑制了拉索之间的尾流激振[11]。

图 1-21　日本伊唐岛大桥

1.5 小　结

本章总结了大跨度缆索体系桥梁常见的结构类型和主要构件，并指出拉索或吊杆在气流的作用下易发生风致振动。拉索发生的风致振动主要有涡激振动、驰振与尾流驰振、风雨激振等。涡激振动的发生次数最为频繁，其产生原因是气流与结构之间的相互作用而导致的“锁定”现象，涡激振动在相当大的风速范围内均可能发生。驰振与尾流驰振也是拉索结构经常发生的风致振动形式，振幅较大，属于可能发散的振动。拉索的风雨激振是已知的拉索风致振动中振幅最大的振动现象，振动频率较低，具体表现为多模态耦合的振动形式。

此外，本章也总结了一些常见的拉索风致振动的控制方法。拉索风振的控制可分为机械措施、气动措施和结构措施。机械措施主要是指在拉索上布置各种阻尼器，以达到削弱拉索风振幅值的目的；气动措施主要是指改变拉索的外形或采用施加边界层扰动、尾流控制等方法以减小气动力作用或结构响应；结构措施主要从结构体系进行优化，包括吊索频率、刚度等参数的调整。

参考文献

[1] GIMSING N, GEORGAKIS C. Cable supported bridges: concept and design. 3rd ed. Hoboken, USA: John Wiley & Sons, Ltd, 2012.

[2] 邵旭东, 等. 桥梁工程. 5 版. 北京: 人民交通出版社, 2019.

[3] 林元培. 斜拉桥. 北京: 人民交通出版社, 2004.

[4] 刘士林, 梁智涛, 侯金龙, 等. 斜拉桥. 北京: 人民交通出版社, 2002.

[5] 夏艳霞. 悬索桥主缆线形计算方法. 合肥: 合肥工业大学, 2007.

[6] 石磊. 混凝土自锚式悬索桥设计理论研究. 大连: 大连理工大学, 2003.

[7] 陈政清. 桥梁风工程. 北京: 人民交通出版社, 2005.

[8] VON KARMAN T. Mechanical similitude and turbulence. Washington: National Advisory Committee for Aeronautics, 1931.

[9] CHOI H, JEON W P, KIM J. Control of flow over a bluff body. Annual review of fluid mechanics, 2008, 40(1): 113-139.

[10] VAN DYKE M. An album of fluid motion. Stanford, CA: The Parabolic Press, 1982.

[11] CAETANO E D. Cable vibrations in cable-stayed bridges. Switzerland: IABSE, 2007.

[12] WANG C, TANG H, YU S C M, et al. Lock-on of vortex shedding to a pair of synthetic jets with phase difference. Physical review fluids, 2017, 2(10): 104701.

[13] YAMADA H. Control of wind-induced cable vibrations from a viewpoint of wind resistant design of cable-stayed bridges//Proceedings of the International Seminar on Cable Dynamics. Tokyo: Japan Association for Wind Engineering, 1997: 129-138.

[14] GRIFFIN O M, SKOP R A, RAMBERG S E. The resonant, vortex-excited vibrations of structures and cable systems//Offshore Technology Conference. Houston, USA: OTC, 1975.

[15] SIMIU E, YEO D H. Wind effects on structures: modern structural design for wind. 4th ed. Hoboken, USA: Wiley-Blackwell, 2019.

[16] HIKAMI Y, SHIRAISHI N. Rain-wind induced vibrations of cables stayed bridges. Journal of wind engineering and industrial aerodynamics, 1988, 29(1): 409-418.

[17] 高东来. 大跨度桥梁柔性索结构的复杂风致振动机理与流动控制. 哈尔滨: 哈尔滨工业大学, 2019.

[18] CHENG S, LAROSE G L, SAVAGE M G, et al. Experimental study on the wind-induced vibration of a dry inclined cable—part I: phenomena. Journal of wind engineering and industrial aerodynamics, 2008, 96(12): 2231-2253.

[19] LI H, LIU M, OU J P. Negative stiffness characteristics of active and semi-active control systems for stay cables. Structural control and health monitoring, 2008, 15(2): 120-142.

[20] JOHNSON E, BAKER G, SPENCER B, et al. Mitigating stay cable oscillation using semiactive damping//LIU S C. SPIE's 7th Annual International Symposium on Smart Structures and Materials. Newport, CA: SPIE, 2000: 207-216.

[21] 刘敏. 斜拉索-磁流变阻尼控制系统及形状记忆合金耗能体系. 哈尔滨: 哈尔滨工业大学, 2006.

[22] CONTI E, GRILLAUD G, JACOB J, et al. Wind effects on the Normandie cable-stayed bridge: comparison between full aeroelastic model tests and quasi-steady analytical approach. Journal of wind engineering and industrial aerodynamics, 1996, 65(1): 189-201.

[23] LIVESEY F M, LAROSE G L. The Pont de Normandie during construction, aeroelastic modelling of behaviour. Journal of wind engineering and industrial aerodynamics, 1996, 65(1): 203-215.

[24] CU V H, HAN B. A stay cable with viscous damper and tuned mass damper. Australian journal of structural engineering, 2015, 16(4): 316-323.

[25] AN Y, WANG Z, OU G, et al. Vibration mitigation of suspension bridge suspender cables using a ring-shaped tuned liquid damper. Journal of bridge engineering, 2019, 24(4): 04019020.

[26] 王修勇, 陈政清, 高赞明, 等. 磁流变阻尼器对斜拉索振动控制研究. 工程力学, 2002, 19(6): 22.

[27] YANG G, SPENCER J B F, CARLSON J D, et al. Large-scale MR fluid dampers: modeling and dynamic performance considerations. Engineering structures, 2002, 24(3): 309-323.

[28] 陈政清, 华旭刚, 牛华伟, 等. 永磁电涡流阻尼新技术及其在土木工程中的应用. 中国公路学报, 2020, 33(11): 83-100.

[29] WANG Z J, ZHOU Y, HUANG J F, et al. Fluid dynamics around an inclined cylinder with running water rivulets. Journal of fluids and structures, 2005, 21(1): 49-64.

[30] WU C J, WANG L, WU J Z. Suppression of the von Kármán vortex street behind a circular cylinder by a travelling wave generated by a flexible surface. Journal of fluid mechanics, 2007, 574: 365-391.

[31] CHEN W, LIU Y, XU F, et al. Suppression of vortex shedding from a circular cylinder by using a traveling wave wall//52nd Aerospace Sciences Meeting. Maryland: AIAA, 2014.

第 2 章　流体力学基础

2.1　引　　言

在学习桥梁风致振动相关知识之前，应首先掌握必要的流体力学基础知识，为后续深入学习打下基础。本章主要介绍高等流体力学与黏性流体力学中的部分知识，包括相关的基础概念及主要的控制方程。本章的流体力学基础知识与公式推导参考文献[1]～文献[4]，在本章基础知识和公式推导过程中不再一一罗列。

2.2　无黏流体力学

2.2.1　理想流体

理想流体是指其内部不存在摩擦的流体，其黏性为零，因此又称为无黏流体。对于该流体内部任一流体截面，其内力作用只存在正压力。需要注意的是，理想流体在现实中并不存在，其仅仅是一种在特定条件下的理想情况，其中采用的无黏假设在实际中无法完全成立。当流体内部发生相对运动时，总是会产生切应力，这种力将会阻碍流体微团之间的相对运动，这种流体的本征属性称为黏性。

理想流体假设的应用范围非常广泛，对于本书所研究的建筑结构风效应而言，其具有低流速、低黏性、大空间尺度的特征，只有在结构壁面附近的边界层处流体的黏性效应才较为显著，而在边界层外的空间，黏性效应微弱，流体的流动一般均可被视为理想流体的流动形式。根据德国流体力学家普朗特对于“稀流体”的研究结果，忽略边界层厚度以及流体黏性而仅仅采用理想流体理论来研究流线型结构物表面的流场压力分布，其结果与实际情况具有很高的一致性。对于某些特定的理想流体流动问题，其结果甚至具有解析解。因此，理想流体假设是一种非常实用和常见的解决问题的方法。

2.2.2　流场描述与涡量、环量

对流体的流动情况进行描述称为流场表达，可分为两类方法，即欧拉描述法和拉格朗日描述法。进行欧拉流场描述时首先需要选取特定的时空参考系，在该参考系下对流场中的各个参数进行表达与分析；拉格朗日描述法是通过跟踪质点

的方式进行流场描述。在结构风工程领域的研究中，通常采用欧拉描述法作为描述流场的基本方法，并以静止地面作为参考系进行研究。

在欧拉描述法下，位置向量为 $\boldsymbol{x}$，场的速度分布为 $\boldsymbol{U}=\boldsymbol{U}(\boldsymbol{x},t)$。在特定时刻 t_0，流场在该时刻“固化”，此时可以用流线对流场进行刻画。流线定义为速度场的向量线，该曲线上任意一点的切向与该点处流场的速度方向相一致，许多条流线组成的流线族称为流谱。流线是一种具有方向的几何线，一般情况下不同流线之间不会相交，除非该点处流场速度为零或者无限大。

当欧拉速度场与时间无关，即空间上的速度分布不随时间发生变化，则称该流场为定常流场，有 $\boldsymbol{U}=\boldsymbol{U}(\boldsymbol{x})$；否则称为非定常流场。流场是否定常除了由流动本身决定外，还与所选取的参考系有关。例如，飞机在高空中水平飞行时，机内的观察者可近似认为机体周围的流场为定常流场，而地面观察者则认为此为非定常流场。

速度场的旋度定义为涡量，记为 $\boldsymbol{\omega}$，单位为 $1/\mathrm{s}$，满足

$$\boldsymbol{\omega}=\nabla\times\boldsymbol{U} \tag{2-1}$$

式中，∇ 为梯度算子。

涡量场的散度等于零，由向量运算法则可证

$$\nabla\cdot\boldsymbol{\omega}=\nabla\cdot(\nabla\times\boldsymbol{U})=0 \tag{2-2}$$

涡量场 $\boldsymbol{\omega}$ 组成的向量线称为涡线，类似于流线的定义，涡线的切线方向与该点处的涡量方向相一致。在给定瞬间，通过某一本身不是涡线的曲线的所有涡线构成的曲面称为涡面，而管状的涡面的内部区域称为涡管。对于给定某一曲面 A，涡在该曲面上的面积分为涡通量，记为 I，单位为 m^2/s，即

$$I=\iint_A\boldsymbol{\omega}\cdot\boldsymbol{n}\mathrm{d}A \tag{2-3}$$

式中，$\boldsymbol{n}$ 为面微元法向量。

涡管截面上涡通量的绝对值 $|I|$ 为涡管强度，在任意给定瞬间，涡管中任意截面的涡管强度相等，同时由此可以推出，流场中的涡管不能消失，只能以三种可能的形式保持存在：①涡管两端延至无穷远处；②涡管形成封闭涡环；③涡管终止于物面或者其他边界面上。

速度场沿封闭曲线的路径积分定义为环量，记为 Γ，单位为 m^2/s，满足

$$\Gamma=\oint_l\boldsymbol{U}\cdot\mathrm{d}\boldsymbol{x} \tag{2-4}$$

由向量场运算的斯托克斯公式可知，速度场的环量等于张在封闭曲线 l 上任一曲面的涡通量，即

$$\Gamma=\oint_l\boldsymbol{U}\cdot\mathrm{d}\boldsymbol{x}=\iint_A(\nabla\times\boldsymbol{U})\cdot\boldsymbol{n}\mathrm{d}A=\iint_A\boldsymbol{\omega}\cdot\boldsymbol{n}\mathrm{d}A \tag{2-5}$$

2.2.3　无旋流与速度势

流体中每一个运动的流体微元在时间序列上均不发生净旋转，则此种流动为无旋流。在代数意义上，当流动的代数平均自转速度为零时，流动即是无旋的。仅讨论二维 xy 平面上的无旋流：当流体微元绕 z 轴旋转时，旋转速度为

$$\boldsymbol{\omega}_z = \frac{1}{2}\left(\frac{\partial \boldsymbol{v}}{\partial x} - \frac{\partial \boldsymbol{u}}{\partial y}\right) \tag{2-6}$$

式中，$\boldsymbol{v}$ 和 $\boldsymbol{u}$ 分别为顺流向与横流向的速度分量。

因此，根据无旋流的定义，二维平面上的无旋流满足

$$\frac{\partial \boldsymbol{v}}{\partial x} - \frac{\partial \boldsymbol{u}}{\partial y} = 0 \tag{2-7}$$

即

$$\boldsymbol{\omega}_z = 0 \tag{2-8}$$

同理，对于三维流动的一般情况，无旋流定义为

$$\boldsymbol{\omega}_x = \boldsymbol{\omega}_y = \boldsymbol{\omega}_z = 0 \tag{2-9}$$

对于不可压缩流体微团而言，其旋转需要转动力矩，即需要流体微团外部提供剪切力；而对于流体微团而言，剪切力仅由黏性力提供。因此，对于无黏性的不可压缩理想流体，其所有的流动情况都是无旋的。

无旋理想流体还有一个更简洁的名称，即有势流。势函数在物理上是一个与保守场有关的量，如果一个矢量场是某个标量势的梯度，那么便称为保守场。据此，首先给出速度势的定义为

$$-\mathrm{d}\boldsymbol{\phi} = \boldsymbol{u}\mathrm{d}x + \boldsymbol{v}\mathrm{d}y \tag{2-10}$$

式（2-10）为势函数 $\boldsymbol{\phi}(x,y)$ 的全微分形式，若函数 $\boldsymbol{\phi}(x,y)$ 存在，且有

$$\frac{\partial \boldsymbol{v}}{\partial x} = \frac{\partial \boldsymbol{u}}{\partial y} \tag{2-11}$$

则

$$\boldsymbol{u} = -\frac{\partial \boldsymbol{\phi}}{\partial x}, \quad \boldsymbol{v} = -\frac{\partial \boldsymbol{\phi}}{\partial y} \tag{2-12}$$

此时 $\boldsymbol{\phi}(x,y)$ 即为该二维无旋流场的势函数。对于不可压缩无旋理想流体，流场的速度势满足

$$\frac{\partial^2 \boldsymbol{\phi}}{\partial x^2} + \frac{\partial^2 \boldsymbol{\phi}}{\partial y^2} = 0 \tag{2-13}$$

式（2-13）即为解析方程中著名的拉普拉斯方程。反之，若流场速度势满足拉普拉斯方程，则该流动一定为无旋流。在等势流中，速度势相同的点所组成的线称为等势线，沿等势线，$\boldsymbol{\phi}$ 为常量，$\mathrm{d}\boldsymbol{\phi}=0$。在几何上，流线与等势线完全正交。

2.3　黏性流体动力学

2.3.1　流体的黏性

流体的黏性是其阻止剪切变形或角变形运动的一种量度。对于流体黏性，一种最朴素的直观理解就是流体所具有的“黏稠度”，如汽车中常用的机油，具有很强的内聚性，且具有很大的剪切阻力。对流体黏性最经典的研究是牛顿的平行平板试验，考察两块面积足够大、间距 h 足够小，从而忽略边缘条件的平行平板，板之间充满流体。当其中一块板保持静止，另一块板以速度 U 进行匀速平移，此时运动的板单位面积上所受到的切应力为 τ_{yx}，其中下标 yx 表示法线为 y 方向的平面上 x 方向的切应力。此时，满足

$$\tau_{yx}=\mu\frac{U}{h} \tag{2-14}$$

式中，μ 为流体的动力黏性系数，又称动力黏度。一般形式下的黏性切应力公式为

$$\tau_{yx}=\mu\frac{\mathrm{d}U}{\mathrm{d}y} \tag{2-15}$$

式（2-15）为牛顿黏性公式或牛顿切应力公式，由伊萨克·牛顿爵士首先提出。

在黏性流体力学领域，常用到另一个表示流体黏度的系数——运动黏性系数 ν，即

$$\nu=\frac{\mu}{\rho} \tag{2-16}$$

式中，ρ 为流体的密度。对于众多常见的液体而言，其黏度随温度的升高而减小，而大多数气体则具有相反的变化规律。在流体力学领域，根据是否考虑流体的黏性，分为理想流体力学与黏性流体力学。判断黏性的作用，除了流体本身的黏性系数以外，还需考虑流体流动的速度 U 与特征长度 L，其组合以无量纲系数雷诺数 Re 表示。

$$Re=\frac{UL}{\nu} \tag{2-17}$$

当雷诺数远小于 1 时，认为流体的黏性主导流动过程。

2.3.2　牛顿流体与非牛顿流体

对于大多数流体，切应力与角变形的时间变化率成正比，且比例系数，即动力黏性系数，不随变形率而发生改变，此类流体称为牛顿流体；反之，若动力黏性系数不固定，则此类流体称为非牛顿流体。非牛顿流体中，根据其切应力与变形速率关系的特点分为膨胀性流体、拟塑性流体、理想宾厄姆流体和塑性流体等。典型的非牛顿流体为油漆、牙膏等。非牛顿流体在桥梁风工程领域并不常见，因此只需考虑牛顿流体即可。

2.3.3　流体边界层

边界层是流体流经固体壁面时，由于壁面附近流体黏性作用占主导，从而产生的一层薄流体层。最典型的一种边界层为平板边界层：一无穷大薄平板位于均匀平行来流中，由于流体的黏性作用，紧贴平板壁面处的流体速度为零，随着与平板壁面距离的增加，流体的流速逐渐增大，直到于足够远处恢复到正常来流速度 U_∞。由于流体质点之间的内摩擦作用，平板壁面附近形成很大的速度梯度，这类流动区域即为流体边界层。一般性地，将当地流速 $u = 0.99U_\infty$ 时的点作为流体边界层的边界，此时边界与壁面的距离为边界层厚度 δ，又称为边界层名义厚度。此定义实际上具有相当的随意性，且由于速度梯度在远离壁面处逐渐变小以至于趋于零，确定 u 时很小的误差就会给 δ 的计算结果带来极大的差异。因此关于边界层厚度，还有其他几种更为严谨与实用的定义。

1. *边界层位移厚度*

在流体边界层中，由于黏性主导作用导致层内流动速度的降低，使该区域内流体在单位时间内通过的流量相对于无黏性作用时（理想流体）所通过的流量有所降低，假想固体壁面向内部移动了距离 δ_1 后理想流体所通过的流量与此减少量相等，则定义此距离 δ_1 为边界层位移厚度，单位 m，满足

$$\rho U \delta_1 = \rho \int_0^\infty (U - u)\mathrm{d}y \tag{2-18}$$

则

$$\delta_1 = \int_0^\infty \left(1 - \frac{u}{U}\right)\mathrm{d}y \tag{2-19}$$

2. 边界层动量损失厚度

边界层与位移厚度的定义相类似，但采用的计算量非流量，而是由于边界层黏度作用所损失的动量。由于边界层的存在，实际层内所通过的流体动量表达式为

$$\rho\int_0^\infty u^2 \mathrm{d}y \tag{2-20}$$

因此损失的边界层流体动量表达式为

$$\rho\int_0^\infty uU\mathrm{d}y - \rho\int_0^\infty u^2\mathrm{d}y \tag{2-21}$$

假想固体壁面向内部移动了距离 δ_2 后理想流体所通过的动量与此减少量相等，则定义此距离 δ_2 为边界层动量损失厚度，单位 m，满足

$$\rho U^2\delta_2 = \rho\int_0^\infty uU\mathrm{d}y - \rho\int_0^\infty u^2\mathrm{d}y \tag{2-22}$$

则

$$\delta_2 = \int_0^\infty \frac{u}{U}\left(1-\frac{u}{U}\right)\mathrm{d}y \tag{2-23}$$

3. 边界层能量损失厚度

同样可以以边界层流体能量损失定义边界层厚度 δ_3，单位 m，边界层能量损失为

$$\frac{1}{2}\rho\int_0^\infty uU^2\mathrm{d}y - \frac{1}{2}\rho\int_0^\infty u^3\mathrm{d}y \tag{2-24}$$

满足

$$\frac{1}{2}\rho U^3\delta_3 = \frac{1}{2}\rho\int_0^\infty (uU^2 - u^3)\mathrm{d}y \tag{2-25}$$

则

$$\delta_3 = \int_0^\infty \frac{u}{U}\left(1-\frac{u^2}{U^2}\right)\mathrm{d}y \tag{2-26}$$

通常而言，边界层厚度随雷诺数 Re 的增加而减小，满足以下规律：

$$\frac{\delta}{L} \backsim \frac{1}{\sqrt{Re}} \tag{2-27}$$

式中，L 为流动的水平尺度。这是由于在流体边界层中，黏性项 $\mu\dfrac{\partial^2 u}{\partial y^2}$ 与惯性项 $\rho u\dfrac{\partial u}{\partial x}$ 具有相同的量级，即 $\dfrac{\mu U}{\delta^2}\backsim\dfrac{\rho U^2}{L}$。壁面附近边界层外边缘点连接所形成的线即为边界层外边缘线 $\delta=\delta(x)$，需要注意的是此线并非实际流线。由于壁面附近黏性流动的存在，产生了速度梯度 $\dfrac{\partial u}{\partial y}$，因此壁面附近产生涡量，这也说明壁面边界是涡量产生的原因之一。涡量只在边界层范围内传播，漩涡随着流体流动往下游输运，输运速度取决于来流流速 U_∞，与此同时，漩涡也向垂直于壁面的方向扩散，其扩散速度：

$$\frac{\mathrm{d}\delta}{\mathrm{d}t}\backsim\frac{\mathrm{d}}{\mathrm{d}t}\sqrt{\nu t}=\frac{1}{2}\sqrt{\frac{\nu}{t}}\backsim\sqrt{\frac{\nu}{t}}\tag{2-28}$$

其向下游传播的速度与横向传播速度之比的平方为

$$\left(\frac{U}{\mathrm{d}\delta/\mathrm{d}t}\right)^2\backsim\frac{U^2}{\nu/t}=\frac{UL}{\nu}=Re\tag{2-29}$$

据此说明，雷诺数越大，下游速度相较于边界层横向传播速度越快，边界层厚度越薄。

桥梁风工程领域所研究的多是低马赫数下大气边界层中的钝体绕流现象。一般而言，由于壁面附近的黏性主导作用产生的漩涡随着向下游的运动发展，将会发生脱落进入钝体尾流区，形成尾流区的漩涡。在钝体壁面附近的流体压强，由于钝体外形的原因，沿流向通常会存在一个先降后升的情形，流体通常是由高压区流向低压区，在压强降低的过程中，边界层将紧贴壁面向下游方向发展，而当压强逐渐升高时，流体相当于从低压区流向高压区，因此存在逆压梯度作用，此时边界层流动将脱离壁面发展，此现象称为“边界层分离”。

2.4　流体力学基本方程

2.4.1　雷诺输运方程

在介绍基本方程之前，为了进行方程推导，首先介绍雷诺第一、第二输运方程。为此，首先需要明确系统与控制体的概念。系统是一类确定不变的流体质点集合，类似于拉格朗日流体描述法中质点追踪的概念。系统随流体的流动发生位置、体积、形状等方面的改变，但组成系统的流体质点始终保持不变。控制体是欧拉描述法中的一个概念，它是在空间坐标系中始终保持不变的一个体积空间，流体随着流动过程，在该空间中进入或流出。雷诺输运方程是表达系统在空间中运动时，欧拉观点下控制体中物理量的相对变化规律，即解决系统有关的物理量在欧拉空间运动中对时间的全导数问题，用欧拉导数表示一个流体系统的拉格朗日变化率，即雷诺输运方程。

取定一个运动的流体系统，系统在初始时刻 t_0 时占据的空间作为控制体 V_0，在 t 时刻占据的空间作为控制体 $V(t)$，令

$$\mathrm{d}V_0 = \mathrm{d}\xi_1\mathrm{d}\xi_2\mathrm{d}\xi_3 \tag{2-30}$$

$$\mathrm{d}V(t) = \mathrm{d}x_1\mathrm{d}x_2\mathrm{d}x_3 \tag{2-31}$$

则有

$$\mathrm{d}V(t) = J\mathrm{d}V_0 \tag{2-32}$$

式中，J 为雅可比行列式：

$$J = \det\left|\frac{\partial x_i}{\partial \xi_j}\right| \tag{2-33}$$

若 F 为某种流体参数的体积分布密度，如质量密度、动量密度、能量密度等，则满足

$$\begin{aligned}
\frac{\mathrm{d}}{\mathrm{d}t}\iiint_{V(t)} F\mathrm{d}V &= \frac{\mathrm{d}}{\mathrm{d}t}\iiint_{V_0} FJ\mathrm{d}V_0 = \iiint_{V_0}\frac{\mathrm{d}}{\mathrm{d}t}(FJ)\mathrm{d}V_0 \\
&= \iiint_{V_0}\left(J\frac{\mathrm{d}F}{\mathrm{d}t} + F\frac{\mathrm{d}J}{\mathrm{d}t}\right)\mathrm{d}V_0 = \iiint_{V_0}\left(J\frac{\mathrm{d}F}{\mathrm{d}t} + F(\nabla\cdot\boldsymbol{u})J\right)\mathrm{d}V_0 \\
&= \iiint_{V_0}\left(\frac{\mathrm{d}F}{\mathrm{d}t} + F(\nabla\cdot\boldsymbol{u})\right)J\mathrm{d}V_0 = \iiint_{V(t)}\left(\frac{\mathrm{d}F}{\mathrm{d}t} + F(\nabla\cdot\boldsymbol{u})\right)\mathrm{d}V \\
&= \iiint_{V(t)}\left(\frac{\partial F}{\partial t} + (\boldsymbol{u}\cdot\nabla)F + F(\nabla\cdot\boldsymbol{u})\right)\mathrm{d}V \\
&= \iiint_{V(t)}\left(\frac{\partial F}{\partial t} + \nabla\cdot(F\boldsymbol{u})\right)\mathrm{d}V \\
&= \iiint_{V(t)}\frac{\partial F}{\partial t}\mathrm{d}V + \iiint_{V(t)}\nabla\cdot(F\boldsymbol{u})\mathrm{d}V
\end{aligned} \tag{2-34}$$

根据张量运算知识中的高斯公式：

$$\iiint_V \nabla\cdot\boldsymbol{A}\mathrm{d}V = \iint_S \boldsymbol{A}\cdot\boldsymbol{n}\mathrm{d}S \tag{2-35}$$

式中，V 为封闭曲面 S 所包围的体积。对于无穷小的面积微元 $\mathrm{d}S$，其法向量为 $\boldsymbol{n}$。据此，式（2-34）可写为

$$\frac{\mathrm{d}}{\mathrm{d}t}\iiint_{V(t)}F\mathrm{d}V=\iiint_{V(t)}\frac{\partial F}{\partial t}\mathrm{d}V+\iint_{S(t)}F\boldsymbol{u}\cdot\boldsymbol{n}\mathrm{d}S \tag{2-36}$$

由此可见，系统对于时间的全导数由两部分组成：其一是控制体内物理量对时间的变化率，此为流场中 F 的不定常性所导致；其二是由于流体的流动，经由控制体边界进出所引起的控制体内部物理量的变化。前者称为当地变化率，而后者则称为迁移变化率。此即为雷诺输运方程。

在之前的推导中，以 F 为某种流体参数的体积分布密度，若将 F 以 ρF 进行替代，则方程为

$$\begin{aligned}\frac{\mathrm{d}}{\mathrm{d}t}\iiint_{V(t)}(\rho F)\mathrm{d}V&=\iiint_{V(t)}\left(\frac{\mathrm{d}(\rho F)}{\mathrm{d}t}+(\rho F)(\nabla\cdot\boldsymbol{u})\right)\mathrm{d}V\\&=\iiint_{V(t)}\left[\rho\frac{\mathrm{d}F}{\mathrm{d}t}+F\left(\frac{\mathrm{d}\rho}{\mathrm{d}t}+\rho(\nabla\cdot\boldsymbol{u})\right)\right]\mathrm{d}V=\iiint_{V(t)}\rho\frac{\mathrm{d}F}{\mathrm{d}t}\mathrm{d}V\end{aligned} \tag{2-37}$$

此方程即为雷诺第二输运方程，其推导利用了 2.4.2 节中欧拉观点下的积分型连续方程。

2.4.2　流体动力学积分型控制方程

1. 连续方程

连续方程的物理意义对应于质量守恒定律，对于流体系统而言，其系统内的总质量 m 保持不变，即满足

$$\frac{\mathrm{d}m}{\mathrm{d}t}=\frac{\mathrm{d}}{\mathrm{d}t}\iiint_{V(t)}\rho\mathrm{d}V=0 \tag{2-38}$$

式（2-38）为拉格朗日观点下的流体积分型连续方程。在此基础上应用雷诺输运方程，可获得欧拉观点下的积分型连续性方程：

$$\frac{\mathrm{d}}{\mathrm{d}t}\iiint_{V(t)}\rho\mathrm{d}V=\iiint_{V(t)}\left(\frac{\partial\rho}{\partial t}+\nabla\cdot(\rho\boldsymbol{u})\right)\mathrm{d}V=0 \tag{2-39}$$

对式（2-39）应用高斯公式，方程可改写为

$$\iiint_{V(t)}\frac{\partial\rho}{\partial t}\mathrm{d}V+\iint_{S(t)}\rho\boldsymbol{u}\cdot\boldsymbol{n}\mathrm{d}S=0 \tag{2-40}$$

2. 动量方程

动量方程的物理意义对应于动量守恒定律，对于流体系统而言，系统内的总动量的时间变化率等于作用于系统上的全部外力之和，即满足

$$\frac{\mathrm{d}}{\mathrm{d}t}\iiint_{V(t)}\rho\boldsymbol{u}\mathrm{d}V=\sum F \tag{2-41}$$

作用于系统上的外力可以按作用类型的不同分为体积力与面积力。体积力又称质量力，是指作用于流体质量上的非接触作用力，如重力、科里奥利力、带电荷流体在电场中所受的电磁力等，体积力可以直接作用于流体系统中的每一个流体质点。面积力为流体中在接触面的相互作用，可以是一部分流体施加于另一部分流体上的作用力，也可以是固体壁面或流体交界面等通过物理接触作用于流体上的作用力，前者表征为流体内部的各种应力，后者为流体系统受壁面或交界面作用而受到的外力。流体系统的体积力可表示为

$$\iiint_{V(t)}\rho\boldsymbol{f}\mathrm{d}V \tag{2-42}$$

式中，$\boldsymbol{f}$ 为单位质量体积力。

对于面积力，根据张量运算法则，单位面积上的面积力 $\boldsymbol{p}$ 满足

$$\boldsymbol{p}=\boldsymbol{n}\cdot\boldsymbol{\sigma} \tag{2-43}$$

式中，$\boldsymbol{n}$ 为作用面的外法向的单位向量；$\boldsymbol{\sigma}$ 为应力张量，满足

$$\boldsymbol{\sigma}=\sigma_{ij} \tag{2-44}$$

式中，下标 i 表示作用面的外法线方向；下标 j 表示面积力的方向。因此，动量方程可以写为

$$\frac{\mathrm{d}}{\mathrm{d}t}\iiint_{V(t)}\rho\boldsymbol{u}\mathrm{d}V=\iiint_{V(t)}\rho\boldsymbol{f}\mathrm{d}V+\iint_{S(t)}\boldsymbol{p}\mathrm{d}S \tag{2-45}$$

再由雷诺第二输运方程，继续改写为

$$\iiint_{V(t)}\rho\frac{\mathrm{d}\boldsymbol{u}}{\mathrm{d}t}\mathrm{d}V=\iiint_{V(t)}\rho\boldsymbol{f}\mathrm{d}V+\iint_{S(t)}\boldsymbol{n}\cdot\boldsymbol{\sigma}\mathrm{d}S \tag{2-46}$$

式（2-46）即为欧拉观点下的积分型动量方程。根据高斯公式，上式面积分项可进行改写，方程变为

$$\iiint_{V(t)}\rho\frac{\mathrm{d}\boldsymbol{u}}{\mathrm{d}t}\mathrm{d}V=\iiint_{V(t)}\rho\boldsymbol{f}\mathrm{d}V+\iiint_{V(t)}\nabla\cdot\boldsymbol{\sigma}\mathrm{d}V \tag{2-47}$$

此亦为积分型动量方程。

3. 能量方程

能量方程的物理意义对应于能量守恒定律，对于流体系统而言，系统内总能量的时间变化率等于单位时间内作用于系统上的全部外力做功W与传入系统的全部热量Q之和，即满足

$$\frac{\mathrm{d}}{\mathrm{d}t}\iiint_{V(t)}\rho\left(e+\frac{1}{2}\boldsymbol{u}\cdot\boldsymbol{u}\right)\mathrm{d}V=\sum W+\sum Q \tag{2-48}$$

式中，等式左边两项为系统所具有的内能与动能；e为流体单位质量内能。等式右边两项中，单位时间内外力做功可写为

$$\sum W=\iiint_{V(t)}\rho\boldsymbol{f}\cdot\boldsymbol{u}\mathrm{d}V+\iint_{S(t)}(\boldsymbol{n}\cdot\boldsymbol{\sigma})\cdot\boldsymbol{u}\mathrm{d}S \tag{2-49}$$

利用高斯公式，式（2-49）又可写为

$$\sum W=\iiint_{V(t)}\rho\boldsymbol{f}\cdot\boldsymbol{u}\mathrm{d}V+\iiint_{V(t)}\boldsymbol{\sigma}:\nabla\boldsymbol{u}\mathrm{d}V \tag{2-50}$$

式中，$\boldsymbol{\sigma}:\nabla\boldsymbol{u}$为两个张量的双点积。单位时间内传入系统的全部热量可写为

$$\sum Q=\iiint_{V(t)}Q\mathrm{d}V-\iint_{S(t)}\boldsymbol{q}\cdot\boldsymbol{n}\mathrm{d}S \tag{2-51}$$

式中，右边第一项为单位时间内系统内由于辐射或化学能产生的热增量；第二项为单位时间内通过系统边界进入的热量；$\boldsymbol{q}$为热通量向量；负号表示与外法线方向相反，代表能量进入系统。根据高斯公式，式（2-51）又可写作

$$\sum Q=\iiint_{V(t)}Q\mathrm{d}V-\iiint_{V(t)}\nabla\cdot\boldsymbol{q}\mathrm{d}V \tag{2-52}$$

对能量方程等式左边应用雷诺第二输运方程，并获得积分型能量方程表达形式为

$$\iiint_{V(t)}\rho\frac{\mathrm{d}}{\mathrm{d}t}\left(e+\frac{1}{2}\boldsymbol{u}\cdot\boldsymbol{u}\right)\mathrm{d}V=\iiint_{V(t)}(\rho\boldsymbol{f}\cdot\boldsymbol{u}+Q-\nabla\cdot\boldsymbol{q})\mathrm{d}V+\iint_{S(t)}(\boldsymbol{n}\cdot\boldsymbol{\sigma})\cdot\boldsymbol{u}\mathrm{d}S \tag{2-53}$$

2.4.3 流体动力学微分型控制方程

1. 连续方程

由 2.4.2 节得到积分形式的流体连续方程：

$$\iiint_{V(t)}\left(\frac{\partial\rho}{\partial t}+\nabla\cdot(\rho\boldsymbol{u})\right)\mathrm{d}V=0 \tag{2-54}$$

式（2-54）对于任意控制体都成立，必然也对任意微元体积成立，因此有

$$\frac{\partial\rho}{\partial t}+\nabla\cdot(\rho\boldsymbol{u})=0 \tag{2-55}$$

式（2-55）即为微分型连续方程的一种形式，是欧拉描述下的表达形式。其物理意义为对于任意微元控制体，其内部的局部密度增长率等于通过该微元控制体边界流入的流体质量通量。将此形式连续方程展开得

$$\frac{\partial\rho}{\partial t}+\boldsymbol{u}\nabla\cdot\rho+\rho\nabla\cdot\boldsymbol{u}=0 \tag{2-56}$$

利用随体导数重构得到

$$\frac{\mathrm{d}\rho}{\mathrm{d}t}+\rho\nabla\cdot\boldsymbol{u}=0 \tag{2-57}$$

式（2-57）是拉格朗日描述下的流体连续方程的微分形式，其物理意义为微元系统内部的密度相对增长率加上微元系统的相对体积膨胀率等于零。当流体满足不可压条件时，必有

$$\frac{\mathrm{d}\rho}{\mathrm{d}t}=0 \tag{2-58}$$

因此对于不可压流体，其连续性方程表示为

$$\nabla\cdot\boldsymbol{u}=0 \tag{2-59}$$

即不可压流体中速度的散度为零，此结论对均质流体和非均质流体均适用。

2. 动量方程

2.4.2 节中得到的积分型动量方程，其控制体对任意微元体积同样适用。因此其微分型动量方程表示为

$$\rho\frac{\mathrm{d}\boldsymbol{u}}{\mathrm{d}t}=\rho\boldsymbol{f}+\nabla\cdot\boldsymbol{\sigma} \tag{2-60}$$

式（2-60）的物理意义为流体微元系统的加速度等于作用于系统上单位质量流体的质量力与表面力之和。将该方程展开得到

$$\rho\frac{\partial u_i}{\partial t}+\rho u_i\frac{\partial u_i}{\partial x_j}=\rho f_i+\frac{\partial\sigma_{ji}}{\partial x_j} \tag{2-61}$$

对于连续方程有

$$u_i\left(\frac{\partial\rho}{\partial t}+\frac{\partial(\rho u_j)}{\partial x_j}\right)=0 \tag{2-62}$$

两式合并可得

$$\frac{\partial(\rho u_i)}{\partial t}=\rho \boldsymbol{f}-\frac{\partial}{\partial x_j}(\rho u_i u_j-\sigma_{ji})=\rho \boldsymbol{f}-\frac{\partial \pi_{ij}}{\partial x_j} \tag{2-63}$$

$\boldsymbol{\pi}$ 为动量通量张量，此为对称张量，因此动量方程写成张量形式为

$$\frac{\partial(\rho \boldsymbol{u})}{\partial t}=\rho \boldsymbol{f}-\nabla\cdot\boldsymbol{\pi} \tag{2-64}$$

式（2-64）的物理意义是流体微元控制体上的局部动量增长率等于该控制体单位体积流体的质量力减去通过该控制体边界输出的动量通量。

3. 能量方程

对于之前得到的积分型能量方程，同理可化为微分形式，将其写为分量形式，有

$$\iiint_{V(t)}\rho\frac{\mathrm{d}}{\mathrm{d}t}\left(e+\frac{1}{2}u_i u_i\right)\mathrm{d}V=\iiint_{V(t)}\left(\rho f_i u_i+\frac{\partial}{\partial x_j}(\sigma_{ji}u_i)+Q-\frac{\partial q_i}{\partial x_i}\right)\mathrm{d}V \tag{2-65}$$

式（2-65）对于任意控制体均成立，因此其微分形式的分量表达形式为

$$\rho\frac{\mathrm{d}e}{\mathrm{d}t}+\rho u_i\frac{\mathrm{d}u_i}{\mathrm{d}t}=\rho f_i u_i+u_i\frac{\partial\sigma_{ji}}{\partial x_j}+\sigma_{ji}\frac{\partial u_i}{\partial x_j}+Q-\frac{\partial q_i}{\partial x_i} \tag{2-66}$$

注意到在动量方程微分形式中

$$\rho\frac{\mathrm{d}u_i}{\mathrm{d}t}=\rho f_i+\frac{\partial\sigma_{ji}}{\partial x_j} \tag{2-67}$$

该式两边同乘 u_i 后与前式合并，可得

$$\rho\frac{\mathrm{d}e}{\mathrm{d}t}=\sigma_{ji}\frac{\partial u_i}{\partial x_j}+Q-\frac{\partial q_i}{\partial x_i} \tag{2-68}$$

式中，$\sigma_{ji}\dfrac{\partial u_i}{\partial x_j}$ 为两个张量的双点积，记为 $\boldsymbol{\sigma}:\nabla\boldsymbol{u}$。式（2-68）即为能量方程微分形式。能量方程写成张量形式为

$$\rho\frac{\mathrm{d}e}{\mathrm{d}t}=\boldsymbol{\sigma}:\nabla\boldsymbol{u}+Q-\nabla\cdot\boldsymbol{q} \tag{2-69}$$

对于运动的黏性流体，一点处的应力张量可以写为

$$\sigma_{ij} = -p\delta_{ij} + \tau_{ij} \tag{2-70}$$

式中，p 为流体压强。

$\boldsymbol{\sigma}$ 为对称张量。$\boldsymbol{\tau}$ 为偏应力张量，是由于流体黏性产生的应力张量，同样为对称张量。因此式（2-66）分量形式中右侧第三项可写为

$$\sigma_{ji}\frac{\partial u_i}{\partial x_j} = \sigma_{ij}\frac{\partial u_i}{\partial x_j} = \tau_{ij}\frac{\partial u_i}{\partial x_j} - p\delta_{ij}\frac{\partial u_i}{\partial x_j} \tag{2-71}$$

因此能量方程又可以张量形式写为

$$\rho\frac{\mathrm{d}e}{\mathrm{d}t} = -p\nabla\cdot\boldsymbol{u} + \boldsymbol{\tau}:\nabla\boldsymbol{u} + Q - \nabla\cdot\boldsymbol{q} \tag{2-72}$$

式中，$\rho\frac{\mathrm{d}e}{\mathrm{d}t}$ 为流体内能随时间的变化率；$-p\nabla\cdot\boldsymbol{u}$ 为流体所受的压缩功；$\boldsymbol{\tau}:\nabla\boldsymbol{u}$ 为黏性应力对剪切变形的做功，称为耗散功，以符号 $\boldsymbol{\Phi}$ 表示。最终式（2-72）写为

$$\rho\frac{\mathrm{d}e}{\mathrm{d}t} = -p\nabla\cdot\boldsymbol{u} + \boldsymbol{\Phi} + Q - \nabla\cdot\boldsymbol{q} \tag{2-73}$$

2.4.4　黏性流体本构方程

2.4.3 节中初步建立了黏性流体的基本方程：

（1）连续方程，见式（2-57）。

（2）动量方程，见式（2-64）。

（3）能量方程，见式（2-73）。

这些方程构成方程组，未知数 ρ、$\boldsymbol{u}$、p、$\boldsymbol{\tau}$、e、$\boldsymbol{q}$ 中待定量共 15 个，而方程式写成分量形式只有 5 个，因此为使方程组闭合，还采用以下方程式作为补充。

（4）气体状态方程：

$$f(p,\rho,T) = 0 \tag{2-74}$$

对于完全气体：

$$p = \rho RT \tag{2-75}$$

式中，R 为摩尔气体常数；T 为绝对温度。

（5）内能公式：

$$e = e(p,T) \tag{2-76}$$

对于完全气体，$\mathrm{d}e = c_\mathrm{V}\mathrm{d}T$，$c_\mathrm{V}$ 为比定容热容。

（6）傅里叶热传导公式：

$$\boldsymbol{q} = -K\nabla \cdot T \tag{2-77}$$

式中，K 为导热系数。

至此，方程组扩展为 10 个方程式，而待定量增加了温度 T 变为 16 个，还需补充与偏应力张量和变形速率张量相联系的本构方程。

根据柯西-亥姆霍兹流体微团速度分解定理，流场中的微团上任意一点的运动可以分解为平动、转动和变形三部分。对于流场中一点的流速 $\boldsymbol{u}(x,t)$，邻近一点处 $(x+\delta x,t)$ 的流速为 $\boldsymbol{u}(x+\delta x,t)$，应用泰勒展开得

$$u_i(x+\delta x) = u_i(x) + \delta u_i \tag{2-78}$$

式中，

$$\delta u_i = \frac{\partial u_i}{\partial x_j}\delta x_j = \frac{1}{2}\left(\frac{\partial u_i}{\partial x_j} + \frac{\partial u_j}{\partial x_i}\right)\delta x_j + \frac{1}{2}\left(\frac{\partial u_i}{\partial x_j} - \frac{\partial u_j}{\partial x_i}\right)\delta x_j = e_{ij}\delta x_j + \xi_{ij}\delta x_j \tag{2-79}$$

即将 $\boldsymbol{u}$ 分解为一个对称张量 $\boldsymbol{e}$ 与一个反对称张量 $\boldsymbol{\xi}$。$\boldsymbol{e}$ 称为流体微团的变形速率张量，其主对角线元素表征流体微团的线膨胀率，e_{ii} 为其体积膨胀率：

$$e_{ii} = \frac{\partial u_1}{\partial x_1} + \frac{\partial u_2}{\partial x_2} + \frac{\partial u_3}{\partial x_3} = \nabla \cdot \boldsymbol{u} \tag{2-80}$$

而非主对角线元素表征其角变形率。$\boldsymbol{\xi}$ 称为转动张量，有

$$\xi_{ij}\delta x_j = \omega \times \delta \boldsymbol{x} \tag{2-81}$$

因此 $\boldsymbol{\xi}$ 表征具有角速度 ω 的刚体转动形式。

流体力学中将应力张量 $\boldsymbol{\sigma}$ 与变形速率张量 $\boldsymbol{e}$ 联系起来的方程式称为本构方程，可类比于经典力学中弹簧的胡克定律。讨论牛顿流体中的本构关系，需首先对流体性质做以下三条假定：

（1）当流体静止时，流体的偏应力张量为零，正应力等于流体静压强。

（2）应力张量 $\boldsymbol{\sigma}$ 与变形速率张量 $\boldsymbol{e}$ 呈线性关系。

（3）流体为各向同性，即其物理性质与方向无关。

反之，可以定义满足此三条基本假设的流体为牛顿流体。

由之前的讨论已知，应力张量可以分解为一个各项同性张量与另一个张量之和，即

$$\sigma_{ij} = -\Pi\delta_{ij} + \tau_{ij} \tag{2-82}$$

当流体静止时，Π 为静止流体的压强 p，偏应力张量的分量 $\tau_{ij}=0$。当流体运动时，各项同性应力 Π 不再等于流体静压强 p，可表示为

$$\Pi\delta_{ij}=(\pi-p)\delta_{ij} \tag{2-83}$$

上式等号右侧分为与流体运动相关的部分和热力学压强部分。其中，流体静压强 p 与流体运动没有关系，其仅由热力学状态方程决定。根据线性假定，π 是 e_{ij} 的线性函数，且 π 是标量，e_{ij} 的标量线性函数只能为其对角线之和 e_{ii}，因此必有 $\pi=\lambda e_{ii}$，则流体的各项同性应力张量可表示为

$$\Pi\delta_{ij}=(-p+\lambda e_{ii})\delta_{ij} \tag{2-84}$$

式中，λ 为第二黏性系数。

对于偏应力张量 $\boldsymbol{\tau}$，由于其与变形率张量 $\boldsymbol{e}$ 具有线性各项同性关系，由张量分析的知识可知，其各项同性线性函数唯一的形式为

$$\tau_{ij}=2\mu e_{ij} \tag{2-85}$$

综合以上讨论，可知牛顿流体中黏性应力张量与变形率张量之间的关系为

$$\sigma_{ij}=-p\delta_{ij}+\lambda e_{ii}\delta_{ij}+2\mu e_{ij} \tag{2-86}$$

式中，μ 为动力黏性系数。第二黏度系数与动力黏度系数均与流体性质有关，其具体数值由试验得到。由于当流体静止时 $p=-\frac{1}{3}\sigma_{ii}$，对于运动的黏性流体，定义一点处的平均压强 $\overline{p}=-\frac{1}{3}\sigma_{ii}$，则可得到

$$-3\overline{p}=\sigma_{ii}=-3p+3\lambda\nabla\cdot\boldsymbol{u}+2\mu\nabla\cdot\boldsymbol{u} \tag{2-87}$$

即

$$p-\overline{p}=\left(\lambda+\frac{2}{3}\mu\right)\nabla\cdot\boldsymbol{u}=\mu_{\mathrm{v}}\nabla\cdot\boldsymbol{u} \tag{2-88}$$

式中，μ_{v} 为容积黏度。对于理想流体，偏应力张量为零，因此 $\mu_{\mathrm{v}}=0$；对于不可压缩流体，$\nabla\cdot\boldsymbol{u}=0$，因而同样有 $\mu_{\mathrm{v}}=0$。对于一般的气体运动，除高温或高频声波等极端情况，一般均可认为容积黏度 $\mu_{\mathrm{v}}=0$，此时 $\lambda=-\frac{2}{3}\mu$，此结论称为斯托克斯假设。采用斯托克斯假设的牛顿流体本构方程表示为

$$\sigma_{ij}=-\left(p+\frac{2}{3}\mu\nabla\cdot\boldsymbol{u}\right)\delta_{ij}+2\mu e_{ij} \tag{2-89}$$

本构方程写为分量形式共 6 个方程，作为前述方程组的补充，合计 16 个方程、16 个未知量，从而使流体基本方程封闭。

2.4.5　纳维-斯托克斯方程

将采用斯托克斯假设的黏性流体本构方程代入微分型动量方程，得到牛顿流体运动方程：

$$\frac{\mathrm{d}\boldsymbol{u}}{\mathrm{d}t}=\boldsymbol{f}-\frac{1}{\rho}\nabla p-\frac{1}{\rho}\nabla\left(\frac{2}{3}\mu\nabla\cdot\boldsymbol{u}\right)+\frac{1}{\rho}\nabla\cdot(2\mu\boldsymbol{e}) \tag{2-90}$$

上式为纳维-斯托克斯方程，简称 N-S 方程，该方程由法国力学家纳维于 1821 年提出，由英国力学家斯托克斯于 1845 年完善。方程左侧 $\frac{\mathrm{d}\boldsymbol{u}}{\mathrm{d}t}$ 为流体质点的加速度；方程右侧 $\boldsymbol{f}$ 为作用于微团上单位质量流体的体积力，$-\frac{1}{\rho}\nabla p$ 为作用于微团上单位质量流体的压强合力，$-\frac{1}{\rho}\nabla\left(\frac{2}{3}\mu\nabla\cdot\boldsymbol{u}\right)$ 为作用于微团上单位质量流体的黏性体积膨胀力，$\frac{1}{\rho}\nabla\cdot(2\mu\boldsymbol{e})$ 为作用于微团上单位质量流体的黏性偏应力张量的合力。

当流动为不可压缩时，有 $\nabla\cdot\boldsymbol{u}=0$，N-S 方程简化为

$$\frac{\mathrm{d}\boldsymbol{u}}{\mathrm{d}t}=\boldsymbol{f}-\frac{1}{\rho}\nabla p+\nu\nabla^2\boldsymbol{u} \tag{2-91}$$

式中，$\nu=\frac{\mu}{\rho}$，为运动黏性系数；$\nabla^2=\frac{\partial^2}{\partial x_1^2}+\frac{\partial^2}{\partial x_2^2}+\frac{\partial^2}{\partial x_3^2}$ 为拉普拉斯算子。当流体不可压缩且为理想流体时，还满足 $\mu=0$，方程进一步简化为

$$\frac{\mathrm{d}\boldsymbol{u}}{\mathrm{d}t}=\boldsymbol{f}-\frac{1}{\rho}\nabla p \tag{2-92}$$

此方程为欧拉方程。

将采用斯托克斯假设的黏性流体本构方程代入微分型能量方程，得到

$$\rho\frac{\mathrm{d}e}{\mathrm{d}t}=-p\nabla\cdot\boldsymbol{u}+\boldsymbol{\tau}:\nabla\boldsymbol{u}+Q-\nabla\cdot\boldsymbol{q} \tag{2-93}$$

式中，

$$\nabla\cdot\boldsymbol{q}=-\frac{\partial}{\partial x_i}\left(K\frac{\partial T}{\partial x_i}\right) \tag{2-94}$$

耗散功中代入偏应力张量表达式得

$$\begin{aligned}\boldsymbol{\Phi}=\boldsymbol{\tau}:\nabla\boldsymbol{u}&=\tau_{ij}\frac{\partial u_i}{\partial x_j}\\&=(\lambda\delta_{ij}\nabla\cdot\boldsymbol{u}+2\mu e_{ij})\frac{\partial u_i}{\partial x_j}=\lambda(\nabla\cdot\boldsymbol{u})^2+2\mu e_{ij}e_{ij}\end{aligned}\tag{2-95}$$

由此也可以看出，耗散功恒不为负值。最终代入本构方程的能量方程表达式为

$$\rho\frac{\mathrm{d}e}{\mathrm{d}t}=-p\nabla\cdot\boldsymbol{u}+\lambda(\nabla\cdot\boldsymbol{u})^2+2\mu e_{ij}e_{ij}+Q+\frac{\partial}{\partial x_i}\left(K\frac{\partial T}{\partial x_i}\right)\tag{2-96}$$

当建立黏性流体力学封闭方程组后，对于方程组的求解，还需给定初始条件与边界条件。对于一般非定常黏性流体的流动问题求解，需首先给出流场各参数的初始状态，即 $t=0$ 时刻时 $\boldsymbol{u}_0=\boldsymbol{u}(x,0)$， $p_0=p(x,0)$， $T_0=T(x,0)$。方程组的边界条件从数学上应是一个封闭边界的迪利克雷条件，即在边界上满足 $\boldsymbol{u}=f_1$；或是诺伊曼条件，即在边界上满足 $\dfrac{\partial\boldsymbol{u}}{\partial\boldsymbol{n}}=f_2$；抑或是两类边界的混合形式，即在边界上满足 $\boldsymbol{u}+h\dfrac{\partial\boldsymbol{u}}{\partial\boldsymbol{n}}=f_3$。其中， f_1、 f_2、 f_3、 h 均为已知函数； $\boldsymbol{n}$ 为边界面外法向坐标。一般性地，对于流场中固体壁面的边界条件，通常包括无滑移条件与无穿透条件，两者合并可表示为壁面处流体速度与该点处壁面运动速度相一致。此外，还包括热力学参数的边界条件，常见的包括：固壁温度的热平衡条件，即固体壁面处流体质点温度与当地壁面温度相同；绝热固壁条件，即固体壁面的热传导为零。

2.5　湍流流动简介

2.5.1　湍流的概念与特性

雷诺通过著名的雷诺试验发现流体运动存在两种不同的流动类型。他在一根玻璃圆管的进口处加入与水的密度相同的液体颜料，当流动速度较低时，该颜料随着管内液体的流动而呈现一条细长的线条，说明此时有色流体沿稳定的路径运动，即此时各个流体微团均彼此平行流动；当提高管内流动速度时，流动状态发生变化，颜料不再沿直线运动，而是先经过短暂的波动，然后断裂形成漩涡，最终有色颜料均匀扩散在整个圆管流动的范围中。在此试验中，低流速下流线式的流动称为层流，此时流体通过厚度为无限小的相邻层的层状滑动进行运动，流体

微团之间的相对运动发生在分子尺度之内，微团在确定的轨迹或流线上运动；高流速下混乱的流动形式称为湍流，大量流体微团在很短的时间间隔内出现不规则运动，湍流最显著的特征是其不规则性，其流场上各个点的速度都有脉动，这些脉动源于流体内众多离散的小微团组成小的漩涡，以混乱的方式运动，这些漩涡尺度相对于分子尺度大得多，它们彼此间相互作用，不同流层之间的流体质点相互掺混，引起不同流层之间的动量交换，导致了湍流的有效混合，因此雷诺试验中的染料液体最终扩散到整个流动空间中。这种混合作用通常是由旋转引起，每一个漩涡与周围流体存在黏性剪切作用从而消耗能量，并发生形状与尺寸上的变化。此外，更多的漩涡不断地产生，大尺度涡结构中存在许多小涡，最终的速度脉动快速而无序。

2.5.2　转捩过程

由层流向湍流的过渡称为转捩，转捩发生时的雷诺数称为临界雷诺数，记为 Re_{crit}，对于常见的圆管流动，$Re_{\text{crit}}=2300$。当雷诺数小于临界雷诺数时，流体即使受到外界扰动，扰动对流体产生的影响也会由于流体黏性的存在而衰减直至消失，流体将继续保持层状流动；而当雷诺数大于临界雷诺数时，外部扰动将不再衰减，反而其产生的不稳定性被逐渐放大，直至流动完全成为湍流。

在壁面边界层中，同样存在着转捩现象，对于层流边界层与湍流边界层，其流动状态存在许多显著差异。边界层转捩同样可以用临界雷诺数进行判定，此时由于来流湍流强度、壁面粗糙度、壁面压力梯度等因素的复杂性，边界层转捩临界雷诺数没有一个固定统一的结果。当边界层从层流转捩为湍流时，边界层厚度会在转捩点处突然增加。

2.5.3　层流稳定性与奥尔-索末菲方程

当层流受到一个微小扰动时，这个扰动是随着时间继续发展还是被抑制，是层流稳定性所讨论的问题。当流层中的小扰动与主流相叠加，如果扰动随时间逐渐衰减，则认为此时流动是稳定的；否则随着这种小的扰动逐渐发展，流动由层流转变为湍流，则为不稳定流动。层流稳定性理论所关心的问题是在各种流动状态下层流失去抑制扰动能力时的雷诺数，即临界雷诺数 Re_{crit}。

以一个简单的二维平行流动为例，记 x、y 方向上主流流速分量分别为 $U=U(y)$，$W=0$，压力为 P；非恒定的小扰动记为 u'、v'、p'，均为 x、y、t 的函数，则流动的各个参数分别为

$$u=U+u',\quad v=v',\quad p=P+p' \tag{2-97}$$

叠加小扰动后的参数也必然满足 N-S 方程，且可以忽略扰动项的二次小量，则将其代入二维不可压缩非定常流动的 N-S 方程中：

$$\begin{cases}\dfrac{\partial u}{\partial t}+u\dfrac{\partial u}{\partial x}+v\dfrac{\partial u}{\partial y}=-\dfrac{1}{\rho}\dfrac{\partial p}{\partial x}+\nu\left(\dfrac{\partial^2 u}{\partial x^2}+\dfrac{\partial^2 u}{\partial y^2}\right)\\ \dfrac{\partial v}{\partial t}+u\dfrac{\partial v}{\partial x}+v\dfrac{\partial v}{\partial y}=-\dfrac{1}{\rho}\dfrac{\partial p}{\partial y}+\nu\left(\dfrac{\partial^2 v}{\partial x^2}+\dfrac{\partial^2 v}{\partial y^2}\right)\\ \dfrac{\partial u}{\partial x}+\dfrac{\partial v}{\partial y}=0\end{cases} \tag{2-98}$$

忽略扰动量二次小量：

$$\begin{cases}\dfrac{\partial u'}{\partial t}+U\dfrac{\partial u'}{\partial x}+v'\dfrac{\mathrm{d}U}{\mathrm{d}y}+\dfrac{1}{\rho}\dfrac{\partial p}{\partial x}+\dfrac{1}{\rho}\dfrac{\partial p'}{\partial x}=\nu\left(\dfrac{\mathrm{d}^2U}{\mathrm{d}y^2}+\nabla^2 u'\right)\\ \dfrac{\partial v'}{\partial t}+U\dfrac{\partial v'}{\partial x}+\dfrac{1}{\rho}\dfrac{\partial p}{\partial y}+\dfrac{1}{\rho}\dfrac{\partial p'}{\partial y}=\nu\nabla^2 v'\\ \dfrac{\partial u'}{\partial x}+\dfrac{\partial v'}{\partial y}=0\end{cases} \tag{2-99}$$

其主流本身也必满足 N-S 方程，即有

$$\frac{1}{\rho}\frac{\partial p}{\partial x}=\nu\frac{\mathrm{d}^2U}{\mathrm{d}y^2},\quad \frac{1}{\rho}\frac{\partial p}{\partial y}=0 \tag{2-100}$$

将式（2-100）代入式（2-99）得

$$\begin{cases}\dfrac{\partial u'}{\partial t}+U\dfrac{\partial u'}{\partial x}+v'\dfrac{\mathrm{d}U}{\mathrm{d}y}+\dfrac{1}{\rho}\dfrac{\partial p'}{\partial x}=\nu\nabla^2 u'\\ \dfrac{\partial v'}{\partial t}+U\dfrac{\partial v'}{\partial x}+\dfrac{1}{\rho}\dfrac{\partial p'}{\partial y}=\nu\nabla^2 v'\\ \dfrac{\partial u'}{\partial x}+\dfrac{\partial v'}{\partial y}=0\end{cases} \tag{2-101}$$

将得到的前两式分别对 y 和 x 取微分，消去压力扰动项 p'，得

$$\begin{cases}\dfrac{\partial}{\partial t}\left(\dfrac{\partial u'}{\partial y}-\dfrac{\partial v'}{\partial x}\right)+U\dfrac{\partial}{\partial x}\left(\dfrac{\partial u'}{\partial y}-\dfrac{\partial v'}{\partial x}\right)+v'\dfrac{\mathrm{d}^2U}{\mathrm{d}y^2}=\nu\nabla^2\left(\dfrac{\partial u'}{\partial y}-\dfrac{\partial v'}{\partial x}\right)\\ \dfrac{\partial u'}{\partial x}+\dfrac{\partial v'}{\partial y}=0\end{cases} \tag{2-102}$$

假设二维流动中的小扰动以扰动波的形式向下游方向传播，可利用流函数代表一个单独的扰动波：

$$\psi(x,y,t)=\phi(y)\mathrm{e}^{\mathrm{i}(\alpha x-\beta t)} \tag{2-103}$$

式中，$\phi(y)=\phi_\mathrm{r}+\mathrm{i}\phi_\mathrm{i}$ 为复幅度；α 为波数；$\beta=\beta_\mathrm{r}+\mathrm{i}\beta_\mathrm{i}$ 为复数，其实部表示扰动的圆频率，虚部为放大系数。若 $\beta_\mathrm{i}<0$，则扰动是衰减的，主流的流动是稳定的；反之若 $\beta_\mathrm{i}>0$，则扰动随时间逐渐被放大，流动为不稳定的。设 $c=\dfrac{\beta}{\alpha}=c_\mathrm{r}+\mathrm{i}c_\mathrm{i}$，其实部为波速，虚部同样表征衰减或放大的程度。任意二维扰动通过傅里叶级数展开，级数的每一项均可用此扰动波表示。根据流函数的定义，有

$$u'=\frac{\partial\psi}{\partial y}=\phi'(y)\mathrm{e}^{\mathrm{i}(\alpha x-\beta t)},\quad v'=-\frac{\partial\psi}{\partial x}=-\mathrm{i}\alpha\phi(y)\mathrm{e}^{\mathrm{i}(\alpha x-\beta t)} \tag{2-104}$$

将此代入仅含速度扰动项的式（2-102）中，并做无量纲化可得

$$(U-c)(\phi''-\alpha^2\phi)-U''\phi=-\frac{\mathrm{i}}{\alpha Re}(\phi''''-2\alpha^2\phi''+\alpha^4\phi) \tag{2-105}$$

此即为奥尔-索末菲方程，是层流稳定性理论中的关键方程。奥尔-索末菲方程左侧由 N-S 方程中惯性项得到，而右侧为其中的黏性项。通常对于求解此方程，一般给出的边界条件为在 $y=0$ 或 $y=\infty$ 时 $u'=v'=0$，即 $\phi=\phi'=0$。此时，对于流场稳定性的求解问题转变为求解该方程的特征值问题。

2.5.4　湍流连续方程与雷诺方程

湍流流动同样满足一些基本的方程式，其中以连续方程和运动方程为基础方程，为了使方程组封闭，通常还采用半经验理论的各种湍流模型以解决方程组的封闭性问题。本节介绍湍流的连续方程和运动方程。

对于不可压缩流体，连续方程写为

$$\frac{\partial u_i}{\partial x_i}=0 \tag{2-106}$$

假设湍流是各态遍历的，即可用时间平均值代替统计平均值，流速 u_i 可分解为平均流速 $\overline{u}_i$ 和脉动流速 u_i'，将 $u_i=\overline{u}_i+u_i'$ 代入连续方程并取时间平均，得

$$\overline{\frac{\partial u_i}{\partial x_i}}=\overline{\frac{\partial}{\partial x_i}\left(\overline{u}_i+u_i'\right)}=\frac{\partial\overline{u}_i}{\partial x_i}=0 \tag{2-107}$$

此为时均流动的连续方程，再将式（2-106）和式（2-107）相减，得

$$\frac{\partial u_i'}{\partial x_i}=0 \tag{2-108}$$

此为脉动流动的连续方程。

即便对于湍流这类紊乱的流动形式，对其瞬时状态 N-S 方程也适用。同样，对于不可压缩流体，N-S 方程写为

$$\rho\frac{\partial u_i}{\partial t}+\rho u_j\frac{\partial u_i}{\partial x_j}=\rho f_i-\frac{\partial p}{\partial x_i}+\mu\frac{\partial^2 u_i}{\partial x_j\partial x_j} \tag{2-109}$$

将 $u_i=\overline{u}_i+u_i'$ 和 $p=\overline{p}+p'$（$\overline{p}$ 为平均压强，p' 为脉动压强）代入方程，得

$$\rho\frac{\partial\left(\overline{u}_i+u_i'\right)}{\partial t}+\rho\left(\overline{u}_j+u_j'\right)\frac{\partial\left(\overline{u}_i+u_i'\right)}{\partial x_j}=\rho f_i-\frac{\partial\left(\overline{p}+p'\right)}{\partial x_i}+\mu\frac{\partial^2\left(\overline{u}_i+u_i'\right)}{\partial x_j\partial x_j} \tag{2-110}$$

对时间取平均，可得

$$\rho\frac{\partial\overline{u}_i}{\partial t}+\rho\overline{u}_j\frac{\partial\overline{u}_i}{\partial x_j}+\overline{\rho u_j'\frac{\partial u_i'}{\partial x_j}}=\rho\overline{f}_i-\frac{\partial\overline{p}}{\partial x_i}+\mu\frac{\partial^2\overline{u}_i}{\partial x_j\partial x_j} \tag{2-111}$$

式中，

$$\overline{\rho u_j'\frac{\partial u_i'}{\partial x_j}}=\rho\frac{\partial}{\partial x_i}\overline{\left(u_i'u_j'\right)}-\overline{\rho u_i'\frac{\partial u_j'}{\partial x_j}} \tag{2-112}$$

代入连续方程可得

$$\overline{\rho u_j'\frac{\partial u_i'}{\partial x_j}}=\rho\frac{\partial}{\partial x_i}\overline{\left(u_i'u_j'\right)} \tag{2-113}$$

最终，N-S 方程变为

$$\rho\frac{\partial\overline{u}_i}{\partial t}+\rho\overline{u}_j\frac{\partial\overline{u}_i}{\partial x_j}=\rho\overline{f}_i-\frac{\partial\overline{p}}{\partial x_i}+\frac{\partial}{\partial x_j}\left(\mu\frac{\partial\overline{u}_i}{\partial x_j}-\rho\overline{u_i'u_j'}\right) \tag{2-114}$$

此为湍流的时均运动方程，即雷诺方程。方程中除了时均项，还出现了脉动项 $-\rho\frac{\partial}{\partial x_j}\overline{u_i'u_j'}$，此脉动项是作为应力相关项以张量形式出现于方程中，称为雷诺应力，其产生于 N-S 方程中的非线性迁移项，因此雷诺应力起源于流场在空间分布上的不均匀性。雷诺应力是一个对称张量，其主对角线元素为正应力项，其余元素为切应力项，雷诺应力项代表了湍流脉动对时均流动的影响。

2.6　相似律与无量纲参数

N-S 方程是一个复杂的非线性偏微分方程，其解析解目前只有在极少数特定条件下存在，对于此类包含对流加速度项、黏性扩散项的对流扩散方程，已发展出许多优秀的数值模拟算法，通常是将偏微分方程在网格上进行离散化，再进行迭代计算，可以较好地对特定问题利用高性能计算机进行求解。尽管如此，特别是对于复杂的三维流动，由于网格数量在数量级上的增加，数值模拟方法受到计算性能和计算资源的限制，仍然无法解决所有问题。风洞或水洞试验作为一种与数值模拟互补的传统研究方法，仍具有许多数值方法无法替代的优势。

在风洞或者水洞试验中，尤其是桥梁风工程领域，由于洞体结构尺寸的限制，常常无法还原试验对象的真实尺寸，而是采用一定的缩尺比对研究对象进行等比例缩放制作模型。此时，试验者需要清晰地了解在不同尺度下试验中的流场能否真实反映研究对象在实际流场的性质，本节对这个问题给出解答。

2.6.1　相似律

（1）几何相似：对应长度成比例、对应角度相等的两个空间几何体，称这两者满足几何相似。

（2）流动相似：在时空中几何相似的两个流场中，对应点上的物理量成比例，则称这两个流场满足流动相似。流动相似的前提条件是几何相似，除了流场中的模型满足几何相似，流场边界条件也同样需满足此要求。

（3）流动特征参量：流动相似中某一指定状态的物理量为特征物理量，常包括以下几种：①几何特征量，又称特征长度，通常取模型直径、机翼弦长、平板厚度等，几何相似系统仅需定义一种特征长度即可；②时间特征量 T，又称特征时间，常取试验模型的自振周期，或是定常流动中特征长度与特征速度之比；③速度特征量 U_0，又称特征速度，常取无穷远流场中的流速，即来流速度；④压强特征量 p_0，又称特征压强，常取来流压强或滞止压强；⑤密度特征量，又称特征密度 ρ_0，常取来流密度或滞止密度。除了这些常用流动特征参量以外，还有特征黏度 μ_0、特征导热系数 λ_0、特征质量力等。物理量与其特征量的比值为无量纲参数，通常以上标“$^{-}$”表示，如 $\overline{U}=\dfrac{U}{U_0}$。在相似流场中，几何相似点上的无量纲量相等，因此在相似流动中，只需一个无量纲解即可通过相似关系得到相似系统中任意一个流动的解。

（4）流动相似的充要条件：流场流动状态由基本方程和定解条件直接确定，利用 N-S 方程的无量纲形式，可确定流动相似的充要条件。

利用前面提到的流动特征参量进行无量纲化，无量纲 N-S 方程写为

$$Sr\frac{\partial\overline{U_i}}{\partial\overline{t}}+\overline{U}_j\frac{\partial\overline{U_i}}{\partial\overline{x_j}}=-Eu\frac{\partial\overline{p}}{\partial\overline{x_i}}+\frac{1}{Re}\frac{\partial^2\overline{U_i}}{\partial\overline{x_j}\partial\overline{x_j}}+\frac{1}{Fr}\overline{f_i} \tag{2-115}$$

式中出现 4 个无量纲数：斯特劳哈尔数 $Sr=\dfrac{L}{U_0T}$，雷诺数 $Re=\dfrac{\rho U_0L}{\mu}$，弗劳德数 $Fr=\dfrac{U_0^2}{gL}$ 和欧拉数 $Eu=\dfrac{p_0}{\rho U_0^2}$。如果方程中所有无量纲数在几何相似的两个流场中均相等，则由此确定的无量纲解也是相等的，即流场运动也是相似的。因此，几何相似的牛顿流体流场流动相似的充分必要条件为无量纲数相等，此即为流动相似准则。

所有无量纲数全部相等称为完全相似，这个条件对于风洞或风洞试验条件是无法满足的，因此实际试验过程中采用的是部分相似准则，即保证占主导的几个无量纲数相等，而忽略其余不重要的无量纲数相似条件。

2.6.2 无量纲参数

下面介绍几个重要的无量纲数及其相应的物理意义。

（1）雷诺数 $Re=\dfrac{\rho U_0L}{\mu}$：雷诺数是惯性力与黏性力量级的比值，雷诺数越大表明流体质点的惯性力相对于质点所受到的黏性力越大，雷诺数小则是黏性力主导整个流动模式。雷诺数是黏性流动分类的关键参数。

（2）弗劳德数 $Fr=\dfrac{U_0^2}{gL}$：弗劳德数是惯性力与重力的量级比值，在研究水波运动的领域中有关键作用，如研究船舶的兴波阻力、明渠中水的流动等。

（3）斯特劳哈尔数 $Sr=\dfrac{L}{U_0T}$：斯特劳哈尔数是流场中局部加速度与对流加速度的量级之比，其为非定常流动判定的关键参数，在非定常流动的研究中经常需要考虑该参数的相似，如振动模型的绕流场研究。对于定常流场，无须考虑斯特劳哈尔数。

（4）欧拉数 $Eu=\dfrac{p_0}{\rho U_0^2}$：欧拉数是压强梯度与惯性力的量级之比，以著名数学家欧拉的名字命名，其有多种表达方式，其中一种为 $Eu=\dfrac{U}{\sqrt{2\Delta p/\rho}}$。

此外，还有其他一些无量纲参数，包括与激波研究相关的马赫数 *Ma*，与表面张力研究相关的韦伯数 *We* 等，由于在本领域使用较少，就不再逐一介绍。

2.7 小　　结

本章介绍了流体力学的基本内容。首先介绍流体力学中的基本概念以及描述流场的基本参数；随后引入了流体力学积分与微分形式的控制方程，推导了纳维-斯托克斯方程；接着对湍流流动进行了简要介绍，包括湍流的概念与特性，转捩过程与层流稳定性，以及基于统计意义的描述湍流运动的控制方程；最后介绍相似律与无量纲参数，描述流动中的主导参数。本章内容为风工程领域必需的流体力学基础知识，通过本章的学习可为后续内容打下基础。

参 考 文 献

[1] 张兆顺, 崔桂香. 流体力学. 北京: 清华大学出版社, 2015.

[2] 章梓雄, 董曾南. 粘性流体力学. 北京: 清华大学出版社, 2011.

[3] 王惠民. 流体力学基础. 北京: 清华大学出版社, 2013.

[4] 潘文全. 工程流体力学. 北京: 清华大学出版社, 1988.

第 3 章　风环境与风荷载

3.1 引　　言

风有多大的力量？早在唐代时“解落三秋叶，能开二月花。过江千尺浪，入竹万竿斜”的诗句中便有了生动的答案。随着科学技术的发展，大自然的密码被逐渐解开，那么我们该如何科学地认识风的形成？有的风能吹落秋叶、催开花儿，有的风能掀起千尺巨浪、吹歪万棵翠竹，风力的等级该如何划分？当风作用在结构时形成了风压，导致结构发生变形和振动，因此在结构设计中必须考虑风荷载作用下结构产生的效应。在桥梁工程领域中，大跨度桥梁结构及构件在风荷载作用下易产生风致振动现象，有效抑制大跨度桥梁结构的风致振动，从而提升桥梁结构的使用寿命、行车安全性和舒适性，是保障社会公共安全的关键。本章首先介绍风的成因、风力等级、大气边界层和近地风特性，然后阐述大跨度桥梁结构中的钝体绕流现象和风荷载特征。

3.2 大气环流及大气边界层

3.2.1 风的成因

风的本质是空气的流动，是由大气压强的差异引起的。在大气压差作用下，空气由气压大的地方向气压小的地方流动。大气环流是指地球上各种规模和形式的空气流动综合情况[1]。太阳辐射、地球自转、海陆分布和地形差异等因素导致大气环流的形成。考虑的条件不同，大气环流模式有所区别。

1. 单圈环流

仅考虑太阳辐射作用，即假设地表均匀、地球不自转、太阳直射赤道，在高低纬度间形成了热量差异。在赤道附近，地表受太阳辐射强，气温高，暖空气向高空运动并向外流散，由于气柱质量减小，在低空处形成了低压。相反，在两极地区，地表受太阳辐射的程度比较弱，气温低，冷空气收缩下沉，聚集在低空，由于气柱质量增加，在低空处形成了高压。因此，由于太阳辐射在地表分布的不均匀性，沿着高低纬度形成了压差。在压差作用下，低空空气由两极地区向赤道地区流动，高空空气由赤道地区向两极地区流动，这便形成了单圈环流。

2. 三圈环流

同时考虑太阳辐射与地球自转，在地转偏向力的影响下，北半球的风向右偏，南半球的风向左偏，因此在单圈环流的基础上进一步发展形成三圈环流模式，并在此基础上划分了 7 个纬向气压带和 6 个风带。

如图 3-1[1]所示，受热量差异影响，在赤道附近低空处形成了低压，称为赤道低压带；在两极地区低空处形成了高压，称为极地高压带。在北半球，赤道上空向北极上空流动的暖空气，受地转偏向力的影响，风向逐渐偏转成西南风，阻碍暖空气继续向高纬度流动，最终，气流在纬度 30°附近的高空发生堆积并下沉，从而在地面形成了高压带，称为副热带高压带。在副热带高压带和极地高压带之间存在一个相对低压带，称为副极地低压带。因此，三圈环流模式共形成 7 个压力带。

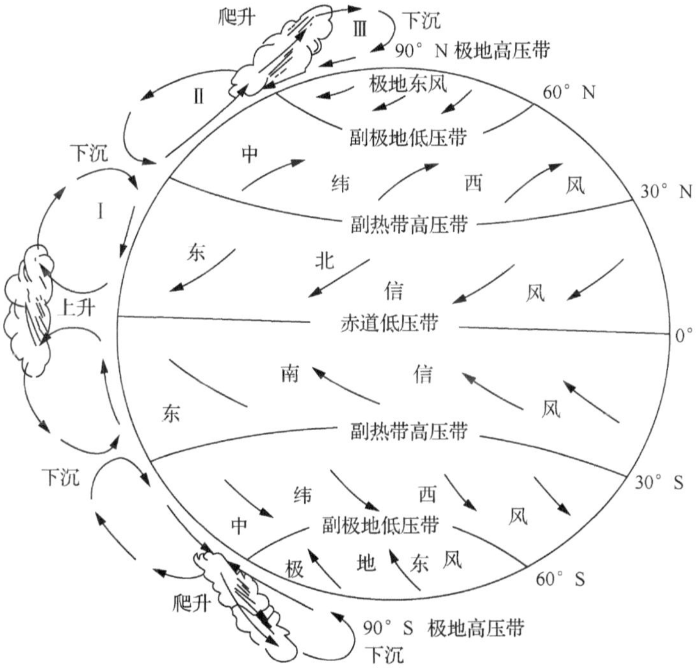

图 3-1　三圈环流模式[1]

受水平气压梯度力作用，高压带的空气向低压带流动。在北半球，副热带高压带的空气向南北流动，向南的分支流向赤道，以补充赤道附近上升流动的空气，从而在赤道和副热带之间构成了低纬环流圈，也称为哈得莱环流圈。受地转偏向力影响，该分支的风向逐渐偏转成东北风，即东北信风。另外，副热带高压带向北流动的另一支气流，受地转偏向力影响，风向逐渐偏转成西南风，即盛行西风。

从极地高压带向南流的气流，在地转偏向力影响下逐渐偏向为东北风，称为极地东风。南来的、较暖的盛行西风与北来的、寒冷的极地东风在副极地低压带相遇，形成了暖锋，较轻的暖空气爬升到冷空气之上，在高空处又形成南北两个分支。向南的分支在副热带高压带与来自赤道的西南风相遇，形成了冷锋，加强了高空处的下沉气流，从而在副极地和副热带之间构成了中纬度环流圈，也称为费雷尔环流圈。向北的另一分支，在北极地区下沉，于是在副极地与极地之间构成了高纬度环流圈，又称为极地环流圈[2]。同理，南半球也存在着低纬度、中纬度、高纬度三个环流圈，因此，在近地面共形成了 6 个风带。

3. 季风的形成

以一年为周期，大范围地区的盛行风随季节有显著改变的现象，称为季风[1]。季风主要是海陆间的热力差异以及该热力差异的季节性变化引起的。大陆冬冷夏热，海洋冬暖夏凉，因此，夏季时陆地形成相对热源，气压比海洋的气压低，气流从海洋流向陆地，形成夏季风。冬季时海洋形成相对热源，气压比陆地的气压低，气流由陆地流向海洋，形成冬季风。由海陆热力差异引起的季风大都发生在温带、副热带大陆东部。

另外，由于地球公转的影响，地球受到太阳直射的位置随季节发生变化，在赤道和热带地区也会产生明显的季风现象，称为赤道季风或热带季风。夏季时，太阳直射在北回归线上，赤道低气压带向北半球移动，南半球的东南信风受水平气压梯度力作用流向北半球，并在地转偏心力影响下风向偏转成西南季风。冬季时，太阳直射在南回归线上，赤道低气压带向南半球移动，北半球的东北信风受水平气压梯度力流向南半球，并在地转偏心力影响下风向偏转成西北季风。

3.2.2 风力等级

风力表征风的强度，国际上常用蒲福风级表示。蒲福风级是由英国的弗朗西斯·蒲福（Francis Beaufort）于 1805 年拟定的，它最初是根据风对地面物体或海面的影响大小分为 13 个等级（0～12 级），并于 1946 年又进行了扩充，增加到 18 个等级（0～17 级）。

2012 年我国发布了国家标准《风力等级》（GB/T 28591—2012）[3]，其旨在统一我国风力等级预报的业务标准，规范风的监测、预报、预警、研究等工作，对于做好大风影响评估、风灾防御、风能利用等工作具有重要意义。在该标准中，风力等级依据标准气象观测场 10m 高度处的风速大小划分，最低风力为 0 级，最高风力为 17 级，共 18 级，并依据国际上通用的蒲福风级给出 0～17 级相应的风速阈值。表达风速的常用的单位有 m/s、km/h、n mile/h（1n mile=1.852km），我国台风预报时常用的风速单位为 m/s，风力达到 12 级及 12 级以上的风称作台风。表 3-1 所示为风力等级特征及换算表。

表 3-1 风力等级特征及换算表（蒲福风力等级表）

风力等级	名称	相当于空旷平地上标准高度 10m 处的风速/（m/s）	海岸船只征象	陆地地面物征象
0	无风	0.0～0.2	静	静，烟直上
1	软风	0.3～1.5	平常渔船略觉摇动	烟能表示风向，但风向标不能动
2	轻风	1.6～3.3	渔船张帆时，每小时可随风移行 2km～3km	人面感觉有风，树叶微响，风向标能转动
3	微风	3.4～5.4	渔船渐觉颠簸，每小时可随风移行 5km～6km	树叶及微枝摇动不息，旌旗展开
4	和风	5.5～7.9	渔船满帆时，可使船身倾向一侧	能吹起地面灰尘和纸张，树枝摇动
5	劲风	8.0～10.7	渔船缩帆（即收去帆之一部分）	有叶的小树摇摆，内陆的水面有小波
6	强风	10.8～13.8	渔船加倍缩帆，捕鱼须注意风险	大树枝摇动，电线呼呼有声，举伞困难
7	疾风	13.9～17.1	渔船停泊港中，在海者下锚	全树摇动，迎风步行感觉不便
8	大风	17.2～20.7	进港的渔船皆停留不出	微枝折毁，人行向前，感觉阻力甚大
9	烈风	20.8～24.4	汽船航行困难	建筑物有小损（烟囱顶部及平屋摇动）
10	狂风	24.5～28.4	汽船航行颇危险	陆上少见，见时可使树木拔起或使建筑物损坏严重
11	暴风	28.5～32.6	汽船遇之极危险	陆上很少见，有则必有广泛损坏
12	飓风	32.7～36.9	海浪滔天	陆上绝少见，摧毁力极大
13	—	37.0～41.4	—	—
14	—	41.5～46.1	—	—
15	—	46.2～50.9	—	—
16	—	51.0～56.0	—	—
17	—	56.1～61.2	—	—

3.2.3 大气边界层

当大气流过地面时，地面上的草、庄稼、树木、房屋、结构物、高低不平的地形等给大气以摩擦阻力。这种摩擦力向上传递，随着高度增加而逐渐减弱，直至达到某一高度后消失。这样一层受地面摩擦力影响的大气层称为大气边界层。大气边界层顶部（可以忽略地表摩擦阻力影响的高度）到地面的距离，称为大气边界层厚度。大气边界层厚度随地形、风力及地面粗糙度而变化，厚度大约为300～2000m。在大气边界层内，风以混乱无规则的湍流形式运动，随高度增加，地表摩擦阻力逐渐减小，平均风速随高度增加而增加，直至在大气边界层顶部达到最大值，该最大风速值称为梯度风速（U_{Z_G}），相应的高度称为梯度风高度（Z_G）。在大气边界层外，风以层流形式流动，风速保持为梯度风速不再变化，如图 3-2 所示。

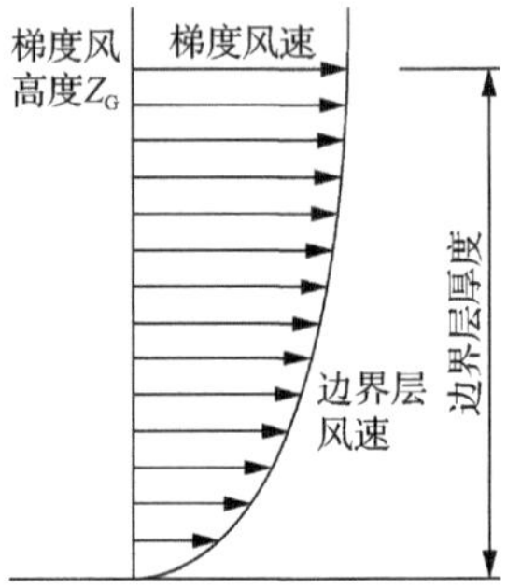

图 3-2　大气边界层风速剖面

3.3　近地风特性

桥梁结构及构件主要受近地风的影响，也就是大气边界层内空气流动特性的影响。近地风特性一般采用实测方法进行研究，大量实测数据表明，近地风的风速基本上是随时间和空间变化的平稳随机过程，主要包含长周期和短周期两种成分。长周期成分的周期（10min 以上）远大于桥梁结构的自振周期（0.1～10s），其对结构的作用可按静力来考虑；而短周期成分的周期（几秒至几十秒）与桥梁结构的自振周期接近，其对结构的作用需按动力来考虑。因此，将风分解为以平均风速表示的平均风和均值为零的脉动风。其矢量表达式为

$$U(t) = U + u(t) + v(t) + w(t) \tag{3-1}$$

式中，$U(t)$ 为瞬时风速；U 为顺风向的平均风速，假设横风向和竖风向的平均风速(V和W)均为 0；$u(t)$、$v(t)$和$w(t)$ 分别为三个方向的速度脉动分量。无特殊声明时，后文中的平均风特性和脉动风特性均指顺风向。

3.3.1　平均风特性

平均风特性包括场地基本风速、平均风速廓线、平均风速的攻角和风向等。

1．基本风速

基本风速是确定桥梁结构所在地气候特征的一个重要指标。依据《公路桥梁

抗风设计规范》（JTG/T 3360-01—2018）[4]，当桥梁所在地区的气象台站具有足够的连续风观测数据时，宜采用当地气象台站 10min 平均年最大风速的概率分布模型，推算重现期 100a（100a 超越概率 63.2%）的风速数学期望值作为基本风速。因此，确定桥梁结构所在地的基本风速涉及以下五个要素。

（1）地表类别：基本风速的测定应在当地空旷平坦的地面上，即 B 类地表类别。

（2）标准高度：风速测量的标准高度为 10m，如果记录的风速不是这个高度，应转化为 10m 高度的风速。

（3）平均风速时距：平均风速时距越短，对应的平均风速越大。通常认为 10min 至 1h 的平均风速值基本上是稳定的。我国的平均风速时距为 10min，而加拿大为 1h，美国则为 3s。

（4）最大风速样本：桥梁结构应能抵抗住一年中任意一天的极大风速，因此取年最大风速为样本。

（5）年最大风速重现期：不同于一般建筑结构的年最大风速重现期为 50a，大跨度桥梁结构的设计使用年限长，因此取 100a 为重现期，即为传统意义上的 100a 一遇的最大风速。

2. 平均风速廓线

由 3.1.3 节可知，在大气边界层内，由于地面摩擦阻力的影响，随着高度增加，风速逐渐增加直至达到梯度风速。这里，风速沿高度变化的曲线称为风速廓线，其表征着地面摩擦阻力对不同高度处风速的影响。对于桥梁结构的设计与研究，往往需要将基本风速换算到非标准高度处的风速，这便促使大量研究人员对风速廓线的函数表达式进行不断探索。目前，发展较为成熟的两种风速廓线的函数表达式分别为指数律和对数律。这两种表达式均为理论推导加经验修正得出，两种表达式的计算结果比较接近，由于指数律计算更简单，因此在结构工程领域，国内外普遍倾向于采用指数律来描述风速廓线。

对数律源自普朗特对平板湍流边界层的推导，其表达式为

$$U(z)=\frac{u_*}{k}\ln\left(\frac{z}{z_0}\right) \tag{3-2}$$

式中，$U(z)$ 为高度 z 处的风速；z_0 为地表粗糙高度，表征地面粗糙程度，表 3-2 为不同地表类别下对应的地表粗糙高度；k 为冯卡门常数，值为 0.4；u_* 为摩擦速度，其定义式为 $u_*=\sqrt{\frac{\tau_0}{\rho}}$，$\tau_0$ 为空气在地表的剪切力，ρ 为空气密度。

表 3-2　地表类别及对应的地表粗糙高度

地表类别	地表状况	地表粗糙高度 z_0 /m
A	海面、海岸、开阔水面、沙漠	0.01
B	田野、乡村、丛林、平坦开阔地及低层建筑物稀少地区	0.05
C	树木及低层建筑物等密集地区、中高层建筑物稀少地区、平缓的丘陵地	0.3
D	中高层建筑物密集地区、起伏较大的丘陵地	1.0

当地表密布树木或建筑物时，式(3-2)中的高度 z 要替换成有效高度 $(z-z_d)$，其中，z_d 为零平面高度，其对应采用对数律平均风速廓线的起始高度，可按下式确定：

$$z_d = \bar{H} - \frac{z_0}{k} \tag{3-3}$$

式中，$\bar{H}$ 为树木或建筑物的平均高度。在零平面高度以下，由于地面粗糙度干扰，风速分布是无规律的，一般取为常数。在零平面高度以上，风速廓线的对数律表达式可写为

$$U(z) = \frac{u_*}{k}\ln\left(\frac{z-z_d}{z_0}\right) \tag{3-4}$$

故可反推得到摩擦速度 u_* 为

$$u_* = \frac{kU(z)}{\ln\left(\dfrac{z-z_d}{z_0}\right)} \tag{3-5}$$

结合以上推导可看出，由于对数律的数学特征，对数律风速廓线表达式不能求解零平面高度以下高度处的风速，而且对数律积分运算比较困难。相比之下，更推荐使用指数律。

依据《公路桥梁抗风设计规范》(JTG/T 3360-01—2018)[4]，采用指数律来描述风速沿高度的分布。指数律中引入了表征地面粗糙度影响的地表粗糙度指数 α，并假设粗糙度指数在梯度风高度内保持不变，而且梯度风高度仅为粗糙度指数的函数。其表达式为

$$\frac{U_{z_2}}{U_{z_1}} = \left(\frac{z_2}{z_1}\right)^{\alpha} \tag{3-6}$$

式中，U_{z_2} 为高度 z_2 处的风速；U_{z_1} 为高度 z_1 处的风速；α 为地表粗糙度指数。表 3-3 所示为地表粗糙度指数及对应边界层高度。

表 3-3　地表粗糙度指数及对应边界层高度

地表类别	地表状况	地表粗糙度指数 α	边界层高度 /m
A	海面、海岸、开阔水面、沙漠	0.12	300
B	田野、乡村、丛林、平坦开阔地及低层建筑物稀少地区	0.16	350
C	树木及低层建筑物等密集地区、中高层建筑物稀少地区、平缓的丘陵地	0.22	400
D	中高层建筑物密集地区、起伏较大的丘陵地	0.30	450

3.3.2　脉动风特性

脉动风特性包括脉动风湍流强度、脉动风湍流积分尺度、脉动风速功率谱、脉动风的空间相关性以及阵风因子等。

1. 湍流强度

湍流强度是表征风速随时间和空间变化程度的最基本的参数，其定义为每个脉动风速分量的标准差与平均风速之比。顺风向、横风向和竖风向三个方向上的脉动风湍流强度分别用 I_u、I_v、I_w 表示，即

$$I_u = \frac{\sigma_u}{U} \tag{3-7}$$

$$I_v = \frac{\sigma_v}{U} \tag{3-8}$$

$$I_w = \frac{\sigma_w}{U} \tag{3-9}$$

式中，σ_u、σ_v 和 σ_w 分别为顺风向、横风向和竖风向上脉动风速分量的标准差。实测数据统计表明 σ_u 约为 $2.5u_*$，将式（3-2）代入式（3-7）可得顺风向的脉动风湍流强度：

$$I_u = \frac{2.5u_*}{\dfrac{u_*}{0.4}\ln\left(\dfrac{z}{z_0}\right)} = \frac{1}{\ln\left(\dfrac{z}{z_0}\right)} \tag{3-10}$$

由式（3-10）可以看到，湍流强度与地面粗糙程度、测点高度有关。地面粗糙程度越大，湍流强度越大；随着测点高度增加，湍流强度呈减小趋势。此外，横风向和竖风向的脉动风湍流强度一般要比顺风向的小，依据《公路桥梁抗风设计规范》（JTG/T 3360-01—2018）[4]，横风向和竖风向的脉动风湍流强度可分别取为 $I_v = 0.88I_u$、$I_w = 0.55I_u$ 。

2. 脉动风湍流积分尺度

脉动风是一个各态历经的平稳随机过程。平稳随机过程是指在各个不同时刻，脉动风的统计特性不随时间变化而变化；各态历经是指可用一个脉动风随机过程样本 $x(t)$ 在整个时间轴上的时间平均，来代替该脉动风随机过程 $X(t)$ 的集合平均。因此在引入脉动风湍流积分尺度之前，首先介绍平稳随机过程的三对主要数学特征：自相关函数与互相关函数、自协方差函数与互协方差函数、自相关系数与互相关系数。

随机过程中 $X(t)X(t+\tau)$ 的数学期望 $E[X(t)X(t+\tau)]$，表征随机过程 $X(t)$ 在 t 时刻和 $t+\tau$ 时刻的相关程度，称为随机过程的自相关函数，用 $R_{XX}(\tau)$ 表示。自相关函数是描述随机过程相关性的重要参数。两个随机过程中 $X(t)Y(t+\tau)$ 的数学期望 $E[X(t)Y(t+\tau)]$ 称为随机过程的互相关函数，用 $R_{XY}(\tau)$ 表示。互相关函数是描述两个随机过程相关性或相似程度的重要参数。协方差函数是中心化的相关函数，即在求数学期望前先将随机过程减去各自的均值 m 。自协方差函数与互协方差函数的定义为

$$\mathrm{Cov}_{XX}(\tau)=E[\{X(t)-m_X(t)\}\{X(t+\tau)-m_X(t+\tau)\}] \tag{3-11}$$

$$\mathrm{Cov}_{XY}(\tau)=E[\{X(t)-m_X(t)\}\{Y(t+\tau)-m_Y(t+\tau)\}] \tag{3-12}$$

相关系数则是采用标准差 σ 将协方差函数进行无量纲处理，自相关系数与互相关系数的公式分别为

$$\rho_{XX}(\tau)=\frac{\mathrm{Cov}_{XX}(\tau)}{\sigma_X(t)\sigma_X(t+\tau)} \tag{3-13}$$

$$\rho_{XY}(\tau)=\frac{\mathrm{Cov}_{XY}(\tau)}{\sigma_X(t)\sigma_Y(t+\tau)} \tag{3-14}$$

脉动风速是一个均值为零、各态历经的平稳随机过程。显然，由于脉动风速的均值为零，其相关函数与协方差函数是相同的。而且，由于脉动风速平稳随机过程具有各态历经性，可用一个脉动风随机过程样本 $x(t)$ 在整个时间轴上的时间平均来代替该脉动风随机过程 $X(t)$ 的集合平均。由此，可得到如下关系式：

$$\mathrm{Cov}_{XX}(\tau)=R_{XX}(\tau)=E[X(t)X(t+\tau)]=\lim_{T\to\infty}\frac{1}{T}\int_0^T x(t)x(t+\tau)\mathrm{d}t \tag{3-15}$$

$$\mathrm{Cov}_{XY}(\tau)=R_{XY}(\tau)=E[X(t)Y(t+\tau)]=\lim_{T\to\infty}\frac{1}{T}\int_0^T x(t)y(t+\tau)\mathrm{d}t \tag{3-16}$$

空间处某点的风速脉动是由平均风输运的一系列不同尺度漩涡的叠加作用造成的，假设每个漩涡会在该点引起频率为f的周期脉动，可定义漩涡的波长为$\lambda=U/f$，这个波长就是漩涡大小的度量。这些漩涡的平均尺度即为湍流积分尺度。

对应于x、y、z三个方向上的速度脉动分量的漩涡，每个漩涡又有三个方向上的尺度，因此共有 9 个湍流积分尺度。与顺风向速度脉动u有关的漩涡在x方向上的平均尺度L_u^x为

$$L_u^x=\int_0^{\infty}\rho_{u_1u_2}(x)\mathrm{d}x=\frac{1}{\sigma_u^2}\int_0^{\infty}R_{u_1u_2}(x)\mathrm{d}x \tag{3-17}$$

式中，$\rho_{u_1u_2}(x)$和$R_{u_1u_2}(x)$分别表示空间两点的顺风向速度脉动$u_1(t)=u(x_1,y_1,z_1,t)$和$u_2(t)=u(x_1+x,y_1,z_1,t)$之间的互相关系数和互相关函数；$x$为两点间的顺风向距离。

根据泰勒（Taylor）冻结假定，在实际应用中通常将同步测量空间两点的风速转换为测量单点不同时刻的风速。Taylor 冻结假定是指湍流漩涡在顺风向以平均风速移动，且在湍流运动过程中没有发生形态上的显著变化[5]。依据该假定，可得到如下关系式：

$$u(x_1,t+\tau)=u(x_1-U\tau,t) \tag{3-18}$$

令$x=U\tau$，代入式（3-17），得

$$L_u^x=U\int_0^{\infty}\rho_{u_1u_1}(\tau)\mathrm{d}\tau=\frac{U}{\sigma_u^2}\int_0^{\infty}R_{u_1u_1}(\tau)\mathrm{d}\tau \tag{3-19}$$

式中，$\rho_{u_1u_1}(\tau)$和$R_{u_1u_1}(\tau)$分别表示顺风向速度脉动$u_1(t)=u(x_1,y_1,z_1,t)$的自相关系数和自相关函数。

湍流积分尺度反映了湍流中空间两点脉动风速的相关性。当湍流积分尺度较大时，漩涡足以将整个结构包括在内，使结构各点受到的脉动风荷载接近同步，因此其对结构的动力作用十分显著；反之，当湍流积分尺度较小时，漩涡不足以包括整个结构，结构各点受到的脉动风荷载不相关，因此，脉动风对结构各点的动力作用一般可以相互抵消。此外，大量观测数据显示，大气边界层中的湍流积分尺度随着地面粗糙程度的增加呈减小趋势，而且随着离地高度的增加，湍流积分尺度增大。

3. 脉动风速功率谱

空间某点的风速脉动是由不同频率成分的漩涡的叠加作用引起的，并具有不同的能量。功率谱密度函数是平稳随机过程的主要数学特征，风速脉动分量的功率谱密度函数反映了湍流中各频率成分所做贡献的大小。典型的脉动风速功率谱

有 Davenport 谱、Kaimal 谱、Solari 谱以及 Karman 谱。依据《公路桥梁抗风设计规范》（JTG/T 3360-01—2018）[4]，对于水平方向结构物，如桥面，推荐采用 Kaimal 谱[6,7]；对于竖直方向的构件，如桥塔、桥墩和吊索，推荐采用 Davenport 谱[4]。

3.4 钝体绕流与风荷载

流线体是前圆后尖、表面光滑、略像水滴的形状。当流体流经具有这种形状的物体时，流体沿物体表面流动，基本不产生分离和尾流，因此物体受到较小的阻力[8]，这种流线体在汽车、高铁和飞机等工程领域具有重要的应用。钝体则是非流线体的统称；在来流作用下，钝体表面会发生流动分离，在其后部产生尾流并伴随有漩涡脱落现象。

对于大跨度桥梁的拉索，其外形即为典型的钝体形状。因此，本节着重讲述钝体绕流中的一些典型现象和特征，并给出拉索结构在风荷载作用下的气动力系数。

3.4.1 边界层的形成

自然界中各种真实流体都是黏性流体。黏性反映了流体抵抗动态变形的能力。由于空气和水的黏性很小，其黏性对流体流动的影响一般可以忽略，但是在靠近物体表面的区域中，黏性是不可忽略的。在物体表面的流体被黏附在物体表面，其流动速度为 0。由于黏性效应，外侧流体的速度逐渐增长，直至达到一定距离后流体速度与来流场一致，将物体表面附近的这部分流场称为边界层。实际上，地表的自然风就是典型的大气边界层流动。

3.4.2 边界层的分离与再附

以圆形截面的拉索为例，拉索边界层分离的形成过程如图 3-3[9]所示。在来流风速作用下，拉索的前驻点（O 点）处风速为 0，表面压强为最大值。在顺压梯度区（$\mathrm{d}p/\mathrm{d}x<0$），边界层内的流体加速减压，直至 $\mathrm{d}p/\mathrm{d}x=0$，此时边界层内流体的流速增加到最大值，如 M 点所示。随着流体沿拉索表面向后继续流动，边界层内的流体减速增压，形成逆压梯度区，即 $\mathrm{d}p/\mathrm{d}x>0$。此时在逆压梯度和空气黏性的双重阻碍下，边界层内的流速进一步减小，最后整个边界层内流体的动能不足以长久维持流体一直向下游流动，以致拉索表面某处的速度会与势流的速度方向相反，即产生倒流。该倒流会把边界层向势流中排挤，使拉索表面上与主流方向一致的边界层离开表面，即发生边界层分离[10]。显然，逆压梯度和空气黏性是产生边界层分离的必要条件。

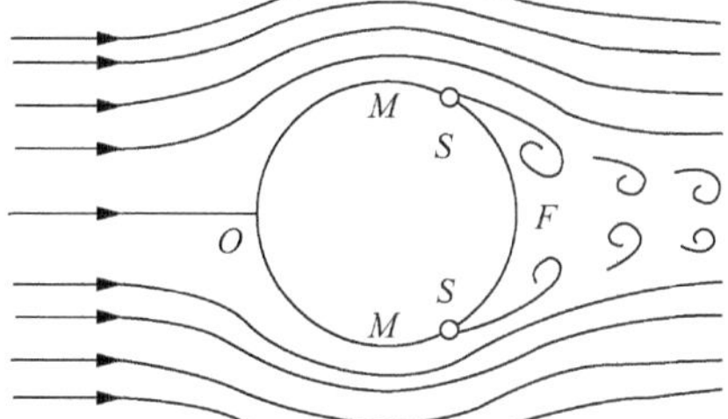

（a）拉索绕流场

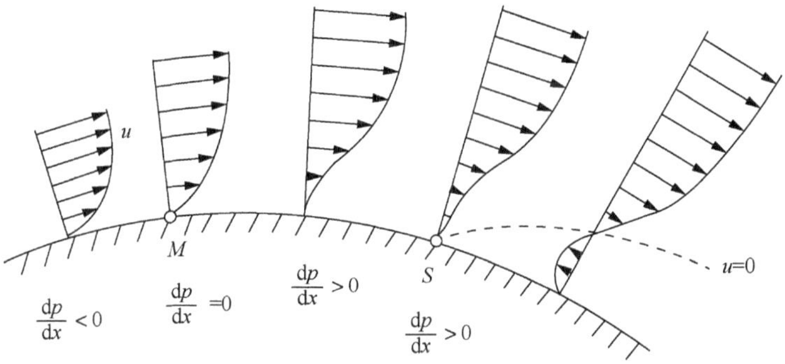

（b）拉索表面边界层分离

图 3-3　拉索绕流场及拉索表面边界层分离[9]

边界层发生分离的位置称为分离点，如图 3-3 中 S 点。根据上述讨论，可将分离点定义为紧邻物体表面的顺流与倒流流体的分界点，即

$$\left(\frac{\partial u}{\partial y}\right)_{y=0}=0 \tag{3-20}$$

边界层分离后，静压不易发生较大的回升，而是基本稳定在分离前的静压水平，并且在拉索后形成宽的尾迹。因此，分离点后拉索表面 S—F—S 段的压力明显小于顺压梯度区对应点上的压力分布，这便造成了拉索沿顺流方向的压差阻力。

在一定条件下，表面分离的边界层会重新附着到表面，这时在分离点和附着点之间会形成短而薄的分离泡，这就是边界层的再附现象。一般情况下，再附现象发生于分离后，压力梯度迅速降低，以致不能产生强的逆流，因此裹入到边界层下侧的少量流量仍比下游来的逆流的流量大，最终将分离后的边界层吸回了壁面[9]。对于圆形截面的拉索来说，很少出现边界层在分离点和再附着点都是层流的情况，因为层流裹入流体到边界层下侧的速度很低，不足以克服逆压梯度下逆流区不断扩大的趋势。同样，在完全湍流的边界层中也很少出现分离泡，因为只有逆压梯度足够大才会发生湍流边界层分离，尽管湍流的裹入速度要比层流大，但是也不足以克服如此大的逆压梯度形成再附着。然而，当雷诺数位于超临界区时，层流边界层发生分离后，边界层还未离开壁面很远就接近完成从层流到湍流的转捩，裹入速度迅速增加，此时极易形成转捩的分离泡。图 3-4[9]为完全层流和完全湍流的边界层分离以及转捩形成的分离泡。

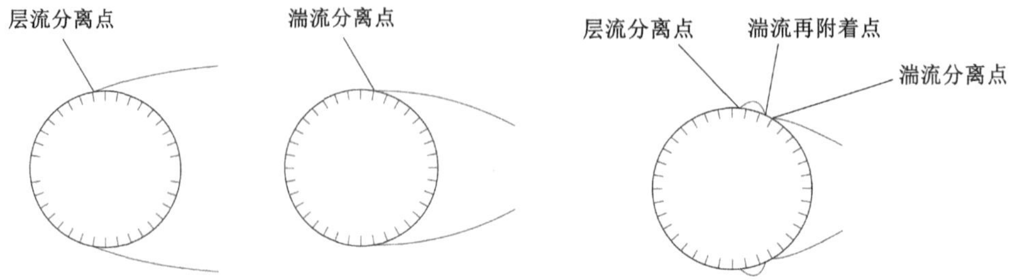

（a）完全层流（左）和完全湍流（右）的边界层分离　　（b）转捩形成的分离泡

图 3-4　边界层分离及分离泡示意图[9]

3.4.3　雷诺数效应

拉索可简化为最简单的圆柱结构。圆柱结构在来流作用下的流动形态是一个经典的流体力学问题，决定单圆柱绕流流动形态的关键因素是雷诺数，其公式为

$$Re = \frac{\rho UL}{\mu} \tag{3-21}$$

式中，ρ 为流体密度；U 为来流风的风速；L 为物体的特征长度，拉索通常取其直径 D 为特征长度；μ 为流体的黏性系数，或称动力黏性系数。

雷诺数是无量纲特征数，是流体中惯性力与黏性力的比值，随着雷诺数增加，圆柱绕流呈现出不同的流动形态[11]，如图 3-5 所示。

在 Re 较低（$Re<5$）时，黏性力起主导作用，此时流动不发生分离，称为蠕动流。当 Re 增加（$5\leqslant Re<40$）时，流体发生分离，在圆柱后形成一对固定的滞留涡，滞留涡在圆柱尾部旋转但不脱落；随着 Re 的增加，滞留涡变大。

在 $Re\geqslant 40$ 时，圆柱后的流动变得不稳定，尾迹中出现两排漩涡。漩涡在圆柱两侧呈现规律地周期性交替脱落，形成卡门涡街。当 $40\leqslant Re<90$ 时涡街由尾迹的不稳定性发展形成，当 $90\leqslant Re<150$ 时涡街由漩涡的周期性脱落形成。直到 $Re\approx 150$ 时，脱落漩涡的尾迹都为层流。

在 $150\leqslant Re<300$ 时离开圆柱的自由涡层开始由层流向湍流转变，产生涡街失稳，流动向三维湍流变化。在 $300\leqslant Re<3\times 10^5$ 的亚临界区内，流动失稳进一步

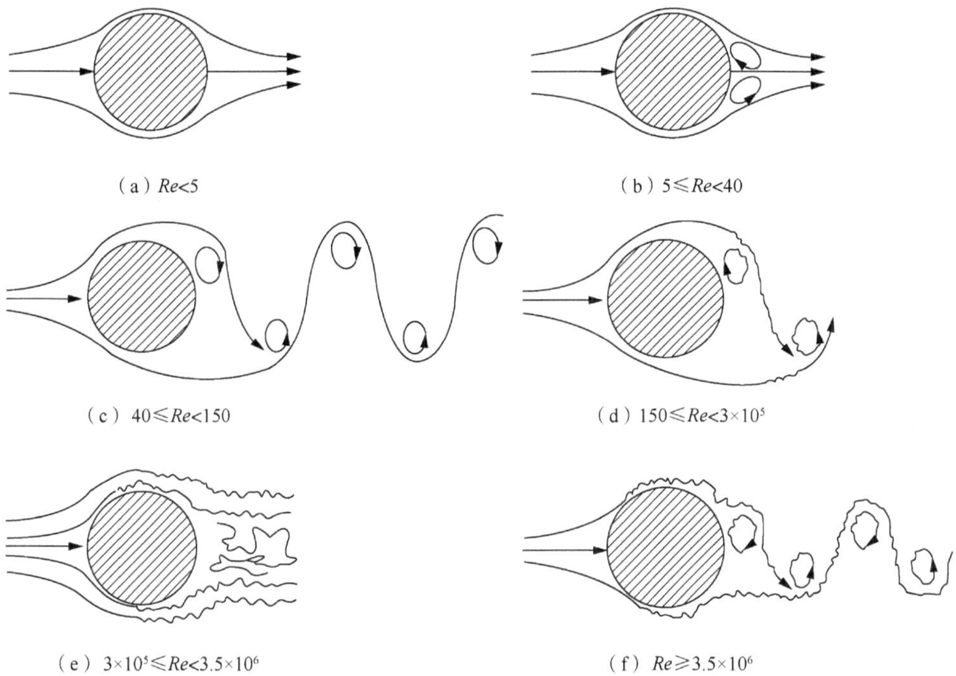

图 3-5　圆柱绕流[11]

发生，圆柱体脱落的漩涡本身存在快速不规则的脉动，但其脱落过程具有精确的周期性。在漩涡向下游运动时，涡街破裂变成湍流尾迹，涡街全部成为湍流。

当 $3\times10^5 \leqslant Re < 3.5\times10^6$ 时，圆柱表面的层流边界层发生分离后很快完成了向湍流的转捩，从而转变成湍流边界层。由于湍流剪切层的吸附能力更强，剪切层再附着，形成转捩的分离泡，因此流体进一步向圆柱后驻点流动，并在更靠近后驻点的地方发生分离，此时并没有明显的涡街形成。相对于亚临界区的分离点，湍流边界层的分离点更靠近后驻点，尾流变窄，阻力系数显著减小。此阶段为超临界区。

在 $Re \geqslant 3.5\times10^6$ 时，流动更早地完成了从层流边界层向湍流边界层的转捩，直接发生了湍流边界层的分离，此时虽然尾流很紊乱，但湍流涡街又重新建立起来，此阶段为高超临界区。与亚临界区相比，分离点更靠近后驻点，因此高超临界区的尾迹比亚临界区的尾迹窄。

3.4.4　静力风荷载的三分力系数

平均风产生的静荷载简称为静力风荷载。在来流风作用下，流体经过拉索在其后面产生周期性脱落的漩涡结构。周期性脱落的漩涡在拉索表面产生交替作用力，造成拉索横风向上的升力脉动。同时，拉索顺风向作用的表面摩擦阻力和压差阻力形成阻力及其脉动。此外，由于制作误差导致拉索变形、拉索表面雨水附着或表面覆冰等原因，使升力和阻力的合力作用点与拉索截面的形心不重合，产生了对形心的扭矩。因此，整个断面的风荷载可分解为阻力 F_{D}、升力 F_{L} 和扭矩 M 三个分量，如图 3-6 所示。

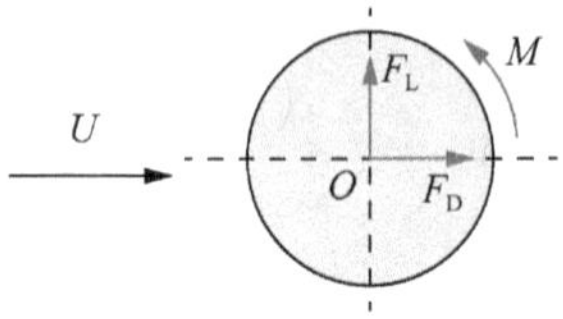

图 3-6　风荷载在体轴坐标系下的三分力

在其他条件相同的情况下，拉索受到静力风荷载的大小与其特征长度成比例。为了统一度量具有不同特征长度的拉索受到的静力风荷载，一般采用无量纲化的三分力系数进行描述，采用如下公式计算：

$$C_{\mathrm{D}}=\frac{F_{\mathrm{D}}}{\frac{1}{2}\rho U^{2}DL} \tag{3-22}$$

$$C_{\mathrm{L}}=\frac{F_{\mathrm{L}}}{\frac{1}{2}\rho U^{2}DL} \tag{3-23}$$

$$C_{\mathrm{M}}=\frac{M}{\frac{1}{2}\rho U^{2}D^{2}L} \tag{3-24}$$

式中，C_{D}、C_{L} 和 C_{M} 分别为拉索的阻力系数、升力系数和扭矩系数；U 为来流平均风速；D 和 L 分别为拉索直径和展向长度。

对于拉索结构，一般忽略扭矩作用的影响，主要考虑拉索在升力和阻力作用下的风效应。由 3.4.3 节可知，圆形截面具有明显的雷诺数效应，随着雷诺数增加，圆柱绕流流动形态会发生变化，相应地，圆柱的升力和阻力也呈现出明显变化。对于常见的拉索直径 0.1～0.15m，来流风速范围一般为 1～30m/s，对应的雷诺数约为 6.9×10^{3}～3.1×10^{5}。在该雷诺数范围内，阻力系数平均值约为 1.0～1.2，升力系数均方根值分布在 0.2～0.6。

3.5　小　　结

本章围绕风与风效应，从大气环流及大气边界层、近地风特性、钝体绕流与风荷载等方面进行详细阐述。

（1）风产生于大气压强的差异，本章解释了单圈环流、三圈环流以及季风的形成，介绍了我国现行风力等级划分及对应的蒲福风力等级特征，并引入了大气边界层的概念。

（2）桥梁结构及构件主要受近地风的影响，也就是大气边界层内空气流动特性的影响，本章从平均风特性和脉动风特性两方面展开，详细介绍了近地风特性。

（3）大跨度桥梁的拉索可简化为圆柱结构，本章针对圆柱绕流问题着重讲述边界层的形成、分离与再附、雷诺数效应等典型流动特征，并给出了拉索结构在静力风荷载作用下的气动力系数。

参考文献

[1] 刘南威. 自然地理学. 2 版. 北京: 科学出版社, 2007.

[2] 北京师范大学国家基础教育课程标准实验教材总编委会. 地理 第 1 册. 北京: 中国地图出版社, 2006.

[3] 全国气象防灾减灾标准化技术委员会. 风力等级: GB/T 28591—2012. 北京: 中国质检出版社, 2012.

[4] 中华人民共和国交通运输部. 公路桥梁抗风设计规范: JTG/T 3360-01—2018. 北京: 人民交通出版社, 2018.

[5] 柯世堂, 王同光. 结构风工程概论. 北京: 科学出版社, 2018.

[6] 陈政清. 桥梁风工程. 北京: 人民交通出版社, 2005.

[7] KAIMAL J C, WYNGAARD J C, IZUMI Y, et al. Spectral characteristics of surface-layer turbulence. Quarterly journal of the Royal Meteorological Society, 1972, 98(417): 563-589.

[8] 武岳, 孙瑛, 郑朝荣, 等. 风工程与结构抗风设计. 哈尔滨: 哈尔滨工业大学出版社, 2014.

[9] 陈懋章. 粘性流体动力学基础. 北京: 高等教育出版社, 2002.

[10] 莫乃榕. 工程流体力学. 武汉: 华中科技大学出版社, 2015.

[11] LIENHARD J H. Synopsis of lift, drag, and vortex frequency data for rigid circular cylinders. Washington: Washington State University, 1966.

第 4 章　大跨度桥梁斜拉索多模态涡激振动

4.1　引　　言

涡激振动是一种复杂的流固耦合现象[1]，结构的振动是由流体运动所诱发，同时也会反过来影响绕流场。涡激振动的研究开始于二维圆柱的涡激振动。1964 年，Bishop 和 Hassan[2]首先进行了圆柱在水中的涡激振动试验。随后，Protos 等[3]与 Toebes[4]同样进行了圆柱的流致振动试验，发现圆柱的振动与圆柱受到的流体力之间的相位差能够解释其振动与流场之间的能量传递过程。20 世纪 70 年代，Bearman 和 Currie[5]、Griffin 等[6]、Griffin 和 Ramberg[7]、Sarpkaya 等[8]也进行了大量的研究工作。21 世纪初，Carberry[9]引入了频率转换点来描述相位差跳跃和作用在结构上升力的变化。Feng[10]、Griffin 和 Koopmann[11]、Zdravkovich[12]等学者的系列研究揭示了涡激振动的共同特性。首先，涡激振动是一种限速振动，只发生在一定的风速区间；其次，涡激振动也是一种限幅振动，其振动幅值不会发散，通常具有稳定的幅值。涡激振动的振动幅值可以表示为 Skop-Griffn 参数（S_G）的函数[13]。

斜拉索是大跨度斜拉桥的关键构件。随着斜拉桥跨度的增加，斜拉索长度随之增加，从而使斜拉索变得更柔更轻，风荷载成为斜拉索在正常使用过程中的控制荷载。斜拉索在风、风-雨作用下易发生涡激振动、风雨激振及尾流驰振等。

涡激振动是斜拉索在正常运营过程中最易发生的一种振动。虽然涡激振动是一种限幅振动，但是其发生频次高，使斜拉索本身，尤其是其锚固系统易发生长期的疲劳损伤，从而给斜拉索长期运营带来安全隐患。本章综合采用计算流体动力学（computational fluid dynamics，CFD）数值模拟、风洞试验、理论分析和现场监测等研究方法，研究大跨度桥梁斜拉索多模态涡激振动的特征与机理。

4.2　斜拉索多模态涡激振动的 CFD 数值模拟研究

本节采用 CFD 数值模拟方法研究不同风速剖面下的斜拉索涡激振动特征，如斜拉索振动特征、气动力特性以及绕流场特征。考虑流场与斜拉索之间的相互耦合作用，流场的模拟通过 ANSYS CFX 11.0 来实现，斜拉索振动通过附加子程序嵌入 ANSYS CFX 11.0 与流场进行同步求解来实现。耦合计算方式为弱耦合，即在一个时间步内先求流场，然后求斜拉索响应，再后进行下一个时间步计算。

4.2.1　数值计算模型

1. 斜拉索振动模型

选取进行涡激振动分析的斜拉索长度为 100m，直径为 0.15m，单位长度质量为 100kg/m。由于斜拉索涡激振动以横风向振动为主，因此本节仅分析斜拉索横风向的振动，其振动方程如下：

$$m\ddot{y}(z,t)+c\dot{y}(z,t)+ky(z,t)=f_y(z,t) \tag{4-1}$$

式中，t 为时间；z 为沿斜拉索轴向的坐标；m 为斜拉索单位长度的质量；c 为单位长度的阻尼系数；k 为斜拉索单位长度的刚度；$y(z,t)$、$\dot{y}(z,t)$ 和 $\ddot{y}(z,t)$ 分别为斜拉索横风向的位移、速度和加速度；$f_y(z,t)$ 为横风向的气动力。

斜拉索振动位移可以表示为各个模态的叠加：

$$y(z,t)=\sum_{n=1}^{\infty}Y_n(t)\varphi_n(z),\quad z\in[0,L] \tag{4-2}$$

式中，n 为模态阶数；$\varphi_n(z)$ 为第 n 阶振型函数，n=1，2，3⋯；$Y_n(t)$ 为广义坐标。

假设斜拉索为两端简支，其振型函数可以表示为 $\varphi_n(z)=\sin(n\pi z/L)$，取斜拉索前 10 阶模态进行研究。令斜拉索基频为 1Hz，则第 n 阶振型的频率为 nHz；斜拉索第 1 阶与第 2 阶振型阻尼比分别取 0.0015 和 0.0022。

根据斜拉索各振型之间的正交条件：

$$\int_0^L\varphi_m(z)\varphi_n(z)\mathrm{d}z=0,\quad m\neq n \tag{4-3}$$

将方程（4-3）代入方程（4-2），再根据方程（4-1），便可得到斜拉索各个振型的运动方程：

$$M_n\ddot{Y}_n(t)+2M_n\omega_n\zeta_n\dot{Y}_n(t)-K_nY_n(t)=F_{yn}(t) \tag{4-4}$$

$$\begin{cases} M_n=\int_0^L[\varphi_n(z)]^2 m\mathrm{d}z \\ K_n=M_n\omega_n^2, \quad \omega_n=2\pi f_n \\ C_n=\alpha_0 M_n+\alpha_1 K_n, \quad \zeta_n=\dfrac{\alpha_0}{2}\dfrac{1}{\omega_n}+\dfrac{\alpha_1}{2}\omega_n \\ F_{yn}(t)=\int_0^L f_y(z,t)\varphi_n(z)\mathrm{d}z \end{cases} \tag{4-5}$$

式中，M_n为广义质量；K_n为广义刚度；C_n为瑞利（Rayleigh）阻尼，系数 α_0 和 α_1 可以通过斜拉索第 1 阶与第 2 阶振型阻尼比计算得到；$\dot{Y}(t)$ 与 $\ddot{Y}(t)$ 为广义坐标的速度与加速度；$F_{yn}(t)$ 为广义气动力。

斜拉索涡激振动计算流程如图 4-1 所示。在第 j 时间步，采用 ANSYS CFX 11.0 计算流场，得到斜拉索所受到的气动力 $f_y(x,t)$，并通过方程（4-5）得到广义气动力 $F_{yn}(t)$；将广义气动力 $F_{yn}(t)$代入方程（4-4）计算得到广义坐标 $Y_n(t)$；最后根据方程（4-2）计算斜拉索位移 $y(z,t)$，将斜拉索第 j 时间步的位移传递给流场，进入 $j+1$ 时间步的计算。

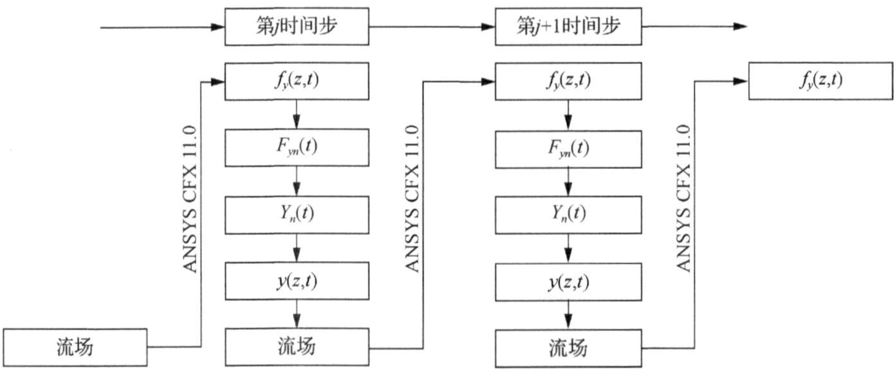

图 4-1　斜拉索涡激振动 CFD 数值模拟计算流程

2. 斜拉索绕流场 CFD 数值模型

斜拉索涡激振动流场 CFD 数值模拟的计算模型如图 4-2 所示，采用 ANSYS-ICEM CFD 11.0 进行网格划分，网格类型为六面体结构化网格。边界条件设置为：入口为速度入口；出口设置为 opening 边界，流体可以自由进出；上、下边界为对称边界，斜拉索模型表面及地面设置为无滑移边界。采用基于雷诺时均 N-S（Reynolds-averaged Navier-Stokes，RANS）方程的剪应力输运（shear stress transport，SST）k-ω 模型来计算流场湍流。

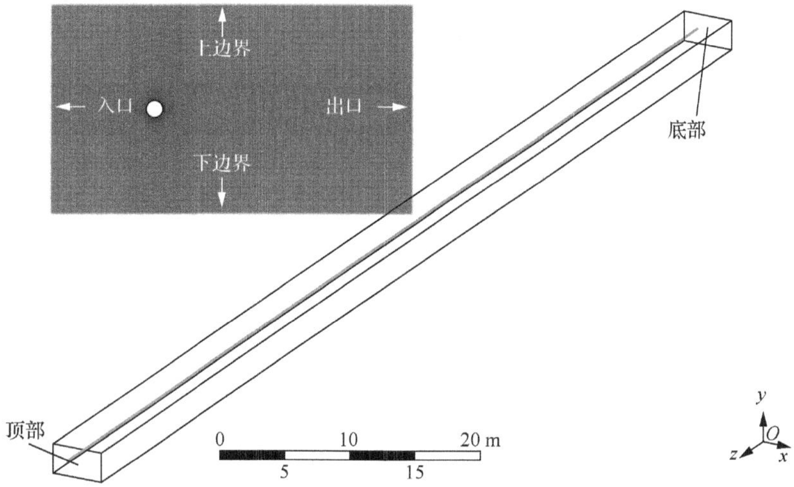

图 4-2　斜拉索涡激振动流场计算模型

沿高度方向施加剖面风速，风速取值如下式所示：

$$U(z)=U_{\mathrm{b}}\left(\frac{z}{z_{\mathrm{b}}}\right)^{\alpha'} \tag{4-6}$$

式中，z_{b}为参考高度，取 10m；U_{b}为参考高度处平均风速，取 4m/s；α'为地面粗糙度指数，分别取 0、0.12、0.16、0.22 和 0.30，分别对应均匀流以及 A、B、C 和 D 等 4 类地貌下的风剖面，把 5 类风速剖面定义为 U、A、B、C 和 D 风速剖面。

3. CFD 数值模拟计算工况

为了研究不同风速剖面和不同倾斜角情况下斜拉索涡激振动的反应，本节选取了 3 种计算工况。工况 1 为均匀流作用下的斜拉索涡激振动响应，定义为 U 工况；工况 2 为倾斜角为 90°的垂直斜拉索（吊索）在 A、B、C 和 D 等 4 类地貌下的斜拉索涡激振动响应，斜拉索下端和上端的水平面高度为 0m 和 100m，分别定义为 SA、SB、SC 和 SD 工况，4 个工况最大雷诺数分别为 52000、57000、65000 和 78000；工况 3 为倾斜角为 30°的斜拉索在 A、B、C 和 D 等 4 类地貌下的斜拉索涡激振动响应，斜拉索下端和上端的水平面高度为 40m 和 90m，分别定义为 TA、TB、TC 和 TD 工况，4 个工况最大雷诺数分别为 53000、58000、67000 和 80000。计算工况如图 4-3 所示。

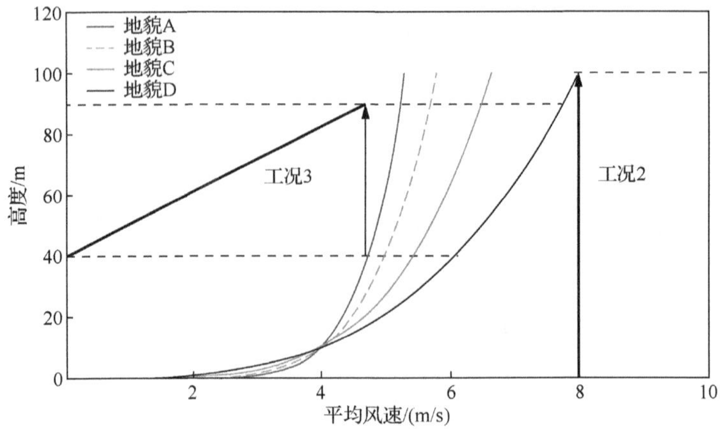

图 4-3　计算工况

4. 斜拉索各阶涡激振动响应

图 4-4、图 4-5 和图 4-6 分别表示 3 种工况下斜拉索的各阶（3～10 阶）模态振动时程曲线。从图 4-4 可以看出，均匀流（U 工况风速剖面）下斜拉索只发生第 5 阶振型振动。从图 4-5 可以看出，在 SA 和 SB 风速剖面作用下，斜拉索横风向振动主要表现为第 6 阶（SA）和第 7 阶（SB）的单模态振动；然后，在 SC 和 SD 风速剖面作用下，斜拉索主要体现为多模态振动。在 SC 风速剖面作用下，斜拉索主要为第 7 阶和第 8 阶模态振动，伴随着第 5 阶和第 6 阶模态振动；在 SD 风速剖面作用下，斜拉索主要为第 7～9 阶模态振动，伴随着第 6 阶和第 10 阶模态振动。图 4-5 的结果同时表明，单模态振动（SA 和 SB）比多模态振动（SC 和 SD）幅值要大；同时，从风速剖面从 SA 变化到 SD，斜拉索振动的主导模态数也随之增大。相似的结果可以从图 4-6 看出。

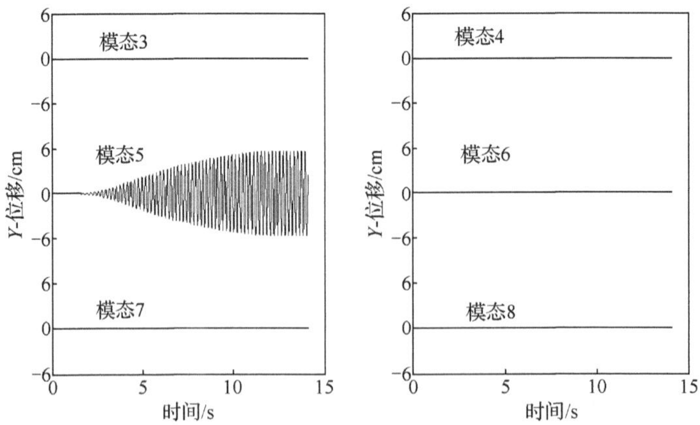

图 4-4　均匀流作用下斜拉索横风向各阶模态振动时程曲线

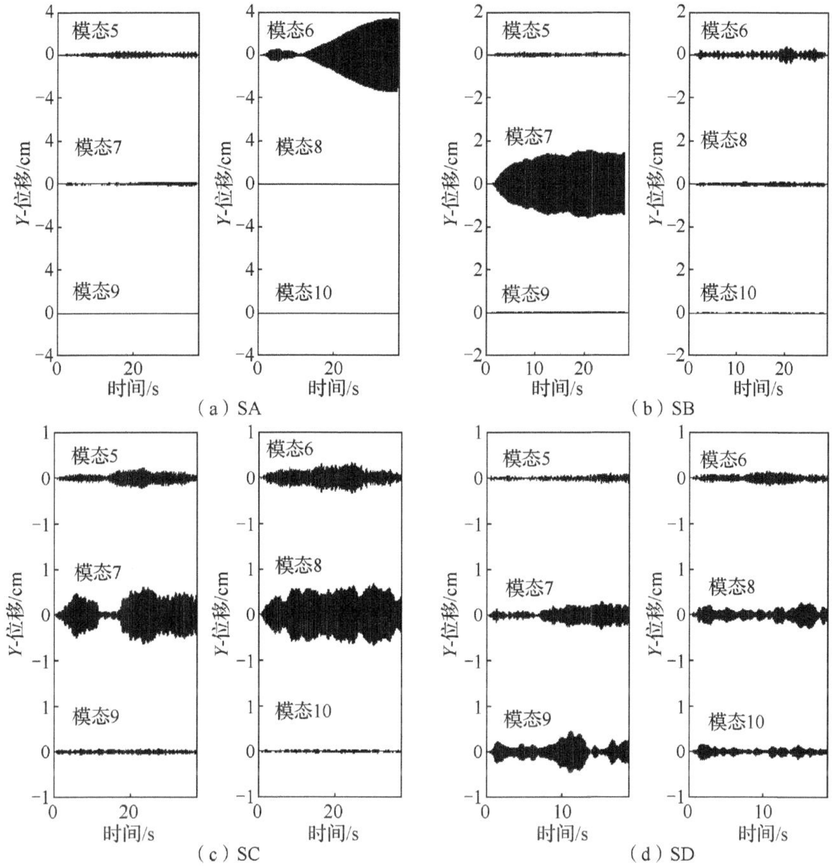

图 4-5　工况 2 风速剖面流作用下斜拉索横风向各阶模态振动时程曲线

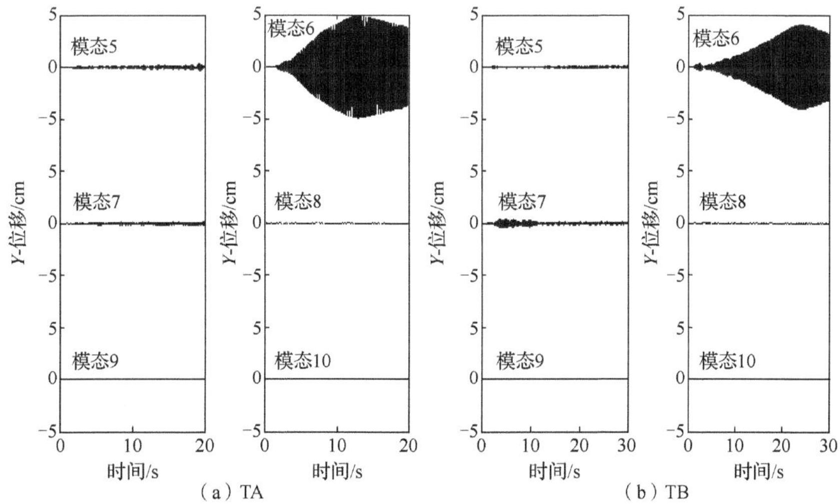

图 4-6　工况 3 风速剖面流作用下斜拉索横风向各阶模态振动时程曲线

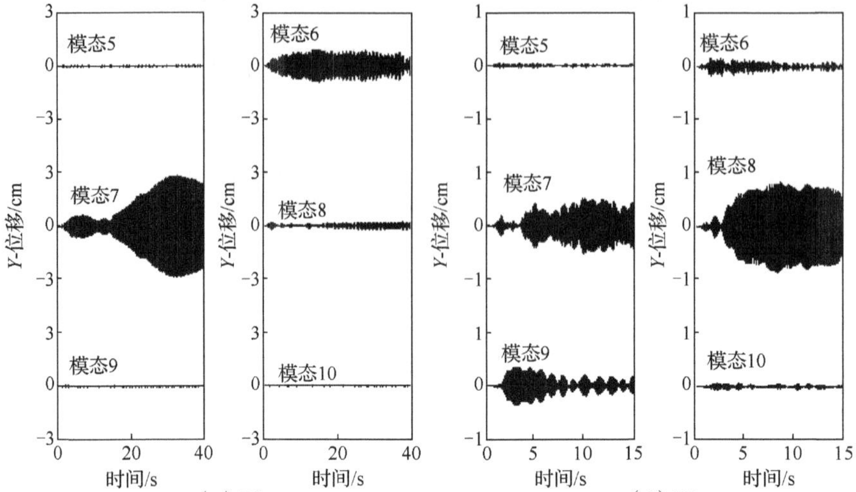

（c）TC　　（d）TD

图 4-6（续）

如图 4-6 所示，对于工况 3，由于斜拉索两端的风速差相对于工况 2 要小，因此，工况 3 的振动幅值普遍大于工况 2 对应的振动幅值；同时，工况 3 参与振动的模态要少于工况 2。

4.2.2　斜拉索涡激振动的时频特性

3 个工况下，斜拉索横风向振动响应如图 4-7 和图 4-8 所示。由于在 U、SA、SB、TA 和 TB 风速剖面作用下，斜拉索表现为单模态振动，斜拉索在时域内的振动表现为驻波响应，斜拉索随时间变化的位移等值线图近似为一个棋盘形状。在 5 个风速剖面作用下，斜拉索的振动幅值分别为 0.37D、0.24D、0.125D、0.31D 和 0.257D（D 为斜拉索直径）。

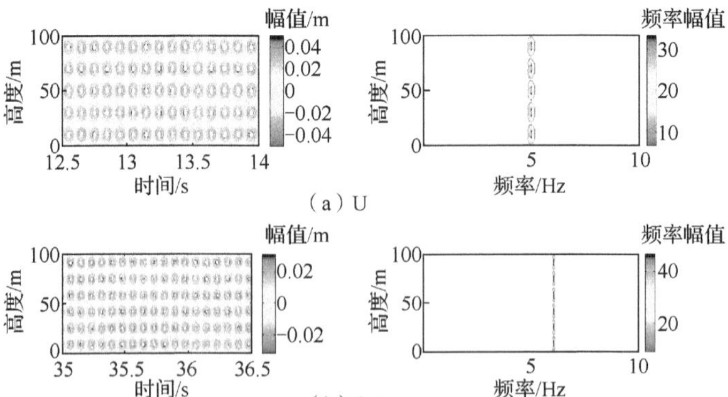

（a）U

（b）SA

图 4-7　工况 1 和工况 2 斜拉索横风向振动响应

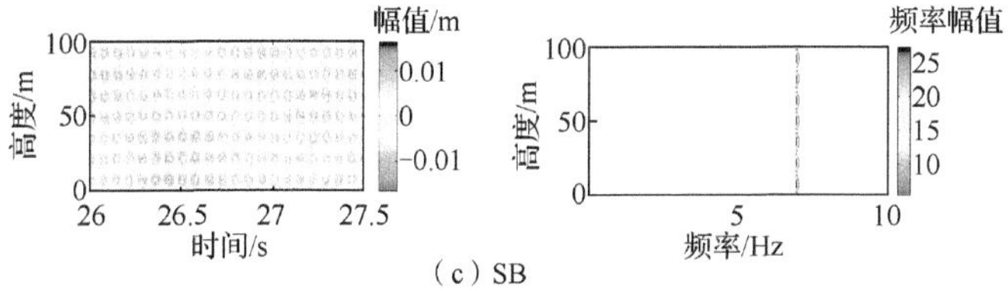

（c）SB

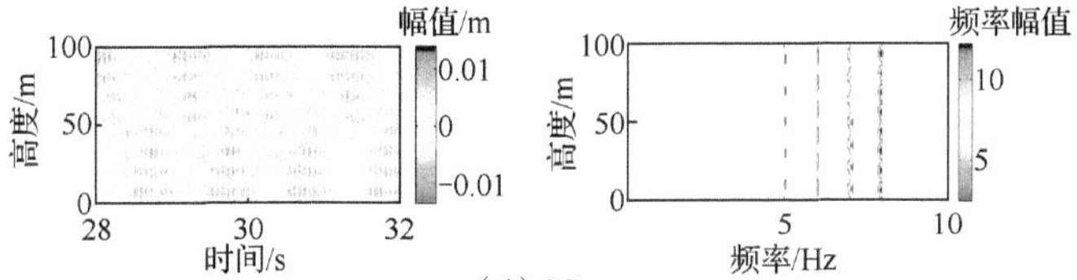

（d）SC

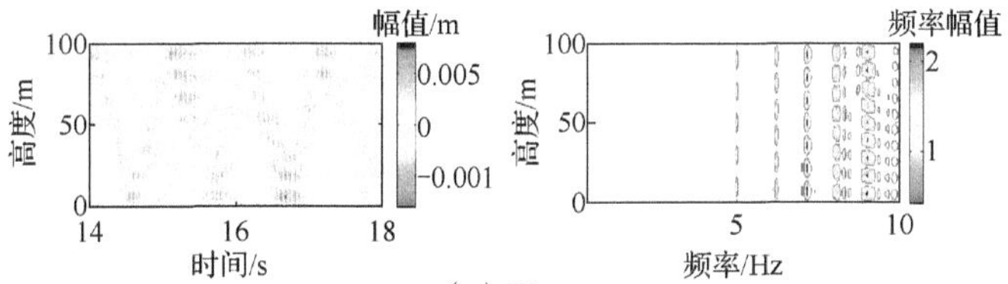

（e）SD

图 4-7（续）

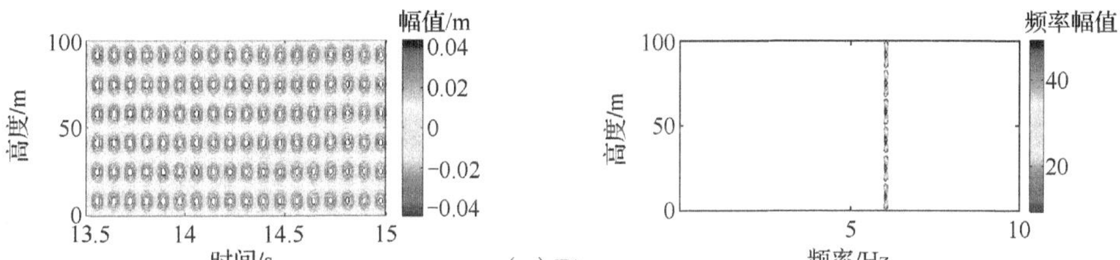

（a）TA

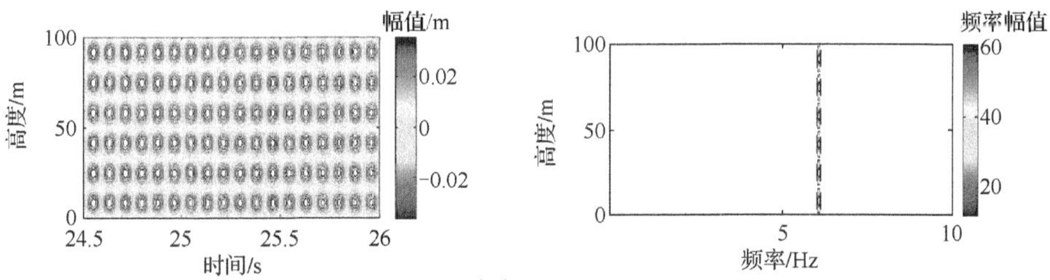

（b）TB

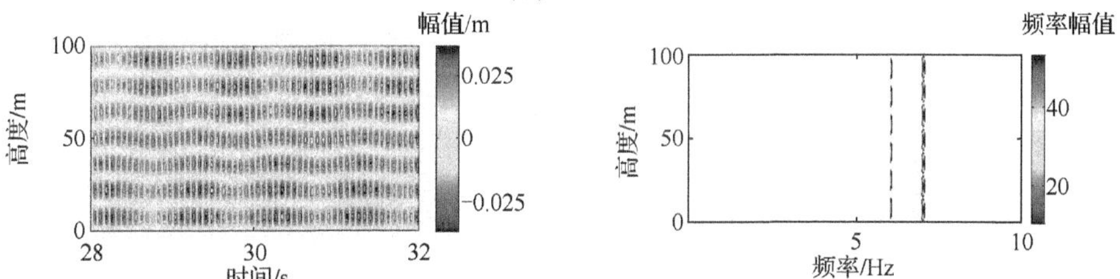

（c）TC

图 4-8　工况 3 斜拉索横风向振动响应

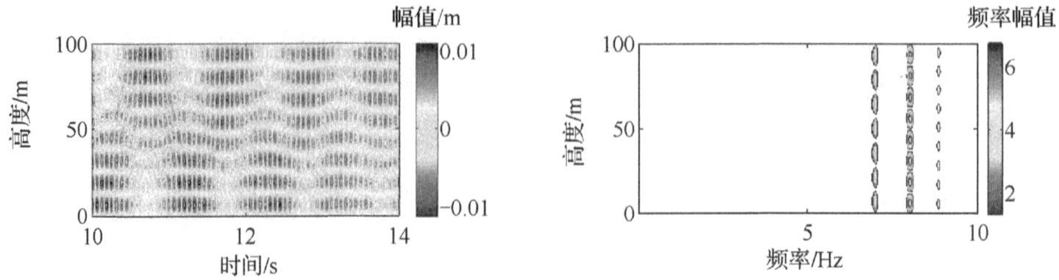

（d）TD

图 4-8（续）

斜拉索振动表现为单模态振动时，其振动位移为

$$y(z,t)=\cos(2n\pi t)\varphi_n(z) \tag{4-7}$$

方程（4-7）是典型的驻波表达形式，可以证明图 4-7 和图 4-8 中 U、SA、SB、TA 和 TB 风速剖面作用下斜拉索振动为驻波响应。沿高度变化的频率幅值等值线图也表明这 5 种情况为单模态振动。

图 4-7 和图 4-8 也显示在 SC、SD、TC 和 TD 风速剖面作用下斜拉索振动为行波响应，其形状为平行线模式。4 个风速剖面下的斜拉索振动幅值为 0.107D、0.0607D、0.19D 和 0.0573D。行波的发生是由于多阶模态导致的，可以看到行波沿着斜拉索轴向从一端运动到另一端。

假设斜拉索发生两阶模态的涡激振动，两阶模态分别为 n 阶和 m 阶（$m>n$），那么方程（4-7）可以表示为

$$y(z,t)=Y_n(t)\varphi_n(z)+Y_m(t)\varphi_m(z) \tag{4-8}$$

假设每阶模态都为简谐振动，那么方程（4-7）可以简写为

$$y(z,t)=A_n\cos(2n\pi t)\varphi_n(z)+A_m\cos(2m\pi t)\varphi_m(z) \tag{4-9}$$

式中，A_n 和 A_m 分别为 n 阶和 m 阶模态的幅值。

通过三角函数变换，方程（4-7）可以改写为

$$\begin{cases} y(z,t)=A\cos(2n\pi t+\alpha_1) \\ A=\sqrt{[A_n\varphi_n(z)]^2-[A_m\varphi_m(z)]^2-2A_nA_m\varphi_n(z)\varphi_m(z)\cos[2(m-n)\pi t]} \\ \alpha_1=\arccos\left(\dfrac{A_n\varphi_n(z)-A_m\varphi_m(z)\cos[2(m-n)\pi t]}{A}\right) \end{cases} \tag{4-10}$$

α_1 随时间和高度变化。方程（4-8）为一个调制的行波响应，α_1 随时间周期性变化；因此，图 4-7 和图 4-8 中 SC、SD、TC 和 TD 风速剖面作用下斜拉索行波响应也是周期性地从一端变化到另一端。沿高度变化的频率幅值等值线图也表明这 4 种情况为多模态振动。

4.2.3 斜拉索涡激振动的气动力特性分析

斜拉索沿轴向的气动力系数 $C_y(z,t)$可以表示为

$$C_y(z,t)=\frac{f_y(z,t)}{\dfrac{1}{2}\rho[U(z)]^2 D} \tag{4-11}$$

取 U、SA、TA、SC、TC 和 TD 风速剖面作用下的斜拉索气动力系数 $C_y(z,t)$进行分析。图 4-9 为斜拉索升力系数幅值和频率幅值等值线随时间和高度的变化图。结果表明，斜拉索在 U 风速剖面作用下，升力系数表现为驻波特征，与斜拉索振动保持一致（图 4-7）；升力系数的频谱分析结果表明，升力系数的主导频率被锁定到斜拉索的第 5 阶频率上，并无其他频率成分，其特征与图 4-7 一致，因此可以认为斜拉索整个长度都为锁定区。斜拉索在 SA 和 TA 风速剖面作用下，升力系数表现为近似驻波特征；在斜拉索第三波节以上区域，升力系数响应与斜拉索振动保持一致（图 4-7）；在第三波节以下区域，由于升力系数并没有被完全锁定，此区域升力系数的频率还包含其他漩涡脱落的成分；因此可以认为斜拉索第三波节以上区域为锁定区。

斜拉索在 SC、TC 和 TD 风速剖面作用下，升力系数表现为近似行波特征，沿着高度方向不规则变化是由于多模态振动引起的。对于多模态振动，其频谱分析结果表明，部分区域频率发生阶跃式锁定，其他区域频率没有被锁定，例如对

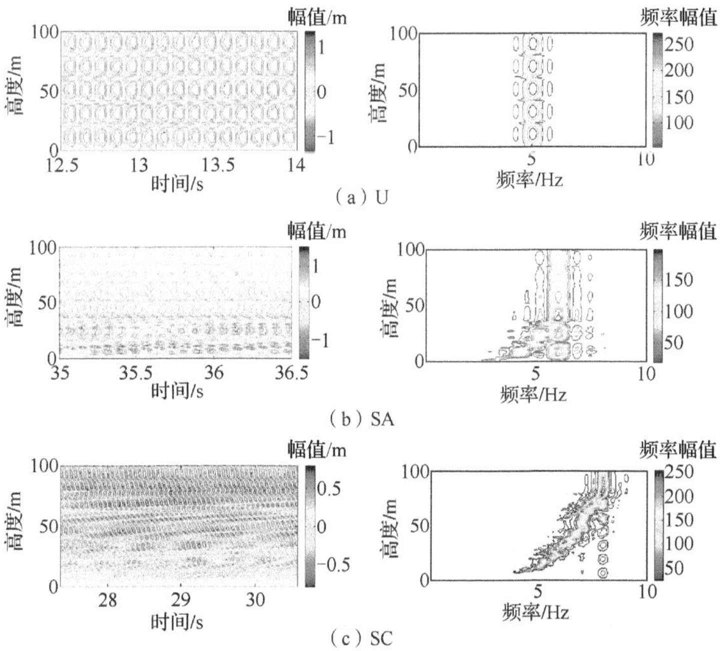

图 4-9 斜拉索升力系数幅值和频率幅值等值线随时间和高度的变化

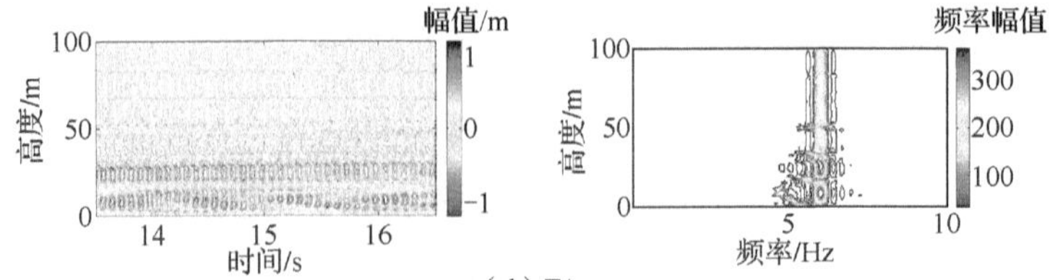

(d) TA

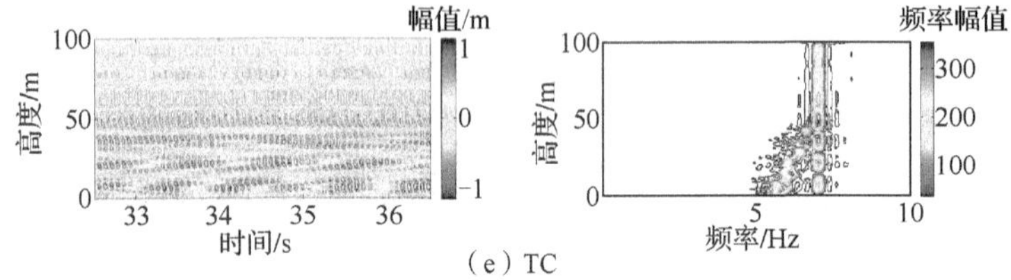

(e) TC

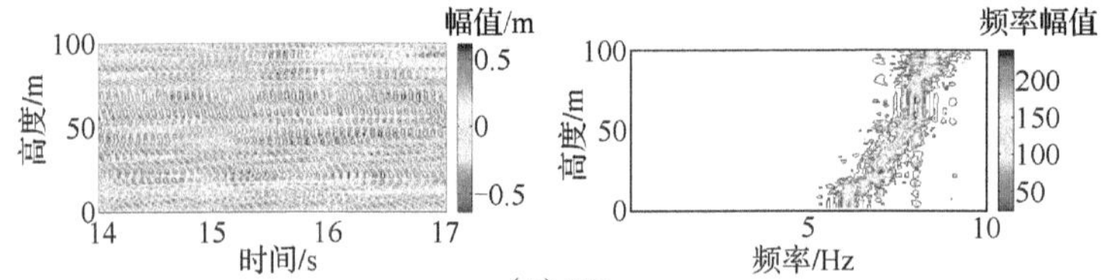

(f) TD

图 4-9（续）

于 TD 风速剖面作用下，尾流频率随着高度增加而增加，但在 0～15m（大约为 6Hz）和 60～80m（大约为 8Hz）内为常数，发生阶跃式锁定。

4.2.4　斜拉索涡激振动的尾流特性分析

斜拉索涡激振动是一种明显的流固耦合现象，斜拉索振动由流场引起，同时其振动反过来也会影响漩涡脱落。对斜拉索尾流特征的分析如图 4-10～图 4-15 所示。

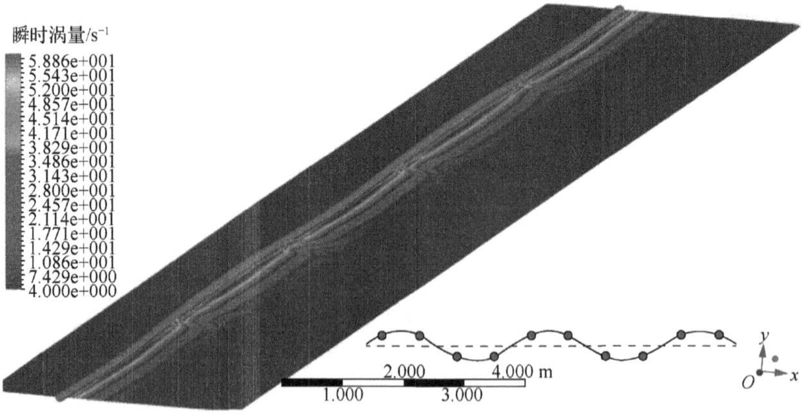

图 4-10　U 风速剖面作用下，$t \approx 14$s，$y = 0$ 的瞬时涡量图

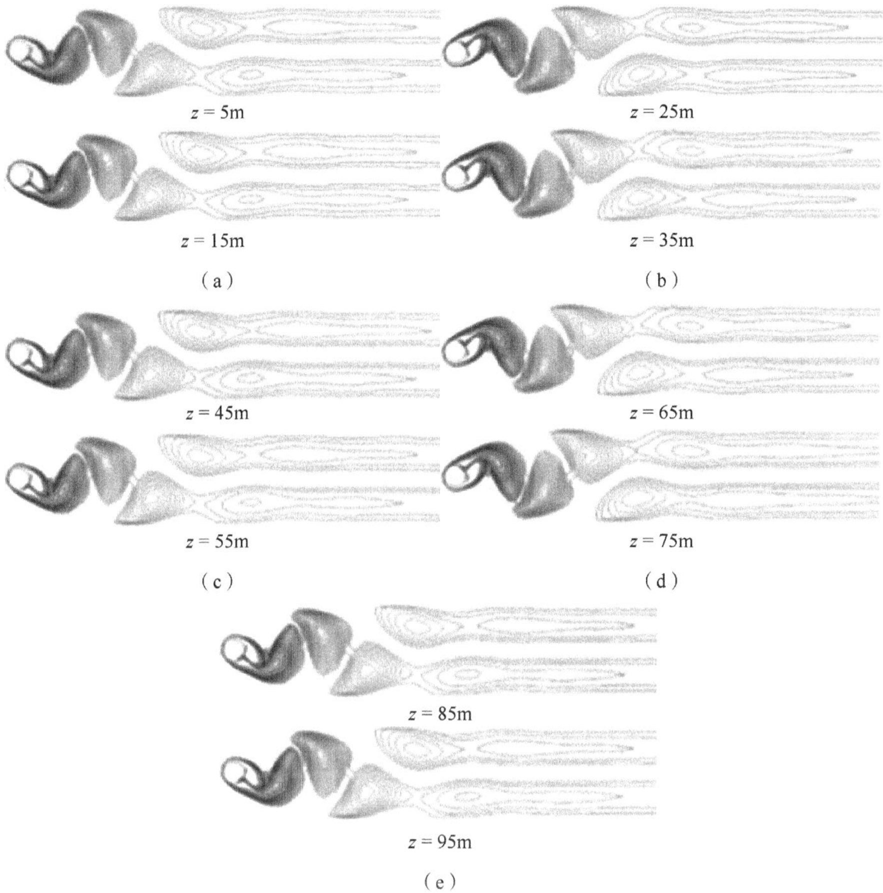

图 4-11　U 风速剖面作用下，$t \approx 14\text{s}$，不同高度处的瞬时涡量等值线

图 4-10 表示 U 风速剖面作用下，$t \approx 14\text{s}$，$y = 0$ 的瞬时涡量图。斜拉索振动为第 5 阶振动。每个波节取两个高度进行分析，不同高度处的瞬时涡量等值线如图 4-11 所示。在每个波节内的两个高度处的漩涡脱落同步，相邻波节之间的漩涡脱落反相，相位差约为 180°。

图 4-12 表示 SA 风速剖面作用下，$t \approx 34\text{s}$，$y = 0$ 的瞬时涡量图。斜拉索振动为第 6 阶振动。每个波节取两个高度进行分析，不同高度处的瞬时涡量等值线如图 4-13 所示。第三波节以上区域，在每个波节内的两个高度处的漩涡脱落同步，相邻波节之间的漩涡脱落反相，相位差约为 180°；第三波节以下区域，在每个波节内的两个高度处的漩涡脱落并不完全同步，尾流也不完全相同，此区域漩涡脱落并未完全被锁定。

图 4-14 表示 SC 风速剖面作用下，$t \approx 34\text{s}$，$y = 0$ 的瞬时涡量图。斜拉索不同高度处的监测点按前 8 阶振型进行选取。每个波节取两个高度进行分析，不同高

度处的瞬时涡量等值线如图 4-15 所示。各个波节内两个高度处漩涡脱落非常复杂：只有最上面一个波节内的两个高度处漩涡脱落同步，其余各波节内两个高度处漩涡脱落之间的相位差或大或小，此特征也可以从图 4-14 得到验证。对于斜拉索多模态涡激振动，很难在斜拉索轴向形成较长的锁定区，造成气动力沿轴向的相关性较低，这也是多模态涡激振动幅值比单模态涡激振动小的原因之一。

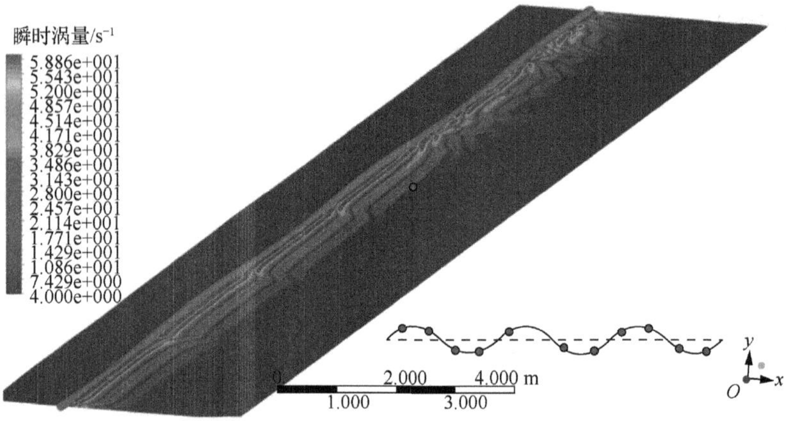

图 4-12　SA 风速剖面作用下，$t \approx 34$s，$y = 0$ 的瞬时涡量图

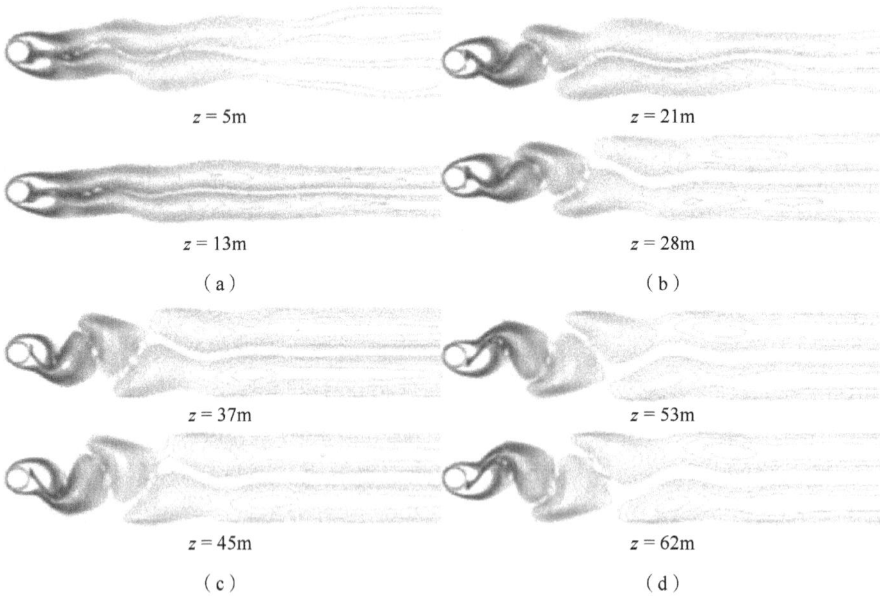

图 4-13　SA 风速剖面作用下，$t \approx 34$s，不同高度处的瞬时涡量等值线

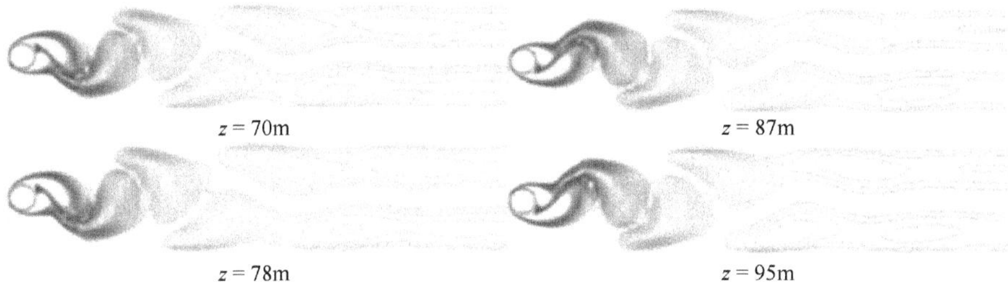

$z = 70$m　　$z = 87$m

$z = 78$m　　$z = 95$m

（e）　　（f）

图 4-13（续）

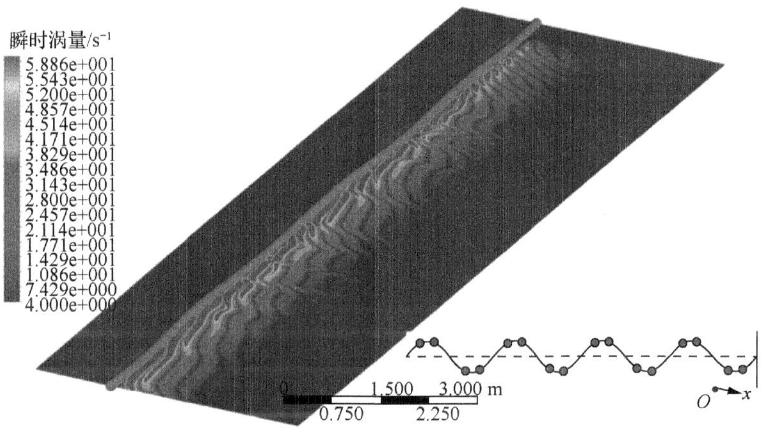

图 4-14　SC 风速剖面作用下，$t \approx 34$s，$y = 0$ 的瞬时涡量图

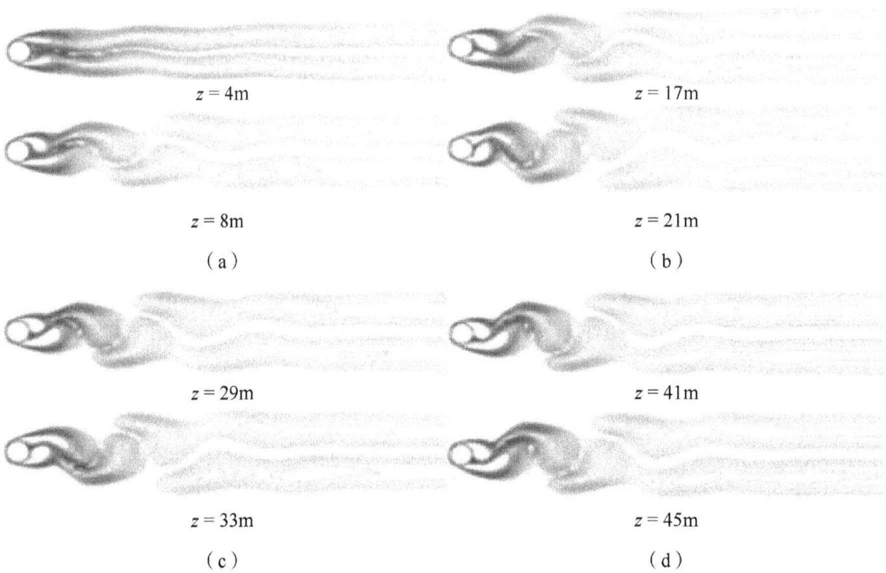

$z = 4$m　　$z = 17$m

$z = 8$m　　$z = 21$m

（a）　　（b）

$z = 29$m　　$z = 41$m

$z = 33$m　　$z = 45$m

（c）　　（d）

图 4-15　SC 风速剖面作用下，$t \approx 34$s，不同高度处的瞬时涡量等值线

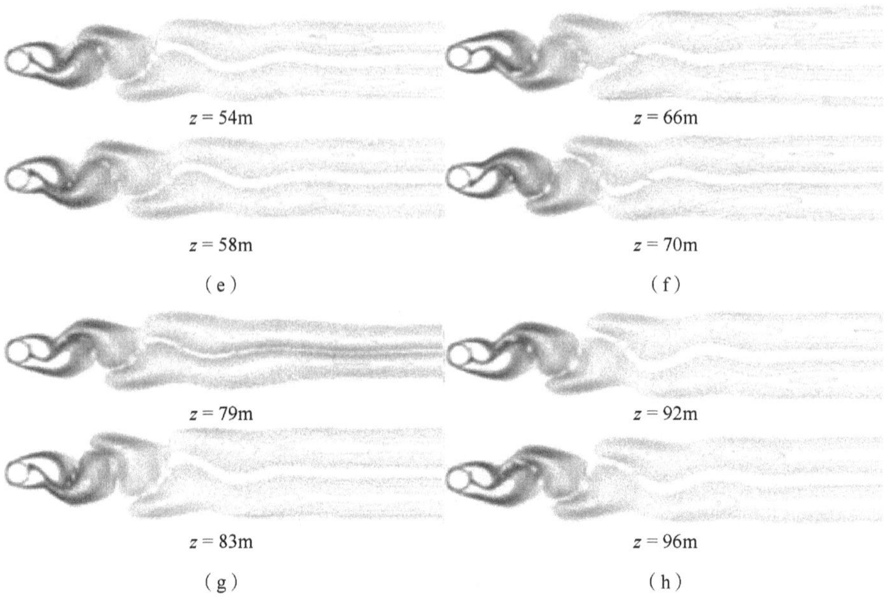

图 4-15（续）

4.3　斜拉索多模态涡激振动的风洞试验研究

本节以一根柔性斜拉索为对象，通过风洞试验，研究不同来流风速剖面下，斜拉索两个方向的振动特性、尾流特性及其振动与尾流之间的相关性，以及涡激振动的运动轨迹、尾流频率随涡激振动模式的变化规律。

4.3.1　风洞试验模型

该试验是在哈尔滨工业大学风洞与浪槽联合实验室的大试验段完成的。该风洞为闭口回流式风洞，有两个试验段，小试验段截面为 4.0m（宽）×3.0m（高），长 25.0m；大试验段截面为 6.0m（宽）×3.6m（高），长 50.0m；在大试验段下部为水槽，通过移动地板将风洞与水槽分开。小试验段和大试验段的最大风速分别为 50m/s 和 30m/s。

1. 柔性斜拉索模型

风洞试验中采用的柔性斜拉索模型及试验装置如图 4-16 所示。由于风洞尺寸的限制，试验所采用的柔性模型索长度为 6.08m，直径为 0.042m，长径比为 144.76，倾斜角为 25.3°，风偏角设为 0°，柔性斜拉索模型单位长度质量为 0.467kg/m，其横风向和顺风向的 1 阶振动频率分别为 3.53Hz 和 3.44Hz。模型索最低点和最高点分别离地面 0.45m 和 3.05m。来流近地面剪切流动剖面通过风洞入口的尖劈来模拟。

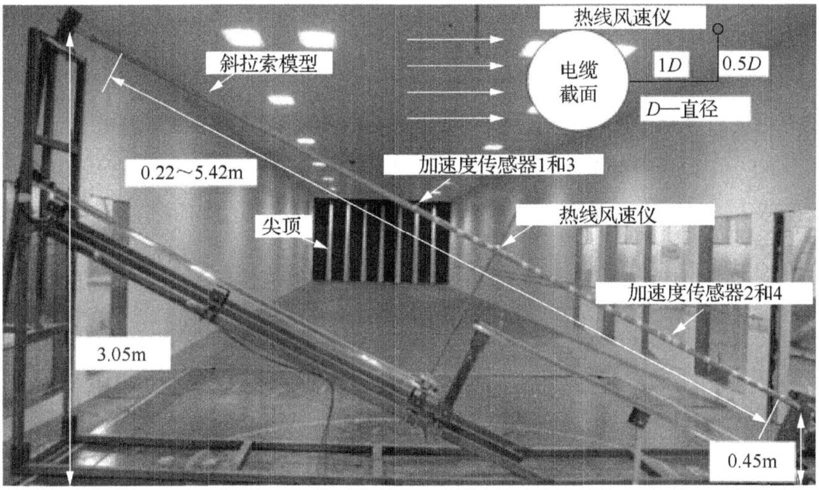

图 4-16　风洞及柔性索模型

斜拉索通过上下两个端板固定，4 个加速度传感器（型号为 Brüel and Kjær 4507B）分别安装在离斜拉索下端 1.256m 和 3.403m 的位置，测量横风向和顺风向的斜拉索振动。在 1.256m 位置的加速度传感器 1 和 3 分别测量该位置的横风向和顺风向的斜拉索振动；在 3.403m 位置的加速度传感器 2 和 4 分别测量该位置的横风向和顺风向的斜拉索振动。加速度传感器信号的采样频率和时间分别为 1000Hz 和 60s。

同时，采用热线风速仪测量斜拉索尾流速度。热线风速仪放置在斜拉索的近尾流区，与斜拉索的相对位置如图 4-16 所示。热线风速仪可沿着斜拉索轴向移动，移动范围从斜拉索下端 0.22m 至 5.42m，每隔 0.1m 测量一个点，采样频率和时间设置与加速度传感器保持一致。

在进行风洞试验之前进行斜拉索的自振分析，得到斜拉索模型的各阶模态频率和阻尼比，如表 4-1 所示。

表 4-1　斜拉索模型的各阶模态频率和阻尼比

模态		1	2	3	4	5	6	7	8
频率/Hz	CF	3.53	6.92	10.45	14.25	18.23	22.27	26.80	31.55
	IL	3.44	7.00	10.55	14.44	18.53	22.59	27.70	31.28
阻尼比/%	CF	0.22	0.26	0.34	0.44	0.54	0.66	0.79	0.92
	IL	0.25	0.33	0.45	0.59	0.74	0.90	1.10	1.23

注：CF 表示横风向；IL 表示顺风向。

2. 来流风速剖面

本试验的剪切流通过试验段入口放置的尖劈生成，图 4-17 为尖劈生成的速度剖面及其对应的湍流强度剖面，该速度剖面对应的斜拉索上端平均风速为 5.0m/s。测试速度剖面的位置位于柔性斜拉索模型前面 1.0m 处，在 2.15m 以下的剖面与《建筑结构荷载规范》（GB 50009—2012）规定的 A 类地貌风速剖面吻合。在斜拉索 0.45～3.05m 范围内，湍流强度在一个较小的范围（4.1%～6.6%）内变化。本试验主要目的是研究风速剖面对斜拉索涡激振动响应和尾流特征的影响，且涡激振动主要由平均风作用引起，因此本节采用较小的湍流强度。

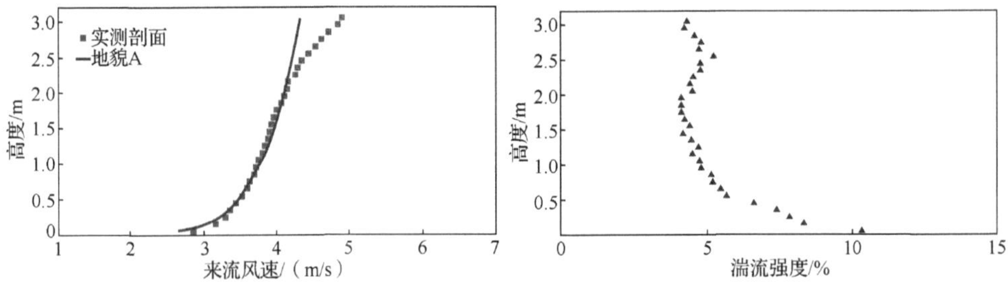

（a）速度剖面　　（b）湍流强度剖面

图 4-17　剪切流速度剖面及其对应的湍流强度剖面

为了确定斜拉索发生不同模态涡激振动对应的来流风速，在斜拉索上端风速 0.7～7.5m/s 范围，以 0.1m/s 的幅值增速，采用来流风速扫描的方法确定最终的试验风速。最后确定 8 个风速工况，分别为 0.9m/s、1.8m/s、3.1m/s、3.6m/s、4.2m/s、5.4m/s、6.5m/s 和 7.4m/s，主要分析各风速工况下斜拉索涡激振动响应和尾流特征。

4.3.2　斜拉索单模态涡激振动

1. 斜拉索振动特征

斜拉索上端平均风速为 0.9m/s、1.8m/s、3.1m/s 和 4.2m/s 时，斜拉索主要发生单模态振动，4 个风速工况分别定义为工况 S1、S2、S3 和 S4。工况 S1、S2、S3 和 S4 下斜拉索 1～4 阶单模态振动响应如图 4-18 所示。加速度传感器 1 和 2 表示横风向振动，加速度传感器 3 和 4 表示顺风向振动，频谱分析结果表明，横风向和顺风向的主导频率相等。Bourguet 等[14]数值模拟结果表明，顺风向和横风向振动主导频率比约为 2；Huera-Huarte 和 Bearman[15]对一根竖直柔性拉索的试验结果也表明，拉索在顺风向和横风向振动的主导频率是相等的。

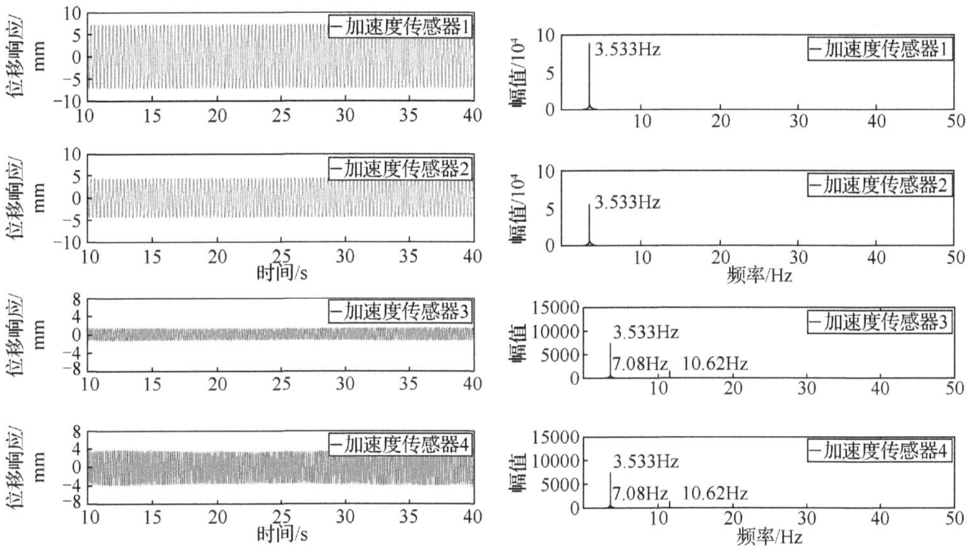

（a）工况S1

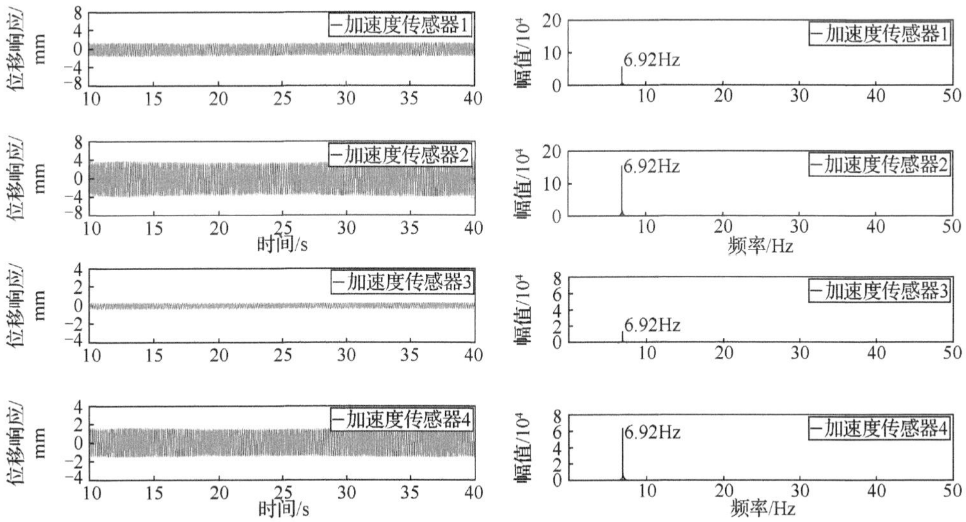

（b）工况S2

图 4-18　不同测试工况下的斜拉索振动响应

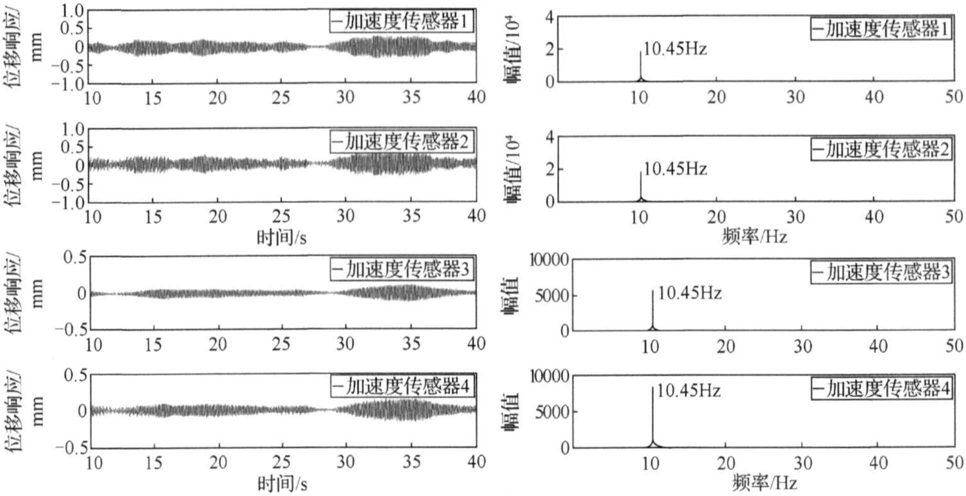

（c）工况S3

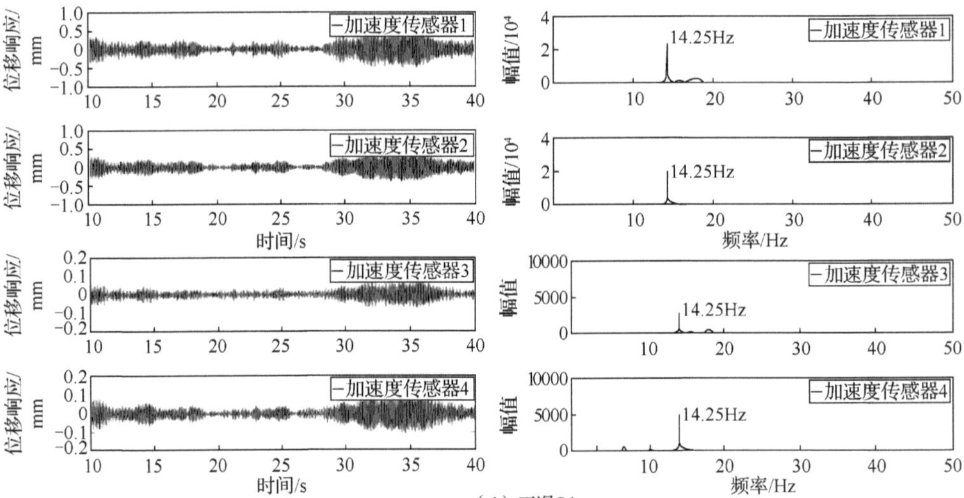

（d）工况S4

图 4-18（续）

对于柔性斜拉索的单模态涡激振动，横风向振动大于顺风向振动。斜拉索发生较低阶涡激振动时，如 1 阶和 2 阶模态涡激振动，各个传感器测到的斜拉索振动幅值平稳，不随时间变化。对于 1 阶模态的涡激振动，在顺风向频谱中，除了有主导的 1 阶模态频率，也包含较高阶的谐波频率，如 2 阶和 3 阶模态频率成分。Huera-Huarte 和 Bearman[15]的研究中同样发现频谱中存在 2 倍主导频率的频率成分，只是该频率成分幅值较小。

斜拉索发生较高阶涡激振动时，如 3 阶和 4 阶模态涡激振动，传感器测到的斜拉索振动，不管是横风向还是顺风向，幅值都不稳定，随时间变化。对于 4 阶模态的涡激振动，其振动频谱分析结果显示，除了主导的 4 阶模态频率外，还有 5 阶的高阶频率成分，同时也含 1～3 阶的低阶频率成分。结果说明，随着平均风速的增加，斜拉索两端的风速差也随之增大，能够覆盖更多的模态频率。当平均风速继续增大，斜拉索两端的风速差能够覆盖 2 阶甚至更多阶模态频率时，斜拉索可发生多模态涡激振动。

根据两个传感器得到的振动响应，可以计算出斜拉索沿着轴向振动的最大幅值，1 阶和 2 阶单模态涡激振动的斜拉索振动幅值如图 4-19 所示。S_G 为衡量涡激振动的结构综合参数。

$$S_{\mathrm{G}} = 2\pi^2 Sr^2 \xi M^* \tag{4-12}$$

$$Sr = \frac{f_s D}{U} \tag{4-13}$$

$$M^* = \frac{m}{\rho D^2} \tag{4-14}$$

式中，Sr 为 Strouhal 数；M^* 为质量比；ξ 为弹簧-阻尼-质量系统的阻尼比，前两阶模态阻尼比如表 4-1 所示；f_s 为漩涡脱落频率；m 为单位长度的质量；ρ 为空气密度，取 1.225kg/m^3。

本节的试验结果与 Skop 和 Balasubramanian[16]的统计结果非常接近，图 4-19 中的拟合曲线由 Sarpkaya[17]提出，可以表示为

$$\frac{2A_{\max}}{D} \cdot \frac{1}{\gamma} = 2.24\mathrm{e}^{-1.05 S_{\mathrm{G}}} \tag{4-15}$$

式中，无量纲的模态系数 γ 等于 1.0 表示刚性圆柱，等于 1.155 则表示张紧弦或者拉索。

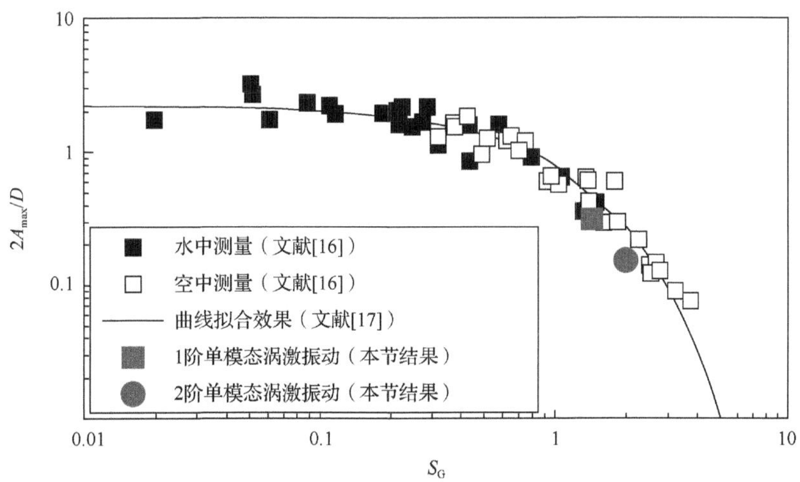

图 4-19　本节拉索振动幅值与前人统计结果的比较

2. 斜拉索运动轨迹

对于理想斜拉索，其高阶模态频率满足倍频关系，同阶的面内面外频率非常接近。对于柔性斜拉索的单模态涡激振动，在振动中有时会存在高阶模态频率成分。如果顺风向振动频率与横风向振动频率相等或者非常接近，那么斜拉索的运动轨迹将会是直线或者椭圆形。运动轨迹为直线或者椭圆形是由两个方向振动的相位差决定的。当顺风向振动频率为横风向振动频率 2 倍时，其运动轨迹为“8”字形。

斜拉索上端风速为 0.9m/s（工况 S1）时，斜拉索两个传感器位置的运动轨迹如图 4-20（a）所示。结果表明，两个传感器位置的斜拉索运动轨迹为斜的“8”字形，但各不相同。进一步对顺风向进行滤波，分别得到 1 阶、2 阶和 3 阶模态频率成分。横风向振动与顺风向振动 1 阶、2 阶和 3 阶模态振动的运动轨迹如图 4-20（b）～（d）所示。结果表明，横风向振动与顺风向振动 1 阶模态振动的运动轨迹为直线；横风向振动与顺风向振动 2 阶模态振动的运动轨迹为“8”字形；横风向振动与顺风向振动 3 阶模态振动的运动轨迹为“S”形。

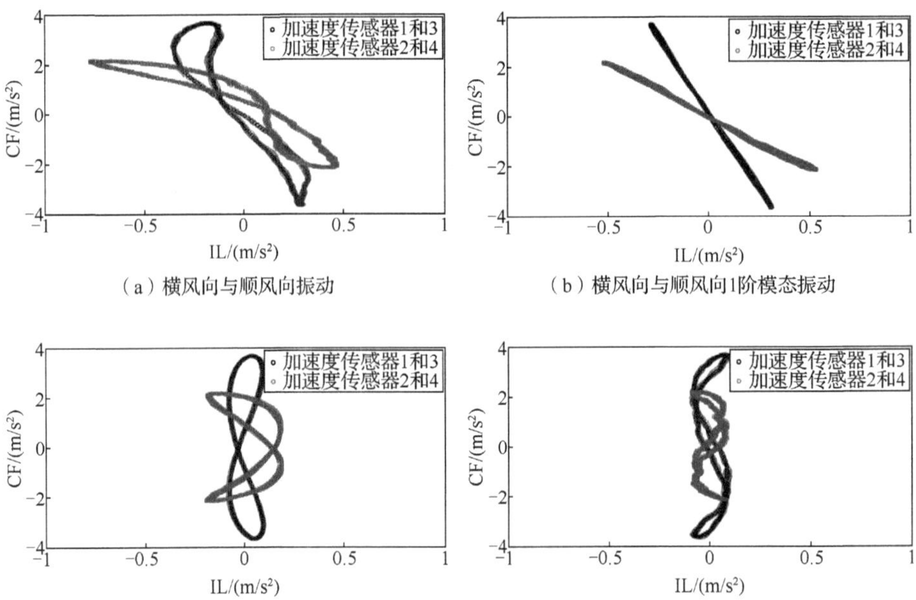

（a）横风向与顺风向振动　（b）横风向与顺风向1阶模态振动

（c）横风向与顺风向2阶模态振动　（d）横风向与顺风向3阶模态振动

图 4-20　工况 S1 斜拉索运动轨迹

斜拉索上端风速为 1.8m/s（工况 S2）和 3.1m/s（工况 S3）时，斜拉索两个方向振动的主导频率一致。斜拉索的运动轨迹分别如图 4-21（a）和（b）所示。横风向和顺风向振动的相位差不同，其运动轨迹也将是不同的椭圆形状。对于工况 2，斜拉索在传感器 1 和 2 位置，横风向和顺风向振动之间的相位差分别为 167.23°和 171.74°。对于工况 3，斜拉索在传感器 1 和 2 位置，横风向和顺风向振动之间的相位差分别为 153.45°和 150.62°。相位差越接近于 0°或者 180°时，椭圆的形状会越扁。如图 4-20（b）所示的工况 S1 的横风向与顺风向 1 阶模态振动之间的相位差为 177.19°（加速度传感器 1 和 3）和 177.05°（加速度传感器 2 和 4），非常接近 180°，因此其运动轨迹为直线而非椭圆形状。

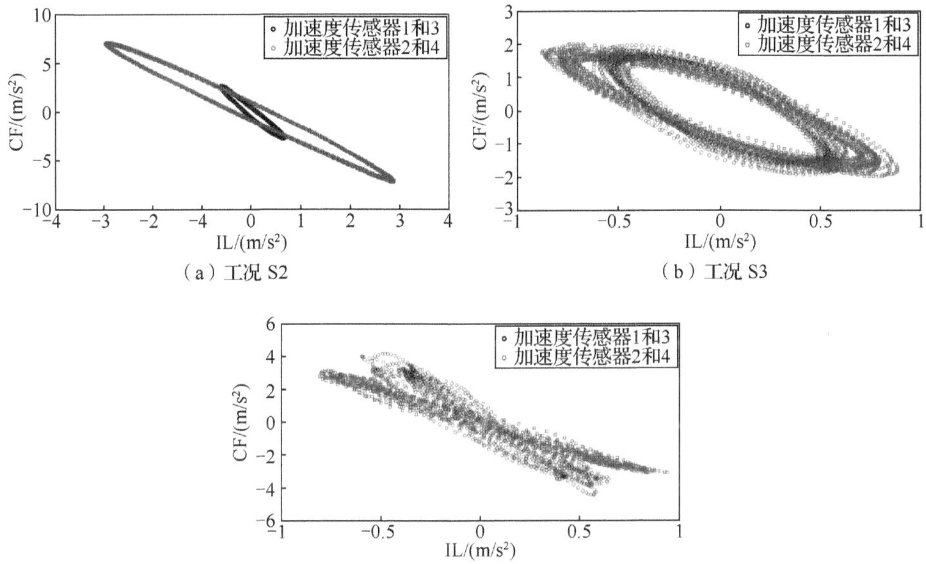

（a）工况 S2　　（b）工况 S3

（c）工况 S4

图 4-21　工况 2～工况 4 斜拉索运动轨迹

斜拉索上端风速为 4.2m/s（工况 S4）时，由于横风向和顺风向振动的时程曲线不规则，运动轨迹没有固定的形状，如图 4-21（c）所示，介于直线和椭圆之间，但是更接近于直线。

3. 斜拉索尾流频率特性

斜拉索涡激振动是由非定常气动力引起的，气动力频率，即漩涡脱落频率，在激发涡激振动中扮演了重要的角色。受热线测量位置的限制，尾流频率测量范围从斜拉索下端 220mm 到 5420mm。工况 S1～S4 测量得到的斜拉索沿着轴向的尾流频率如图 4-22 所示。同时，根据入口来流风速、Strouhal 数和斜拉索直径，可以预测和估计斜拉索的尾流频率。

由于不同风速剖面下雷诺数随着高度增加而变化，根据 Norberg[18]的研究结果，Strouhal 数 $Sr(z)$的计算公式如下：

$$\begin{cases} Sr(z) = 0.1853 + 0.0261 \times \exp\left(-0.9 \times L_{\mathrm{R}}^{2.3}\right) \\ L_{\mathrm{R}} = \log\left(\dfrac{Re(z)}{1.6 \times 10^{3}}\right) \\ Re(z) = \dfrac{U_0(z)D(z)}{v} \end{cases} \tag{4-16}$$

式中，$D(z)$为斜拉索高度 z 处的直径，虽然本章试验斜拉索直径沿着轴向有细微的变化，但实际上，对大多数斜拉索，其直径是常数；$Re(z)$为斜拉索高度 z 处的雷诺数；v 为运动黏性系数；$U_0(z)$为斜拉索高度的来流风速。

斜拉索沿高度变化的漩涡脱落频率 $f_{\mathrm{s}}(z)$可以表示为

$$f_{\mathrm{s}}(z) = Sr(z)\frac{U_0(z)}{D(z)} \tag{4-17}$$

根据式（4-16）和式（4-17），4 个工况（S1～S4）预测得到斜拉索沿着轴向的尾流漩涡脱落频率如图 4-22 所示。结果表明，对于工况 S1 和 S2，预测得到尾流漩涡脱落频率与实测结果接近，但是实测尾流漩涡脱落频率分别被锁定到 1 阶和 2 阶模态频率，因此斜拉索的振动非常平稳。

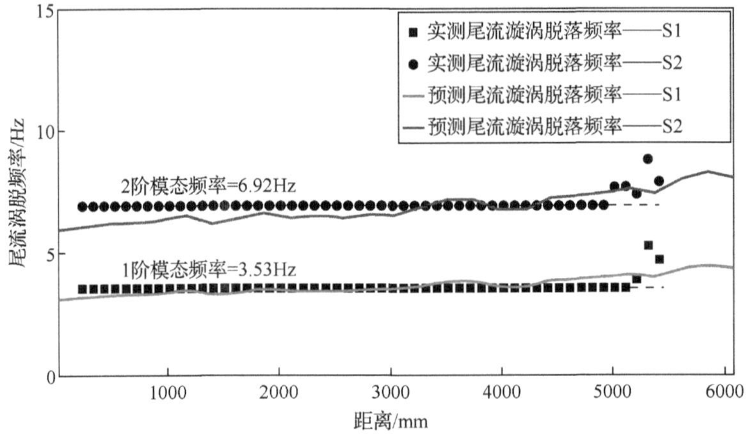

（a）工况S1和S2

图 4-22　不同工况下实测尾流漩涡脱落频率与预测尾流漩涡脱落频率之间的对比

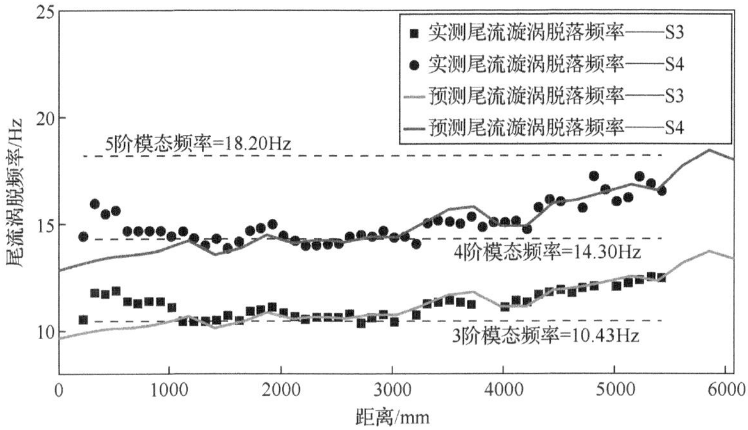

（b）工况S3和S4

图 4-22（续）

对于工况 S3 和 S4，如图 4-22（b）所示，在测量范围 1000～5420mm，预测尾流漩涡脱落频率与实测尾流漩涡脱落频率较为接近，由于斜拉索振动较小，不能完全把尾流漩涡脱落频率锁定在斜拉索振动频率上；在测试范围 1000～3000mm，尾流漩涡脱落频率与斜拉索振动频率较为接近；在测试范围 3000～5420mm，尾流漩涡脱落频率随着高度缓慢增加。由于沿着斜拉索轴向存在其他尾流漩涡脱落频率成分，虽然工况 S3 和 S4 为单模态振动，但是其时程曲线的振动幅值不稳定；而且其振动幅值要远小于工况 S1 和 S2 的结果。在测试范围 220～1000mm，实测尾流漩涡脱落频率不稳定且大于预测值，原因可能是该高度区域的来流湍流强度较大。

4.3.3　斜拉索多模态涡激振动

1. 斜拉索振动特征

斜拉索上端平均风速为 3.6m/s、5.4m/s、6.5m/s 和 7.4m/s 时，定义为工况 M1、M2、M3 和 M4，斜拉索发生多模态涡激振动，其时程曲线及频谱分析如图 4-23 所示。对于工况 M1～M4，连续进行了 29 次测试，传感器位置 1 处斜拉索横风向振动的位移幅值和加速度幅值如图 4-24 和图 4-25 所示。结果表明在短时间（1 次测试时间内）的振动幅值不稳定；但是长期（总共 29 次测试时间内）的振动幅值较为稳定。相对而言，多模态振动位移幅值要比单模态振动位移幅值小，虽然高频次的小幅值振动不会给斜拉索带来灾难性破坏，但是可对斜拉索及其附属结构造成潜在的疲劳损伤，因此研究者和桥梁设计人员需要更多地关注斜拉索多模态的涡激振动。

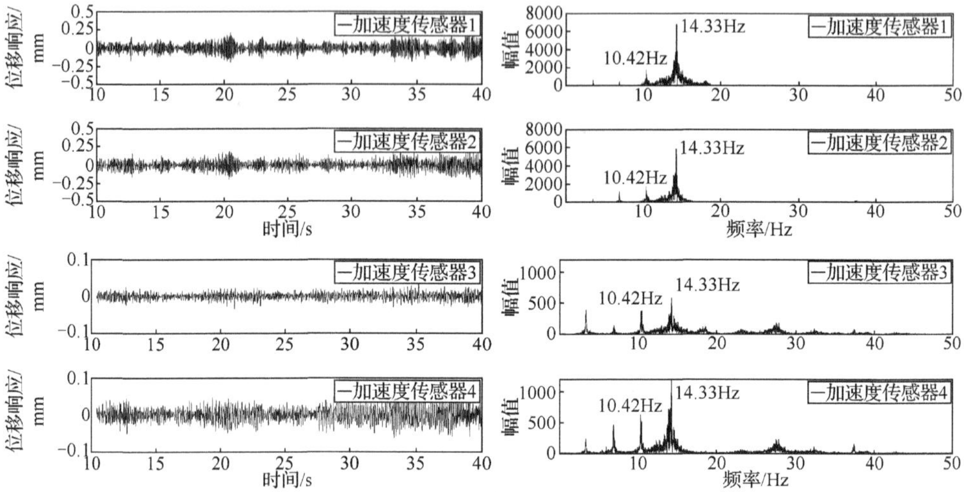

（a）工况M1

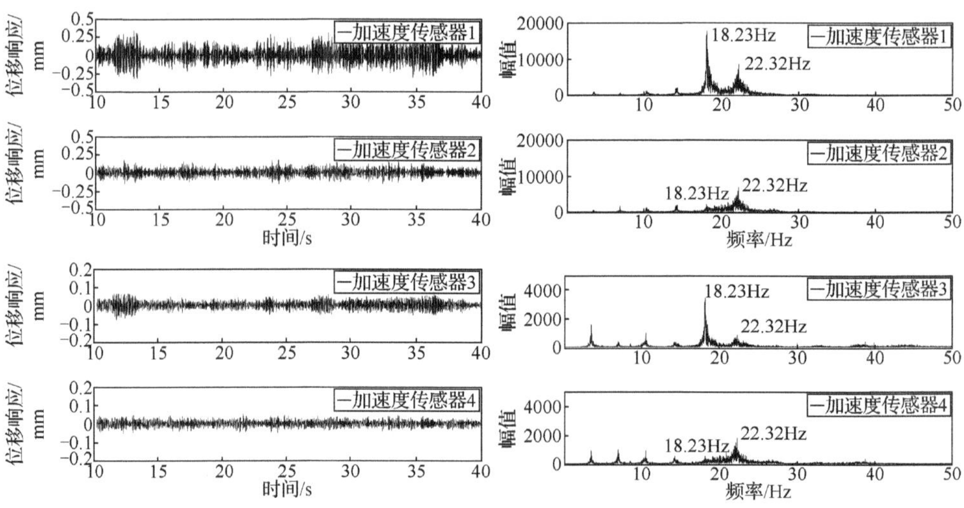

（b）工况M2

图 4-23　高风速下斜拉索涡激振动时程曲线及频谱分析

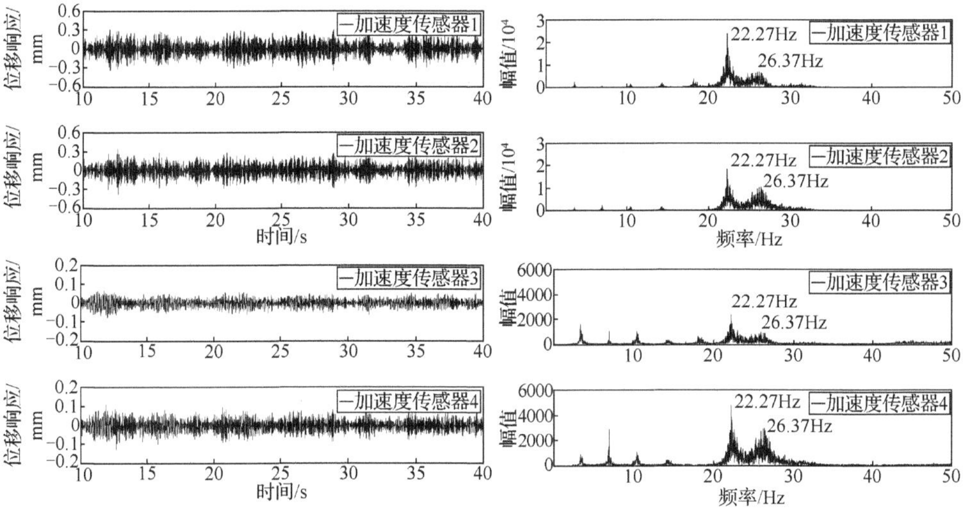

（c）工况M3

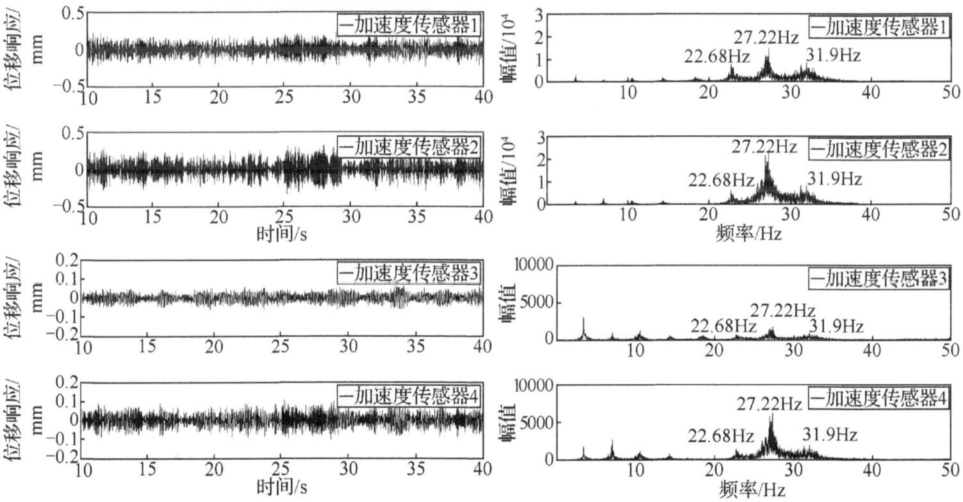

（d）工况M4

图 4-23（续）

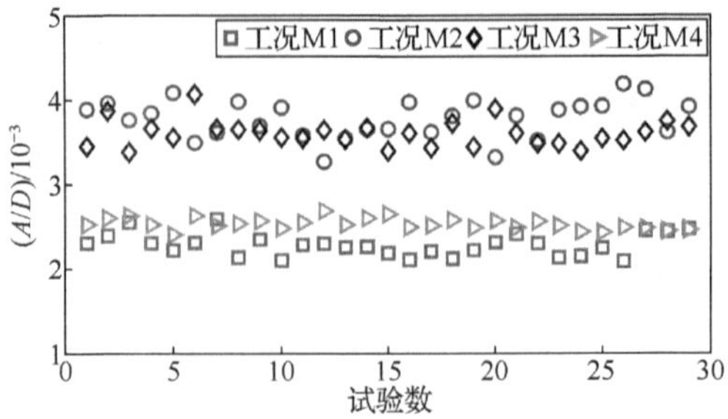

注：*A*/*D* 为归一化位移，无量纲。

图 4-24　传感器位置 1 处斜拉索横风向位移响应

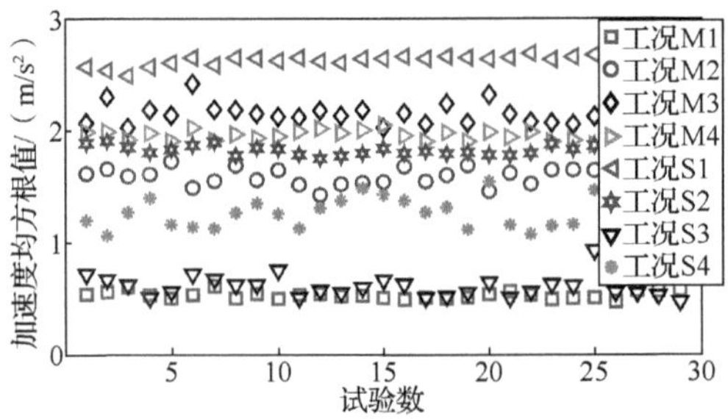

图 4-25　传感器位置 1 处斜拉索横风向加速度响应

与单模态涡激振动类似，多模态涡激振动在横风向振动的幅值要大于顺风向振动幅值。在顺风向振动的频谱中，出现了更多的低频模态频率成分，而且低频模态频率成分幅值较大；然而，在横风向振动的频谱中也出现这些低频模态频率成分，但幅值相对较小。

多模态涡激振动响应中至少存在两个频率成分。为了研究每个模态频率随时间的变化，对斜拉索的振动响应进行了时频分析。图 4-26 是传感器位置 1 处，4 个工况 M1～M4 下斜拉索横风向振动的时频分析结果。根据以上分析的结果，工况 M1 为双模态涡激振动，但是从时频分析结果发现，第 4 阶模态频率成分在时间上占据主导，第 3 阶模态频率成分只在某些时间上出现。工况 M2 是一个典型的双模态涡激振动，第 5 阶与第 6 阶模态频率在时间轴上交替出现，只是第 5 阶模态能量比第 6 阶模态能量稍强。工况 M3 与工况 M1 类似，虽然也是双模态涡激振动，但是第 6 阶模态为主导模态，第 7 阶模态频率在时间轴上间歇出现。工况 M4 是一个三模态涡激振动，但是第 7 阶和第 8 阶模态频率成分占据主导，第 6 阶间歇出现，同时在时间轴上也存在第 7 阶和第 8 阶模态频率。

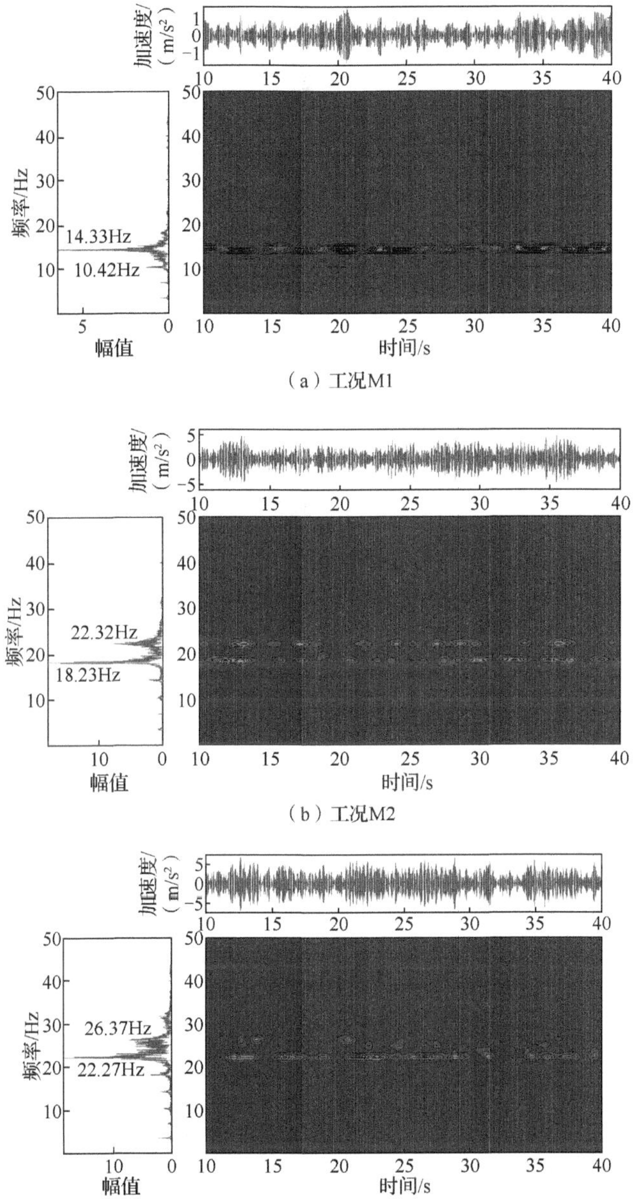

（a）工况M1

（b）工况M2

（c）工况M3

图 4-26　不同工况下，传感器位置 1 处斜拉索横风向振动的时频分析结果

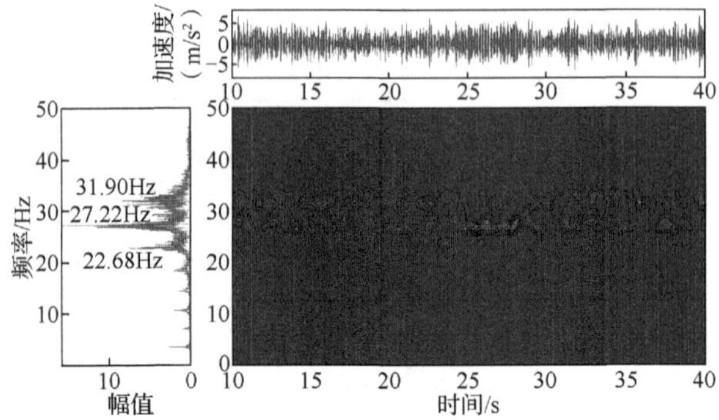

（d）工况M4

图 4-26（续）

2. 斜拉索运动轨迹

作为多模态涡激振动，由于横风向和顺风向振动存在几个模态频率成分，因此横风向和顺风向不存在稳定运动轨迹，斜拉索的运动轨迹如图 4-27 所示。4 个工况（M1～M4）的运动轨迹更加接近于直线，说明两个方向的最主导频率是接近的。图 4-27（a）顺风向频谱结果显示，虽然存在主导频率的 2 倍频率成分，但是由于该频率在整个频谱中的幅值较小，因此在图 4-27（a）中的运动轨迹并没有出现“8”字形轨迹。

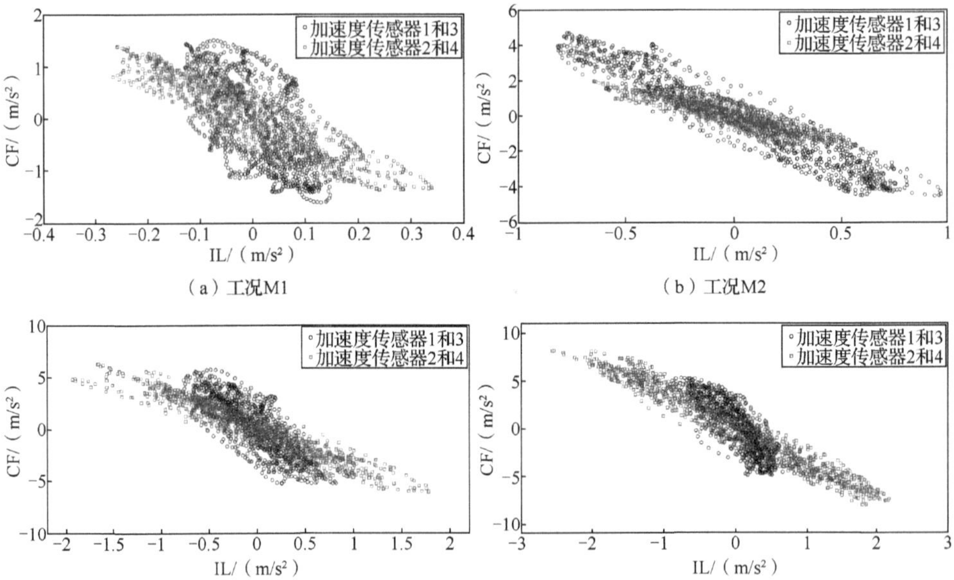

（a）工况M1　（b）工况M2

（c）工况M3　（d）工况M4

图 4-27　斜拉索在不同工况下的运动轨迹

3. 斜拉索尾流频率特性

工况 M1～M4 对应的斜拉索尾流漩涡脱落频率沿轴向分布如图 4-28 所示。根据以上分析结果，由于 220～1000mm 范围内，湍流强度较大，因此该区域内漩涡脱落频率不稳定。根据本章的预测方法，得到 4 个工况下斜拉索尾流漩涡脱落频率的预测值沿着斜拉索轴向的分布如图 4-28 所示。结果表明，在 1000～5420mm 测试范围内，漩涡脱落的预测值与实测值较为接近，说明本章提出的漩涡脱落估计方法具有较好的可靠性和准确性。结果进一步说明，对于多模态涡激振动，斜拉索不能完全将漩涡脱落频率锁定到斜拉索的某一阶频率上。

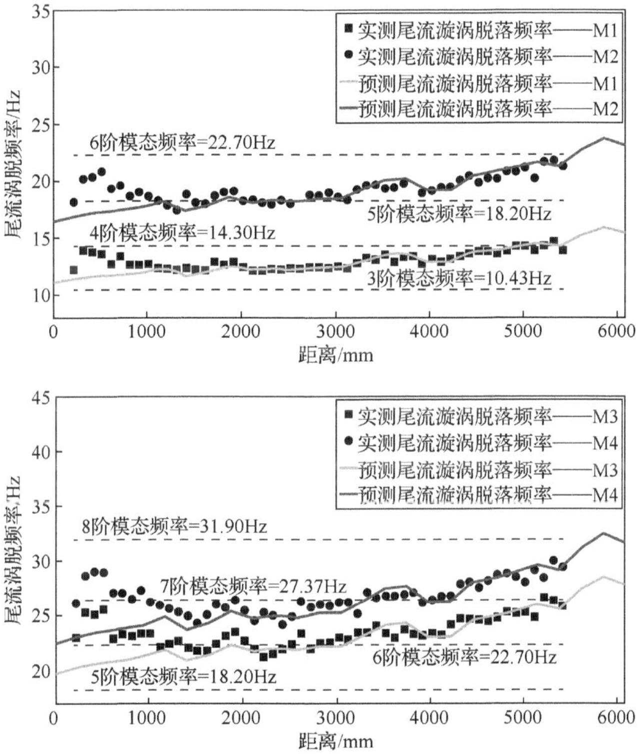

图 4-28　不同风速剖面下斜拉索实测与预测的尾流漩涡脱落频率比较

对于双模态涡激振动，如工况 M1～M3，尾流漩涡脱落频率主要分布在相邻的两阶主导频率附近。对于工况 M1，尾流漩涡脱落频率更加接近第 4 阶模态频率；对于工况 M2，尾流漩涡脱落频率更加接近第 5 阶模态频率；对于工况 M3，尾流漩涡脱落频率更加接近第 6 阶模态频率；因此 3 种工况对应的最主导频率应该分别为第 4、5 和 6 阶模态频率，可以从图 4-23（a）～（c）和图 4-26（a）～（c）

分别得到验证。但是，对于工况 M2，加速度传感器 2 和 4 的振动频谱分析结果显示，主导频率为第 6 阶模态频率成分，而非第 5 阶模态频率成分。其原因是加速度传感器 2 和 4 的安装位置距斜拉索下端 1256mm，此安装位置与第 5 阶模态其中一个节点位置（即距斜拉索下端 1216mm）非常接近。对于第 5 阶模态，节点处（即距斜拉索下端 1216mm）的位移接近 0。由于加速度传感器 2 和 4 的安装位置（即距斜拉索下端 1256mm）距节点非常接近，其振动幅值仅为斜拉索第 5 阶模态幅值的 0.113 倍，因此从图 4-23（b）可以看出，该位置实际测量得到的振动幅值非常小。

对于三模态涡激振动的工况 M4，尾流漩涡脱落频率介于第 6、7 和 8 阶模态频率之间，但是大部分测试点的漩涡脱落频率与第 7 阶模态频率接近，因此，斜拉索振动时程和频谱更多地反映了第 7 阶模态频率的特征。

根据斜拉索上下两端的风速，根据式（4-16）和式（4-17）可以预测得到斜拉索上下两端的漩涡脱落频率。图 4-29 表示不同风速剖面下，斜拉索上下端漩涡脱落频率的预测值与斜拉索实际振动频率的比较。结果表明，预测漩涡脱落频率可以较好覆盖斜拉索的实际振动频率。因此，根据本章的计算和预测方法，在给定的来流风场和斜拉索参数下，可以预估斜拉索将发生什么类型的涡激振动——单模态还是多模态，以及多模态涡激振动的模态参与范围。

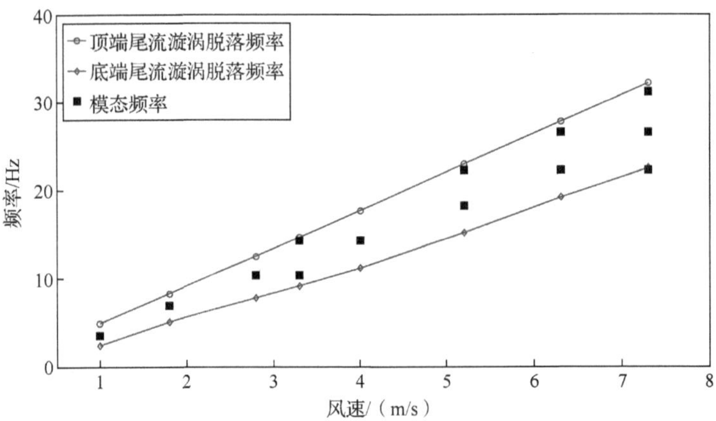

图 4-29 斜拉索尾流漩涡脱落频率的预测值与斜拉索实际振动频率的比较

对于柔性斜拉索或刚性圆柱的单模态涡激振动，在其尾流往往只有一个主导频率。对于柔性斜拉索的多模态涡激振动，斜拉索尾流的漩涡脱落频率沿其轴向总是存在两个及其以上的主导频率成分；但是，在所有的主导频率成分中，总是有一阶模态频率是最主导的，可以从图 4-26 得到验证。沿着轴向的尾流漩涡脱落频率分布，只有部分区域的尾流漩涡脱落频率与最主导模态频率接近，该区域的尾流漩涡脱落频率及其气动力对最主导模态的振动起决定作用。因此，我们将该区域的长度定义为有效长度 L_{eff}，此时方程（4-14）应改为

$$M_{\text{eff}}^* = \frac{mL}{\rho D^2 L_{\text{eff}}} \tag{4-18}$$

相应的有效折算阻尼比 $S_{\text{G\_eff}}$ 可以表示为

$$S_{\text{G\_eff}} = 8\pi^2 Sr^2 \xi M_{\text{eff}}^* \tag{4-19}$$

Goswami 等[19]的试验研究了锁定区的宽度随有效折算阻尼比 $S_{\text{G\_eff}}$ 的变化规律。根据斜拉索尾流的漩涡脱落频率的分布（图 4-22 和图 4-28），可以确定锁定区的宽度，也就是有效长度 L_{eff}。

根据有效折算阻尼比 $S_{\text{G\_eff}}$，方程（4-15）可以修改为

$$\frac{2A_{\max}}{D}\cdot\frac{1}{\gamma} = 2.24\mathrm{e}^{-1.05S_{\text{G\_eff}}} \tag{4-20}$$

考虑有效长度的影响，不管是单模态涡激振动还是多模态涡激振动的振动幅值都可以放到一起来比较，其结果如图 4-30 所示。结果表明，即便是考虑了有效长度的影响，单模态涡激振动的幅值依然与前人试验结果及拟合曲线很接近；但是，多模态涡激振动的幅值大于前人的拟合曲线。考虑前人与本节的试验结果，方程（4-15）的拟合曲线需要修改为

$$\frac{2A_{\max}}{D}\cdot\frac{1}{\gamma} = 2.04\mathrm{e}^{-0.95S_{\text{G\_eff}}} \tag{4-21}$$

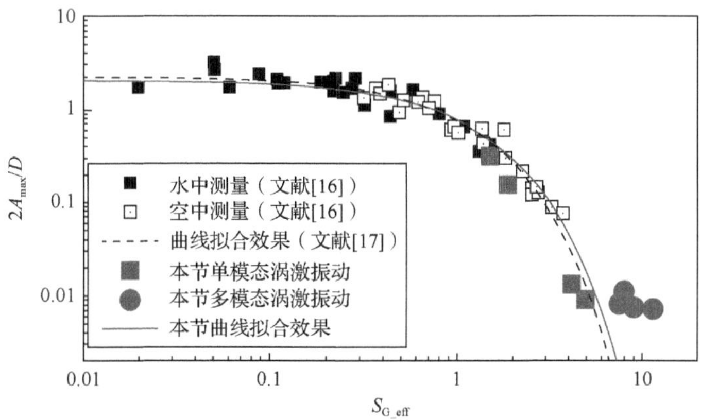

图 4-30　本节的涡激振动幅值与前人结果的比较

4.4　斜拉索多模态涡激振动的现场监测

4.4.1　国内某大跨度斜拉桥斜拉索风与风效应健康监测系统

在 CFD 数值模拟与风洞试验的基础上，进一步对国内某大跨度斜拉桥的斜拉索涡激振动进行现场监测研究，分析斜拉索振动特点，以及与来流风特性之间的相关性，并研究通过来流风特性预测斜拉索发生涡激振动时的参与模态及其范围。

该桥采用主跨 620m 的双塔双索面斜拉桥方案，通航等级为 50000t 级，是外海中已建成的最长斜拉桥。由于该桥处于外海，受风、风-雨及交通荷载作用，易发生涡激振动、风雨激振、尾流驰振及参数振动等形式的振动。为保障该桥斜拉索的正常运营，建立了一套斜拉索风与风效应的健康监测系统对其进行实时监测。

该桥共计 84 根斜拉索，斜拉索布置如图 4-31 所示。选取不同索塔、索面和长度的 20 根斜拉索分别布置单向加速度传感器（方向为索面方向），如图 4-32 所示，加速度传感器采样频率 100Hz。同时，为监测斜拉索的来流风特征，在主跨来流与尾流位置分别布置一个超声风速仪，其采样频率 32Hz。

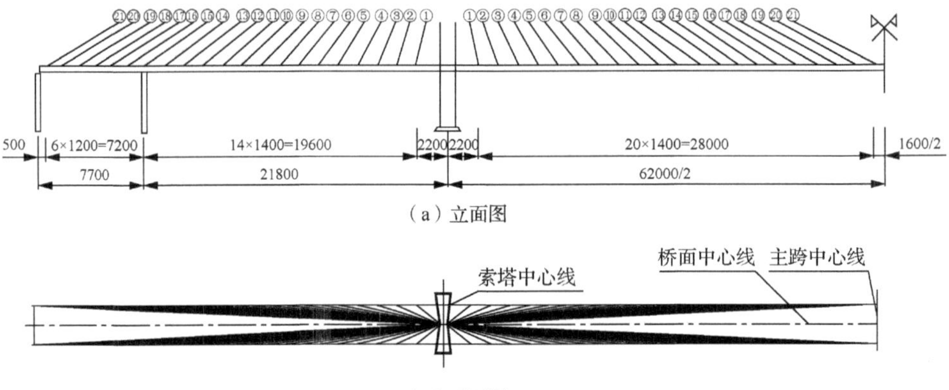

图 4-31　某桥斜拉索布置示意图

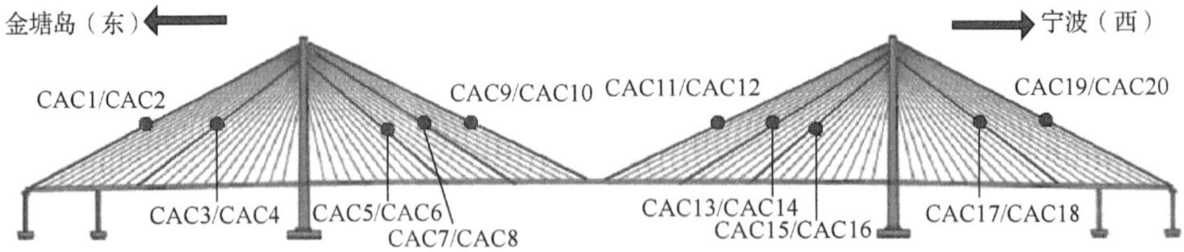

图 4-32　某桥斜拉索传感器布置示意图

4.4.2　斜拉索风致振动特征

通过对该桥斜拉索进行长期监测，分析得到斜拉索的振动响应如图 4-33 所示，与水平时间轴垂直的为斜拉索编号（索号）轴，对应图 4-32 中的 20 根斜拉索，竖向轴为斜拉索的加速度均方根值。加速度传感器监测的数据表明，该桥编号为 CAC20 斜拉索的振动较大，其长度 323m，倾斜角约 26.338°，直径 0.12m，基频 0.378Hz，斜拉索上、下端离海平面高度分别为 203m 与 60m；而其他斜拉索的振动相对较小。因此，斜拉索振动响应的分析以 CAC20 号斜拉索为主。

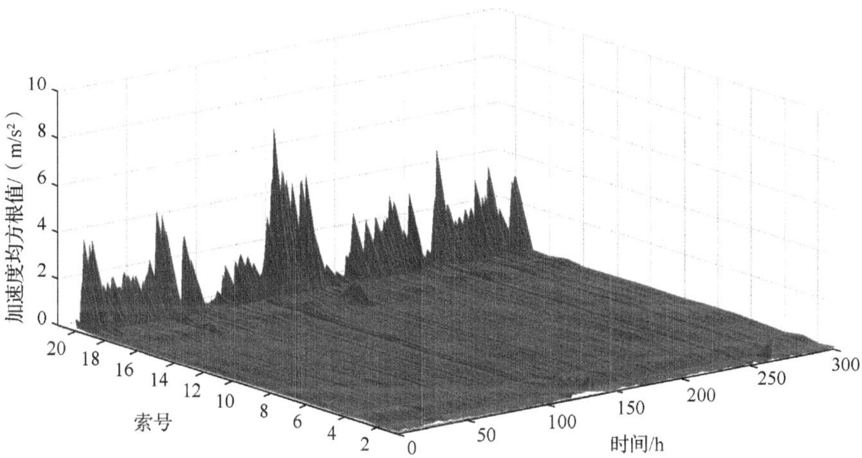

（a）4月份（2010-4-16～2010-4-29）

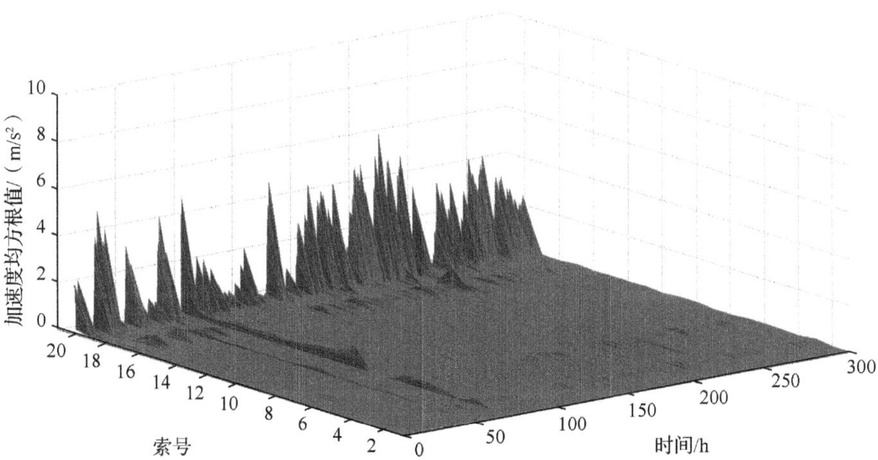

（b）7月份（2010-7-1～2010-7-17）

图 4-33　某桥不同斜拉索振动响应（加速度均方根）

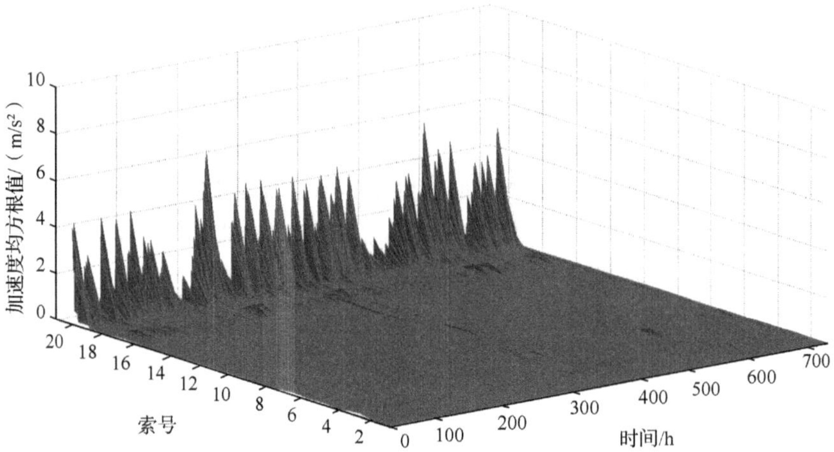

（c）8月份（2010-8-1～2010-8-30）

图 4-33（续）

图 4-34 给出了监测的斜拉索一条加速度样本及其积分得到的位移时程。从图中可以看出，该斜拉索的加速度幅值较大，但是位移幅值并不是很大，说明斜拉索振动频率较高。进一步进行频谱分析得到该时程的主导频率分布在 7～12Hz，且发生多阶模态振动。

进一步，对长期监测得到的每 10min 内斜拉索加速度幅值进行统计发现，斜拉索较大的振动幅值主要分布在 10～50 阶模态，对应频率范围为 3.78～18.9Hz；在 30 阶模态（11.34Hz）左右振动幅值最大，如图 4-35 所示。

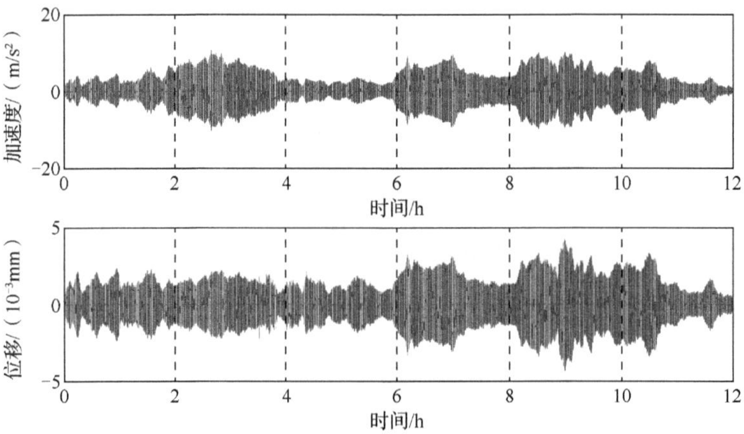

（a）振动时程

图 4-34 某桥斜拉索典型的振动响应分析

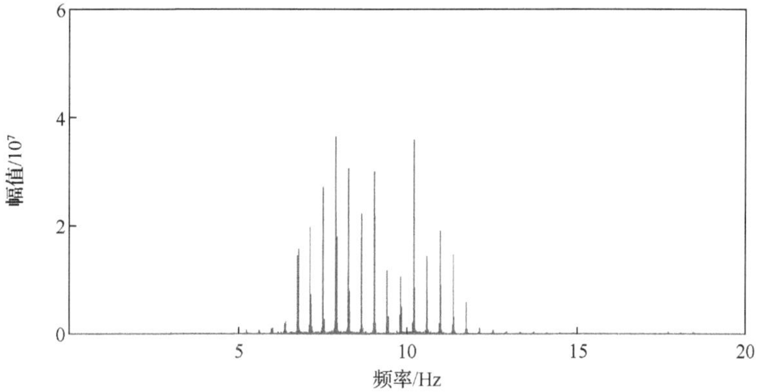

（b）频谱分析

图 4-34（续）

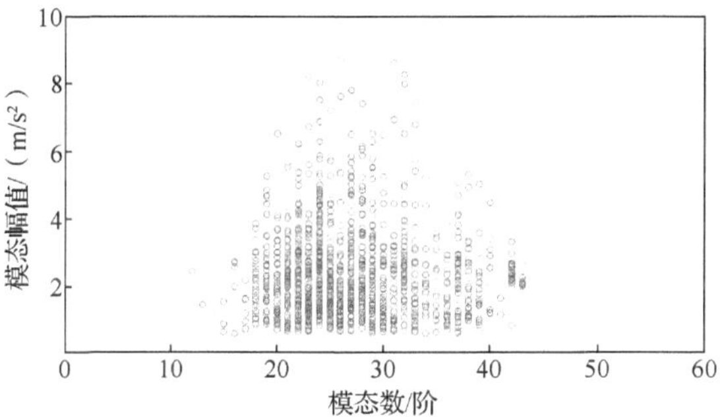

图 4-35　某桥斜拉索振动幅值随振动模态的变化

4.4.3　斜拉索振动特征与来流风特征的关系

1. 振动幅值随平均风速、风偏角及湍流强度的变化

本节监测到斜拉索振动与来流风特征有密切的关系，图 4-36～图 4-38 分别为斜拉索振动幅值随来流平均风速、风偏角和湍流强度的变化。

图 4-36 表明，斜拉索振动幅值先随着平均风速增大而增大，最大振动幅值位于 7～8m/s 附近；随着平均风速继续增大，斜拉索振动幅值逐渐降低，当平均风速超过 12m/s 之后，斜拉索振动幅值大幅降低。

图 4-37 表明，斜拉索振动幅值与来流风偏角存在很大的相关性。当来流垂直于桥轴向（90°或 270°）附近时，斜拉索振动幅值最大；当来流平行于桥轴向（0°或 180°）附近时，斜拉索振动幅值大幅降低。

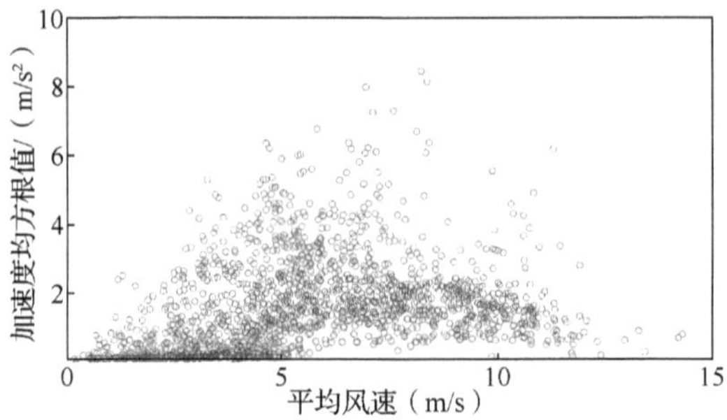

图 4-36　某桥斜拉索振动幅值随平均风速的变化

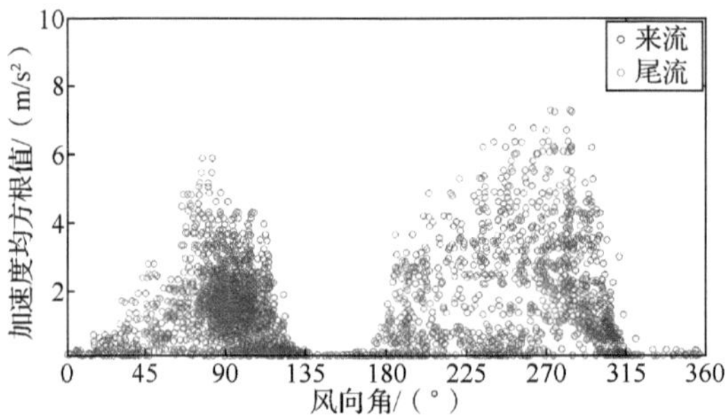

图 4-37　某桥斜拉索振动幅值随风向角的变化

图 4-38 表明，较大的斜拉索振动幅值主要集中在来流的湍流强度小于 0.2m/s 的范围内；当来流湍流强度大于 0.2m/s 时，斜拉索振动幅值明显降低。

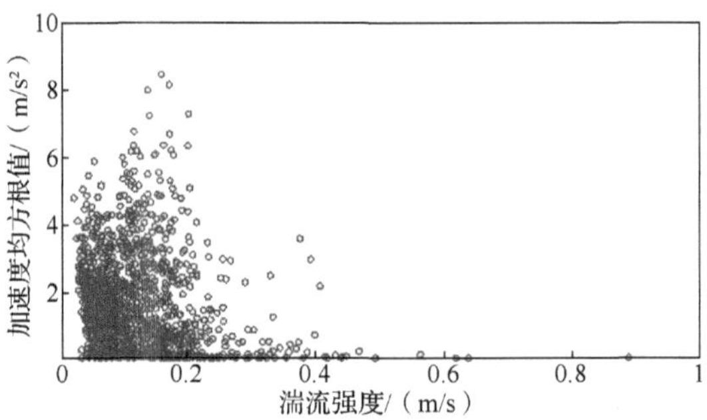

图 4-38　某桥斜拉索振动幅值随湍流强度的变化

综合图 4-36～图 4-38 的结果表明，斜拉索长期风致振动是一种限幅值振动，只发生在一定的风速范围内，来流垂直于斜拉索且来流湍流强度较小时，振动幅值最大。因此本节监测的风致振动与涡激振动的特性接近，本节最后一部分也将证明本节监测到的斜拉索风致振动为高阶多模态涡激振动。

2. 平均风速的空间变换关系

斜拉索由于安装位置、倾斜角度等不同，在不同来流风作用下，每根斜拉索的空间姿态及其与来流之间的空间角度都存在差别，在采用监测数据分析斜拉索涡激振动时，需要将监测风速换算为斜拉索平面内或平面外水平向平均风速：

$$U=\sqrt{\overline{u}_x^2+\overline{u}_y^2} \tag{4-22}$$

式中，$\overline{u}_x$、$\overline{u}_y$ 为监测的风速 u_x 和 u_y 在基本时距内的平均值；U 为水平向平均风速。

若沿桥梁高度安装多个风速仪，则对每一个风速仪监测的数据进行上述分析，得到沿斜拉索高度的风速剖面；若沿桥梁高度仅安装两个风速仪，则采用下式给出的风速剖面拟合得到其中的幂指数，进而得到桥址处风速剖面。

$$\frac{U(z)}{U(z_0)}=\left(\frac{z}{z_0}\right)^{\alpha'} \tag{4-23}$$

式中，$U(z)$为高度 z 处的平均风速；$U(z_0)$为参考高度 z_0 处的平均风速；α' 为地面粗糙度指数，通过沿高度方向上两点的平均风速可求得桥址处的α'。

在监测风速得到桥梁水平平均风速 U 的基础上，应进一步计算出斜拉索平面内和平面外平均风速（图 4-39）。考虑到轴向流分量 $U(z)\sin\beta\cos\theta$ 对斜拉索涡激振动的影响还不是十分清楚，这里只考虑来流 $U(z)$分解到垂直于斜拉索轴向的分量（平面外），即 $U(z)\cos\beta$ 和 $U(z)\sin\beta\sin\theta$，合成之后相对速度与相对攻角分别为

$$U_0(z)=U(z)\sqrt{\cos^2\beta+\sin^2\beta\sin^2\theta} \tag{4-24}$$

$$\theta_0=\arctan(\tan\beta\sin\theta) \tag{4-25}$$

式中，β 为斜拉索的风偏角；θ 为斜拉索的倾斜角。

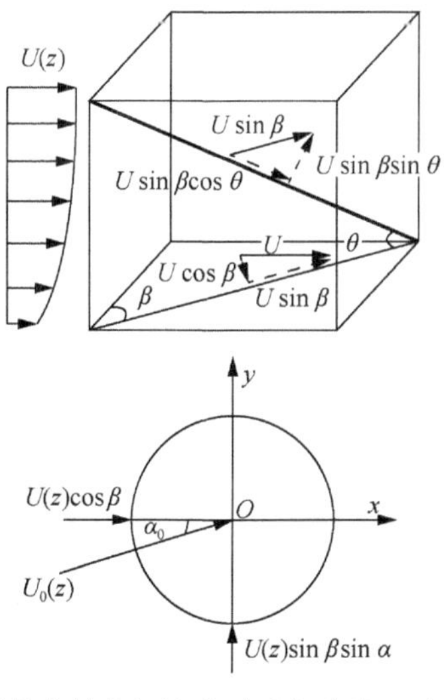

图 4-39　斜拉索的空间姿态以及与来流风速之间的关系

3. 斜拉索涡激振动起振风况分析

一般来说，斜拉索各阶频率满足倍频关系，即第 n 阶频率 $f_n = nf_1$，f_1 为斜拉索的基频。当来流风速的漩涡脱落频率接近于斜拉索某一阶频率 f_m 时，斜拉索该阶模态的涡激振动容易被激发，而且当风速增加到一定范围之内，漩涡脱落频率一直被锁定在该阶模态频率，这种现象称之为频率锁定现象，如图 4-40 所示，锁定区对应的风速范围为$[U_m-C_m,U_m]$，$m = 1, 2, 3, \cdots$，该风速范围可以称为斜拉索该阶模态涡激振动的起振风速范围。式中，$U_m = f_mD/Sr$，D 为斜拉索直径，Sr 为斜拉索的 Strouhal 数；$C_m > 1$，为斜拉索 m 阶涡激振动的风速锁定区系数。由于斜拉索处于大气边界层内，因此，斜拉索受到风速剖面 $U(z)$作用，如式（4-23）所示。根据斜拉索所处地貌、桥面高度及斜拉索参数（长度、倾斜角、风偏角等），便可以确定斜拉索上下端之间的风速范围，从而可以判断该风速范围可以覆盖多少阶模态的风速锁定区$[U_m-C_m,U_m]$，$m = 1, 2, 3, \cdots$。斜拉索振动幅值的大小与斜拉索上下端风速范围覆盖的风速锁定区（$[U_m-C_mU_m]$，$m = 1, 2, 3, \cdots$）的数量和每一阶风速锁定区覆盖的范围有关。

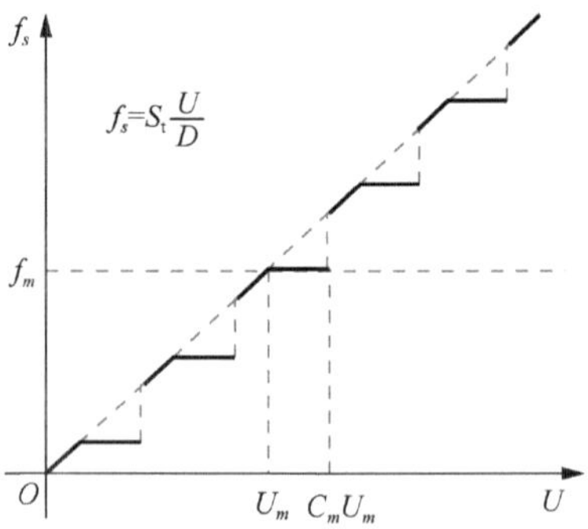

图 4-40　斜拉索漩涡脱落频率及其锁定现象

4. 斜拉索涡激振动实测参与模态与预测参与模态的比较

选取 2010 年 4 月的数据（317h）对上述模态预测方法进行验证分析。须对斜拉索振动数据进行预处理，剔除加速度振动幅值小于 2m/s^2 的数据。斜拉索振动实测参与模态以及平均风速随时间的变化如图 4-41 所示，斜拉索振动实测参与模态及其范围随时间的变化与平均风速随时间的变化有较大的相似性；同时，加速度被剔除的点对应的平均风速一般较小。

进一步剔除振动幅值小于 2m/s^2 对应的平均风速的结果，如图 4-42 所示。图 4-42 表明，斜拉索实测的参与模态及其范围与平均风速存在很大相似度，二者之间必然存在内在的相关性。

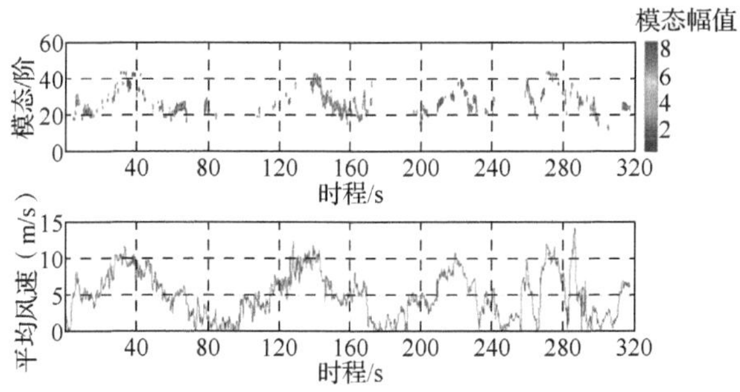

图 4-41　斜拉索振动实测参与模态以及平均风速随时间的变化

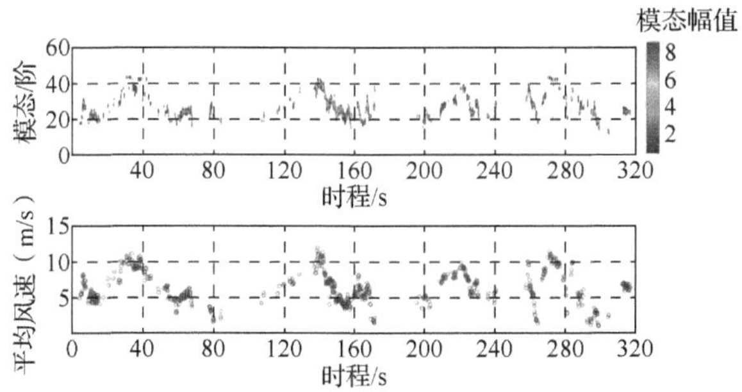

图 4-42　斜拉索振动实测参与模态以及平均风速随时间的变化

根据斜拉索涡激振动参与模态的预测方法，采用图 4-42 的平均风速，推算出斜拉索上下端的漩涡脱落频率区间，将此区间除以斜拉索基频，从而预测得到斜拉索发生涡激振动的模态数量及区间，其结果如图 4-43 所示。

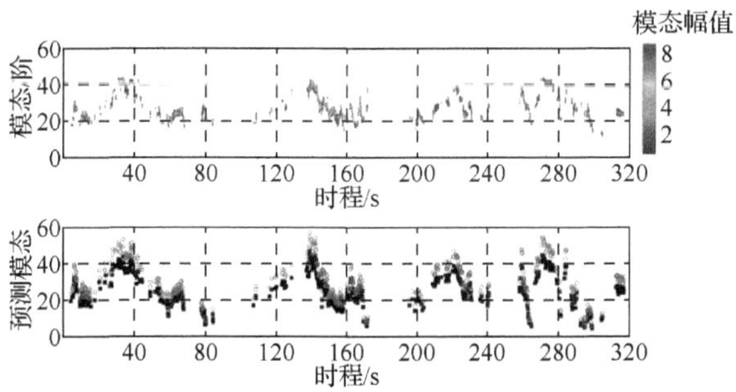

图 4-43　斜拉索振动实测参与模态与预测参与模态之间的比较

将基于监测的斜拉索振动得到的实际参与振动的模态与预测得到的参与振动的模态进行比较，如图 4-44 所示。图中曲线表明，预测的参与振动的模态及范围与实测结果基本吻合；同时，为了通过更多数据来验证模态参与的预测方法，对 2010 年 7 月份和 8 月份的数据进行处理，得到如图 4-45 所示的结果，验证了提出的斜拉索涡激振动参与模态的预测方法的正确性和可靠性，同时也证明了监测的斜拉索风致振动为斜拉索高阶多模态涡激振动。

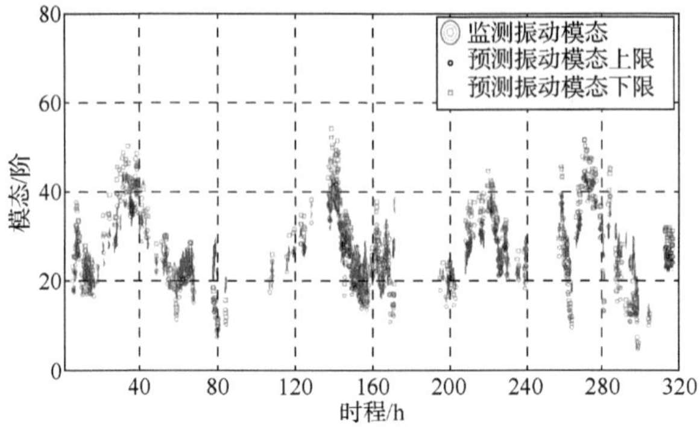

图 4-44　监测的斜拉索参与振动的模态与预测的参与振动的模态之间的比较（2010 年 4 月份）

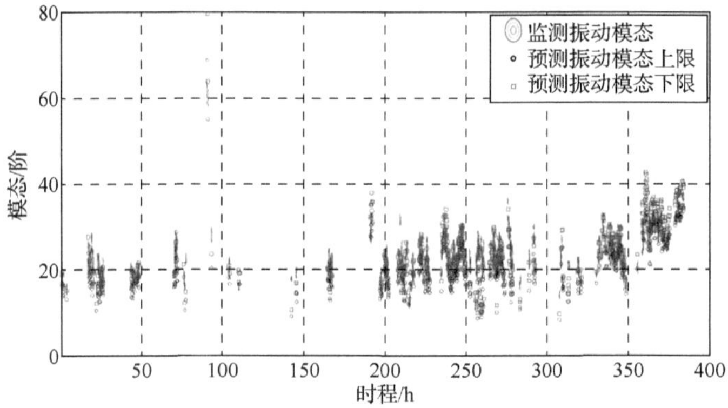

（a）7月份

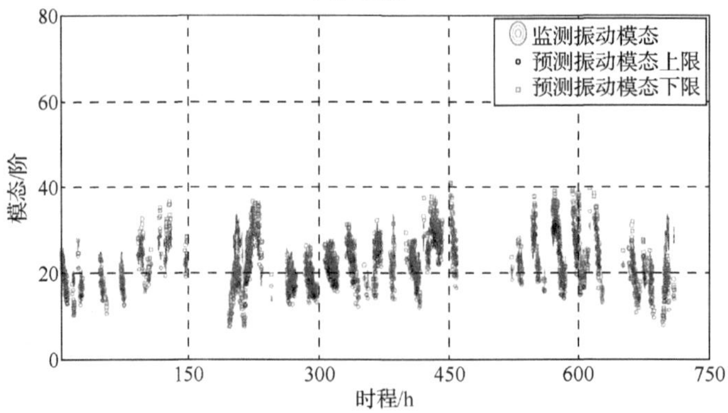

（b）8月份

图 4-45　监测的斜拉索参与振动的模态与预测的参与振动的模态之间的比较（2010 年 7 月份和 8 月份）

4.5 小　结

本章综合采用风洞试验、数值模拟、理论建模、现场实测等研究方法，系统地研究了斜拉索多模态涡激振动特征与机理。本章主要结论如下。

（1）采用 CFD 数值模拟方法对斜拉索涡激振动进行研究，发现斜拉索沿高度方向风速变化较小时，易引起斜拉索单模态振动，斜拉索振动和气动力表现为驻波响应；当沿高度方向风速变化较大时，易激发斜拉索发生多模态振动，斜拉索振动和气动力表现为行波响应；流场结果表明，斜拉索漩涡脱落为 2S（2 个漩涡同相同步或反相同步）模式。对于单模态振动，在锁定区，同一波节的漩涡脱落一致，相邻波节的漩涡脱落反相。

（2）采用风洞试验的方法对斜拉索多模态涡激振动进行研究，验证了数值模拟结果，发现斜拉索涡激振动的类型由斜拉索上下端风速差决定。发生多模态涡激振动时，斜拉索上下端风速差所导致的漩涡脱落频率范围至少覆盖两个模态频率；对于多模态涡激振动，主导频率成分在时间上交替出现，模态之间存在相互干扰。

（3）基于现场监测对斜拉索多模态涡激振动特征及其与来流风特征之间的相关性进行了研究，提出了斜拉索涡激振动参与模态的估计方法，并根据现场监测数据进行了验证分析，发现该方法可以较好地估计斜拉索涡激振动参与模态。

参 考 文 献

[1] 陈文礼. 斜拉索风雨激振的试验研究与数值模拟. 哈尔滨: 哈尔滨工业大学, 2009.

[2] BISHOP R E D, HASSAN A. The lift and drag forces on a circular cylinder oscillating in a flowing fluid. Mathematical and physical sciences, 1964, 277(1368): 51-75.

[3] PROTOS A, GOLDSCHMIDT V W, TOEBES G H. Hydroelastic forces on bluff cylinders. Journal of basic engineering, 1968, 90(3): 378-386.

[4] TOEBES G H. The unsteady flow and wake near an oscillating cylinder. Journal of basic engineering, 1969, 91(3): 493-502.

[5] BEARMAN P, CURRIE I. Pressure-fluctuation measurements on an oscillating circular cylinder. Journal of fluid mechanics, 1979, 91(4): 661-677.

[6] GRIFFIN O M, VOTAW C W. The vortex street in the wake of a vibrating cylinder. Journal of fluid mechanics, 1972, 55(1): 31-48.

[7] GRIFFIN O M, RAMBERG S E. The vortex-street wakes of vibrating cylinders. Journal of fluid mechanics, 1974, 66(3): 553-576.

[8] SARPKAYA T. In-line and transverse forces on cylinders in oscillatory flow at high Reynolds numbers. Journal of ship research, 1977, 21(4): 200-216.

[9] CARBERRY J. Wake states of a submerged oscillating cylinder and of a cylinder beneath a free-surface. Melbourne: Monash University, 2002.

[10] FENG C C. The measurement of vortex induced effects in flow past stationary and oscillating circular and D-section cylinders. Vancouver: University of British Columbia, 1968.

[11] GRIFFIN O, KOOPMANN G. The vortex-excited lift and reaction forces on resonantly vibrating cylinders. Journal of sound and vibration, 1977, 54(3): 435-448.

[12] ZDRAVKOVICH M M. Modification of vortex shedding in the synchronization range. Journal of fluids engineering, 1982, 104(4): 513-517.

[13] FACCHINETTI M L, DE LANGRE E, BIOLLEY F. Coupling of structure and wake oscillators in vortex-induced vibrations. Journal of Fluids and Structures, 2004, 19(2): 123-140.

[14] BOURGUET R, KARNIADAKIS G E, Triantafyllou M S. Vortex-induced vibrations of a long flexible cylinder in shear flow. Journal of fluid mechanics, 2011, 677: 342-382.

[15] HUERA-HUARTE F J, BEARMAN P W. Wake structures and vortex-induced vibrations of a long flexible cylinder—part 1: dynamic response. Journal of fluids and structures, 2009, 25(6): 969-990.

[16] SKOP R, BALASUBRAMANIAN S. A new twist on an old model for vortex-excited vibrations. Journal of fluids and structures, 1997, 11(4): 395-412.

[17] SARPKAYA T. A critical review of the intrinsic nature of vortex-induced vibrations. Journal of fluids and structures, 2004, 19(4): 389-447.

[18] NORBERG C. Fluctuating lift on a circular cylinder: review and new measurements. Journal of fluids and structures, 2003, 17(1): 57-96.

[19] GOSWAMI I, SCANLAN R H, JONES N P. Vortex-induced vibration of circular cylinders—part 2: new model. Journal of engineering mechanics, 1993, 119(11): 2288-2302.

第5章 大跨度桥梁斜拉索风雨激振

5.1 引言

斜拉索通常具有柔性大、阻尼比小的特点，容易发生风致振动。当斜拉索遭遇小到中雨时，其风致振动的振幅可能被显著放大。1988年，Hikami和Shiraishi[1]观察到日本明港西（Meiko Nishi）大桥［图5-1（a）］的斜拉索在风和雨的共同作用下出现大幅度振动。该振动频率远低于斜拉索在该风速区间内旋涡脱落频率，因此不是传统的涡激振动。同时，斜拉索之间的间距很大，也不至于发生尾流驰振。现场风、雨环境以及斜拉索振动的同步监测结果（图5-2）初步揭示了降雨在这种风致振动中的关键作用。这种在风和雨共同作用下斜拉索的大幅度振动称为风雨激振，简称风雨振。之后，Hikami和Shiraishi[1]通过风洞试验模拟降雨，诱导水线沿着斜拉索表面生成，进一步证实了水线的生成和周向振荡对激发斜拉索风雨激振的关键作用。

通常认为Hikami和Shiraishi[1]首先发现了斜拉索风雨激振现象，但早在1979年Wianecki[2]就在法国布鲁东纳（Brotonne）大桥上发现了斜拉索大幅度风致振动。尽管当时他没有意识到降雨的作用，但以今天的观点而言，他观察到的现象就是斜拉索风雨激振。之后不久，来自加拿大的电气工程师Hardy和Bourdon[3]观察到，在风和雨的联合作用下，输电线发生了怪异的大幅度舞动。他们意识到降雨在这个过程中的作用，于是把观察到的输电线振动称为“雨致振动”。

（a）日本明港西大桥　　（b）美国弗雷德·哈特曼大桥

图5-1　受风雨激振影响的大跨度斜拉索桥梁

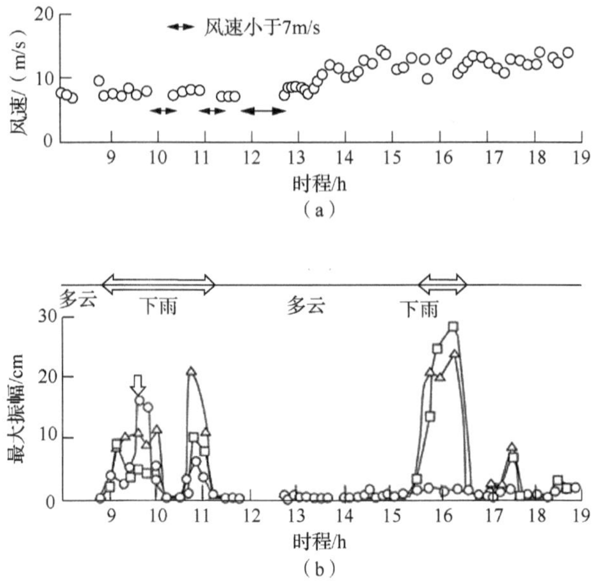

图 5-2　降雨与斜拉索大幅度风雨激振相关性[8]

在 Hikami 和 Shiraishi[1]的发现之后，桥梁工程师和科研人员在世界各地不同的斜拉桥上观察到了相同的斜拉索风雨激振现象，例如日本的天保山（Tenpozan）大桥[4]、荷兰的伊拉斯谟（Erasmus）大桥[5]、丹麦的法罗（Faro）大桥、我国某大桥[6]和美国的弗雷德·哈特曼（Fred Hartman）大桥［图 5-1（b）］等。由于斜拉索风雨激振的振幅过大，会影响斜拉桥的耐久性，也会加重行车司机的心理负担，因此风雨激振吸引了学者们广泛的研究兴趣。然而，30 年过去了，斜拉索风雨激振的激振机理仍然是一个颇具争论的问题。

在大多数情况下，斜拉索风雨激振发生在 8～15m/s 的来流风速范围内，斜拉索振动在 1～3Hz 的低频范围内[7]。此外，风雨激振发生的一个必要条件是斜拉索下倾方向与来流风方向相同。在斜拉索风雨激振发生过程中，一个十分关键的特征是，沿着斜拉索表面形成两条水线。此前的研究表明，背风侧上水线的形成和周向振荡在风雨激振的发生过程中起着至关重要的作用；下水线的影响则可以忽略不计，因为它主要受自身重力影响。

在斜拉索风雨激振被发现后的 30 年里，桥梁工程和风工程界采用现场监测、风洞试验、理论建模和 CFD 数值模拟等方法对其激振机理进行了大量研究。

5.2　风雨激振水线几何动力特征及其与拉索同频共振机理

斜拉索风雨激振现场观测及风洞试验研究均表明，斜拉索表面水线的形成和振荡是其发生风雨激振的重要原因之一[1, 9-12]，但并未通过风洞试验和现场观测获得斜拉索风雨激振时水线几何特征及其振动信息。超声波测厚是一种利用超声波在不同介质中传播和反射原理对被测物进行厚度测量的无损监测/检测技术，可以采用该技术实时监测和记录斜拉索发生风雨激振时其表面水线的几何特征与振荡的动力特性，从而为斜拉索风雨激振机理研究提供科学依据。本节提出一套对水线实时监测的超声波测厚系统[13]，定量分析水线几何动力信息和拉索振动特征，提出水线-拉索同频共振机理。

5.2.1　斜拉索风雨激振水线的超声波测量

针对大跨度斜拉桥的斜拉索风雨激振问题，本节进行了斜拉索节段模型风雨激振试验，试验模型如图 5-3 所示。建立了一套测量风雨激振水线几何特征和运动规律的超声波测厚系统如图 5-3（a）所示，并对超声波测厚系统精度的影响因素、测量方法和典型信号进行了分析。超声波测厚系统在水线厚度方向的精度与系统的采样频率有关，采样频率越高，精度越高。超声波测厚系统在水线宽度方向的精度与脉冲发射接收器的脉冲重复频率、斜拉索直径以及微型马达的转速有关［图 5-3（c）］。直径越大，精度越低；转速越快，精度越低，应适当地降低转速；脉冲重复频率越高，精度越高，应尽可能地提高脉冲重复频率。

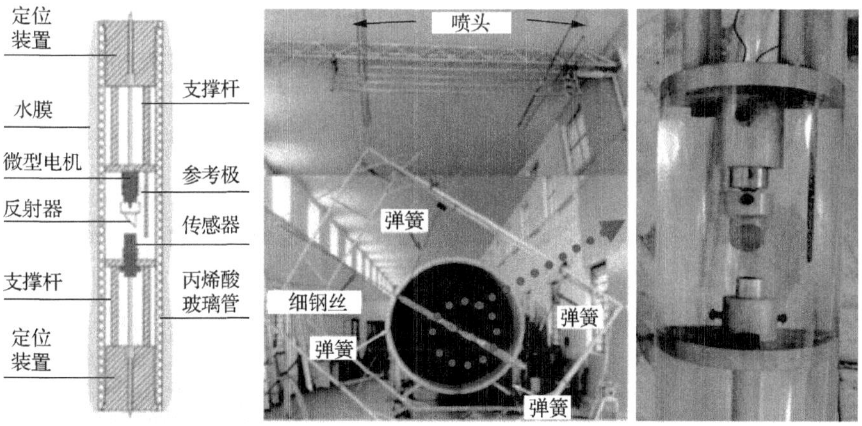

（a）超声波测厚系统示意图　（b）风洞试验模型　（c）超声波测厚系统

图 5-3　基于斜拉索刚性模型的风雨激振水线测厚试验

通过超声波测厚系统，测量得到斜拉索发生风雨激振时其表面的水线信息，对水线的几何特征和运动规律进行了重点分析，得到了发生风雨激振时上下水线的时空分布，如图 5-4 所示。从水线时空分布结果可以得到下水线相对稳定，而上水线沿斜拉索环向发生明显振荡的结论。通过统计分析分别得到斜拉索发生风雨激振时上水线和下水线的厚度、宽度和形状。在气动力、重力和表面张力等作用下，上水线宽而扁，而下水线相对窄而厚。上水线在振荡过程中的平均形状为底宽 8mm、高约 0.5mm 的近似梯形，如图 5-5 所示。

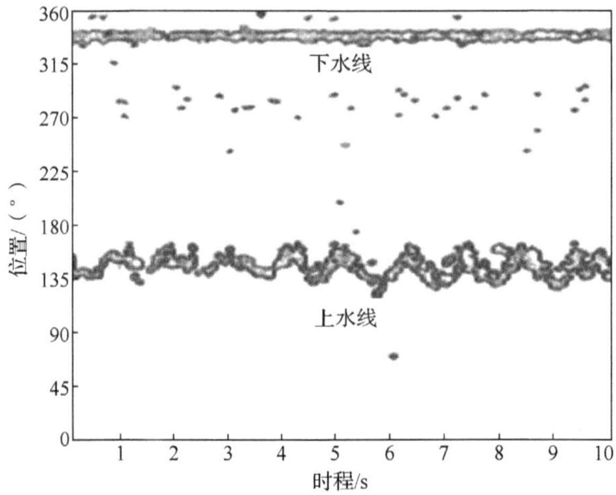

图 5-4　水线沿环向的厚度等高线图

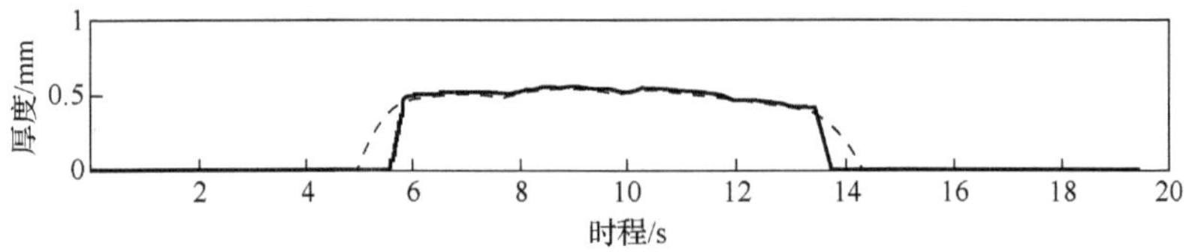

图 5-5　上水线平均形状

分析上水线几何特征和运动规律与斜拉索模型风雨激振之间的相关性可知，上水线的形成和振荡与斜拉索模型风雨激振的发生和维持是紧密关联的。当风速小于临界风速，上水线将会从斜拉索模型表面滑落，如图 5-6（a）所示；当风速超过截止风速，上水线振荡将会表现出非周期性，如图 5-6（b）所示；当风速处于风雨激振的风速范围，上水线的振荡表现为周期性，近似于简谐振动，如图 5-4 所示。

对上水线进行动力分析得知，上水线环向振动的频率与拉索风雨激振的频率（0.952Hz）相同，如图 5-7 所示。斜拉索的振动带动上水线按照其自振频率沿环向振动；同时上水线的稳定振动会导致拉索在风场作用下产生一个同频率的气动力，从而加剧拉索的振动。对下水线进行动力分析得知，下水线轻微晃动的频率成分中包含一个幅值相对较大的斜拉索自振频率成分。斜拉索振动也会带动下水线的轻微晃动，但由于其晃动的幅值较小，引起的气动力变化也很小。

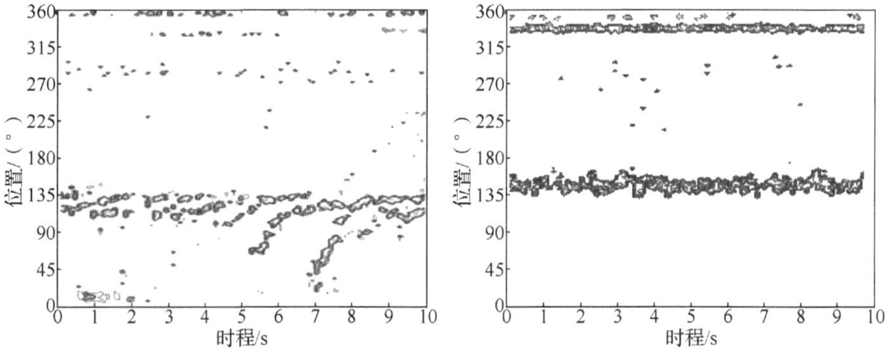

（a）6.76m/s　　（b）8.04m/s

图 5-6　超声波测厚系统测到的水线分布图

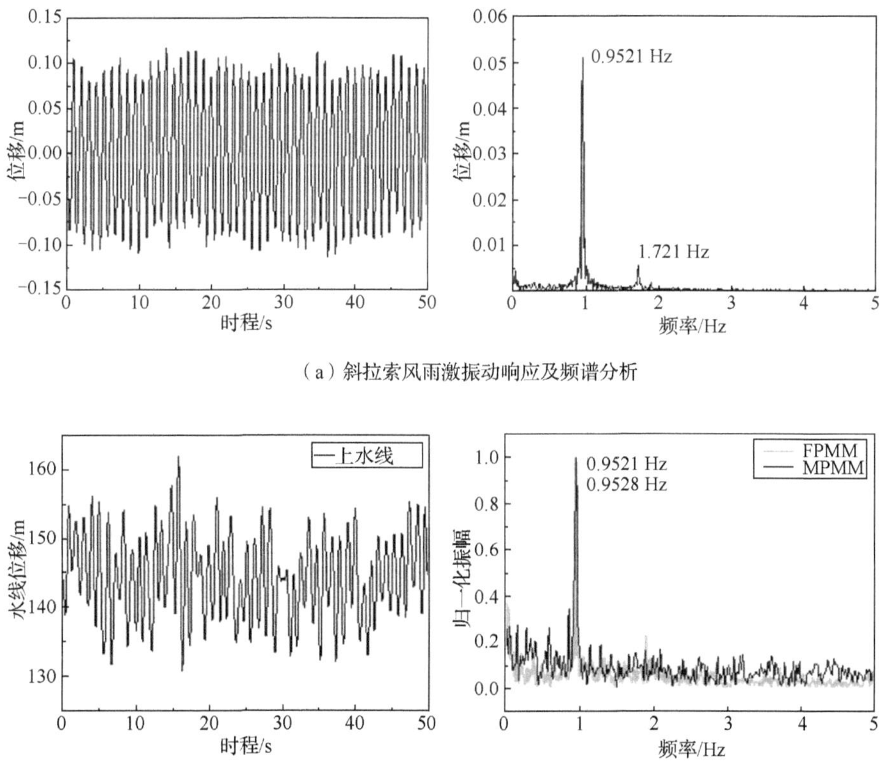

（a）斜拉索风雨激振动响应及频谱分析

（b）上水线沿环向的振动响应及频谱分析

图 5-7　斜拉索风雨激振与上水线环向振动相关性

5.2.2　基于同频共振的拉索风雨激振水线运动方程

1. 上水线修正的单自由度模型

图 5-8 所示为斜拉索运动过程中上水线和斜拉索相对风速的示意图。相对攻角为α_0，由斜拉索的倾斜角、风偏角以及斜拉索横风向振动的速度$\dot{y}$决定，可表示为

$$\alpha_0=\arctan\left(\frac{U\sin\alpha\sin\beta-\dot{y}}{U\cos\beta}\right) \tag{5-1}$$

斜拉索相对风速 U_{rel} 可表示为

$$U_{\mathrm{rel}}=\sqrt{(U\sin\alpha\sin\beta-\dot{y})^2+(U\cos\beta)^2} \tag{5-2}$$

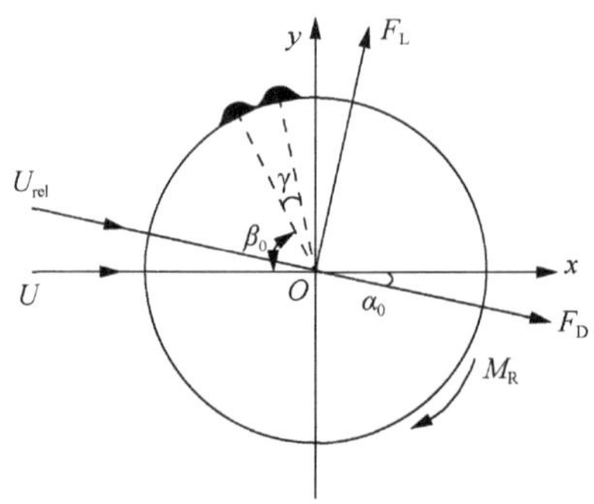

注：M_{R}为斜拉索受到的升力矩；F_{L}为气动升力；F_{D}为气动阻力。

图 5-8　上水线和斜拉索相对风速的示意图

图 5-9 所示为上水线的受力分析。β_0是上水线平衡位置，γ为上水线绕着平衡位置振荡的动角度，$\beta_0+\gamma$为上水线与 x 轴实时变化的夹角。上水线受到重力 mg（m 为上水线单位长度的质量，g 为重力加速度），切向和法向的气动力 P_τ和 P_{n}，上水线和斜拉索表面的摩擦阻力 F_{c} 和惯性力 $m\ddot{y}$、$mR\dot{\gamma}^2$ 和 $mR\ddot{\gamma}$ 等力的作用；其中 R 为斜拉索模型的直径，$\ddot{y}$ 为斜拉索横风向振动的加速度。

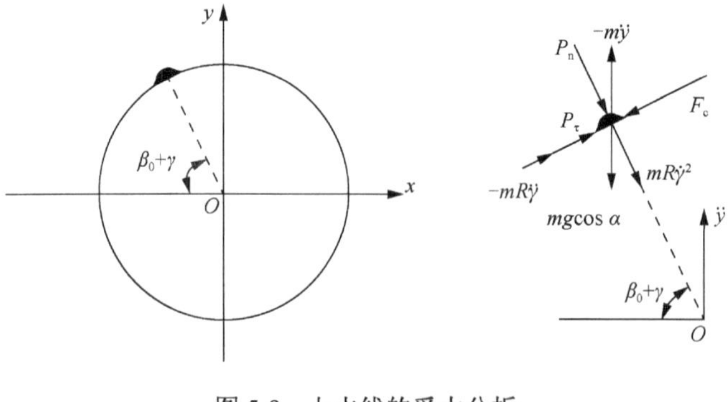

图 5-9　上水线的受力分析

杜晓庆和顾明[9]通过人工水线的测压试验得到 P_n 非常小，可以忽略；进一步假设，斜拉索受到的升力矩 M_R 是由上水线气动力的切向分量 P_τ 引起的，可表示为

$$M_R = P_\tau R = \frac{1}{2}\rho D^2 U_{rel}^2 C_m(\theta) \tag{5-3}$$

式中，$C_m(\theta)$为升力矩系数。

上水线在斜拉索表面振荡可以近似为边界层流动，根据黏性流体动力学边界层理论，上水线和斜拉索表面的摩擦阻力可以表示为

$$F_c = \tau_W A \tag{5-4}$$

式中，A 为单位长度上水线和斜拉索表面的接触面积，$A = W_w \times 1 = W_w$，W_w 为上水线的平均宽度；$\tau_W = 1/2 \times \rho_w U_w{}^2 C_f$ 为壁面剪切应力，$U_w = R\dot{\gamma}$ 为上水线的速度，C_f 为摩擦阻力系数。

Fukagata 等[10]推导出层流平板边界层的摩擦阻力系数为 $C_f=3.3/Re_\delta$；$Re_\delta=U_w\delta/\nu_w$ 是基于上水线特征厚度（δ）的雷诺数，其中 ν_w 为液态水的运动黏性系数；与壁面剪切应力相对应的是边界层动量厚度，因此将边界层动量厚度 $\delta = \int_0^{T_w} \frac{u}{U_w}\left(1-\frac{u}{U_w}\right)\mathrm{d}\hat{y}$ 作为特征长度来求解 Re_δ，其中 T_w 为上水线的平均厚度，u 为水线边界层内局部流速，$\hat{y}$ 为水线厚度方向的坐标。水线边界层为层流（$Re_\delta < 50$），其速度沿厚度方向为线性分布，从 0 增大到水线外表面的速度 U_w，那么水线边界层动量厚度可计算为 $\delta=T_w/6$。因此，方程（5-4）可以表示为

$$F_c = \frac{9.9\rho_w \nu_w W_w}{T_w} R\dot{\gamma} = cR\dot{\gamma} \tag{5-5}$$

最后通过力矩平衡分析得到水线运动修正的单自由度模型，可表示为

$$mR^2\ddot{\gamma} + cR^2\dot{\gamma} + m(g\cos\alpha + \ddot{y})R\cos(\gamma+\beta_0) - \frac{1}{2}\rho D^2 U_{rel}^2 C_m(\theta) = 0 \tag{5-6}$$

2. 修正模型数值求解

方程（5-6）为 2 阶非线性方程，不便于求解，通过降阶，将方程（5-6）可以表示为状态方程的形式：

$$\begin{cases} \dot{\gamma} = \gamma_1 \\ \dot{\gamma}_1 = -\dfrac{c}{m}\gamma_1 - \left(\dfrac{g\cos\alpha}{R}\right)\cos(\gamma+\beta_0) - \left(\dfrac{\ddot{y}}{R}\right)\cos(\gamma+\beta_0) + \dfrac{\rho}{m}U_{rel}^2 C_m(\theta) \end{cases} \tag{5-7}$$

在 $\ddot{y}$ 和 $\dot{y}$ 已知的情况，方程（5-7）可以通过 4 阶龙格-库塔法进行求解，但还必须得到升力矩系数随水线角度变化的关系。图 5-10 表示 Gu 和 Lu[11]测力试验中斜拉索和水线模型，斜拉索直径 100mm，同本章 2 个不同尺寸的水线形式：水线 1 扁而宽，而水线 2 窄而厚。

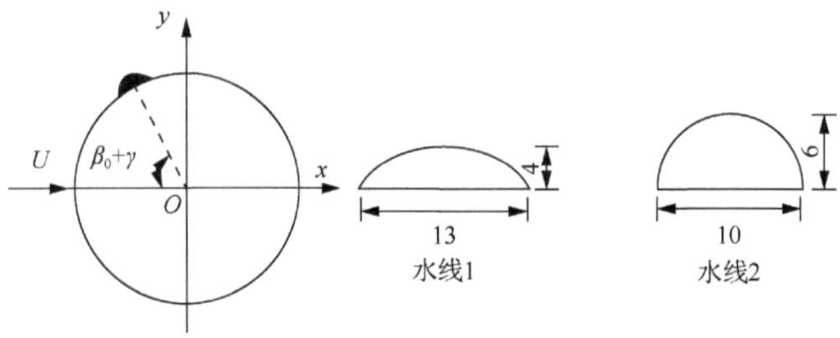

图 5-10　斜拉索和水线模型（单位：mm）（Gu 和 Lu[11]）

两个水线模型对应的升力矩系数如图 5-11 所示。两条曲线较为接近，但是突变点存在差异；而且水线 1 的数据点更多，在厚度方向水线 2 比水线 1 要厚一些，因此求解方程（5-7）时，升力矩系数选取水线 1 的曲线。

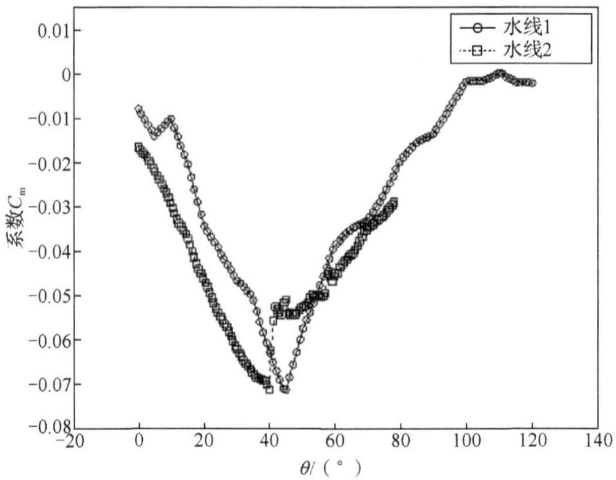

图 5-11　升力矩系数（Gu 和 Lu[11]）

超声波测厚系统测试得到的上水线振荡时程的幅值随机变化，存在较大的脉动性，原因之一可能是脉动风速引起的，因此在进行数值求解时，在平均风速基础上考虑脉动风速。图 5-12 所示为总的风速时程，平均风速为 7.72m/s，脉动风速是基于 Daverport 脉动风速谱生成的。图中的 4 条风速时程曲线生成时，选取的是同一高度的正方形区域（边长 100m）的 4 个角点位置，这样选取的目的是尽量降低 4 条脉动风速时程曲线之间的相关性，以便于后面上水线运动求解时分析脉动风速的影响。

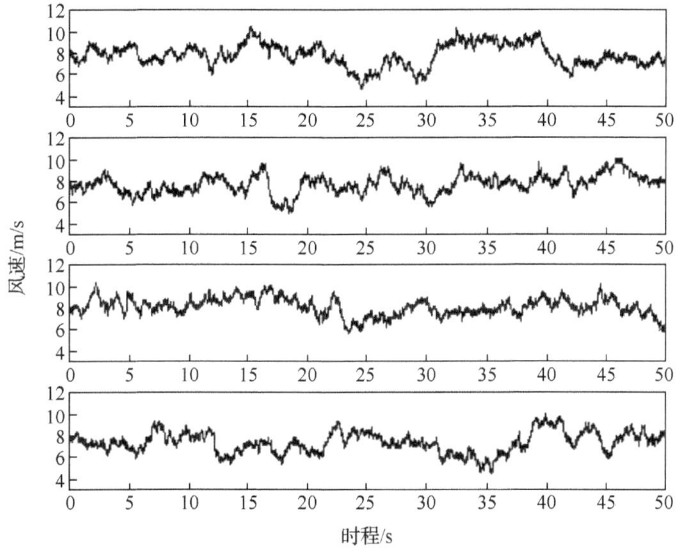

图 5-12　平均风速和脉动风速

采用图 5-11 所示水线 1 的升力矩系数曲线及斜拉索振动的速度 $\dot{y}$ 和加速度 $\ddot{y}$，对 4 阶龙格-库塔法对方程（5-7）进行数值求解，得到如图 5-13 所示的水线振荡时程。

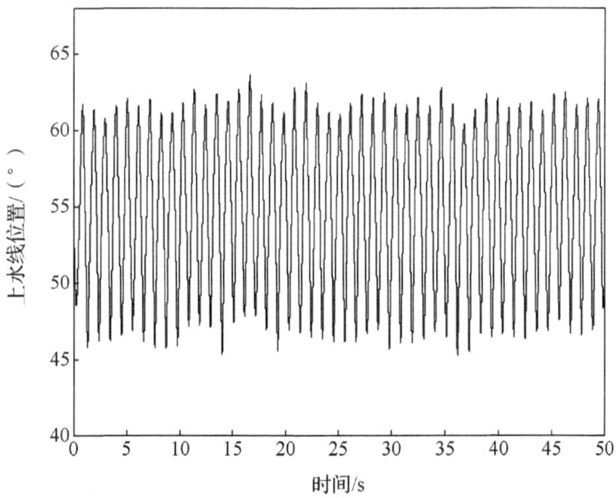

（a）仅平均风速作用

图 5-13　平均风速 7.72m/s 时水线振荡的时程曲线

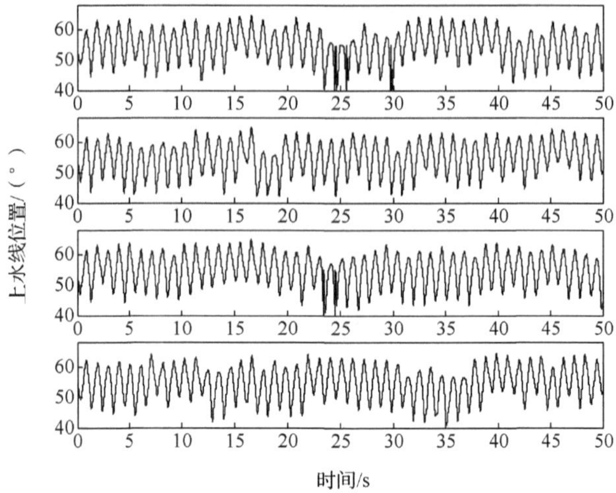

（b）平均风速和脉动风速共同作用

图 5-13（续）

图 5-13（a）所示为仅有平均风速作用时的水线振荡时程曲线，图 5-13（b）所示为平均风速和脉动风速共同作用下的水线振荡时程曲线，可以看出由于脉动风的作用，水线振荡时程曲线的幅值变得不稳定。进行统计分析可知，考虑脉动风速时上水线振荡的均方差（4.75°、4.79°、4.66°和 4.72°）要大于不考虑脉动风速的情况（4.53°）。因此可以判断得出，洞口剖面平均风速分布不均以及同一点风速存在脉动性，都是超声波测厚系统测量得到的上水线振荡时程曲线幅值不稳定、存在较强脉动性的原因之一。

图 5-14 为数值计算结果与风洞试验结果的比较。从图 5-14（a）可以看出，当不考虑脉动风速时，数值计算结果幅值较为平稳，与试验数据差别较大；图 5-14（b）为图 5-13 中第二条脉动风速时程作用下的水线振荡结果与风洞试验的比较，当考

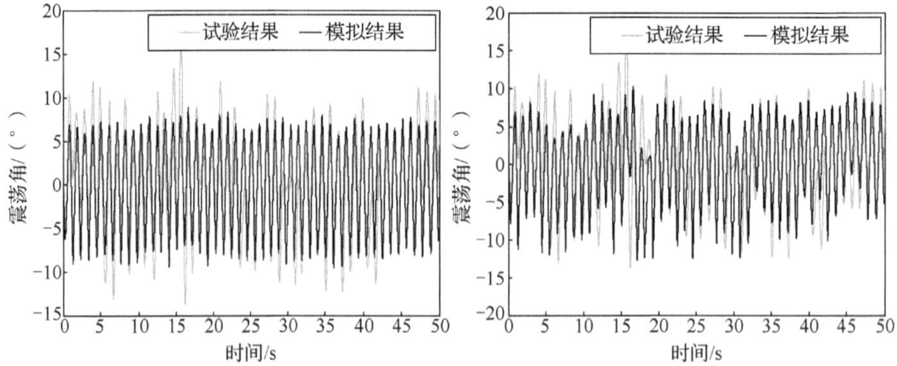

（a）仅平均风速作用　　（b）平均风速和脉动风速共同作用

图 5-14　平均风速 7.72m/s 时水线绕平衡位置振荡的时程曲线

虑脉动风速之后水线振荡的幅值随机变化，与试验结果更加接近，但由于生成的脉动风速不可能跟风洞试验时的脉动风速一致，因此它们之间也不可避免地存在差异。通过分析我们可以得出结论：当风雨激振进入稳态时，即便斜拉索的振动幅值相对稳定，上水线振荡幅值也不是常数，而是随机变化的，脉动风速是其幅值随机变化的主要原因。

5.3　斜拉索风雨激振绕流场特征及其气-液-固三相同频耦合机理

5.3.1　风雨激振试验模型与工况

本试验在哈尔滨工业大学精细风洞实验室 2 号风洞（SMC-WT2）进行，该风洞为回流式风洞，试验段尺寸 3.0m（长）×0.8m（宽）×1.2m（高），风速范围 0.3～23.0m/s 连续可调。根据“眼镜蛇”探头测量的结果，在 2.0～29.0m/s 的风速下，进入试验段的均匀气流湍流强度小于 0.40%。

本试验所采用的刚性斜拉索模型为直径 100mm、壁厚 5mm 的有机玻璃管，采用聚烯烃热缩管作为模型外裹层，保证斜拉索模型与实桥中斜拉索的表面粗糙度接近。斜拉索模型在试验段的布置如图 5-15 所示。斜拉索模型参数设置见表 5-1。

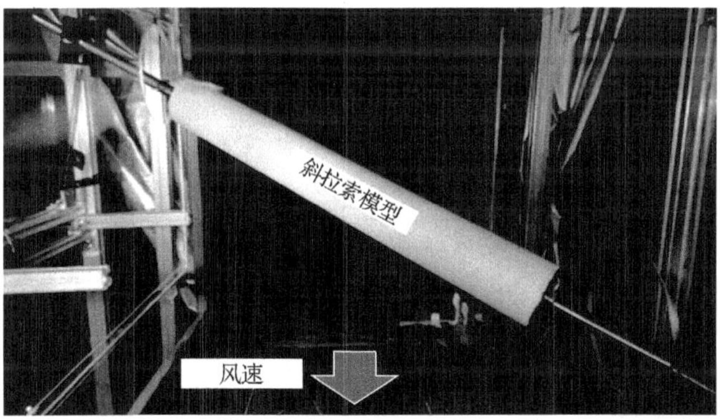

图 5-15　斜拉索模型在试验段的布置

表 5-1　斜拉索模型参数设置

长度	直径	质量	倾角	风偏角	自振频率	阻尼比
0.8m	0.1m	9.32kg	20°	34.25°	1.333Hz	0.3%

试验中还采用了二维粒子图像测速（particle image velocimetry，PIV）测量系统来拍摄斜拉索模型发生风雨激振时的尾流场（图 5-16）。试验中采用的示踪粒子为 1μm 大小的油滴，照明系统为双脉冲 Nd:Yag 激光器，相机为 16 位高分辨率双曝光的电荷耦合器件（charge coupled device，CCD）相机，利用脉冲信号，通过信号延迟发生器对激光器和相机进行同步控制。激光器发出的激光经过导光臂扩展成厚度约为 1.0mm 激光面，此时运用 CCD 相机进行拍照，记录流场信息。试验中 PIV 测量系统拍摄目标截面位于模型跨中。将亚光黑色漆均匀喷覆斜拉索模型表面，以减小 PIV 测试中的激光-壁面噪声影响。

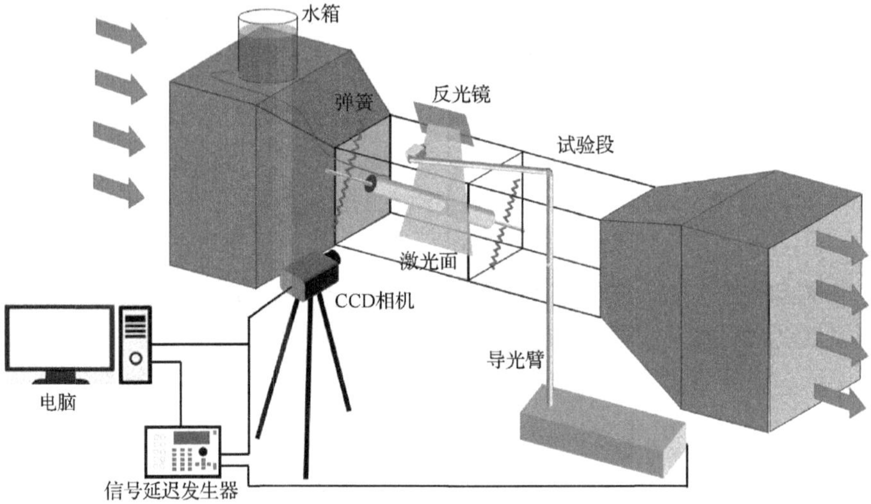

图 5-16　PIV 测量系统示意图

PIV 测量系统相机采集频率为 200Hz，每组工况下采集 6000 对瞬时尾流场照片。获得图片之后，通过对每对图片进行互相关计算得到瞬时速度矢量。计算查询窗口大小为 32 像素×32 像素，窗口重叠率为 50%。本征正交分解（proper orthogonal decomposition，POD）被用来捕捉各阶模态的能量，并得到相应的流场空间结构。

5.3.2　风洞试验结果

风速大小影响着上水线的形成、振荡和滑移。现场观测和风洞试验的结果都表明，斜拉索的风雨激振现象只发生在一定的风速范围内。图 5-17 表示斜拉索模型横风向无量纲振动位移均方根值随风速的变化。将斜拉索模型发生风雨激振现象的下限风速称为起始风速，终止风速称为截止风速。如图 5-17 所示，起始风速为 9.36m/s，截止风速为 11.40m/s。

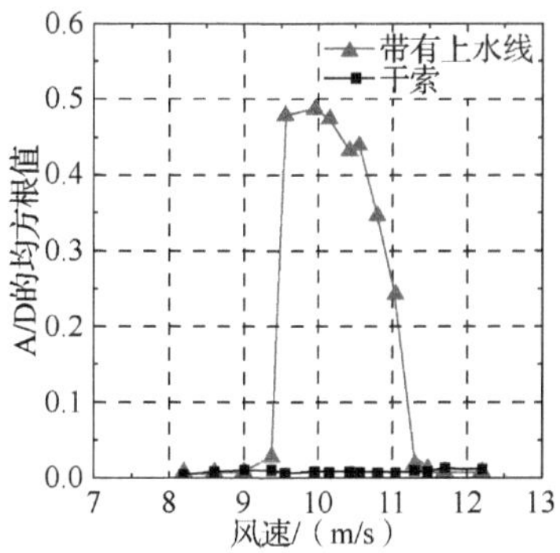

图 5-17　斜拉索模型横风向位移均方根随风速的变化

图 5-18 展示了不同风速下斜拉索模型发生风雨激振时尾流场前 4 阶 POD 模态的涡量分布。以图 5-18（a）为例，此时风速为 9.56m/s。如模态 1、模态 3 和模态 4 所示，涡量分布关于模型中心线对称，而模态 2 出现了关于尾流中心线的反对称的涡量分布。然而，在 POD 分析中，对称的涡量分布代表反对称涡量场，而反对称的涡量分布代表对称的涡量场。因此，模态 1、模态 3 和模态 4 与反对称卡门漩涡脱落相对应，模态 2 则是对称模态。从图 5-18 中还可以看出，前 5 个风速下，前 4 阶模态分布基本一致，而当风速增加到 10.80m/s 和 11.04m/s 时，前 4 阶模态分布发生了变化。风速为 10.80m/s 时，与前 5 个风速相比，其模态 2 和模态 3 发生了变化，其模态 3 与前 5 个风速的模态 2 相对应。说明在此风速下其原先的模态 2 能量占比下降，表现就是模态阶数发生后移。当风速增加到 11.04m/s 时，先前的模态 3 继续后移，此时变为模态 4。说明此风速下模态 4 的能量占比继续下降。由图 5-18 可以得到，模态 2 能量占比的下降与斜拉索风雨激振振动幅值的大小有密切的关系。在一定风速范围内，模态 2 能量占比的提高导致了斜拉索发生了风雨激振现象，随着风速的提高，从某一风速开始，模态 2 的能量占比开始下降，从而斜拉索的振动幅值减小，直到斜拉索风雨激振现象消失，振动停止。

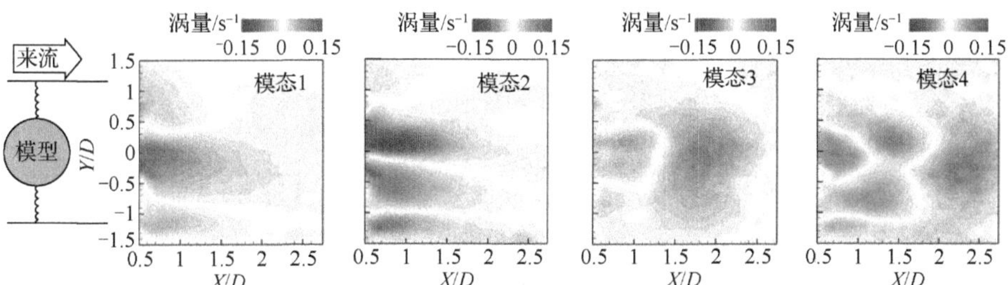

（a）9.56m/s

图 5-18　POD 模态涡量分布

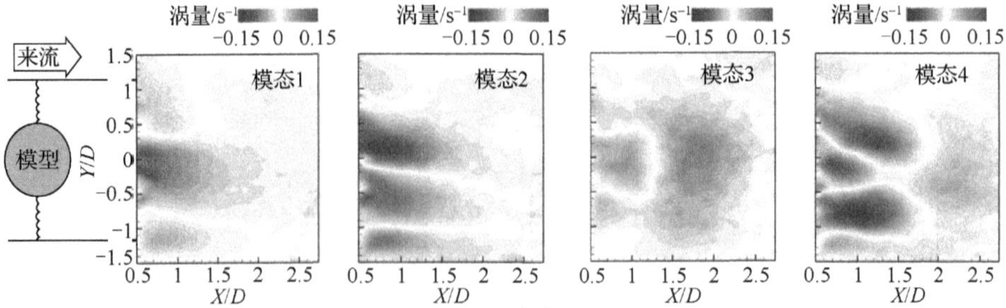

（b）9.95m/s

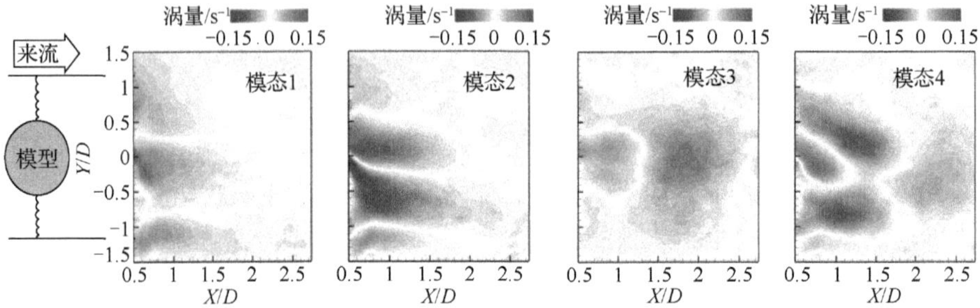

（c）10.15m/s

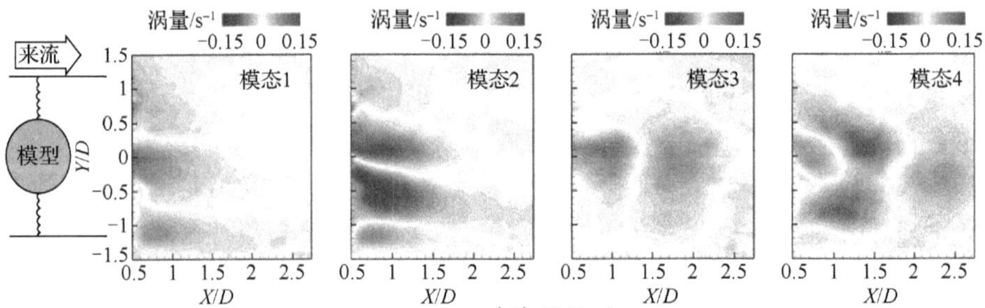

（d）10.42m/s

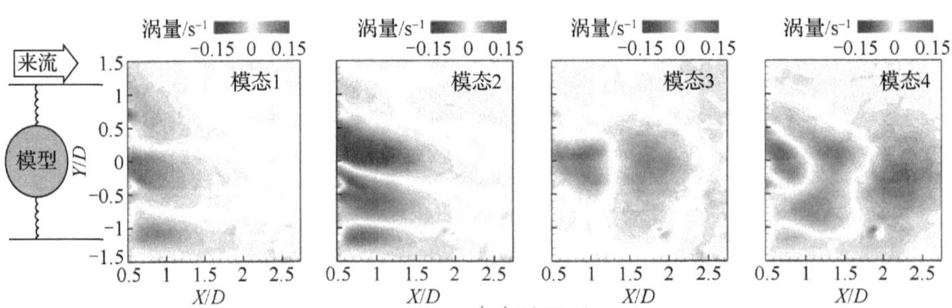

（e）10.55m/s

图 5-18（续）

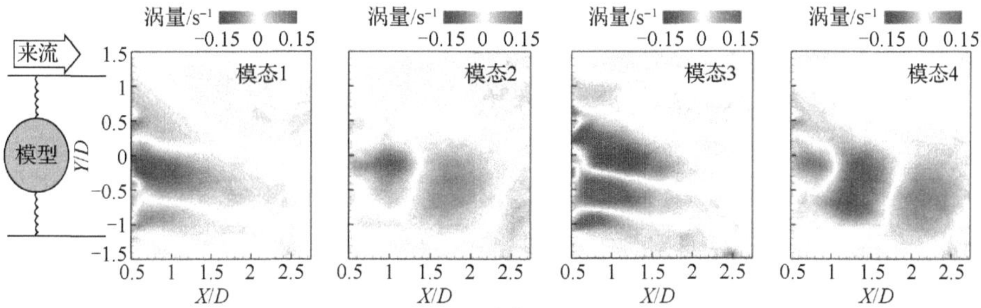

（f）10.80m/s

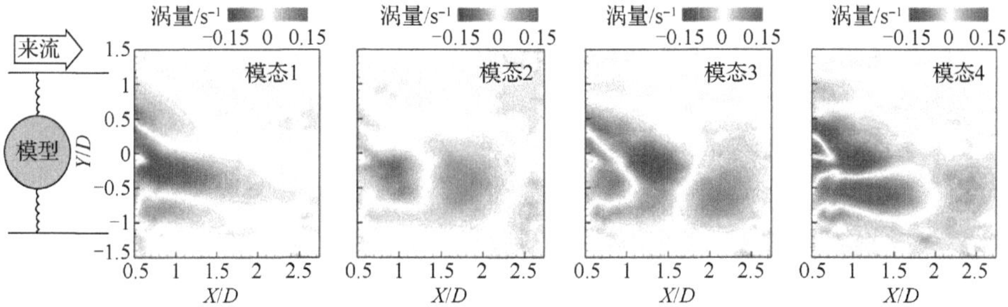

（g）11.04m/s

图 5-18（续）

图 5-19 给出了 7 个风速下斜拉索风雨激振时的前 4 个模态的 POD 系数时程曲线。前 5 个风速下斜拉索发生风雨激振的情况，模态 1 和模态 2 的 POD 系数随时间呈正弦周期性变化。这与模型尾流区的周期性和交替的卡门涡脱落过程有关。模态 3 和模态 4 的 POD 系数没有明显的周期性。当风速为 10.80m/s 时，模态 1 和模态 3 的 POD 系数随时间呈正弦周期性变化，模态 2 和模态 4 的 POD 系数没有明显的周期性。当风速为 11.04m/s 时，模态 1 和模态 4 的 POD 系数随时间呈正弦周期性变化，模态 2 和模态 3 的 POD 系数没有明显的周期性。这与图 5-18 中模态 2 发生后移的现象高度吻合，说明模态 2 对应的漩涡脱落模式可能是导致斜拉索发生风雨激振的主要原因。

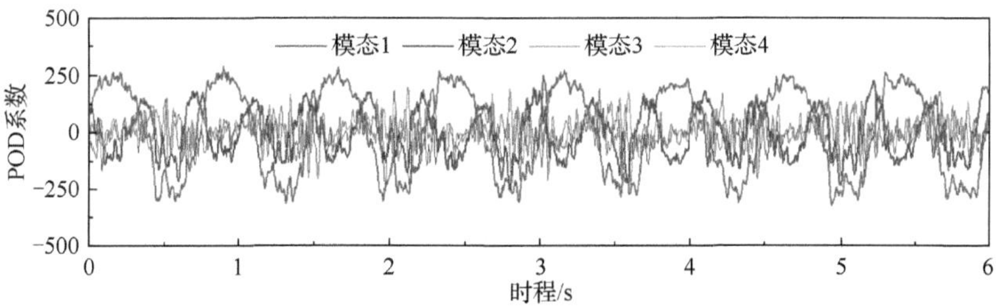

（a）9.56m/s

图 5-19　POD 系数时程

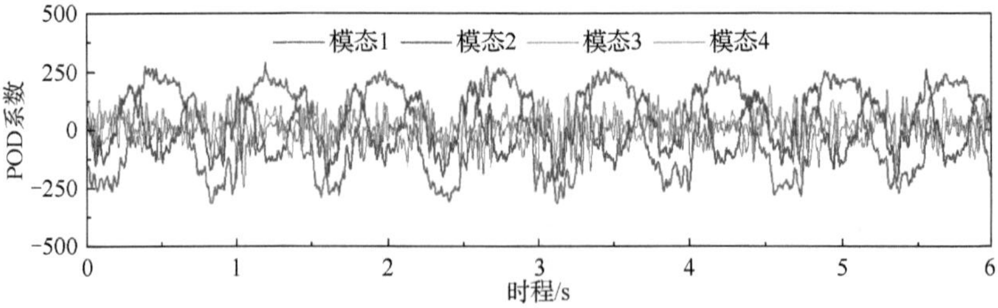

（b）9.95m/s

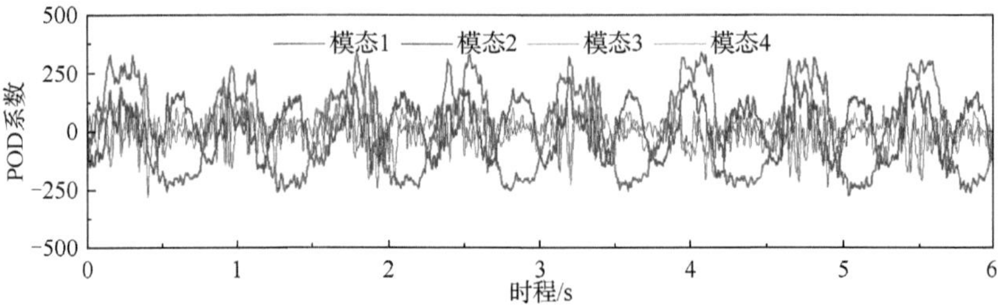

（c）10.15m/s

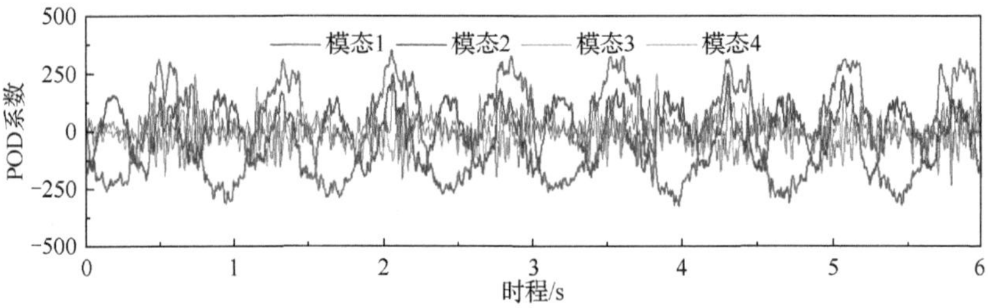

（d）10.42m/s

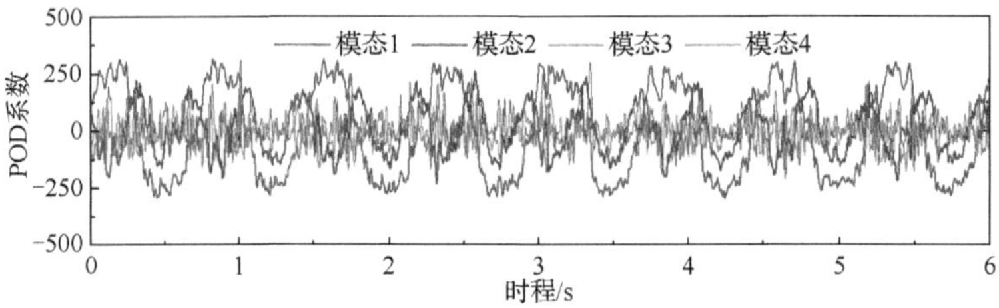

（e）10.55m/s

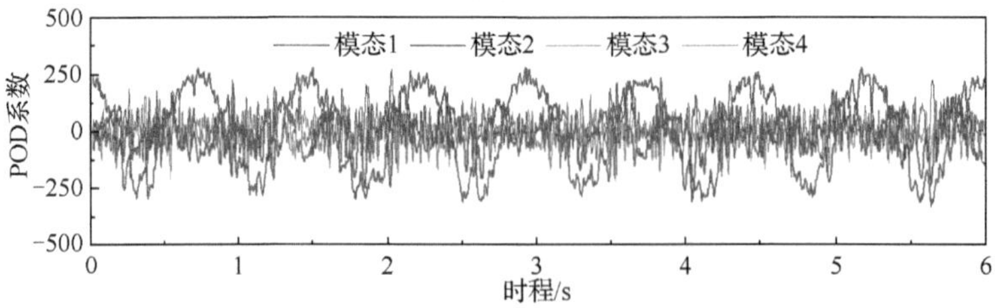

（f）10.80m/s

图 5-19（续）

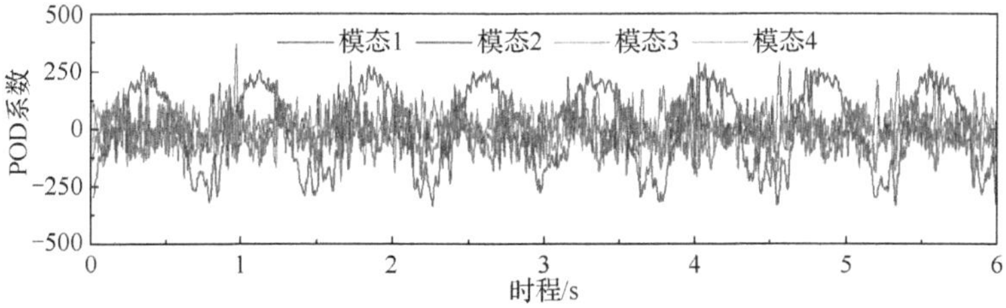

（g）11.04m/s

图 5-19（续）

图 5-20 给出了 7 个风速下斜拉索风雨激振时的前 4 个模态的 POD 系数的频谱分析。同样从图中可以看出，前 5 个风速下频谱分析结果基本相同。模态 1 的主要频率为 1.333Hz，与斜拉索的自振频率相等。模态 2 的主要频率为 2.667Hz 和 5.333Hz，分别为斜拉索自振频率的 2 倍频和 4 倍频。模态 3 对应的主要频率为 1.333Hz。模态 4 对应的主要频率为 4.000Hz，为斜拉索自振频率的 3 倍频。当风速为 10.80m/s 时，模态 2 和模态 4 的频谱成分很小，主要为模态 1 的 1.333Hz 和模态 3 的 2.667Hz，3 倍频和 4 倍频成分参与度小于前 5 个风速。此时模态 3 的

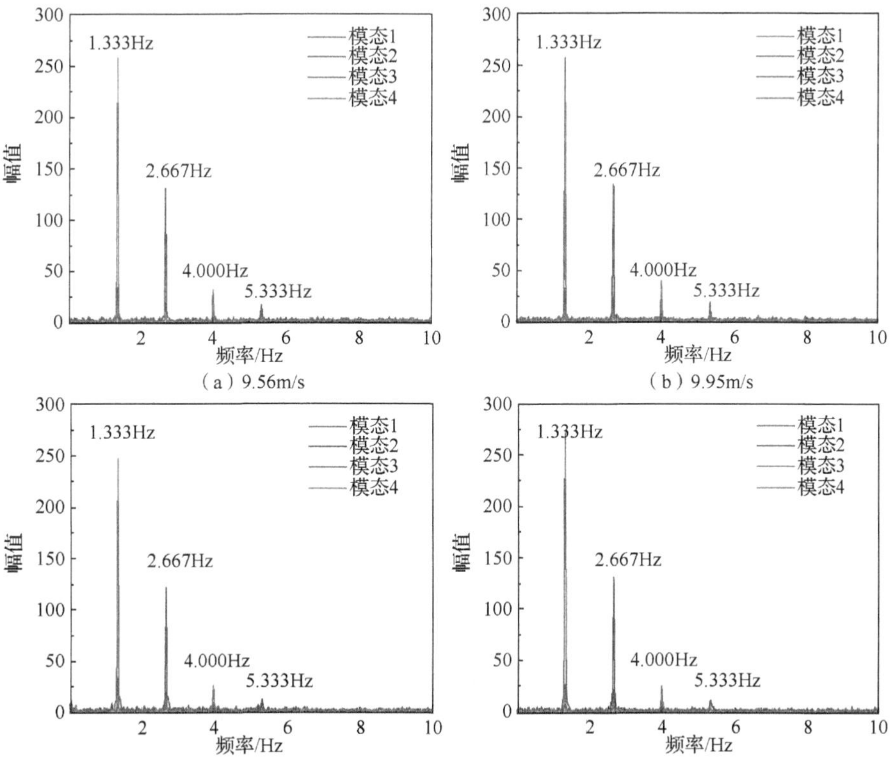

（a）9.56m/s　（b）9.95m/s

（c）10.15m/s　（d）10.42m/s

图 5-20　POD 系数频谱分析

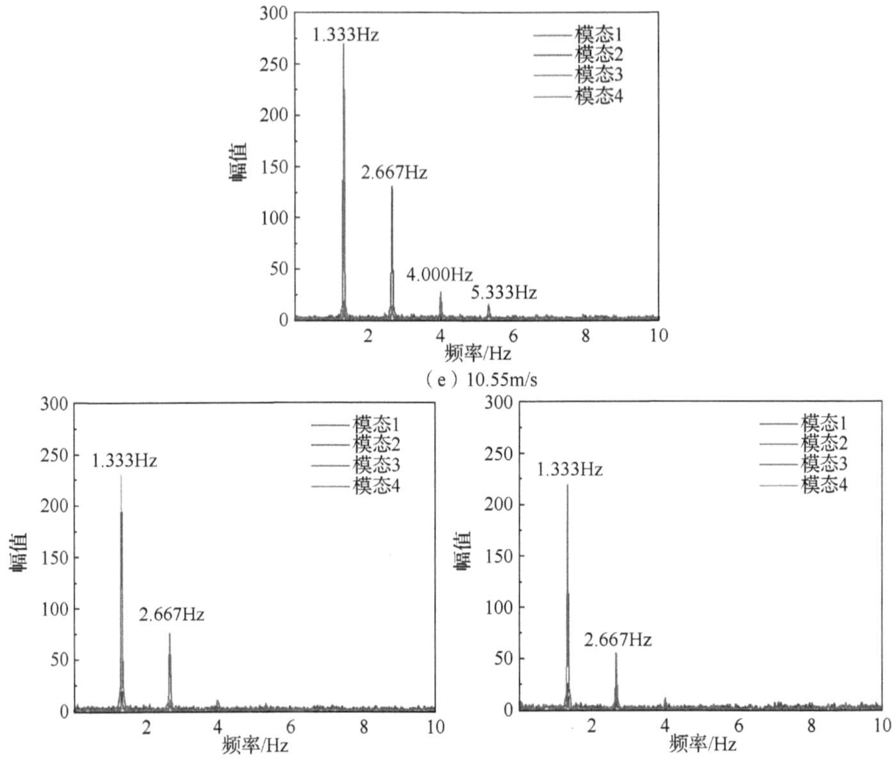

(e) 10.55m/s

(f) 10.80m/s　　(g) 11.04m/s

图 5-20（续）

频率变化也恰好说明原先对应的模态 2 发生了后移。当风速为 10.80m/s 时模态 2 和模态 3 的频谱成分很小，主要为模态 1 的 1.333Hz 和模态 4 的 2.667Hz，3 倍频和 4 倍频成分参与度小于前 5 个风速。此时模态 4 的频率变化也恰好说明原先对应的模态 2 发生了后移。这一结果与前面的结果相互对应。

5.3.3　斜拉索风雨激振尾流场特征

图 5-21～图 5-27 分别给出了 7 个风速下 RWIV 尾流场的主要频率分布云图和通过滤波得到的 1 倍、2 倍、3 倍、4 倍斜拉索自振频率的分布云图。斜拉索发生风雨激振时，尾流场中的参与成分最大的频率为 1.333Hz 和 2.667Hz，分别为斜拉索自振频率的单倍频和 2 倍频。且斜拉索的单倍频占据了尾流区域的大部分，2 倍频主要出现在平衡位置偏下也就是当斜拉索位于振动最低点时模型上端位置，而这个位置几乎是斜拉索上部漩涡脱落的位置。因此，在这个位置 2 倍频的参与程度大于单倍频，原因可能有两个：一是因为上水线的振荡对边界层造成了扰动，生成了较小的漩涡干扰了上部的漩涡脱落，从而影响了上部漩涡脱落时的频率；

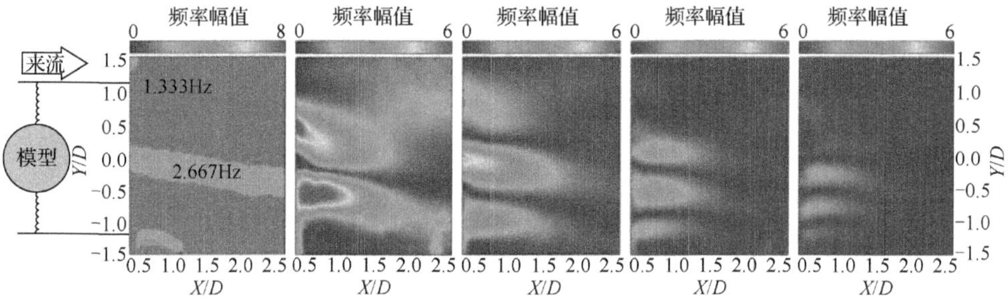

（a）主要频率分布图（b）f=1.333Hz（c）f=2.667Hz（d）f=4.000Hz（e）f=5.333Hz

图 5-21　U=9.56m/s 时，RWIV 尾流场主要频率分布图和主要频率分布云图

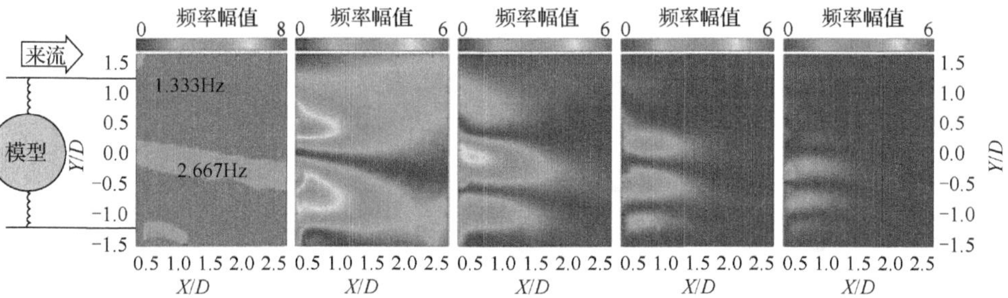

（a）主要频率分布图（b）f=1.333Hz（c）f=2.667Hz（d）f=4.000Hz（e）f=5.333Hz

图 5-22　U=9.95m/s 时，RWIV 尾流场主要频率分布图和主要频率分布云图

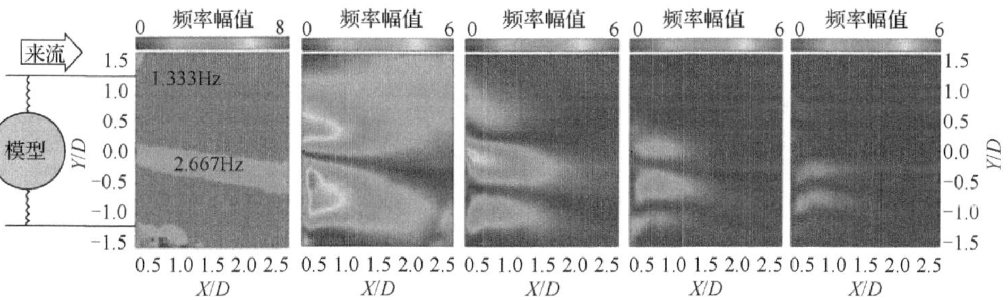

（a）主要频率分布图（b）f=1.333Hz（c）f=2.667Hz（d）f=4.000Hz（e）f=5.333Hz

图 5-23　U=10.15m/s 时，RWIV 尾流场主要频率分布图和主要频率分布云图

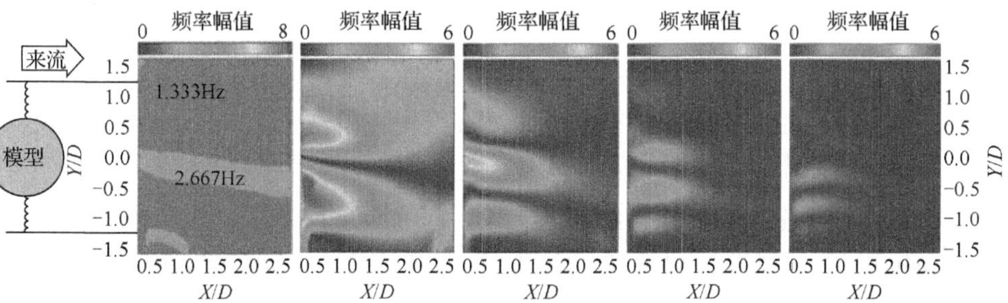

（a）主要频率分布图（b）f=1.333Hz（c）f=2.667Hz（d）f=4.000Hz（e）f=5.333Hz

图 5-24　U=10.42m/s 时，RWIV 尾流场主要频率分布图和主要频率分布云图

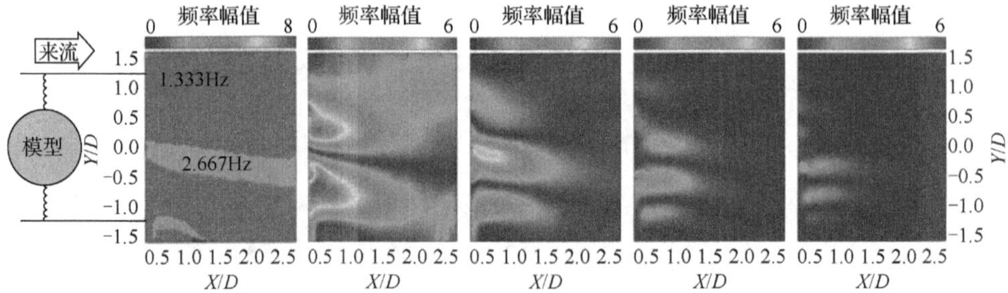

（a）主要频率分布图（b）f=1.333Hz　（c）f=2.667Hz　（d）f=4.000Hz　（e）f=5.333Hz

图 5-25　U=10.55m/s 时，RWIV 尾流场主要频率分布图和主要频率分布云图

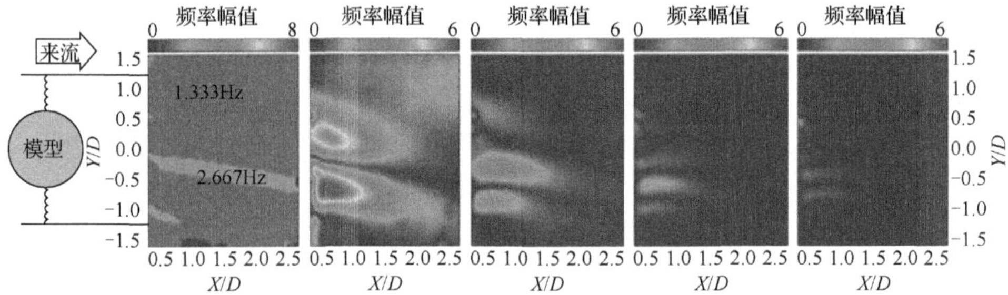

（a）主要频率分布图（b）f=1.333Hz　（c）f=2.667Hz　（d）f=4.000Hz　（e）f=5.333Hz

图 5-26　U=10.80m/s 时，RWIV 尾流场主要频率分布图和主要频率分布云图

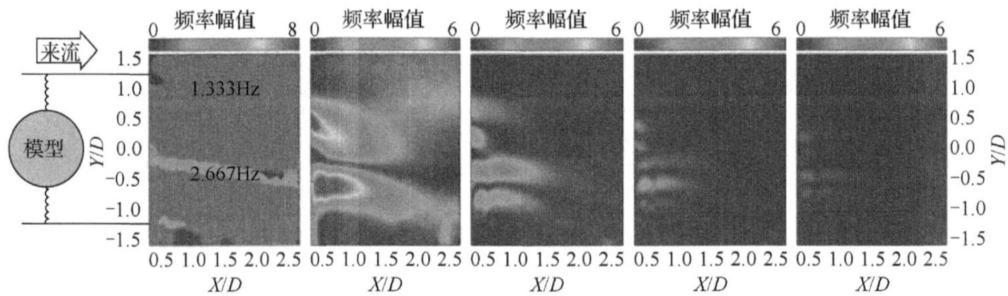

（a）主要频率分布图（b）f=1.333Hz　（c）f=2.667Hz　（d）f=4.000Hz　（e）f=5.333Hz

图 5-27　U=11.04m/s 时，RWIV 尾流场主要频率分布图和主要频率分布云图

二是在斜拉索振动过程中，振动最低点位置斜拉索上部脱落的漩涡和振动最高点位置斜拉索下部脱落的漩涡，在一个振动周期内各脱落一次，因此在这一个位置一个周期内有两个漩涡经过，从而导致此处的频率以 2 倍自振频率为主。

前 5 个风速下斜拉索模型尾流区主要频率分布基本相同，当风速为 10.80m/s 和 11.04m/s 时，斜拉索的振动幅值减小，导致尾流区中 2 倍频的分布带变窄。

从图 5-27 的单倍频分布云图中可以看出，单倍频的分布形状符合漩涡脱落的模式，对应着斜拉索发生风雨激振时尾流区漩涡脱落的主要频率 1.333Hz，即斜拉索的自振频率。2 倍频、3 倍频、4 倍频主要分布在模型振动中心位置以及偏下的位置。在风速为 10.80m/s 和 11.04m/s 时，单倍频的分布幅值明显较前 5 个风速高，2 倍频、3 倍频、4 倍频的分布幅值较前 5 个风速低。这也与斜拉索的振动幅值大小有关。振动幅值越大，尾流区的频率成分越复杂，多倍频的参与成分越高；振动幅值越小，尾流区的频率成分越少，其单倍频即结构振动频率的参与成分越高。

5.3.4　斜拉索风雨激振气-液-固三相耦合共振机理

降雨天气下，斜拉索上表面的雨滴受自身重力、斜拉索表面的摩擦力、表面张力和气动力等作用。当风速较低时，雨滴所受的风作用力无法抵消重力作用，在重力的作用下雨滴沿着斜拉索上表面两侧滑落，无法形成一条通长的上水线。当风速增大时，斜拉索迎风侧上表面的雨滴受力达到一个平衡状态，在此平衡状态下沿着斜拉索的轴向向斜拉索下倾的方向流动，在迎风侧上表面的平衡位置形成一条通长的上水线。降落在斜拉索背风侧和部分迎风侧的雨滴则在重力作用下滑落至斜拉索的下表面，形成一条下水线。上水线通常宽而薄，下水线则窄而厚。随着风速的增加，上水线向高处移动。当上水线位于某些特定位置时，斜拉索受到的气动力发生突变，结构附加的气动阻尼为负，斜拉索发生振动。斜拉索的振动又带动了上水线的振荡，其对边界层产生扰动，生成小尺度的不稳定的漩涡，抑制了卡门漩涡的脱落，漩涡脱落频率大幅降低。当漩涡脱落频率降低至与斜拉索的自振频率相等时发生结构共振，导致斜拉索的振动幅度增大。增大的斜拉索振幅又反过来使上水线发生更大范围的振荡，使上水线以与斜拉索振动相同的频率振荡，水线的大范围振荡又进一步加剧了其对流动壁面剪切层的扰动，进而又引发漩涡脱落与斜拉索的共振，诱发更大振幅的斜拉索振动。在斜拉索-上水线-漩涡脱落（固-液-气）三者发生共振的情况下，经过几个周期的循环，斜拉索的风雨激振得到快速发展，并进入一个稳态振动阶段。

在斜拉索发生风雨激振的过程中，上水线以与斜拉索振动相同的频率沿周向发生振荡，而下水线基本保持静止，因此下水线对于斜拉索的影响可以忽略不计，斜拉索的风雨激振主要是由于上水线的存在所引起的。斜拉索向下运动时，上水线聚集成一个凸起的形状；斜拉索向上运动时，上水线则向背风侧移动，在斜拉索表面摊铺成一个平面。

斜拉索的风雨激振是一种限幅、限速的运动。斜拉索振动、上水线振荡和漩涡脱落三者相互作用，使结构附加的气动阻尼同样产生周期性变化。在斜拉索发生风雨激振的风速范围内，随着风速的增加，上水线的平衡位置不断向背风侧移动。

5.4　斜拉索多模态风雨激振特征及其机理

5.4.1　斜拉索多模态风雨激振的试验布置

斜拉索多模态风雨激振试验在哈尔滨工业大学风洞与浪槽联合实验室的大试验段完成。试验段下部为水槽，通过可移动地板将风洞与水槽分开，如图 5-28 所示。在试验中，可通过地板向下部水槽实时排水，这一独特优势使该大试验段成为斜拉索风雨激振试验研究的理想场地。

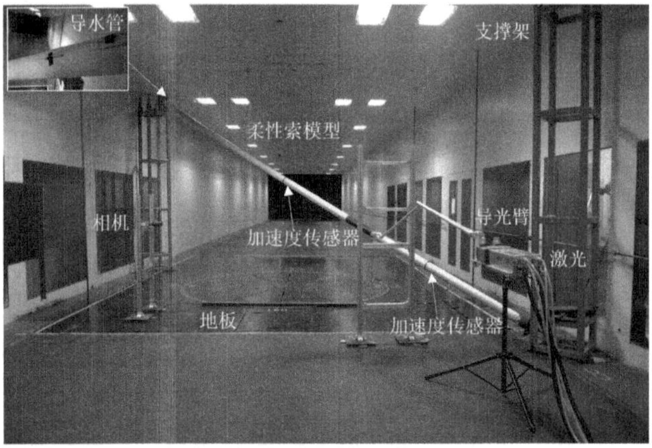

图 5-28　柔性斜拉索模型及风雨激振试验布置

1. 三维气弹斜拉索模型

采用的三维气弹斜拉索模型与第 2 章中的模型相同。斜拉索两端支承条件以及模型表面粗糙度、风偏角、倾角等参数均保持一致。本节的斜拉索风雨激振试验中，采用了 4 个加速度传感器（型号同为 B&K4507B），分别布置在距离斜拉索下端的 $L/6$ 和 $L/2$ 处（L 为斜拉索长度），测量这两个位置斜拉索平面内、外的振动响应，如图 5-28 所示。

2. 上水线及其监测方法

试验研究已经证实，在斜拉索表面引导上水线生成与模拟人工降雨方法在斜拉索风雨激振的研究中效果是相同的。同时，采用人工引导上水线的方法激发斜拉索风雨激振，可以避免在风洞中大面积人工降雨，进而给 PIV 等先进流场测试技术的使用提供方便。因此，本节也采用了类似的引导上水线方法来激发斜拉索风雨激振。试验中，将一根内径为 5mm 的塑料软管固定在斜拉索模型的上端。为方便水线的识别，预先将水用红色染料标记。贮存染色水的水箱放在风洞洞体之外，由上述水管将水箱中的水引导至斜拉索表面，如图 5-28 所示。在风洞试验中，水的流量（Q）通过一个流量阀门控制并保持恒定，$Q = 21.14$ml/s。

在斜拉索风雨激振试验中发现，除了上水线之外，另有一条较厚的下水线在斜拉索下部的迎风侧形成。下水线的形成，虽然会给斜拉索造成一定的附加质量，但在斜拉索风雨激振的激发过程中，起关键作用的仍是上水线的形成和周向振荡。同时，本节中斜拉索下水线难以测量。因此，本节忽略了下水线的作用，仅关注上水线特征。

为实时监测和分析上水线的形成和运动特性，在斜拉索表面划定一个水线识别区域。识别区位于距离斜拉索下端 $L/6$ 节点处之上，如图 5-29 所示。该位置可以让上水线沿着斜拉索模型表面充分发展。在识别区内预先刻画一个坐标系统。沿着斜拉索模型的周向，坐标系统从 50°开始以 5°为步长逐渐增加到 125°（其中 0°定义为迎风侧前驻点）；沿着斜拉索的轴向，每个格子的长度为 15mm。试验中，采用一台高速摄像机（Phantom V310）来监测和记录水线识别区内的画面。摄像机固定在风洞洞体外，通过风洞洞体玻璃墙面采集图片，如图 5-29 所示。高速摄像机图片分辨率为 800 像素×1200 像素，采样频率是 200Hz。由于该高速摄像机的采样频率远高于水线振荡频率，因此采用此方法可以很好地获得上水线运动的时-空特性。

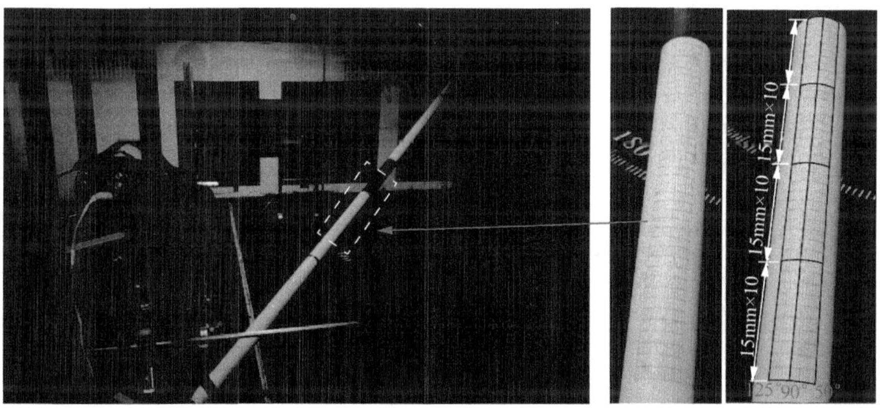

图 5-29　上水线识别区及监测

在每一个时刻（t_i），高速摄像机所获得的上水线照片，其坐标位置可以用斜拉索表面的系统坐标表示。在时间序列上将这些坐标连起来，就可以得到上水线运动的特征。对于每一个时刻的上水线图，上水线的位置坐标可以通过背景消去法得到，即用图 5-30（a）减去图（b）得到图（c），图（d）为在斜拉索表面坐标系统中上水线的位置识别。原始 RGB 图像［图 5-30（a）］

被转化为灰度图像［图 5-30（b）］。在 t_i 时刻，原始图像［图 5-30（a）］可用坐标系 $I(x, y, t_i)$ 表示，而其灰度图［图 5-30（b）］用坐标系 $B(x, y, t_i)$ 表示，其中 x 和 y 是图片所对应的卡氏坐标。背景消去法可以表示为

$$\Gamma(x,y)=\begin{cases}0, & I(x,y,t_i)-B(x,y,t_i)>\tau \\ 1, & \text{其他}\end{cases} \tag{5-8}$$

式中，τ 是用户自定义的阈值。在结果 $\Gamma(x,y)$ 中，通过寻找非零元素即可找到上水线分布的区域面积［图 5-30（c）］，记为 $G(x, y, t_i)$。在斜拉索表面的坐标系统，水线区域可用柱坐标 r 和 θ（r 为沿着斜拉索轴向坐标，θ 为沿着斜拉索周向的角度坐标）来表示；同时，在照片平面上的卡氏坐标系可用 $\Omega(x, y, \theta, t_i)$表示，其中 x 和 y 为平面图的卡氏坐标。因此，水线的位置（r, θ）可以通过以下映射关系得到：$G(x, y, t_i)\leftrightarrow \Omega(x, y, \theta, t_i)$。由于斜拉索风雨激振关注的是上水线沿圆周方向的运动，因此本节只选择并分析了坐标系统中间的一个截面。在 t_i 时刻，斜拉索表面目标截面的坐标可用 $\Omega(x_i, y_i, \theta_i, t_i)$来表示，其中 x_i 和 y_i 是图像平面上的卡氏坐标，θ_i 代表了该截面上的圆周位置。如图 5-30（d）所示，灰色区域是识别出的上水线，其特征是一组散乱点 $G(x_i, y_i, t_i)$。图 5-30（d）中的白线是水线位置的平均值。黑线代表目标截面 $\Omega(x, y, \theta, t_i)$的网格曲线。它们的交点的坐标为 $P(x_i, y_i, \theta_i, t_i)$。此时，上水线在圆周上的位置 θ_i 可以被识别。通过在连续的时间序列 $t_i(i = 1, 2, 3, \cdots)$上获得的上水线位置，即可获得上水线的周向运动时程。

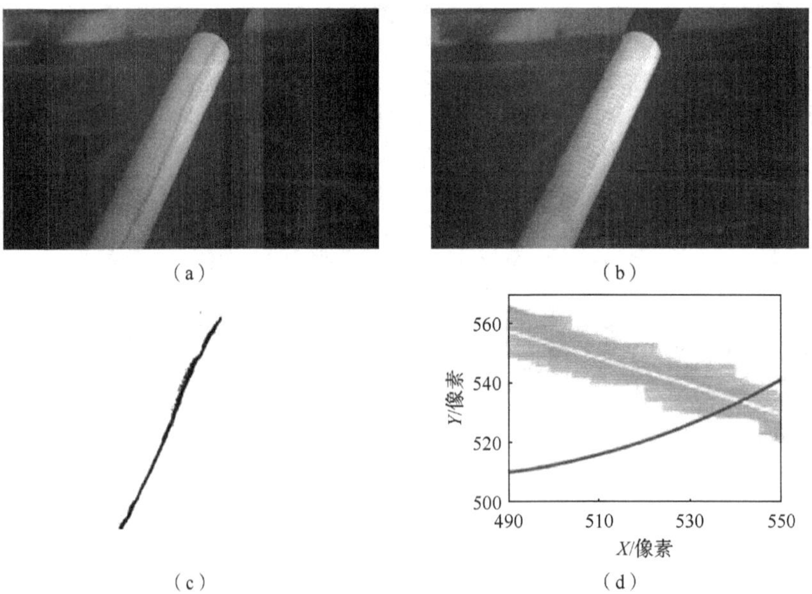

图 5-30　通过背景消去法来识别上水线的方法

5.4.2 斜拉索多模态风雨激振的振动特性

在风洞试验中，斜拉索的倾斜角（α）、风偏角（β）和水管的流量（Q）保持不变。风速从 $U = 7.92$m/s 开始，并以 0.42m/s 为步长增加。当风速较低时，从水管流出来的水立即掉落或滑落至斜拉索模型的下表面，不能形成上水线；此时加速度传感器上记录的斜拉索振动很小，未发生风雨激振。风速增加至 8.76m/s 时，少量的水线间歇性地爬上斜拉索的背风侧表面；此时斜拉索表面依然无法形成连续的上水线，因此也没有观察到斜拉索风雨激振。风速从 10.01m/s 增加至 10.43m/s 时，上水线沿着整个斜拉索表面生成，并可观察到明显的周期性振荡；此时也可以清楚地观察到斜拉索迎风侧的下水线，但是它几乎保持静止；在该风速下，可通过肉眼观察到大幅度的斜拉索风雨激振；从斜拉索的振型，可定性地判断出此时的风雨激振以 1 阶模态为主。随着风速增加，斜拉索发生风雨激振的振幅逐渐加大。在风速为 13.76m/s 时，柔性斜拉索模型振幅十分显著。当风速从 13.76m/s 增加至 14.18m/s 时，斜拉索振动仍然十分明显但振幅减小，此时斜拉索的振型节点固定在跨中附近，这表明该风速下的斜拉索风雨激振以 2 阶模态为主。当风速增加到 14.60m/s 时，斜拉索振动的主模态将变为 3 阶。在此之后，斜拉索风雨激振的模态以 3 阶振动为主，直到风速增加至 15.85m/s。

图 5-31（a）是在 $L/2$ 和 $L/6$ 处所测得的斜拉索位移均方根值变化曲线。位移由加速度信号积分获得，并用模型直径（D = 98.36mm）进行了无量纲化。斜拉索振动的频率通过快速傅里叶变换（fast Fourier transform，FFT）分析得到，如图 5-31（b）所示。从图中可以看出，在较低风速下，斜拉索振动响应非常小；当风速从 10.01m/s 增加到 10.43m/s 时，斜拉索的平面内振动幅度急剧增加；随着风速持续增加，风雨激振继续发展，斜拉索的振动幅度也逐渐变大。同时可以观察到，与面内振动响应相比，斜拉索风雨激振的平面外振幅较小。在 14.18～14.60m/s 的风速范围内，斜拉索的风雨激振出现了“模态切换”现象。如图 5-31（b）所示，风速低于该风速范围时，斜拉索振动由其 1 阶模态主导，当斜拉索由 1 阶模态振动转换到 2 阶模态时，在 $L/2$ 处测得的振幅出现显著下降［图 5-31（a）］。

试验风速继续增加到 14.60m/s 时，即使试验条件保持一致，也可以从中观察到 1 阶、2 阶或 3 阶模态的风雨激振；当风速超过 14.60m/s 时，斜拉索振动由其 3 阶模态频率控制。根据以上观察，本节选择 3 种典型测试工况，即来流风速为 11.26m/s、14.18m/s 和 14.60m/s，分别分析 1 阶、2 阶和 3 阶模态为主的斜拉索风雨激振特征。

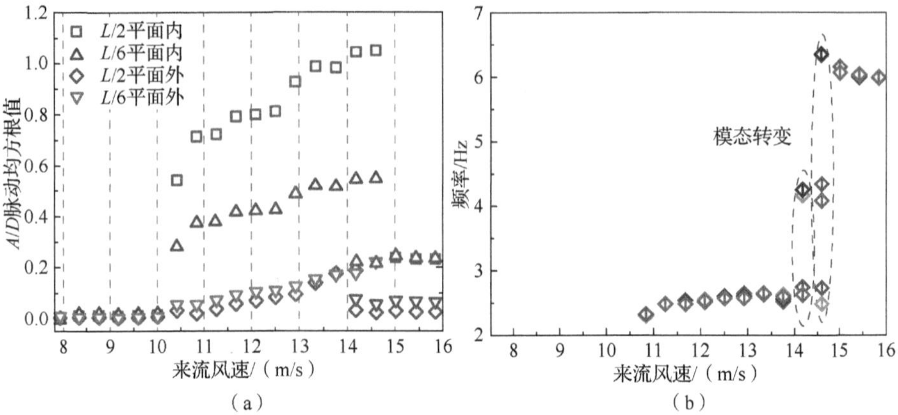

图 5-31　斜拉索风雨激振的振幅及频率随风速变化曲线

当风速 U 为 11.26m/s 时，斜拉索气弹模型的位移响应如图 5-32（a）所示。图中，灰线代表平面内振动，而黑线代表平面外振动，$f_1 = 2.47\text{Hz}$，$f_2 = 5.08\text{Hz}$。此时，斜拉索发生稳定的风雨激振。在 $L/2$ 和 $L/6$ 测得的平面内振幅均大于平面外振幅。同时，在 $L/2$ 处测得的振幅大于 $L/6$ 处的振幅，符合斜拉索的 1 阶振型特征。此外可以注意到，在 $L/2$ 处测得的最大平面内振幅约为斜拉索直径的 1.1 倍。斜拉索振动频谱如图 5-32（b）所示。此时的斜拉索风雨激振主要由其 1 阶模态控制，并且其 2 阶模态频率也参与其中，但能量幅值较小。

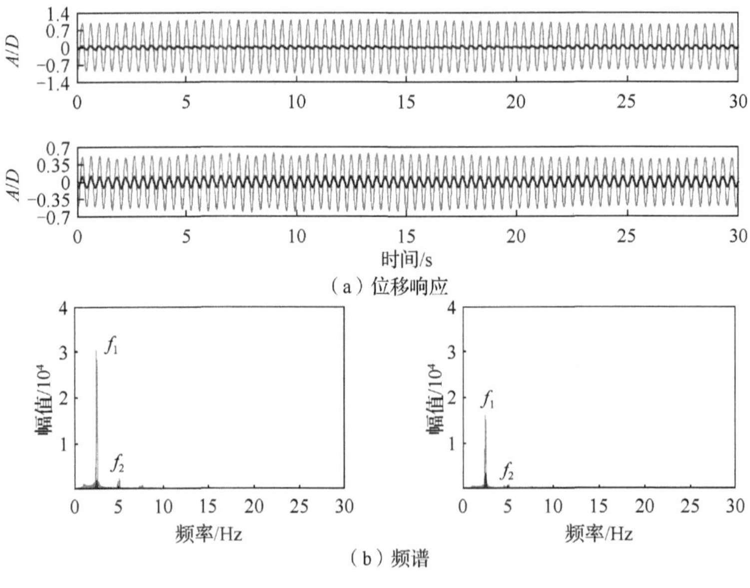

图 5-32　$U = 11.26\text{m/s}$ 时，1 阶模态的斜拉索风雨激振的位移响应及频谱

Ni 等[6]在对国内某大桥斜拉索进行 45d 的现场监测时观察到，较高阶模态的振动往往会在较高的风速下发生。在本章研究中，也观察到类似现象。风洞试验中，所有条件都保持不变（包括斜拉索倾角和风偏角、供水流量等），当风速增加到 U=14.18m/s 时，2 阶模态频率主导的斜拉索风雨激振逐渐发展。此时，斜拉索模型的位移响应如图 5-33（a）所示。图中，$f_1 = 2.19$Hz，$f_2 = 4.17$Hz，$f_3 = 6.16$Hz。在跨中截面处，斜拉索的振动不明显，因为加速度传感器的布设位置靠近斜拉索 2 阶模态振型节点处。在 L/6 处，斜拉索的平面内振幅也大于平面外振幅，这与前面讨论的 1 阶模态斜拉索风雨激振类似。此外，在 L/6 节点处测得的最大平面内振幅是斜拉索直径的 0.45 倍。从图 5-33（b）中的斜拉索振动频谱可以看出，此时斜拉索前 4 阶模态频率均参与了风雨激振，但主要以 2 阶模态频率为主。

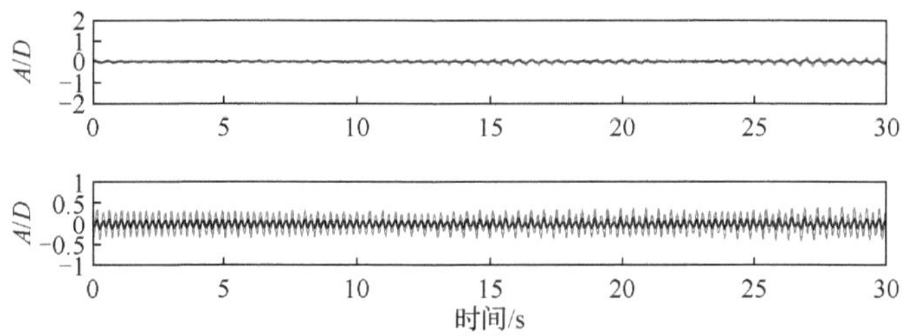

（a）位移响应

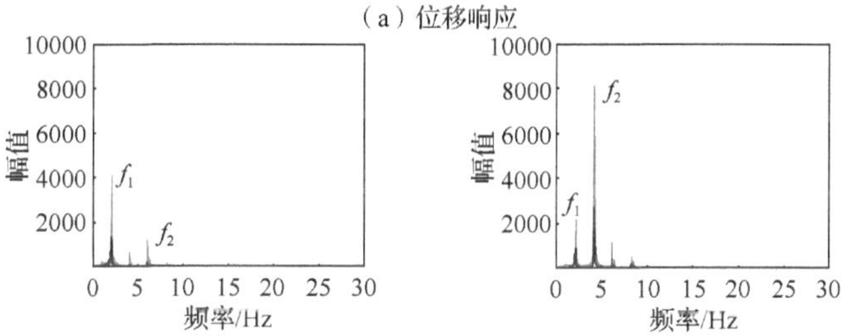

（b）频谱

图 5-33　$U = 14.18$m/s 时，2 阶模态的斜拉索风雨激振的位移响应及频谱

风速 U 增加到 14.60m/s 时，发生了 3 阶模态频率主导的斜拉索风雨激振。此时斜拉索位移响应和振动频谱如图 5-34 所示。图中，$f_1 = 2.19$Hz，$f_2 = 4.17$Hz，f_3=6.16Hz。从图中可以看出，斜拉索的前 3 阶模态均参与风雨激振，但以其第 3 阶模态频率为主。同时，除了其主导模态频率，还会有其他模态频率参与到多模态风雨激振中来。随着风速增加，斜拉索发生更高阶模态的风雨激振，风雨激振的这种特征与多模态涡激振动相似。

此外，3 阶模态的斜拉索风雨激振会逐渐切换到 2 阶和 1 阶振动（或者反过来）。本节中观察到的斜拉索风雨激振“模态切换”如图 5-35 所示。在来流风速 U=14.60m/s 条件下，斜拉索在 150s 内分别经历了 1 阶、2 阶和 3 阶模态的风雨激振。

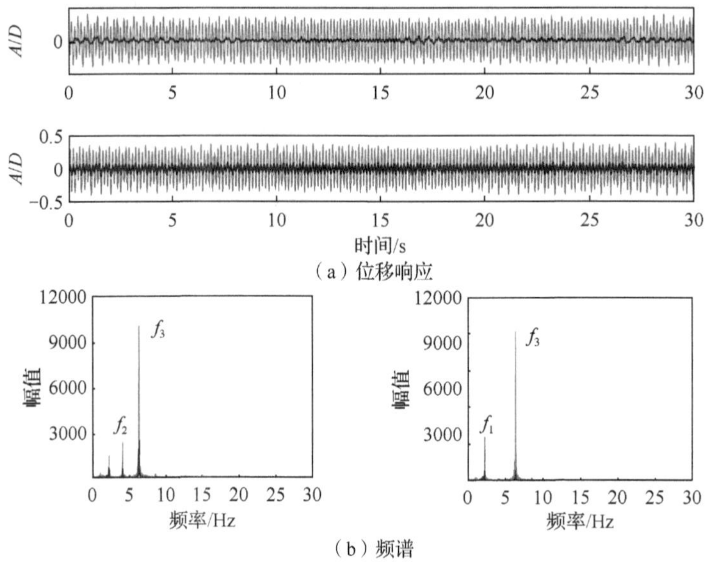

图 5-34　$U=14.6$m/s 时，3 阶模态的斜拉索风雨激振的位移响应及频谱

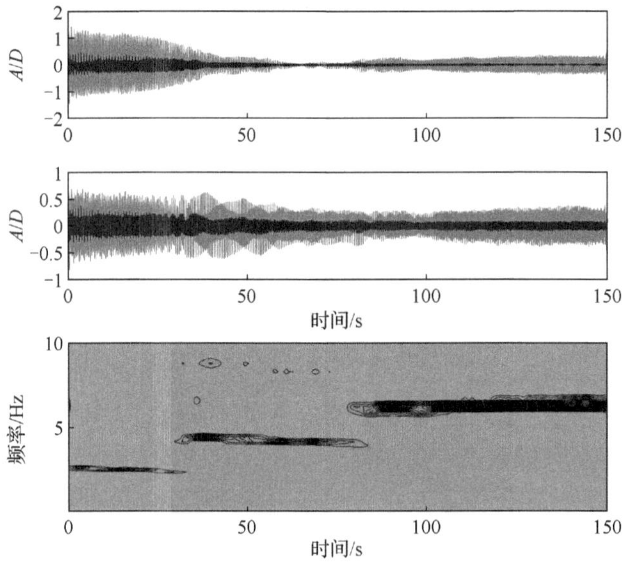

图 5-35　$U=14.6$m/s 时，斜拉索风雨激振的模态切换

在桥梁工程中，发生风雨激振的斜拉索通常长达 100m 以上，因此上水线不可能沿整个斜拉索表面形成。受此启发，本节通过改变供水位置来产生局部分布的上水线，以此激发斜拉索风雨激振。本节设计了 4 种不同的局部分布上水线，

如图 5-36 所示。上水线被分别引导并限制在中跨 0.5*L*、上部 0.33*L*、上部 0.50*L* 和上部 0.66*L* 形成，这几个工况分别记为 LR1、LR2、LR3 和 LR4。为便于比较，本节更多关注试验风速 *U* 为 11.26m/s 时的情况。因为在该风速下，如果上水线可以沿着整个斜拉索表面形成，则发生 1 阶模态主导的风雨激振；同时，该风速也远低于 2 阶风雨激振发生的初始风速 14.18m/s。

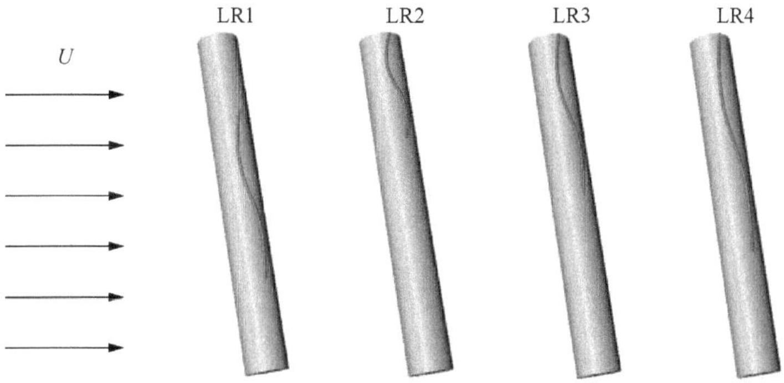

图 5-36　局部上水线分布示意图

当来流风速 *U* 为 11.26m/s 时，不同工况下局部水线诱导的斜拉索风雨激振的位移响应如图 5-37 所示，图中灰线代表平面内振动，黑线则代表平面外振动。对于 LR1 工况（即上水线被限制在斜拉索中部形成），斜拉索发生 1 阶模态的风雨激振。但是，此时的斜拉索振幅明显小于图 5-37 中的振幅，亦即水线沿着整个索表面形成时的斜拉索风雨激振振幅。当上水线仅在斜拉索上部 *L*/3 形成并被阻止向下滑落（工况 LR2）时，斜拉索在相同的风速下发生 2 阶模态风雨激振。当上水线在斜拉索上部 *L*/2 形成时，亦即 LR3 工况，斜拉索发生 2 阶模态风雨激振，其振幅明显大于工况 LR2 中的振幅。当上水线可以在上部 2*L*/3 形成（工况 R4）时，斜拉索的风雨激振呈现多模态特性。通过 FFT 分析发现，此时斜拉索振动的频率成分由 1 阶和 2 阶模态共同主导，如图 5-37 所示。

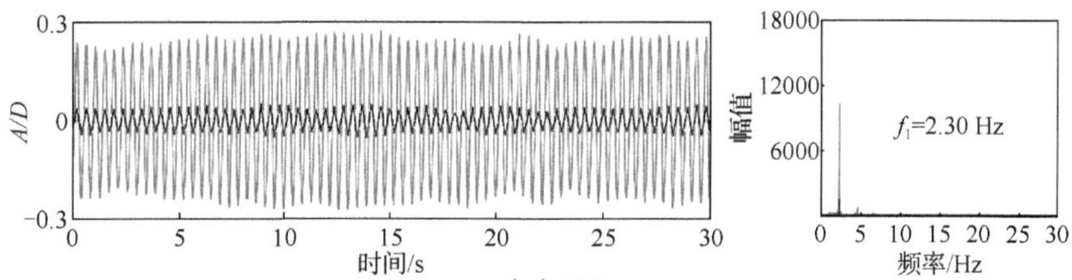

（a）LR1

图 5-37　在不同的上水线分布状态下斜拉索风雨激振的位移响应和频谱

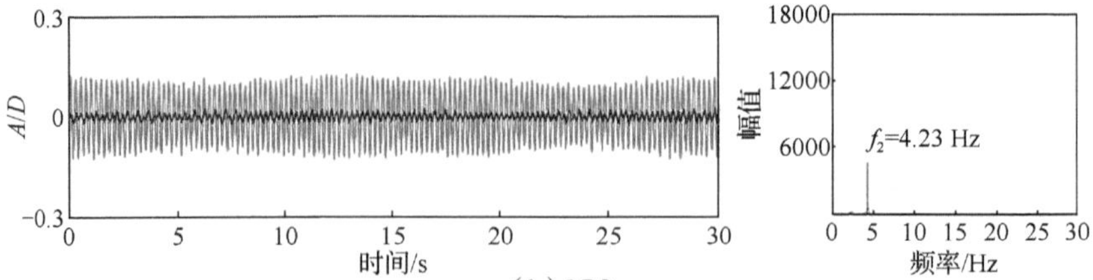

（b）LR2

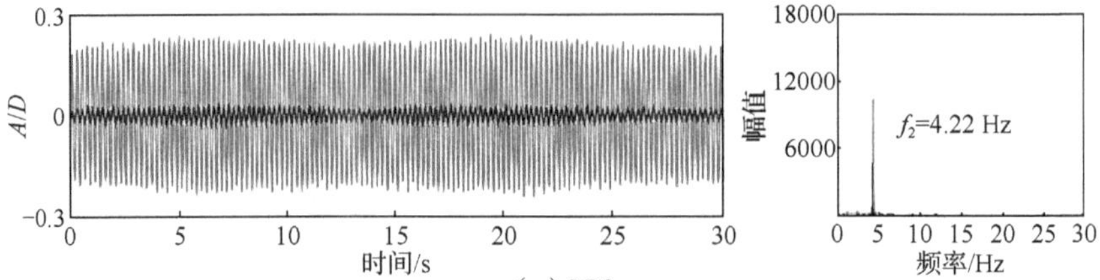

（c）LR3

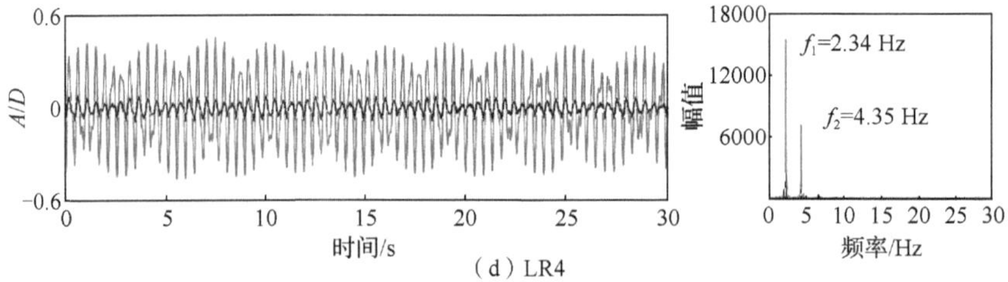

（d）LR4

图 5-37（续）

在本节的风洞试验研究中，虽然斜拉索长度有限且比实际尺寸小，但是通过引导形成不同的局部分布的上水线，成功地在相同的较低风速下激发了具有不同模态频率和振幅的风雨激振。这表明，上水线的局部分布特征也是激发多模态风雨激振的重要原因。桥梁工程中观察到的斜拉索风雨激振通常呈多模态特性，本节的研究为多模态风雨激振的成因提供了另一种可能的解释。

5.4.3　基于计算机视觉识别的风雨激振水线三维几何特征和运动规律

1. 三维气弹斜拉索风雨激振试验

三维气弹斜拉索风雨激振试验在哈尔滨工业大学风洞与浪槽联合实验室的大试验段展开，如图 5-38（a）所示。三维气弹斜拉索模型长度 8.31m，直径 98mm。斜拉索模型在流场中位置如图 5-38（b）所示，倾角α为 23.4°，风偏角β为 45°，折算风攻角γ可由下式计算：

$$\gamma = \tan^{-1}(\cos\alpha \sin\beta) \tag{5-9}$$

斜拉索模型由钢绞线外包多层塑料泡沫制成，表面覆盖一层柔性 PVC 膜，如图 5-38（c）所示。在横风向斜拉索的自振频率为 2.35Hz，在顺风向其自振频率为 2.14Hz，两个方向对应的阻尼比分别为 0.398%和 0.389%。为了测量斜拉索模型的振动响应，在索上布置了 4 个加速度传感器，采样频率均为 1000Hz。其中两个传感器用于测量距索底端 $L/6$ 处横风向和顺风向的加速度，另外两个则用于测量斜拉索跨中两个方向的加速度。

在斜拉索顶端布置一根直径为 5mm 的输水管持续输送掺入红色染料的水以期在索表面生成红色水线。为了便于识别水线的运动，在斜拉索表面设置了测量区域，如图 5-38（d）所示。测量区域布置有 40×15 的网格系统，沿索环向从 50°圆心角至 125°圆心角按 5°间隔设有 16 条轴向坐标线，沿索轴向按 15mm 间隔设有 41 条环向坐标线，第一条环向坐标线距索底端 1.49m。在试验中采用一台 CCD 高速相机来记录测量区域的水线运动，相机分辨率为 1200 像素×800 像素，采样频率为 200Hz，其时间精度对于记录水线运动是满足要求的。

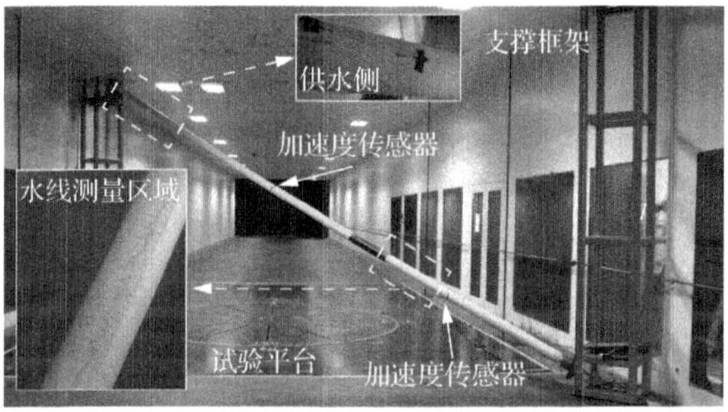

（a）斜拉索模型和风洞试验设置

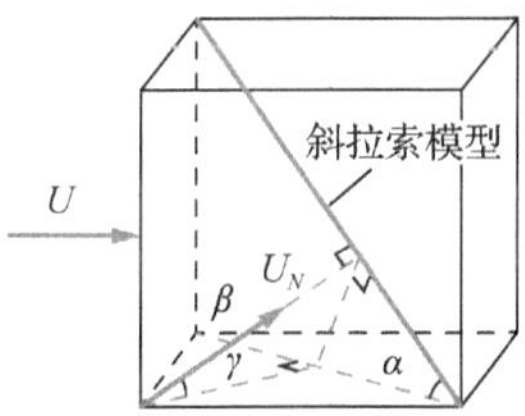

（b）斜拉索模型在流场中位置

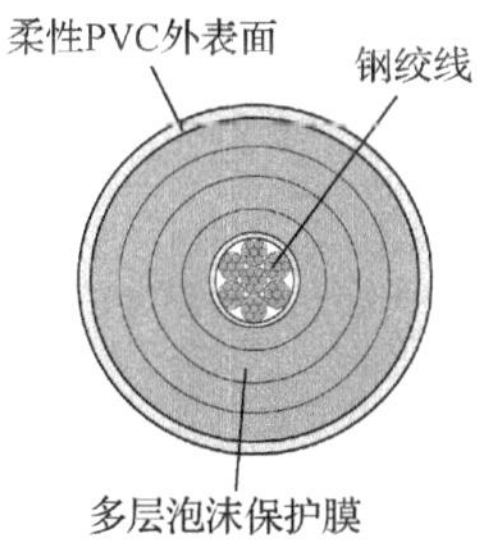

（c）斜拉索模型构造

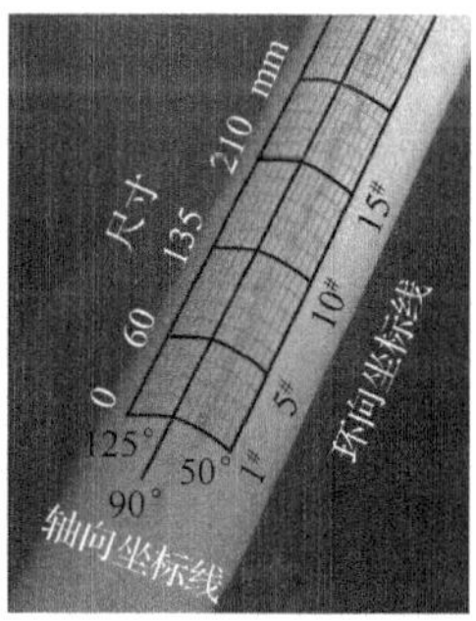

（d）水线测量域

图 5-38　斜拉索风雨激振试验设置

试验中采用均匀来流，风速由 7.92m/s 增加到 15.85m/s。当风速维持在 11.26m/s 时，可以观察到斜拉索发生明显的振动现象，此时斜拉索模型跨中和距底端 1/6 跨处的位移响应和频谱如图 5-39 所示。可以看出，第 2 阶频率仅出现在距底端 1/6 跨处，而跨中处则没有出现明显的第 2 阶频率，这是由于跨中位置恰好是斜拉索第 2 阶振型的驻点。斜拉索振动的基频与斜拉索模型在横风向的自振频率十分接近。

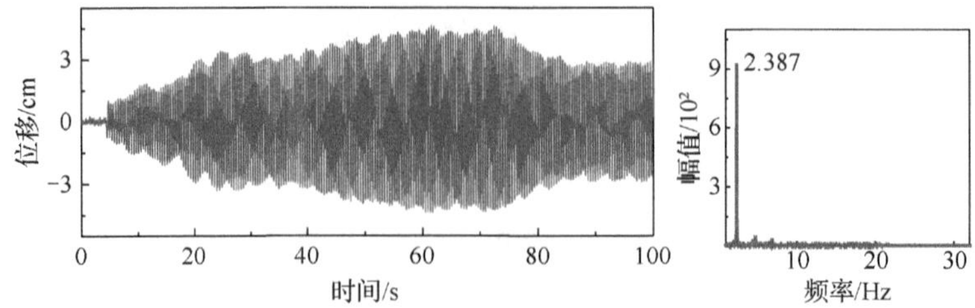

（a）跨中位置

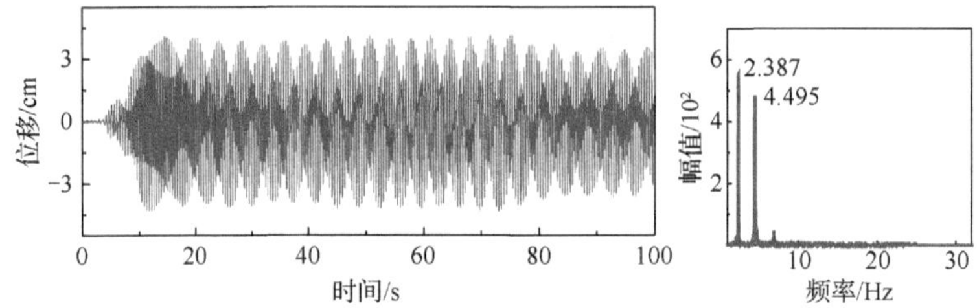

（b）距底端1/6跨位置

图 5-39　来流风速为 11.26m/s 时斜拉索在横风向振动的位移响应和频谱

2. 基于计算机视觉识别的水线三维几何特征和运动规律

为了探究风雨激振和水线之间的关系，在来流风速为 11.26m/s、斜拉索被固定和释放两种情况下，分别取时长为 5s 的水线图像采用上述方法处理，并从水线形态和动力特性两个方面进行分析。

水线形态可以通过沿斜拉索轴向分布的水线片段组合得到，如图 5-40 所示。可以看出，索被固定住时，水线形态基本不发生变化；然而，当索发生振动时，

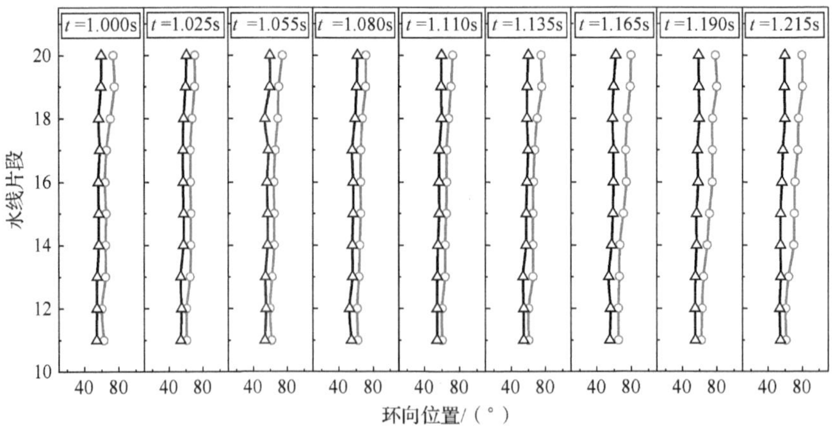

（a）斜拉索被固定保持静止

图 5-40　水线在单周期内形态演化

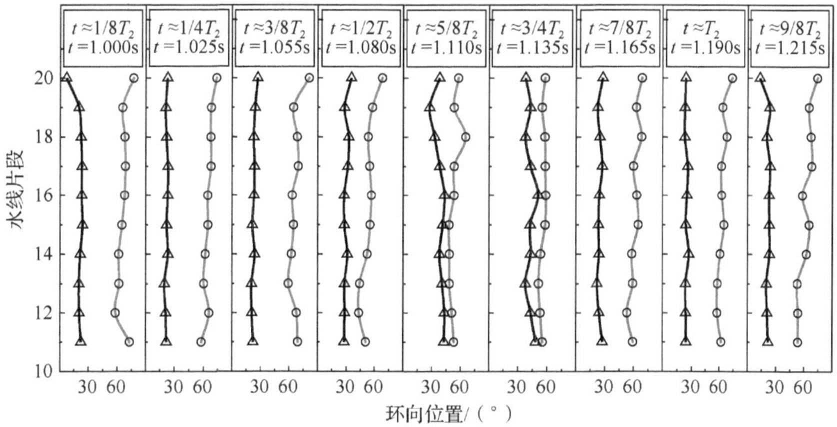

（b）斜拉索被释放发生振动

注：△下端点；○上端点。

图 5-40（续）

水线形态在两种形态下交替演变：在一个周期内，水线由在斜拉索表面散布的形态过渡到汇聚的形态，再恢复到散布的形态。此外，在两种形态之间的演变过程中，水线的边缘形状会发生明显改变。

水线的平均宽度（即水线两侧端点对应的环向角度差值）是描述水线形态的重要参数。11#至 20#水线片段之间的水线平均宽度时程如图 5-41 所示。斜拉索保持稳定时，水线平均宽度基本维持在 10°，即形成一条狭长的细线；斜拉索发生振动时，水线形态沿环向发生明显的周期性变化。水线汇聚时，水线最小平均宽度仅有 6.7°；水线散开形成薄水膜时，水线平均宽度可以扩大到 39.8°。

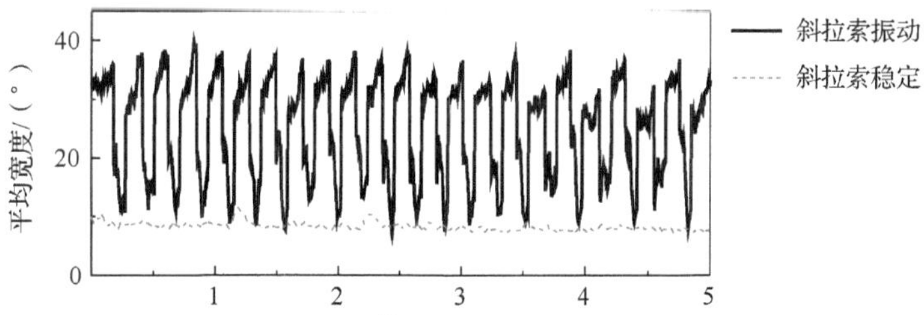

图 5-41　11#至 20#水线片段之间的水线平均宽度时程

水线片段端点在斜拉索环向的位置是描述水线运动的一个重要参数。图 5-42 列出了 12#、15#和 17#水线片段端点位置变化的时程曲线。在斜拉索稳定的状态下，水线端点位于 40°左右。斜拉索开始振动后，水线亦在索表面剧烈振动，一个周期内的水线运动可以被分为 4 个阶段：周期开始时，水线上端点位于斜拉索环向较高的位置（60°～70°），下端点则位于环向较低的位置（20°～25°）；接着，水线上端点回落至下端点附近，意味着水线在斜拉索环向较低位置汇聚；随后，水线整体沿环向向上移动，直到水线上端点重新回到环向 60°～70°位置；最后，在周期末段，上端点继续保持在高位置，下端点开始回落至环向较低的位置，对应水线在斜拉索表面散开分布。

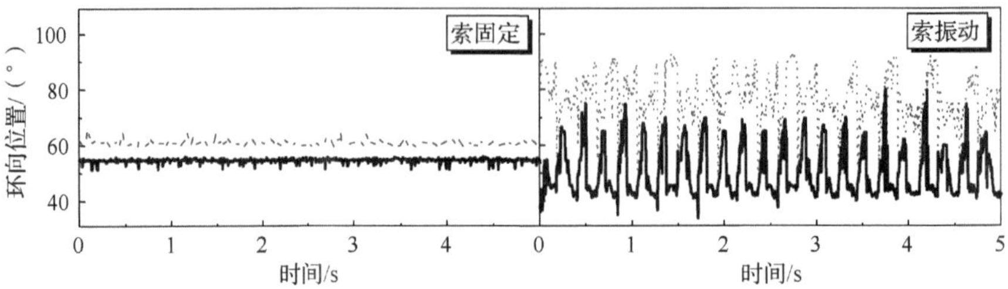

（a）12#水线片段

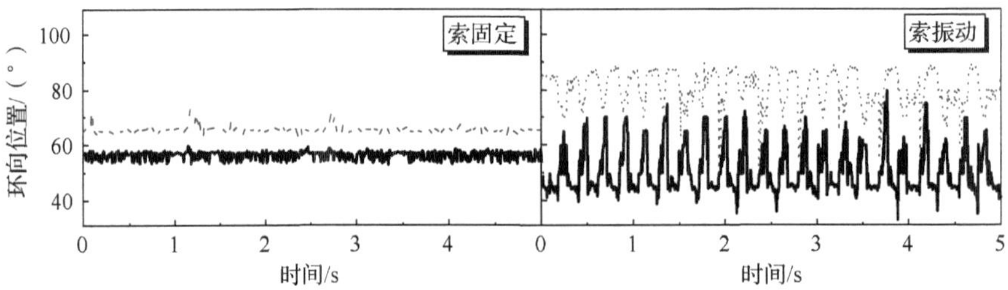

（b）15#水线片段

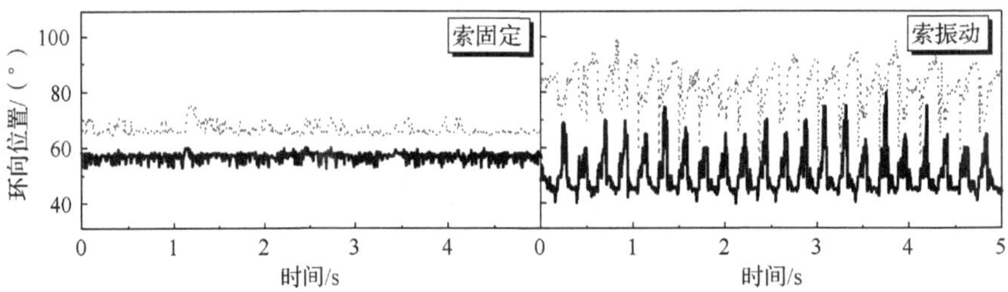

（c）17#水线片段

注：——下端点；……上端点。

图 5-42　水线片段端点沿环向位置变化时程

图 5-43 为 12#、15#和 17#水线片段端点位置变化的频率谱。可以看出，当斜拉索保持稳定时，频谱中没有出现起主导作用的频率成分；当斜拉索发生振动时，水线运动的前两阶频率分别为 2.4Hz 和 4.6Hz，与斜拉索的位移频谱中前两阶频率 2.387Hz 和 4.495Hz 基本吻合。此外，从图 5-43 中还可以看出水线运动存在着明显的倍频现象。

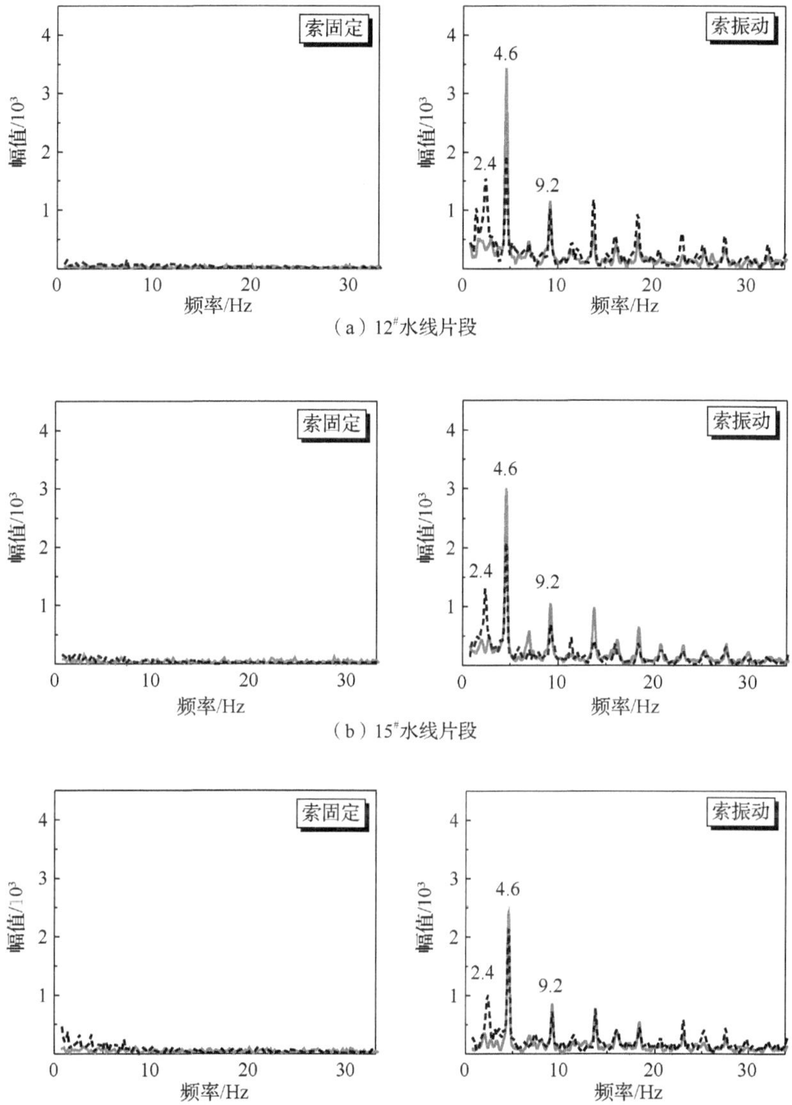

(a) 12#水线片段

(b) 15#水线片段

(c) 17#水线片段

注：——下端点；……上端点。

图 5-43　水线片段端点位置变化频率谱

值得注意的是，在水线端点位置变化的频谱中，2 阶频率为主导频率。此现象区别于斜拉索的位移是以 1 阶频率为主导频率的，其解释为：一个周期的水线运动对应于斜拉索的一次往返运动。图 5-44 给出了 2s 内测量区域邻近的 1/6 跨位置斜拉索的位移时程，可以看出，斜拉索一共经历了 9 次往返运动，意味着索往返运动的频率与其 2 阶频率 4.495Hz 相吻合，而不是 1 阶频率 2.387Hz。

考虑到水线运动与斜拉索的往返运动相对应，水线运动也是由 2 阶频率主导。

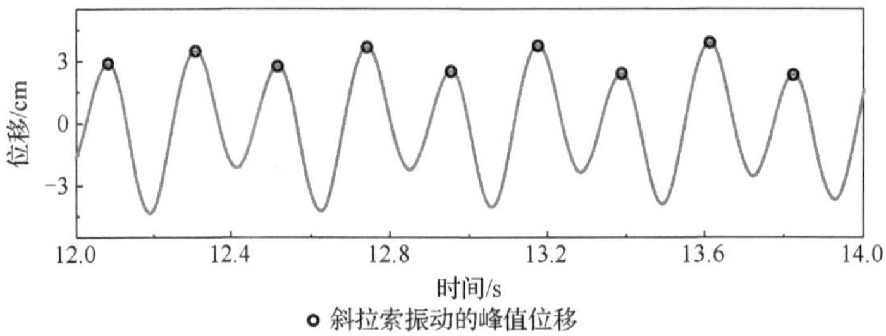

图 5-44　斜拉索距底端 1/6 跨位置 2s 内横风向位移时程

在当前试验中，水线运动和斜拉索振动的加速度不能被同时测量，因此二者的相关关系很难直接进行量化分析。为了解决这一问题，采用从水线运动的原始图像中识别斜拉索振动在图中移动的像素距离来表示斜拉索的实际位移，称这一像素距离为斜拉索振动的像素位移。尽管在幅值上像素位移与真实位移存在差异，但是在时间上像素位移和水线运动是同步的，进而可以对二者的相位关系进行量化分析。图 5-45 展示了同一周期内斜拉索振动的像素位移和水线运动之间的关系。可以看出，水线运动和斜拉索振动之间存在明显的相位差异。

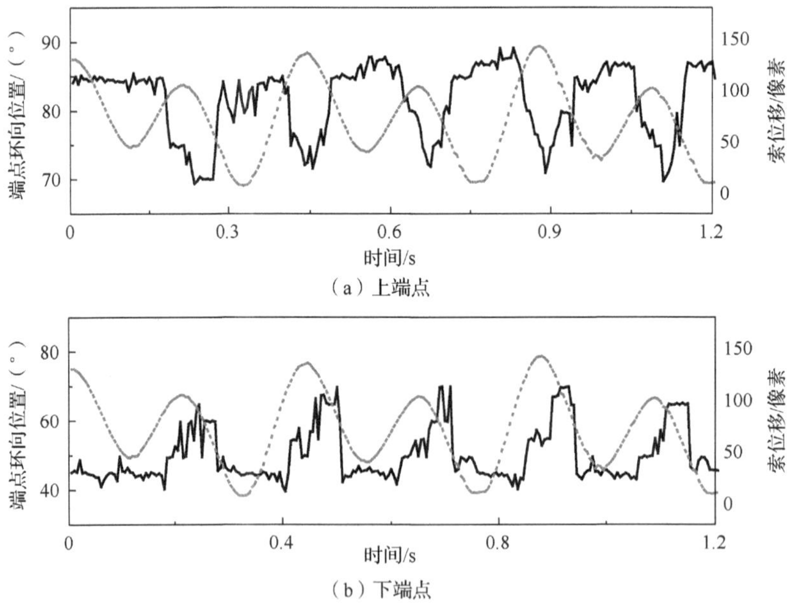

注：——端点环向位置；------ 斜拉索像位移。

图 5-45　斜拉索像素位移与 15#水线片段端点环向位置变化对比

定义相位差$\Delta\varphi$为

$$\Delta\varphi = \varphi_{\text{cable}} - \varphi_{\text{endpoints}} \tag{5-10}$$

式中，φ_{cable}表示斜拉索振动的相位（由像素位移计算得到）；$\varphi_{\text{endpoints}}$表示水线片段上端点或下端点沿环向运动的相位。$\Delta\varphi > 0$表示斜拉索振动的相位先于水线运动。由图 5-46 可以看出，水线下端点的运动延迟于斜拉索振动，迟滞相位大约为 50°。水线上端点的运动较斜拉索振动也是延迟的，但迟滞相位随轴向位置不同发生改变，变化范围为 180°～225°，这可能会引起图 5-40（b）中水线沿斜拉索轴向的形态变化。

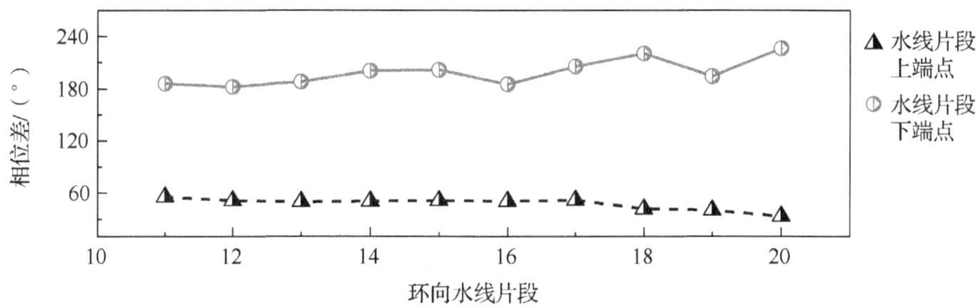

图 5-46　斜拉索振动与水线运动相位差

5.4.4　斜拉索风雨激振的尾流特征与激振机理：分离泡破碎

在 PIV 测试期间，空气中的示踪粒子是由两个烟雾发生器产生的直径约 1μm 的油滴，以保证查询窗口（32 像素×32 像素）的精确度。Samimy 等[12]提出示踪粒子的响应可以用参数ζ来表征，即粒子响应时间（ζ_p）与流量时间尺度（ζ_f）的比值，且只有示踪粒子满足$\zeta < 0.05$时，才能够很好地反映流场的流动特征。在本节的 PIV 流场测试中，$\zeta = \zeta_p/\zeta_f = 1.77\times10^{-3}$，示踪粒子的运动能够很好地反映斜拉索绕流场的流动特征。此外，风洞试验中 PIV 测试的不确定性采用 Park 等[13]建议的方法计算，本试验中 PIV 速度测试的不确定性水平约为 4.6%。本节引入漩涡强度来描述尾流中的漩涡运动。漩涡强度由 Zhou 等[14]定义为速度梯度张量的复特征值的虚部，其定义为

$$\boldsymbol{D}_2 = \begin{bmatrix} \dfrac{\partial u}{\partial x} & \dfrac{\partial u}{\partial y} \\ \dfrac{\partial v}{\partial x} & \dfrac{\partial v}{\partial y} \end{bmatrix} \tag{5-11}$$

图 5-47 表示来流风速 U=11.26m/s 时，干索（即没有水线）的尾流场演变。此时，斜拉索的振动非常小，可以在其尾流中清楚地观察到周期性漩涡脱落。

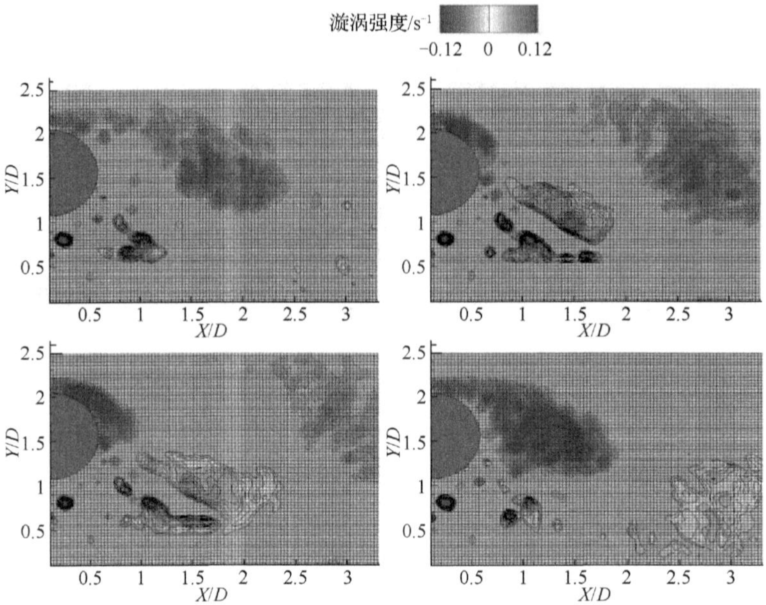

图 5-47　U=11.26m/s 时，干索的尾流场演变

图 5-48 给出了来流风速 U=11.26m/s 下，斜拉索风雨激振时的尾流场的演变。从图中可以看出，与干索的尾流场相比，此时的漩涡结构变得更加杂乱无序，整体漩涡强度增加，漩涡生成长度向模型壁面收缩。这里观察到的现象与 Alam 和 Zhou[15]的试验结果吻合。同时，图 5-48 也表明，上水线的存在和振荡会增加尾涡

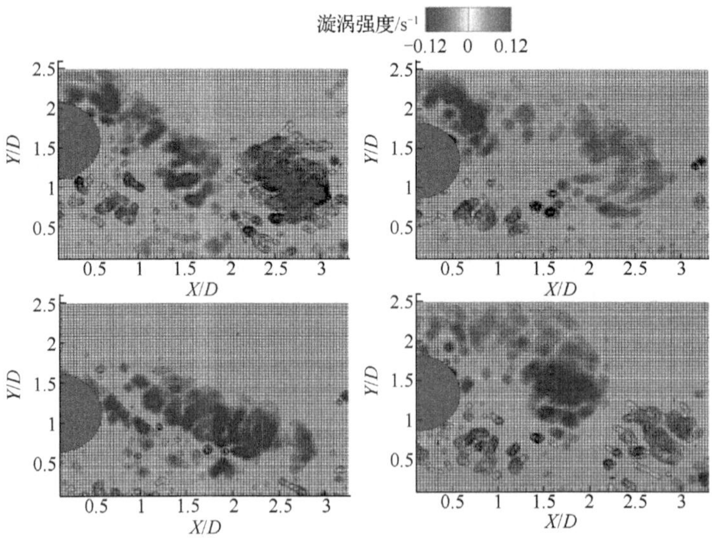

图 5-48　U=11.26m/s 时，发生风雨激振斜拉索的尾流场演变

结构的三维特性。与干索的尾流相比，此时的尾流结构明显受到一些小尺度漩涡的影响。因此，斜拉索的尾流场结构变得更加无序和离散。该小尺度漩涡可能是上水线的生成、振荡和扰动导致的边界层的不稳定性所诱发的。

本节试验结果中，有两个值得特别关注的现象：①随着风速增加，1 阶、2 阶和 3 阶模态风雨激振陆续发生；②在一定风速下（$U = 14.18$m/s 和 $U = 14.60$m/s），两个或三个相邻模态频率的风雨激振可能会发生重叠（模态转换）。这两种现象与柔性结构涡激振动（VIV）中通常观察到的耦合共振机理非常相似。在 Matsumoto 等[16]的文章中，斜拉索风雨激振被解释为高折算风速下的涡激振动。在风洞试验中，他们发现了两个主导频率：一个是与冯卡门（von Kármán）漩涡脱落相关的频率，另一个则是低得多的未知频率成分。后者被认为是导致风雨激振的主要因素。此外，在 Zuo 等[17]报道的现场监测结果中也观察到了斜拉索风雨激振和涡激振动之间的相似性。他们认为，风雨激振可能是由于一种未知类型的漩涡脱落导致的，这种漩涡脱落与传统的 von Kármán 漩涡脱落具有较大差异。

当流体流经固体表面，表面上存在较强的逆压梯度时，层流边界层将与固体表面发生分离并形成分离泡。翼型上的分离泡可分为两种类型，即短气泡（其特征为分离流发生再附）和长气泡（其特征为分离流不发生再附）。当短气泡无法重新附着在翼型表面上时，会发生分离泡破碎（bubble burst）。分离泡破碎和流动分离将导致翼型升力突然降低。在航空工程中，这种现象通常称为“失速”（stall）。Zaman 等[18]在试验中发现，当翼型上方的流动停滞时，即当来流攻角（angle of attack，AOA）不小于 18°时，翼型漩涡脱落的特征参数 $Sr \approx 0.2$。当 AOA=15°时，试验中观察到频率低得多（一个数量级）的周期性振荡。显然，这种转变现象（频率的大幅减少）与分离泡破碎（失速）的过渡状态有关。尽管其工作机理尚未明确，根据此前的研究[18-20]，翼型失速现象的一般特征可归纳为以下 5 个方面：①升力突然大幅减小；②漩涡脱落和升力的频率显著降低；③分离泡破碎，即从短气泡（再附型）过渡到长泡沫（分离型）；④von Kármán 漩涡脱落受到一定程度的抑制；⑤与剪切层的不稳定性［如开尔文-亥姆霍兹（Kelvin-Helmholtz）不稳定性］密切相关。上述特征中，第一个特征解释了为什么失速是航空工程中一个重要的热点问题并吸引了大量的研究兴趣，而余下的特征与其发生机理相关。因为涉及复杂的边界层不稳定性，所以失速现象的发生机理尚未解释清楚。

关于失速现象的研究，此前大多数都集中在翼型的失速上，圆柱绕流的失速则很少被重点关注。尽管尚未被直接或明确地联系起来，但是一些与斜拉索风雨激振相关的研究中所观察到的现象确实与圆柱的失速（漩涡破碎）现象密切相关。Matsumoto 等[16]通过试验研究了带有人工水线圆柱体的空气动力学特性。他们记录并识别到了升力中的低频分量，然后将低频分量与风雨激振的发生联系起来，并将其解释为一种在高折算风速下的涡激振动。Cheng[21]结合直接数值模拟（direct numerical simulation，DNS）和大涡模拟（large eddy simulation，LES）研究了真实雨滴落入斜拉索表面的物理过程。Alam 和 Zhou[15]通过风洞试验研究了具有水线运动的圆柱绕流场结构。他们在分离剪切层中观察到小尺度的 Kelvin-Helmholtz 漩涡。水线的存在和振荡可能是导致较低频率的 Kelvin-Helmholtz 不稳定涡的原因。在本节 PIV 测试结果中，von Kármán 涡脱结构得到一定程度的抑制，小尺度的漩涡结构因为上水线的形成和振荡而得到发展。在其相互作用下，斜拉索发生风雨激振时，尾流结构变得更加离散和无序（图 5-48）。

斜拉索模型处于一个周期内最高位置时，水膜呈毯状铺开，此时在水膜后面形成能够再附的（短）气泡，如图 5-49 所示。在图中，灰色箭头表示水膜运动趋势，黑色直箭头表示作用在斜拉索截面（圆柱）的上升力，而黑色的弯曲箭头表示由于分离泡破碎引起的小尺度漩涡。当斜拉索向下运动（下降）时，水膜逐渐聚集。同时，上水线附近的分离流远离斜拉索中心线，而下水线附近的分离流趋向于靠近斜拉索中心线。在上水膜（线）后部形成的分离泡逐渐伸长并最终被破坏，分离泡发生破碎。在分离泡破碎过程中，边界层中产生了一些小尺度的低频漩涡抑制了 von Kármán 涡脱，升力急剧降低。最后，水膜聚集成为一个凸起的上水线，流动再附被完全破坏。斜拉索运动至其最低位置时，在上水线附近形成完整的长气泡。斜拉索向上移动时，聚集的水线逐渐呈地毯式展开，并且再次逐渐形成再附型气泡（短气泡），升力逐渐恢复。由于流动和压力分布的不对称性，此时短气泡的生成会产生很大的升力[22]。斜拉索向下移动时，分离泡破碎将导致斜拉索升力突然减小；相反，斜拉索向上移动时，短气泡的形成将产生较大的升力。因此，在一个完整的周期内，升力的变化趋势总是与斜拉索的运动方向一致，从而对风雨激振的发展起到促进作用。

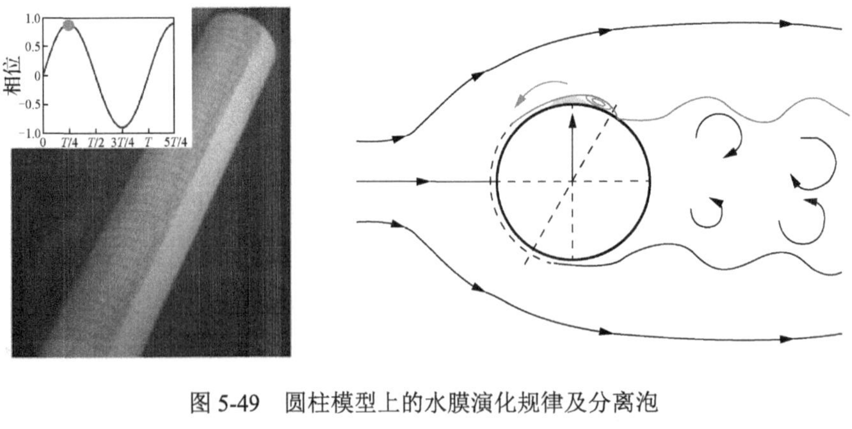

图 5-49　圆柱模型上的水膜演化规律及分离泡

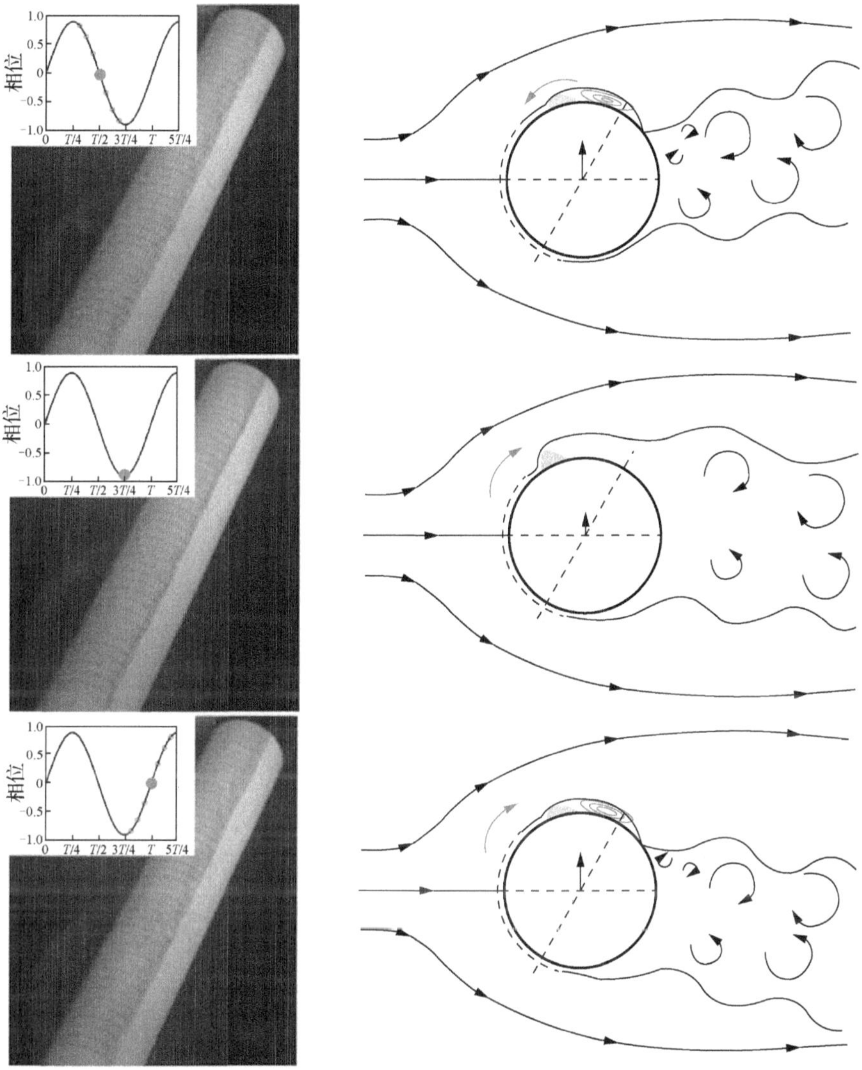

注：T为周期

图 5-49（续）

基于上述讨论，本节提出一种斜拉索风雨激振机理：斜拉索的振动导致水线运动[23, 24]，水线的运动改变壁面剪切层的运动。在此过程中，Kelvin-Helmholtz 失稳将导致分离泡破碎[20]，并伴随出现失速现象。结果，von Kármán 漩涡脱落被抑制，漩涡脱落频率突然大幅下降[18-21]。然后，频率降低的漩涡脱落与斜拉索发生共振，从而产生较大振幅。在第二个周期，较大的斜拉索振幅反过来强化分离点的运动[24]，进而诱发更大振幅的水线运动。其结果是斜拉索风雨激振得以迅速发展，振幅快速增大。

5.5　斜拉索风雨激振 CFD 数值模拟子结构方法

5.5.1　CFD 数值模拟子结构方法

图 5-50 为 CFD 数值模拟子结构方法的示意图。结构本身为一子结构，结构附近的绕流场为流场子结构。假设结构只发生横风向振动，结构子结构刚度和阻尼如图 5-50 所示。结构子结构部分（圆柱）在流场子结构中仅保留其边界，将振动响应施加到圆柱边界上，让边界按照指定的响应进行运动，同时对圆柱动边界的绕流场进行 CFD 数值模拟，计算其气动力。

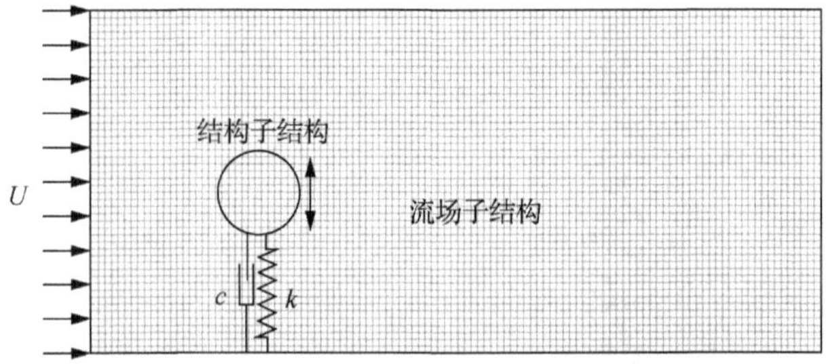

图 5-50　CFD 数值模拟子结构方法的示意图

流体运动遵循物理学的三大守恒定律，即质量守恒定律、动量守恒定律和能量守恒定律，它们的数学描述构成流体动力学的基本方程组。对于不可压缩流场，不考虑热交换等引起的内能变化，则连续性方程、动量方程和能量方程分别如下所示：

$$\frac{\partial u_i}{\partial x_i}=0 \tag{5-12}$$

$$\frac{\mathrm{D}u_i}{\mathrm{D}t}=F_{xi}-\frac{1}{\rho}\frac{\partial p}{\partial x_i}+\nu\nabla^2 u_i,\quad i=1,2,3 \tag{5-13}$$

$$\frac{\mathrm{D}}{\mathrm{D}t}\left(\frac{1}{2}u_i u_i\right)=u_i F_{xi}+\frac{1}{\rho}u_i\frac{\pi_{ij}}{\partial x_j},\quad i,j=1,2,3 \tag{5-14}$$

式中，x_i 表示三个方向的坐标；u_i 为流体的流动速度；∇^2 为拉普拉斯算子；ρ 为流体密度；$\frac{\mathrm{D}}{\mathrm{D}t}=\frac{\partial}{\partial t}+(u_i\cdot\nabla)$ 称为物质导数，它所代表的是流体的某种性质对时间的变化率，∇ 为哈密顿算子；p 为压强；F_{xi} 表示单位质量上的体积力；$\pi_{ij}=2\mu s_{ij}-\delta_{ij}$ 为广义牛顿黏性应力公式，s_{ij} 为应变变化率张量分量，$\delta_{ij}=\begin{cases}1 & i=j\\ 0 & i\neq j\end{cases}$ 为克罗内克

函数；μ 和 v 分别为动力黏性系数和运动黏性系数，$v=\mu/\rho$。

除了流场子结构外，结构子结构的运动方程遵循牛顿第二定律，结构子结构的运动方程可以表示为

$$m\ddot{y}+c\dot{y}+ky=F_y \tag{5-15}$$

式中，m、c 和 k 分别为结构的质量、阻尼系数和刚度；y、$\dot{y}$ 和 $\ddot{y}$ 分别为结构的位移、速度和加速度；F_y 为流场给结构施加的气动力。

流场子结构和结构子结构在自由场能量输入下产生振动，自由场能量转化为绕流场的动能和阻尼耗能，以及结构的动能、势能和阻尼耗能，前者的能量为 Q_2、后者的能量为 Q_1，则结构子结构和流场子结构组成的系统的总能量为 Q，且 $Q=Q_1+Q_2$。

结构的动能 $E=\dfrac{1}{2}m\dot{y}^2$，势能 $V=\dfrac{1}{2}ky^2$，非保守力做的虚功 $\delta W_{\mathrm{nc}}=\left(F_{\mathrm{y}}-c\dot{y}\right)\delta y$，由汉密尔顿（Hamilton）原理，在任何时间区间 t_1 到 t_2 内，动能和势能的变分加上所考虑的非保守力所做的功的变分等于零：

$$\int_{t_1}^{t_2}\delta(E-V)\mathrm{d}t+\int_{t_1}^{t_2}\delta W_{\mathrm{nc}}\mathrm{d}t=0 \tag{5-16}$$

当采用子结构方法对绕流场进行分析时，结构子结构的运动按照振幅 A_{m} 和频率 f 施加到动边界上，其运动是外界输入的，这时气动力在绕流场动边界上做功，将结构子结构的振动能量传输给流场子结构。流场子结构在自由场能量输入、绕流场动边界能量输入、绕流场自身动能和阻尼耗能下保持能量守恒。

从上述分析可以看出，CFD 数值模拟子结构方法与将结构和绕流场作为一个系统进行 CFD 数值模拟是相同的。由于不需要进行结构振动的有限元分析和数据的交换，同时结构振动是实测的信息，CFD 数值模拟子结构方法既具有计算效率高的特点，也具有计算精度高的优点。

5.5.2　斜拉索风雨激振的三维 CFD 数值模拟子结构方法

1. 三维 CFD 数值模拟子结构方法的模型

为了更加真实地模拟试验工况，本节对斜拉索风雨激振进行三维 CFD 数值模拟的子结构方法研究。斜拉索直径与长度与风洞试验节段模型一致，分别为 0.1m 和 2.0m。

斜拉索模型横风向振动幅值随风速的变化如图 5-51 所示。分别计算 3 种工况：工况 1，起振前风速（6.12m/s）；工况 2，发生风雨激振风速（7.72m/s）；工况 3，截止风速以上风速（8.69m/s）。3 个阶段下斜拉索振动幅值如图 5-51 所示。

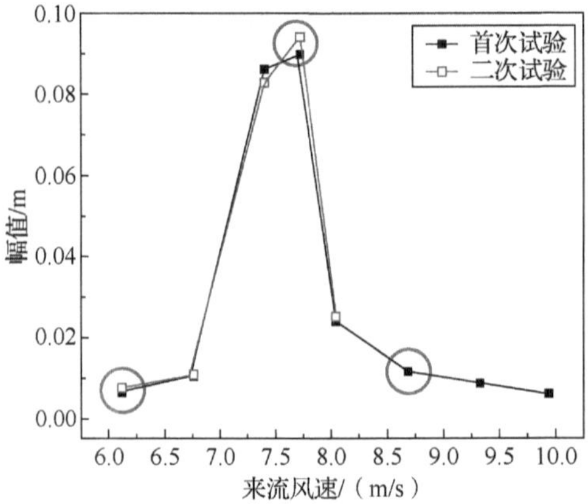

图 5-51　斜拉索模型横风向振动幅值随风速的变化

当风速小于起振风速，斜拉索表面并不会形成通长的水线，而是向两侧滑落；而发生风雨激振风速与截止风速以上风速都会形成通长的水线，不同之处是发生风雨激振风速时，水线振荡表现为规律且有周期性，而截止风速以上风速，水线振荡则没有规律性和周期性。

工况 2 和工况 3 斜拉索与水线模型如图 5-52 所示，风向为垂直纸面向里。水线尺寸以及斜拉索与水线的动边界设置与二维子结构 CFD 数值模拟一致：斜拉索边界按照风洞试验实测的振动做横风向运动；水线跟随斜拉索模型边界做横风向振动的同时，沿着拉索模型边界做周向振荡。因此，系统由流场子结构、上水线子结构和斜拉索子结构三部分组成。

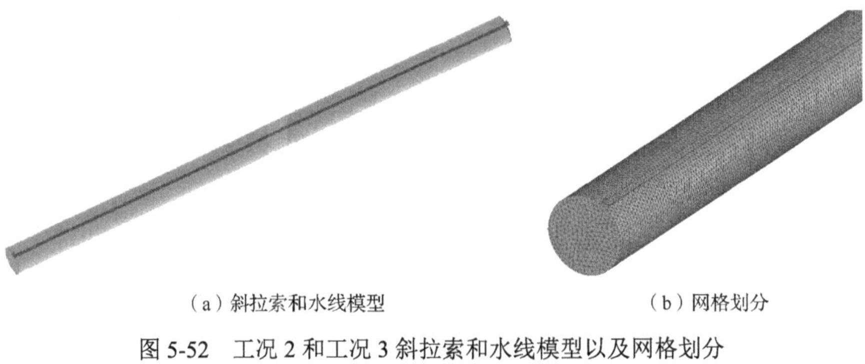

（a）斜拉索和水线模型　　（b）网格划分

图 5-52　工况 2 和工况 3 斜拉索和水线模型以及网格划分

对于工况 2，斜拉索模型的动边界按照拉索横风向振动响应进行运动，水线模型的动边界按照上水线振动响应进行周向振荡。对于工况 3，斜拉索及上水线模型的动边界分别按照图 5-53（a）和图 5-54（a）所示进行运动。从图 5-53 可以看出，虽然斜拉索振动的主导频率是其自振频率，但是其振动幅值相比发生风雨激振时小很多；而此时从图 5-54 可以看出上水线的振荡是无序和随机的，其振荡没有主导频率。

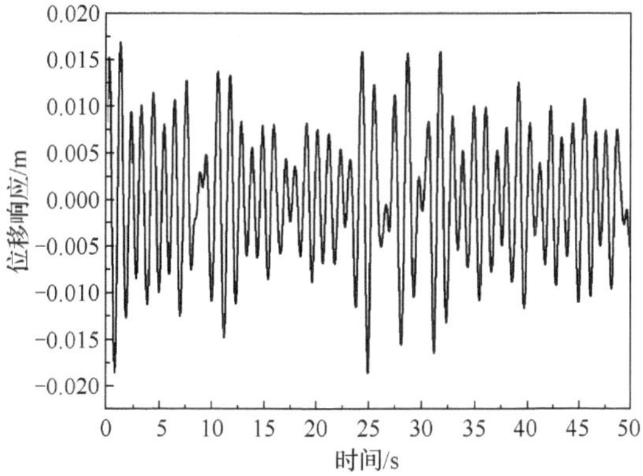

（a）时程曲线

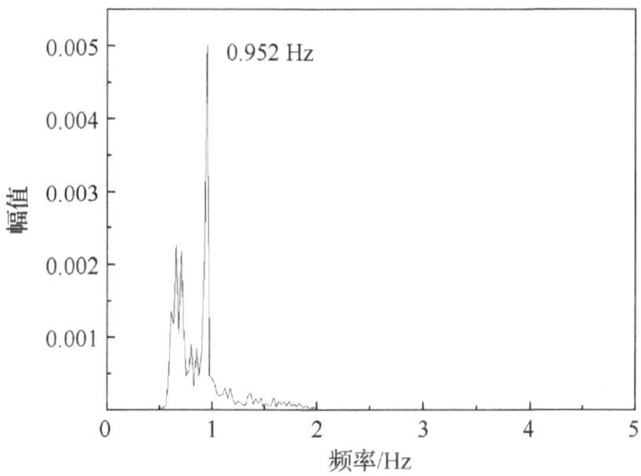

（b）频谱分析

图 5-53　工况 3 斜拉索振动响应

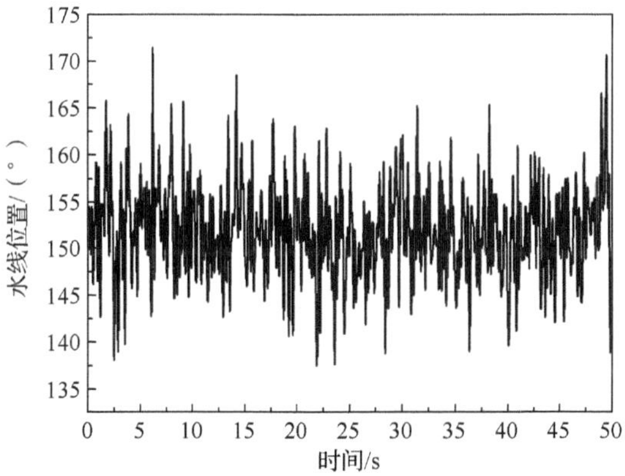

（a）时程曲线

图 5-54　工况 3 上水线振荡响应

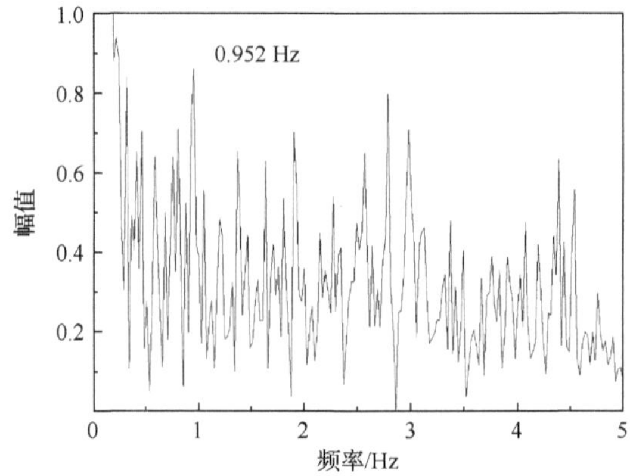

（b）频谱分析

图 5-54（续）

由于没有形成通长的上水线，因此工况 1 建模与工况 2 和工况 3 不同，其模型如图 5-55 所示。假设水线仅分布在 90°～180°，从图 5-55（a）中可以看出斜拉索表面的水线向迎风面一侧滑移（风向为垂直纸面向里），形成很多侧滑小水线。假设水线相对于斜拉索不动，可将其看成斜拉索一部分，随斜拉索一起运动，因此系统仅由流场子结构和斜拉索子结构组成。

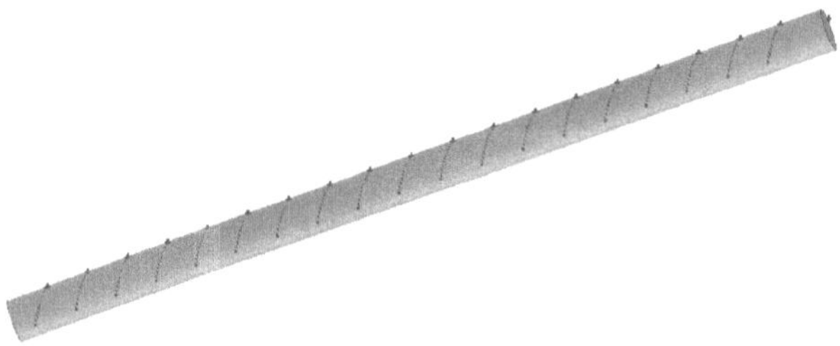

（a）斜拉索和水线模型

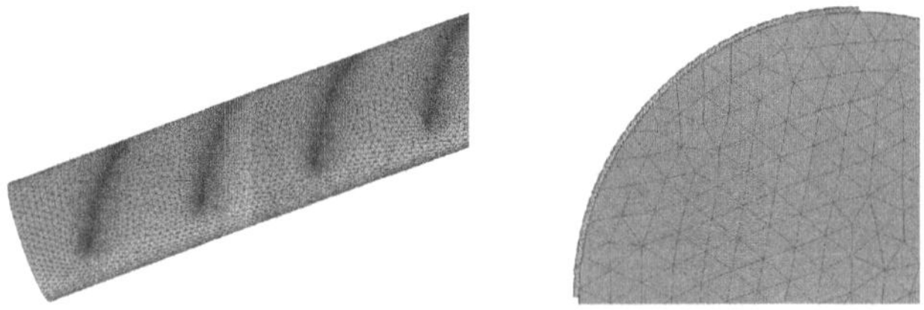

（b）网格划分

图 5-55　工况 1 斜拉索和水线模型以及网格划分

对工况 1 进行子结构方法的三维 CFD 数值模拟时，斜拉索的动边界如图 5-56 所示。与工况 3 相似，斜拉索振动的主导频率为其自振频率，同样幅值非常小。

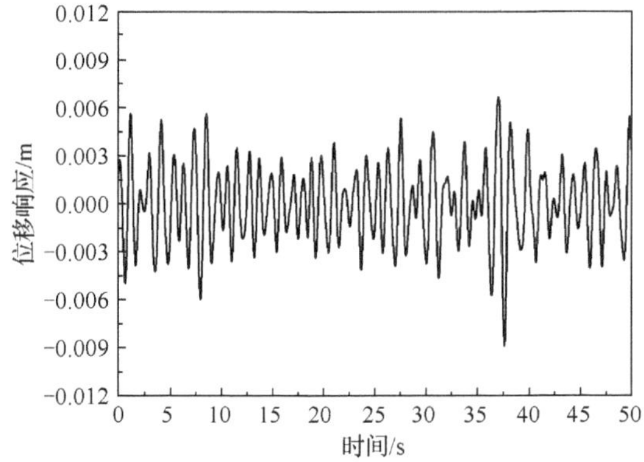

（a）时程曲线

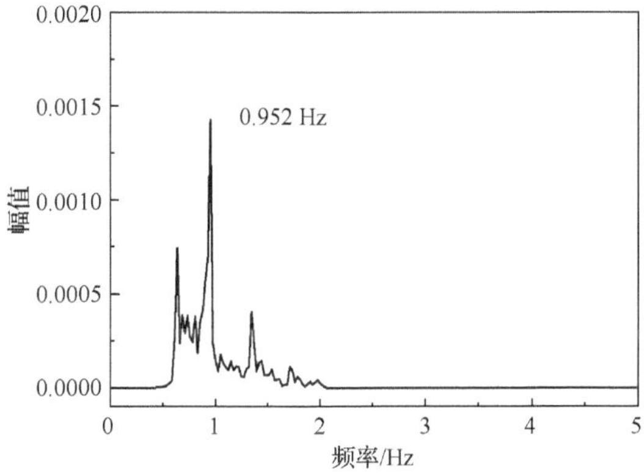

（b）频谱分析

图 5-56　工况 1 斜拉索振动响应

2. 三维 CFD 数值模拟子结构方法的计算结果分析

对工况 2 进行分析，通过三维 CFD 数值模拟的子结构方法得到风速为 7.72m/s 斜拉索发生风雨激振时，其升力系数和阻力系数分别如图 5-57 和图 5-58 所示。

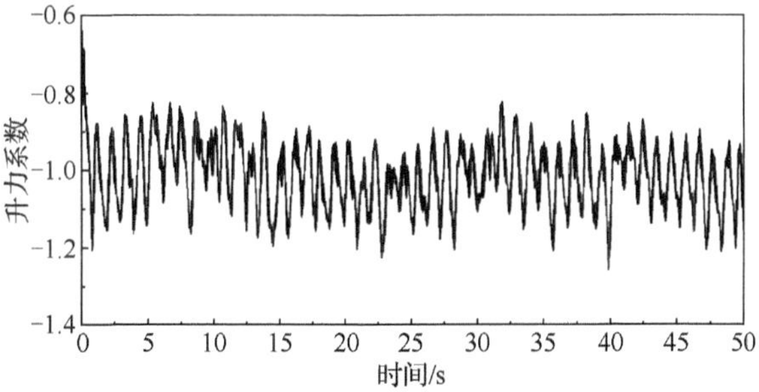

（a）时程曲线

图 5-57　工况 2 斜拉索模型升力系数

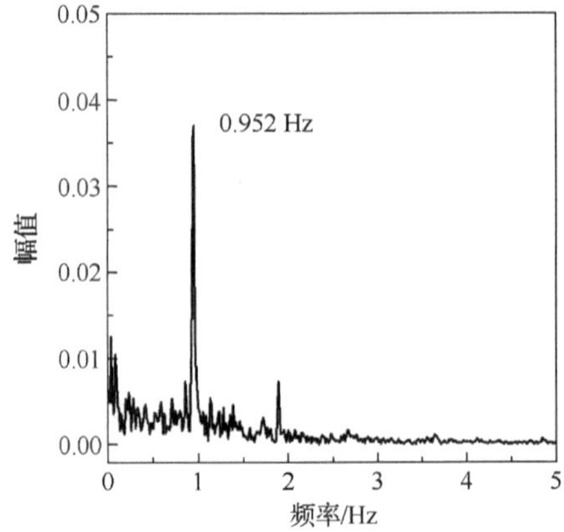

（b）频谱分析

图 5-57（续）

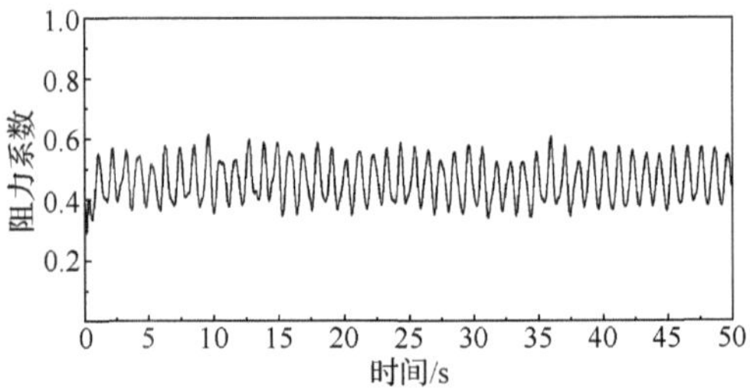

（a）时程曲线

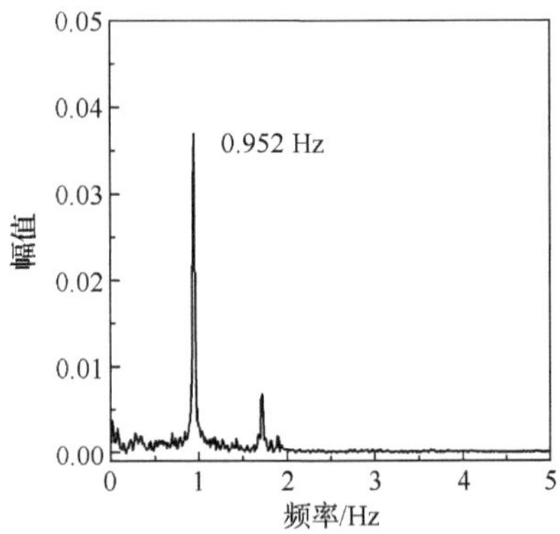

（b）频谱分析

图 5-58　工况 2 斜拉索模型阻力系数

图 5-59 为二维斜拉索模型升力系数。由图 5-58 与图 5-59 比较可知，升力系数和阻力系数的主导频率相等，等于斜拉索动边界振动的频率；但其幅值相差较大，因此将二维和三维数值模拟的升力系数时程放在一起比较（分别减去均值），

如图 5-60 所示。从图中可看出三维数值模拟得到的升力系数要明显小于二维的结果，二者时程曲线基本同步，相位差很小（平均相位差为 0.0873rad）。对图中两条曲线进行统计分析得到，斜拉索模型三维与二维升力系数时程的均方根分别为 0.0938 与 0.214，三维结果是二维结果的 0.438 倍。

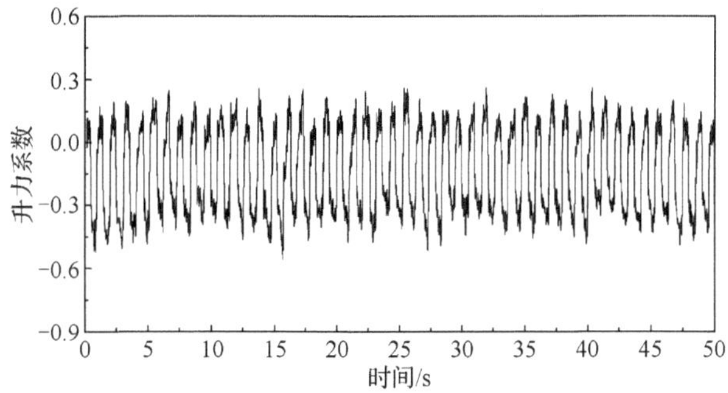

（a）时间曲线

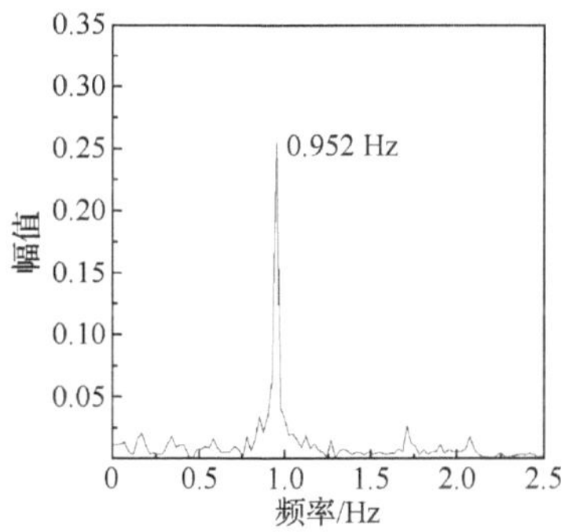

（b）频谱分析

图 5-59　二维斜拉索模型升力系数

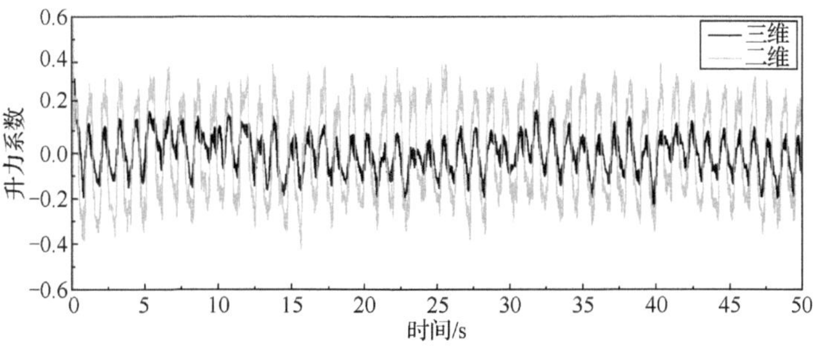

图 5-60　斜拉索模型二维与三维升力系数比较

将三维 CFD 数值模拟子结构方法得到的气动力系数施加到斜拉索模型上进行计算，其中折减系数 r_c 取 1，即不进行折减；再通过 Newmark-β 法对方程进行数值求解，得到斜拉索节段模型横风向振动时程曲线，如图 5-61 所示。通过与风洞试验结果进行对比可知，数值求解结果与风洞试验结果较为接近。

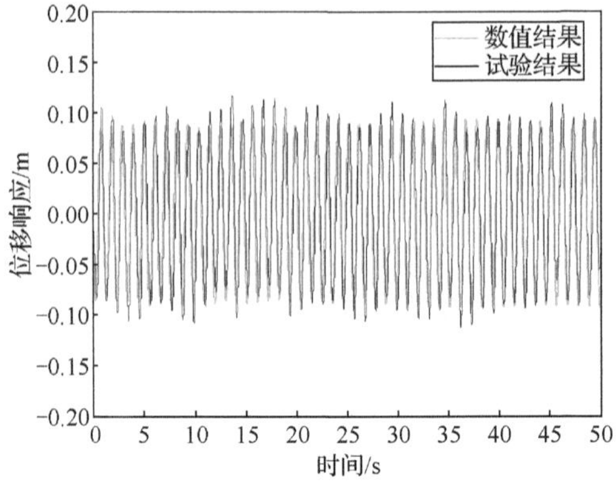

图 5-61　斜拉索横风向振动时程曲线

接下来对工况 3 进行分析，采用与工况 2 相同计算模型，只是动边界时程不一样，通过 CFD 数值模拟子结构方法得到其气动力响应如图 5-62 和图 5-63 所示。

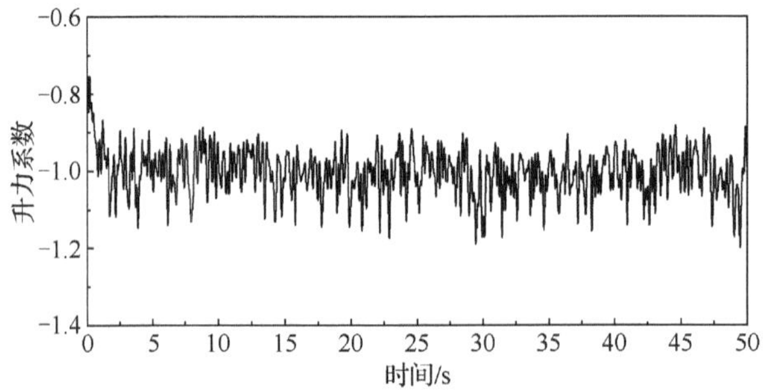

（a）时程曲线

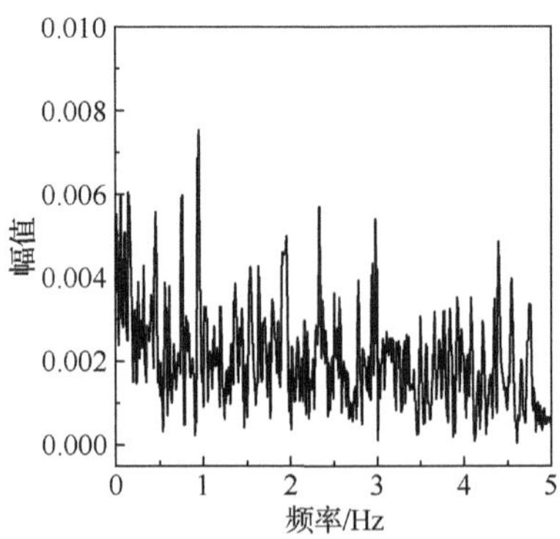

（b）频谱分析

图 5-62　工况 3 斜拉索模型升力系数

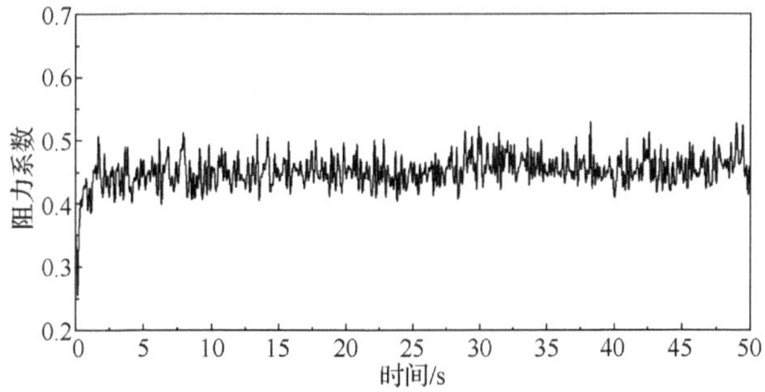

（a）时程曲线

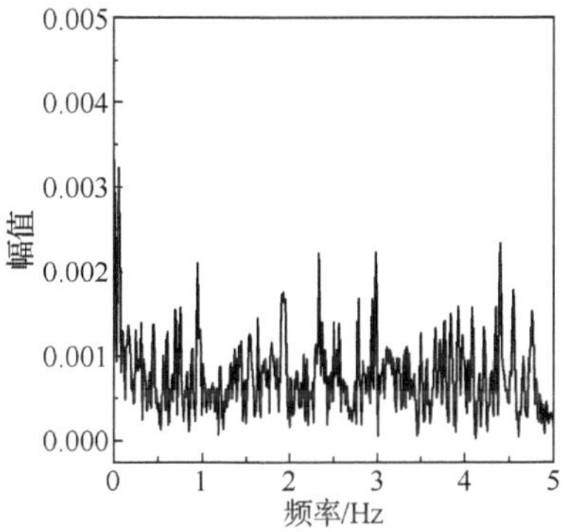

（b）频谱分析

图 5-63　工况 3 斜拉索模型阻力系数

频谱分析的结果表明，斜拉索模型的气动升力系数和阻力系数都没有明显的主导频率，上水线的无序振荡是其主要原因之一。斜拉索动边界的周期性振动能够给斜拉索带来周期性的气动力，但由于上水线动边界的振荡是无序和非周期的，从而导致斜拉索的气动力最后表现出无序和非周期。

同样对工况 1 进行子结构方法的 CFD 数值模拟得到其气动力时程曲线如图 5-64 和图 5-65 所示。虽然其气动力时程包含与斜拉索振动相同的主导频率 0.952Hz，但是升力系数的幅值却远小于工况 2 和工况 3。工况 1、工况 2 和工况 3 升力系数的均方根值分别为 0.00715、0.0938 和 0.06453，工况 2 是工况 1 的 13.12 倍。

在这 3 种工况中，工况 2 的升力系数具有较大的幅值，而且其主导频率与斜拉索自振频率一致；工况 1 的升力系数虽具有与斜拉索自振频率一致的主导频率，但其幅值非常小；而工况 3 与工况 1 正好相反。

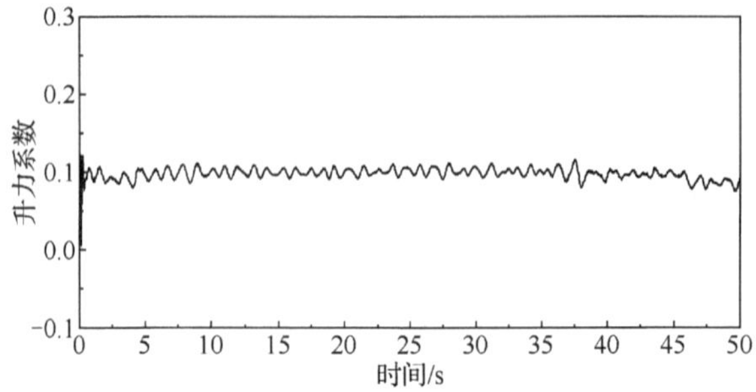

（a）时程曲线

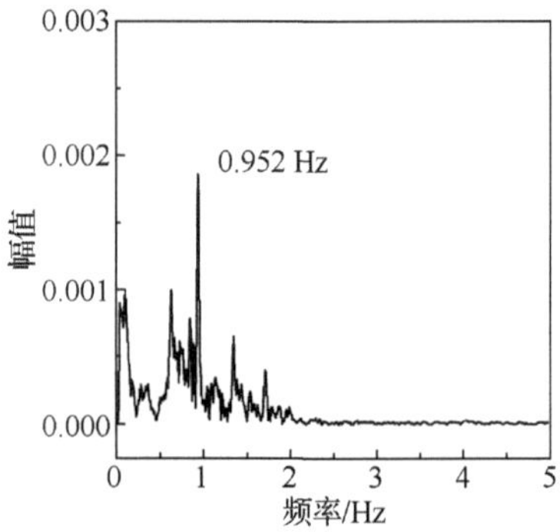

（b）频谱分析

图 5-64　工况 1 斜拉索模型升力系数

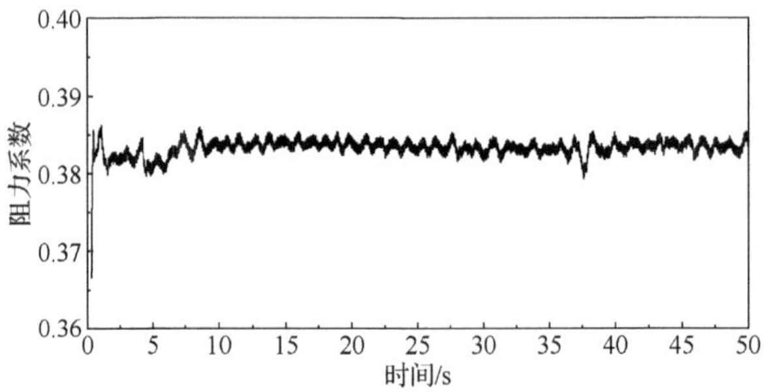

（a）时程曲线

图 5-65　工况 1 斜拉索模型阻力系数

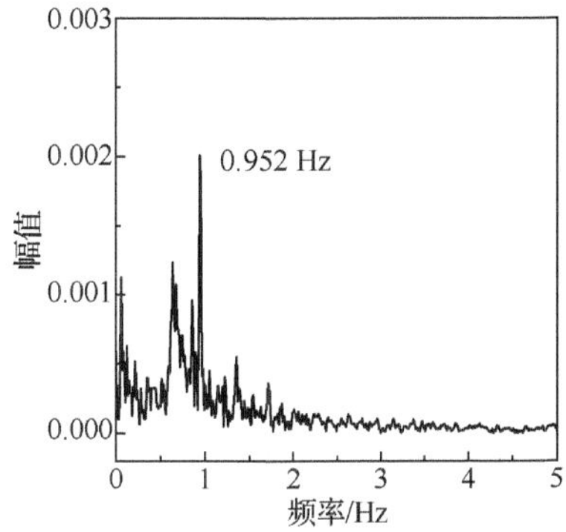

（b）频谱分析

图 5-65（续）

将工况 3 和工况 1 的气动升力施加到斜拉索模型上，求解（r_c 取 1），得到斜拉索振动时程曲线如图 5-66 和图 5-67 所示，工况 3 的数值计算结果大于风洞试验结果，工况 1 的数值计算结果则稍大于试验结果。

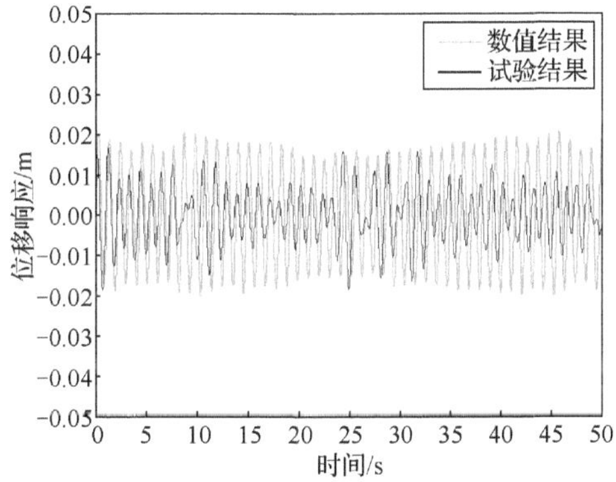

图 5-66　工况 3 斜拉索横风向振动时程曲线

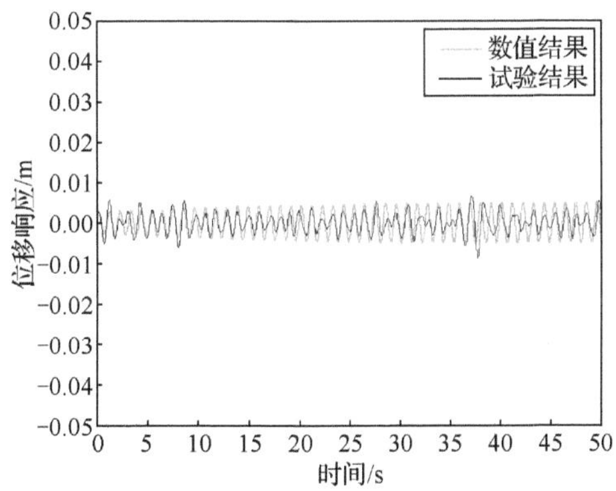

图 5-67　工况 1 斜拉索横风向振动时程曲线

比较 3 种工况发现，工况 2 数值计算得到的斜拉索振动位移时程与试验结果最相近，工况 1 次之，工况 3 数值计算与试验结果相差最大，其原因可能是：上水线沿索长方向并不是同步振动（工况 3）或者同步脱落（工况 1），上水线非同步振动或者同步脱落，在斜拉索振动较小时可能对其气动力系数影响较大，而在 CFD 数值模拟建模时并没有考虑到；工况 1 和 3 由于振动位移较小，加速度采集信号的误差在整个信号中占的比重相对于工况 2 要大，因此对动边界的施加带来的误差可能会更大一些。

5.6　某大桥 1 斜拉索风雨激振的现场监测

5.6.1　台风作用下桥址风场特性分析

某大桥桥面风速仪位于主跨跨中自由风场处，桥塔风速仪位于桥塔塔顶自由风场处。2018 年 8 月 16 日至 17 日，在台风的影响下，该桥桥址监测风速如图 5-68 所示，其中桥面最大瞬时风速 33.0m/s（风力 12 级），桥塔最大瞬时风速 57.2m/s（风力 16 级）；平均风速和平均风向角如图 5-69 和图 5-70 所示，其中桥面最大平

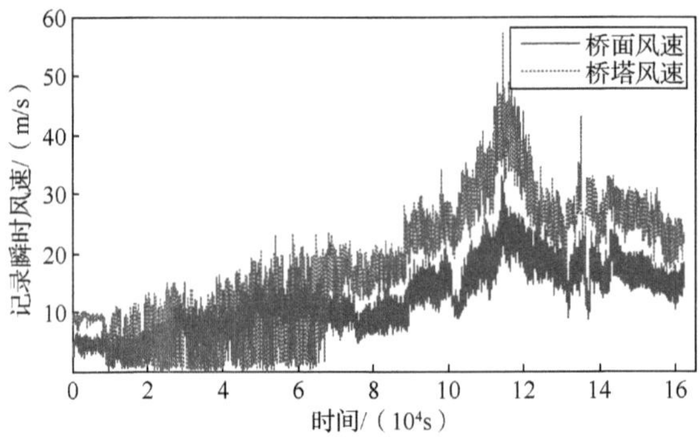

图 5-68　监测风速时程

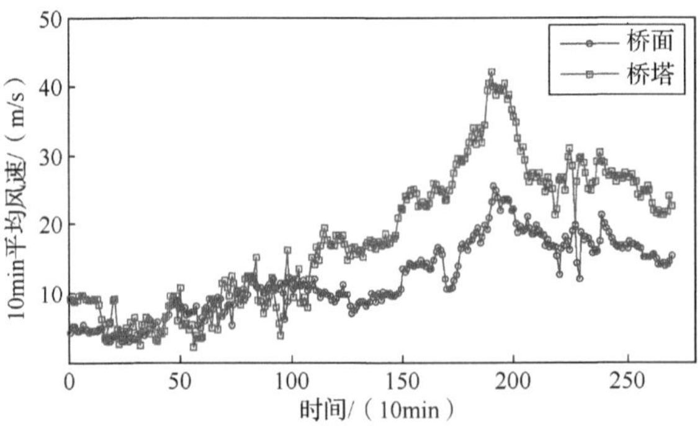

图 5-69　平均风速

均风速 24m/s（风力 9 级），桥塔最大平均风速 40m/s（风力 13 级）。随着台风不同区域靠近该桥，桥址风场发生明显改变，风速先增加后减小，风向角缓慢增加后保持不变，湍流强度缓慢减小（图 5-71）。

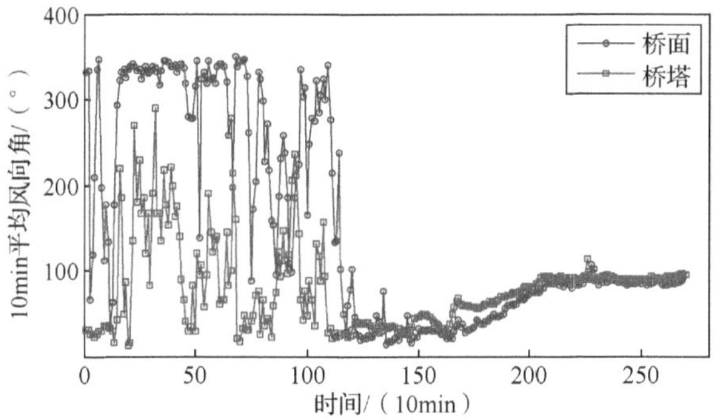

图 5-70 平均风向

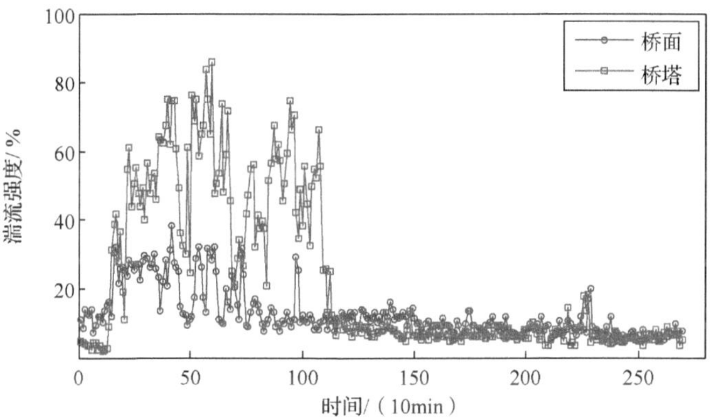

图 5-71 湍流强度

5.6.2 台风作用下斜拉索风致振动响应特征和机理分析

斜拉索 NAU29、NAU30 和 NAU31 在平均风速 U=17.24m/s、风向角 95°时均发生剧烈振动，振动呈现多模态特性（图 5-72）。NAU29 振动主频为 2.44Hz（10 阶）和 3.27Hz（13 阶）；NAU30 振动主频为 2.97Hz（11 阶）和 3.53Hz（13 阶）；NAU30 振动主频为 2.65Hz（11 阶）、2.90Hz（12 阶）和 3.14Hz（13 阶）。

斜拉索 NAU29、NAU30 和 NAU31 在桥面平均风速 U=17.24m/s 作用下，漩涡脱落频率 f_s 范围分别为（29.70Hz，35.40Hz）、（24.30Hz，28.91Hz）和（22.68Hz，27.01Hz）。漩涡脱落频率远超过斜拉索振动频率，表明该类振动并不是涡激振动。一方面，由于受台风的影响，斜拉索发生大幅振动时间段存在较强的降雨；另一方面，斜拉索振动模态 10～13 阶，对应雷诺数 Re 约为 1.4×10^5。综合上述两种因素，可判断斜拉索 NAU29、NAU30 和 NAU31 在平均风速 U=17.24m/s 下发生了风雨激振。

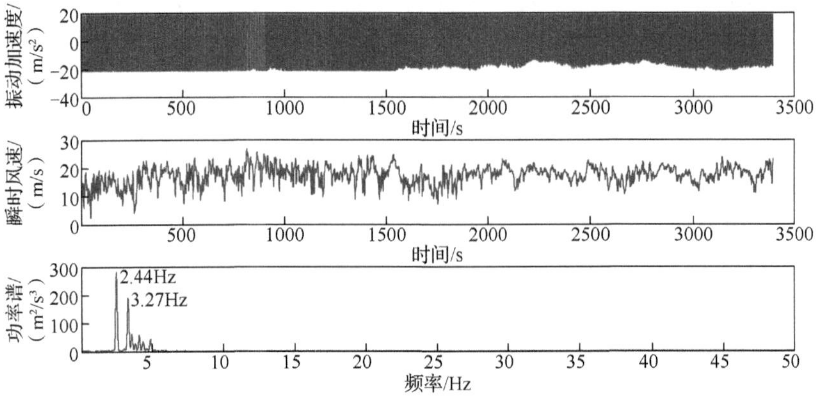

（a）NAU29

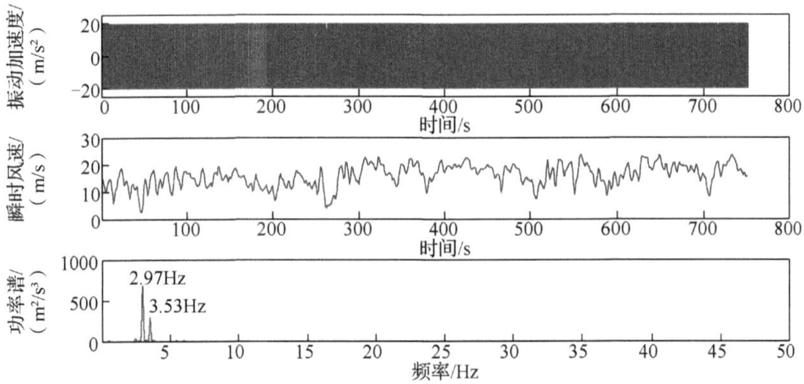

（b）NAU30

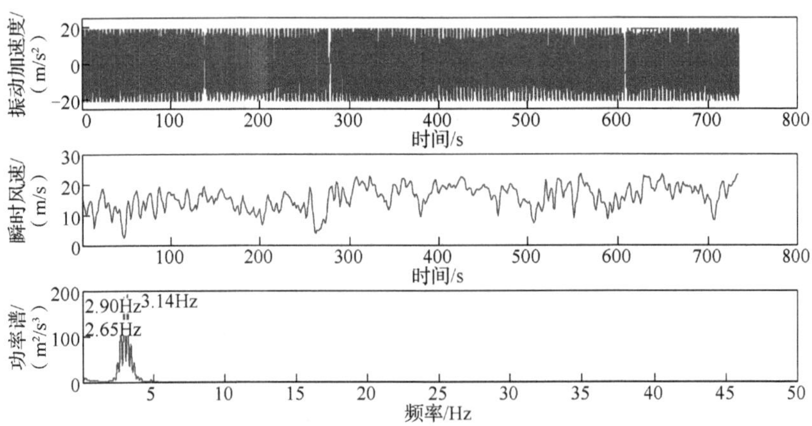

（c）NAU31

图 5-72　斜拉索 X 方向典型振动加速度时程及瞬时风速时程和振动加速度功率谱

（U=17.24m/s，D=95°，I_u=18.9%）

斜拉索 NAU29、NAU30 和 NAU31 在平均风速 U=22.4m/s、风向角 70°时均发生剧烈振动，振动呈现多模态特性（图 5-73）。NAU29 振动主频为 2.46Hz（10 阶）和 3.28Hz（13 阶）；NAU30 振动主频为 2.98Hz（11 阶）和 3.53Hz（13 阶）；NAU31 振动主频为 2.67Hz（11 阶）和 3.64Hz（15 阶）。根据式（4-17），斜拉索 NAU29、NAU30 和 NAU31 在桥面平均风速 U=22.4m/s 作用下，漩涡脱落频率 f_s 范围分别为（38.61Hz，46.01Hz）、（31.59Hz，37.58Hz）和（29.48Hz，35.11Hz）。漩涡脱落频率远超过斜拉索振动频率，表明该类振动并不是涡激振动。一方面，由于受台风的影响，斜拉索发生大幅振动时间段存在较强的降雨；另一方面，斜拉索振动模态 10～15 阶，对应雷诺数 Re 约为 1.73×10^5。综合上述两种因素，可判断斜拉索 NAU29、NAU30 和 NAU31 在平均风速 U=22.4m/s 下发生了风雨激振。

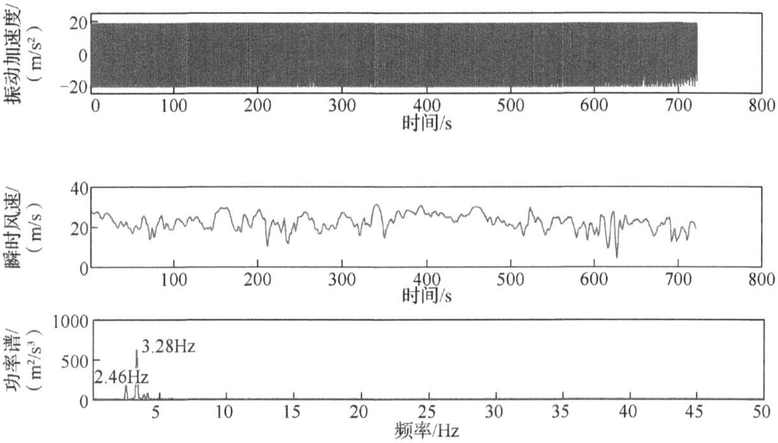

（a）NAU29

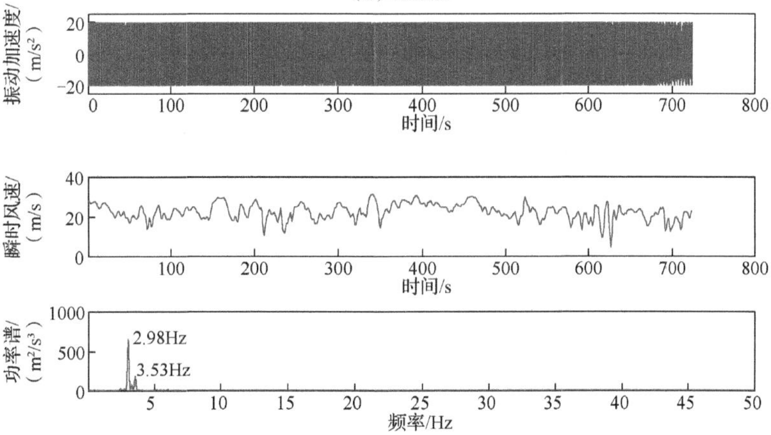

（b）NAU30

图 5-73　斜拉索 X 方向典型振动加速度时程及瞬时风速时程和振动加速度功率谱（U=22.4m/s，D=70°，I_u=12.9%）

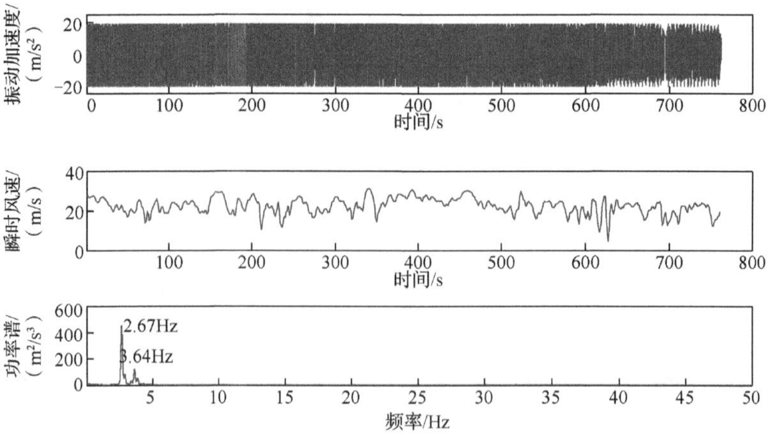

（c）NAU31

图 5-73（续）

5.7　某大桥 2 斜拉索风雨激振的现场监测

5.7.1　斜拉索振动特性分析

2016 年 2 月 1 日 0:00～16:00 期间，某大桥南航道桥斜拉索发生剧烈振动事件，本节对南航道桥上所有斜拉索加速度数据进行分析。样本时距为 10min。图 5-74 为斜拉索加速度均方根时程，从图中可以看出，在分析时段内，斜拉索的加速度均方根一般远低于 50cm/s^2，只有 C10W 索的加速度均方根超过了 50cm/s^2，并且最高达到 165.8cm/s^2。

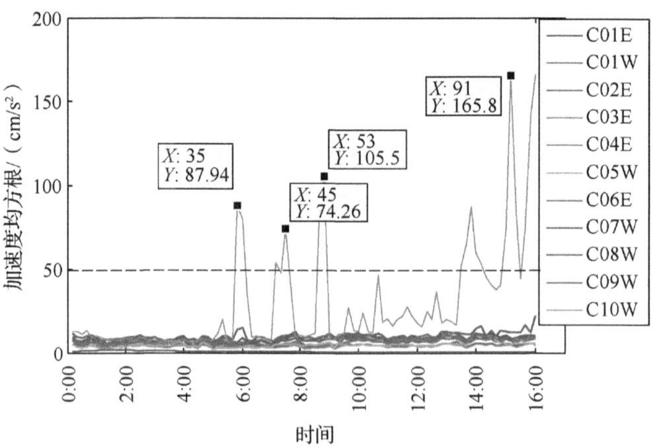

图 5-74　斜拉索加速度均方根响应

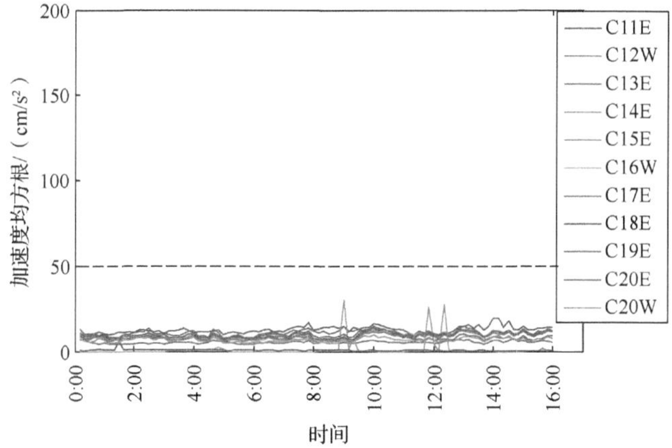

图 5-74（续）

图 5-75 为斜拉索的位移均方根值随时间的变化（位移通过加速度积分得到）。从图中可以看出，除了 C10W 索以外，所有斜拉索的位移均方根响应均在 0.3cm 以下。

由于斜拉索 C10W 的振动幅值比其他索大很多，因此本节进一步分析 C10W 索的振动响应。图 5-76 是 C10W 索在 0:00～16:00 期间振动加速度时程，从图中可以看出，C10W 索在 5:00～9:00 和 13:00～16:00 时间段里均发生了较大振动，最大加速度已超过 500cm/s^2。

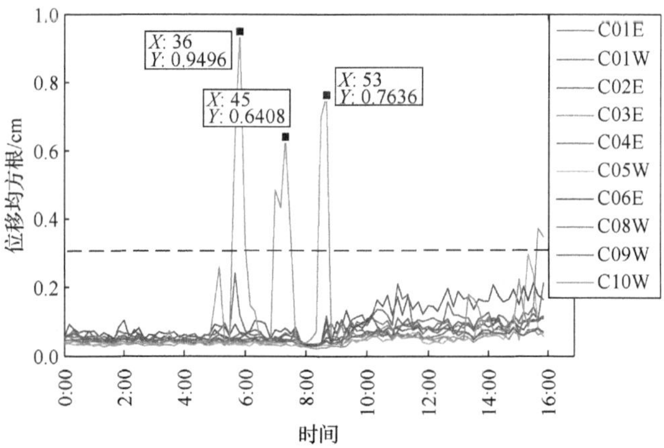

图 5-75　斜拉索位移均方根响应

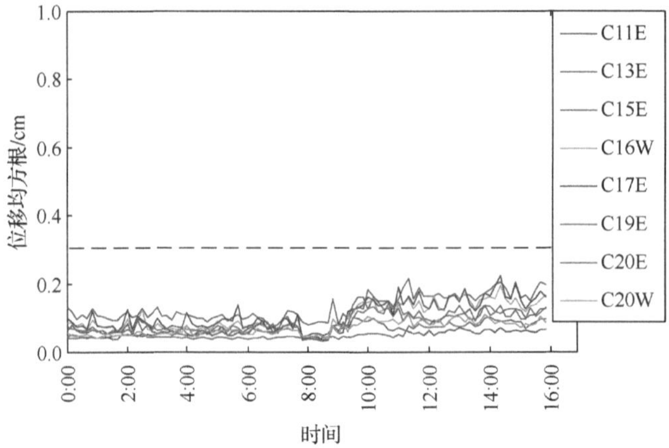

图 5-75（续）

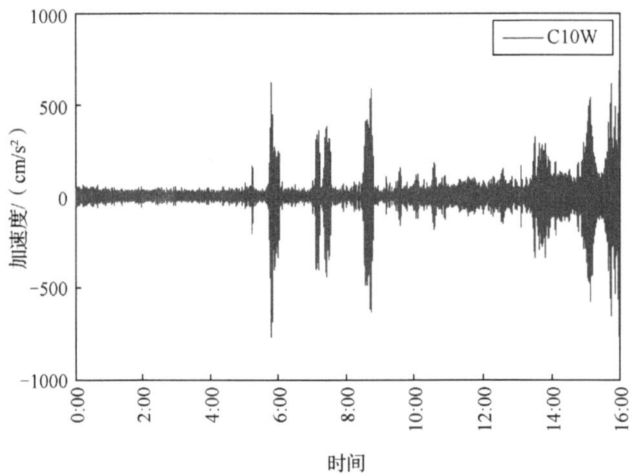

图 5-76　斜拉索 C10W 加速度时程

本节根据图 5-76 选取了 C10W 位移均方根时程的 3 个极值样本（5:50～6:00、7:20～7:30、8:40～8:50）进行加速度、位移时程及功率谱分析，如图 5-77 所示。从图中可以看出，斜拉索 C10W 发生了较大振动，最大极值位移已达到 2.68cm，最大位移均方根已达到 0.95cm，且位移振动频率呈现低频特征（f=0.93Hz）。

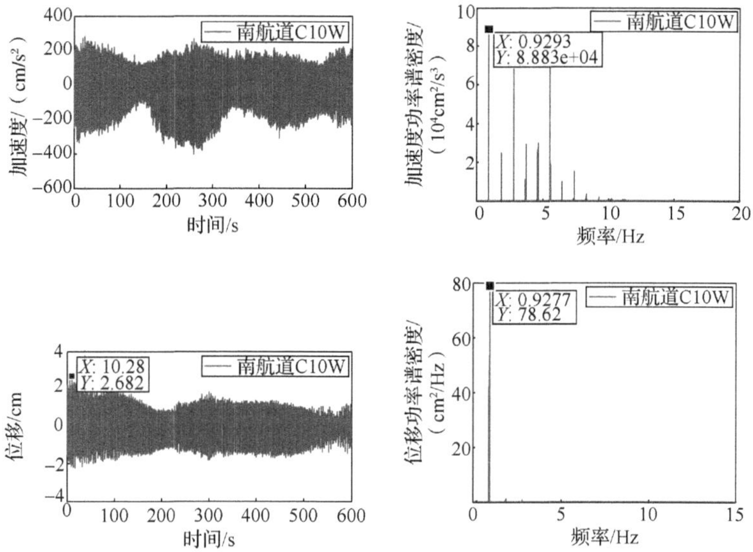

（a）样本5:50～6:00，位移均方根0.95cm，极值位移2.68cm

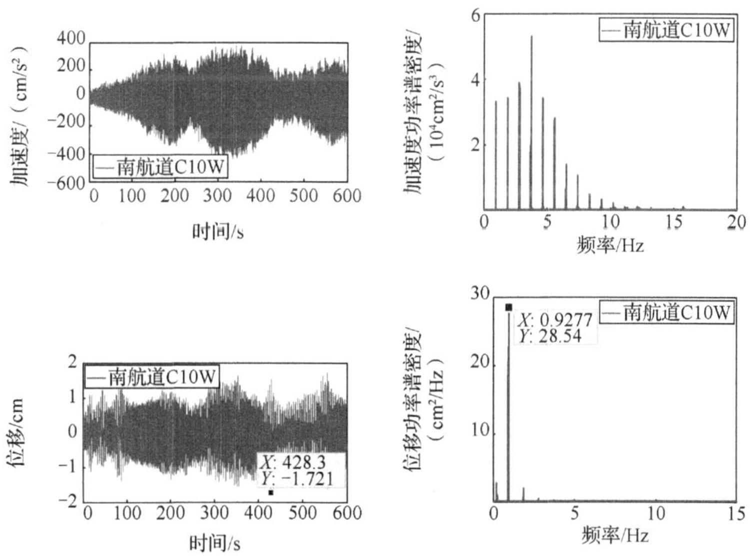

（b）样本7:20～7:30，位移均方根0.64cm，极值位移1.72cm

图 5-77　斜拉索 C10W 加速度、位移时程及功率谱分析

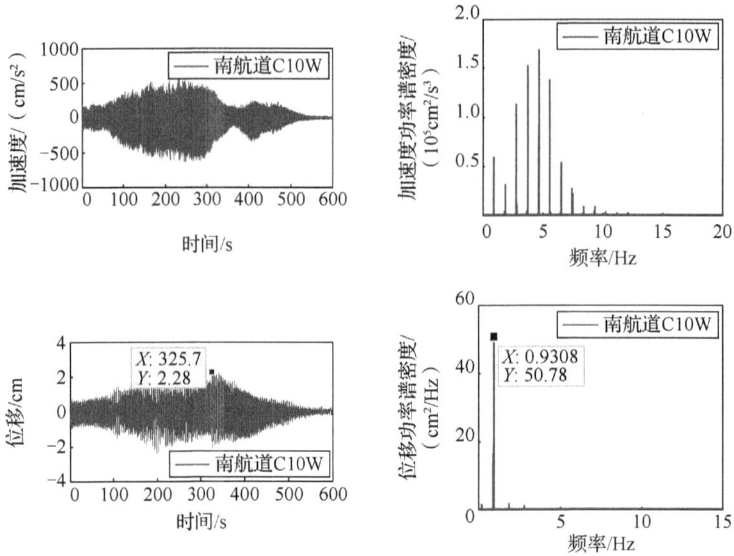

（c）样本8:40～8:50，位移均方根0.76cm，极值位移2.28cm

图 5-77（续）

5.7.2　斜拉索振动风况分析

图 5-78 是分析时段内的风速风向玫瑰图。从图中可以看出，来流风向更接近于桥轴向，发生大幅振动风速 8～9m/s，该时间段发生降雨。图 5-79 是平均风速、平均风向角、湍流强度的时程曲线。图 5-80 是 C10W 索的位移均方根与来流平均风速的关系。根据上文对斜拉索风雨激振机理的分析，结合基于监测数据的振动特性和风特性分析，可判断 C10W 发生风雨激振。

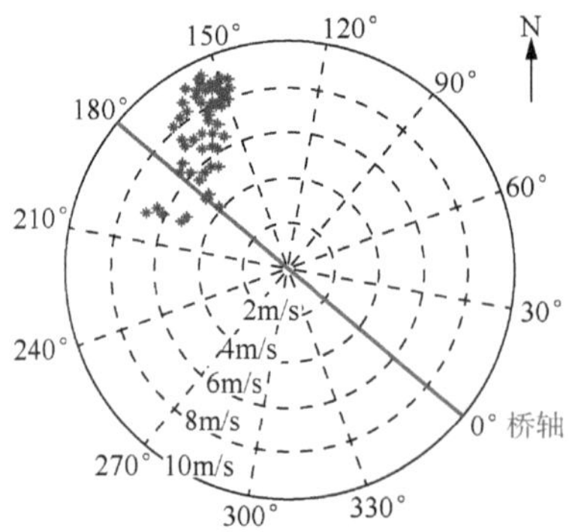

图 5-78　风速风向玫瑰图

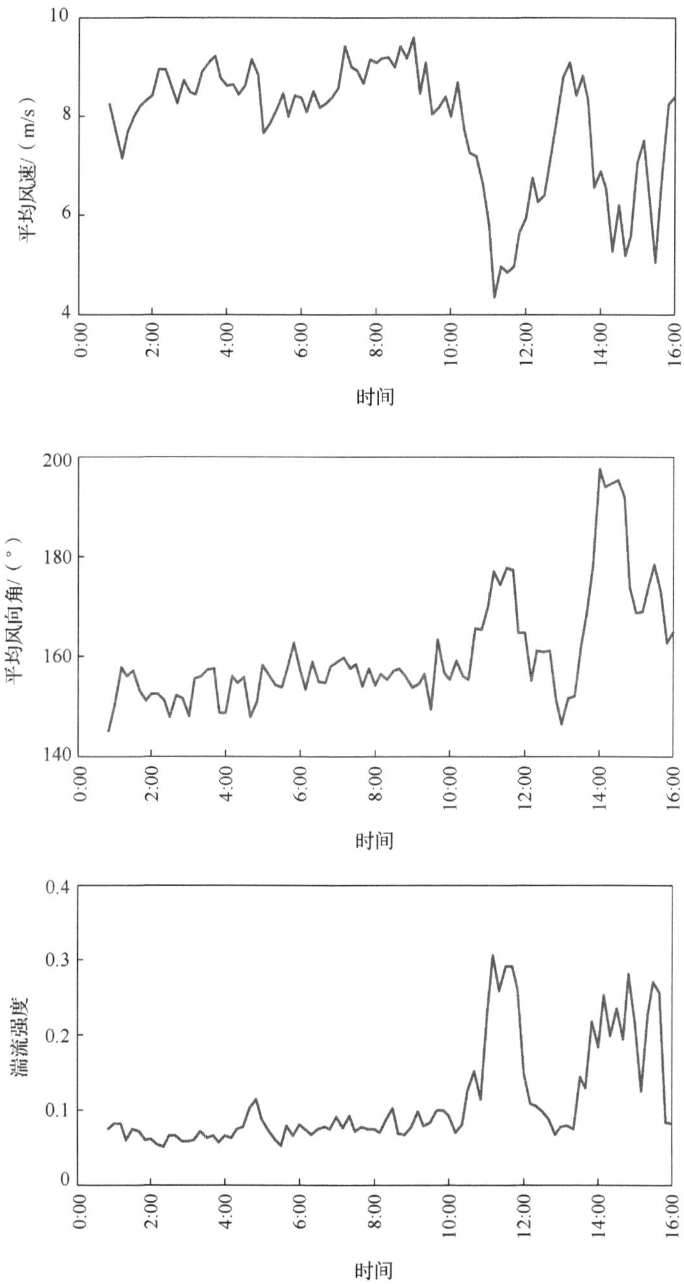

图 5-79　平均风速、平均风向角和湍流强度的时程曲线

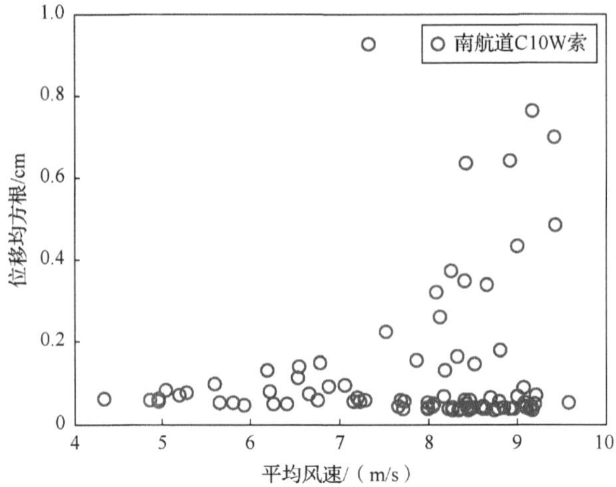

图 5-80　位移均方根与来流平均风速的关系

5.8　小　　结

本章综合采用风洞试验、数值模拟、理论建模、现场实测等研究方法，分别从水线动力特性、尾流场等方面系统地研究了斜拉索风雨激振特征与激振机理。本章主要结论如下：

（1）分别采用超声测厚系统和计算机视觉识别技术，获得并研究了风雨激振时斜拉索表面水线的三维几何特征和动力学规律。研究结果表明：发生斜拉索风雨激振时，斜拉索振动与水线周向振动频率具有同频特征。

（2）采用高速 PIV 系统，首次获得了斜拉索风雨激振的高精度尾流场。斜拉索发生风雨激振时，尾流中存在显著的低频成分。这表明，由于水线的存在和周期性振荡，发生风雨激振的斜拉索表面漩涡脱落的 *Sr* 被改变，低频率的漩涡脱落成分增加，导致低频的非定常气动力与斜拉索的自振频率发生耦合，激发大幅度的风雨激振。

（3）采用斜拉索气弹模型，首次在风洞试验中再现多模态斜拉索风雨激振。试验中，高风速与局部水线均可诱发高、多阶模态风雨激振。发生斜拉索风雨激振时，上水线的振荡频率与斜拉索振动频率相同。在 1 阶、2 阶、3 阶模态的斜拉索风雨激振中，均观察到这种斜拉索-水线频率共振现象。提出“分离泡破碎”作为斜拉索风雨激振机理，即斜拉索的振动驱动分离点和上水线的运动，由于边界层中的 Kelvin-Helmholtz 失稳，上水线的运动导致分离泡破碎和失速。分离泡破碎抑制 von Kármán 涡脱并产生更小频率的小尺度漩涡。随着小尺度漩涡脱落频率与自振频率共振，大幅度风雨激振得以快速发展。

（4）提出 CFD 数值模拟子结构方法，对斜拉索风雨激振进行了数值模拟，揭示了斜拉索风雨激振绕流场特性及气动力变化规律

（5）基于现场监测系统，对两座大跨度斜拉桥的斜拉索风雨激振进行了系统研究，得到了实桥中发生风雨激振时的来流风速、风向、振幅等信息。

参考文献

[1] HIKAMI Y, SHIRAISHI N. Rain-wind induced vibrations of cables stayed bridges. Journal of wind engineering and industrial aerodynamics, 1988, 29(1): 409-418.

[2] WIANECKI J. Cables wind excited vibrations of cable-stayed bridges//CERMAK J E. Proceedings of the Fifth International Conference. Fort Collins, USA Pergamon Press, 1979: 1381-1393.

[3] HARDY C, BOURDON P. The influence of spacer dynamic properties in the control of bundle conductor motion. IEEE transactions on power apparatus and systems, 1980, 99(2): 790-799.

[4] MATSUMOTO M, SAITOH T, KITAZAWA M, et al. Response characteristics of rain-wind induced vibration of stay-cables of cable-stayed bridges. Journal of wind engineering and industrial aerodynamics, 1995, 57(2-3): 323-333.

[5] GEURTS C, VROUWENVELDER T, VAN STAALDUINEN P, et al. Numerical modelling of rainwind-induced vibration: Erasmus Bridge, Rotterdam. Structural engineering international, 1998, 8(2): 129-135.

[6] NI Y Q, WANG X Y, CHEN Z Q, et al. Field observations of rain-wind-induced cable vibration in cable-stayed Dongting Lake Bridge. Journal of wind engineering and industrial aerodynamics, 2007, 95(5): 303-328.

[7] FLAMAND O. Rain-wind induced vibration of cables. Journal of wind engineering and industrial aerodynamics, 1995, 57(2-3): 353-362.

[8] PAÏDOUSSIS M P, PRICE S J, DE LANGRE E. Fluid-structure interactions: cross-flow-induced instabilities. Cambridge: Cambridge University Press, 2010.

[9] 杜晓庆, 顾明. 斜拉索上雨线的气动力特性的试验研究. 同济大学学报(自然科学版), 2005, 33(5): 585-589.

[10] FUKAGATA K, IWAMOTO K, KASAGI N. Contribution of Reynolds stress distribution to the skin friction in wall-bounded flows. Physics of fluids, 2002, 14(11): L73-L76.

[11] GU M, LU Q. Theoretical analysis of wind-rain induced vibration of cables of cable-stayed bridges. Journal of wind engineering, 2001, 89: 125-128.

[12] SAMIMY M, LELE S K. Motion of particles with inertia in a compressible free shear layer. Physics of fluids A: fluid dynamics, 1991, 3(8): 1915-1923.

[13] PARK J T, DERRANDJI-AOUAT A, WU B, et al. Uncertainty analysis: particle imaging velocimetry (PIV)//KASHIWAGI M, TODA Y. 25th International Towing Tank Conference. Fukuoka, Japan: ITTC, 2008: 1-12.

[14] ZHOU J, ADRIAN R J, BALACHANDAR S, et al. Mechanisms for generating coherent packets of hairpin vortices in channel flow. Journal of fluid mechanics, 1999, 387: 353-396.

[15] ALAM M D M, ZHOU Y. Turbulent wake of an inclined cylinder with water running. Journal of fluid mechanics, 2007, 589: 261-303.

[16] MATSUMOTO M, YAGI T, GOTO M, et al. Rain-wind-induced vibration of inclined cables at limited high reduced wind velocity region. Journal of wind engineering and industrial aerodynamics, 2003, 91(1-2): 1-12.

[17] ZUO D, JONES N, MAIN J. Field observation of vortex- and rain-wind-induced staycable vibrations in a three-dimensional environment. Journal of wind engineering and industrial aerodynamics, 2008, 96(6): 1124-1133.

[18] ZAMAN K B M Q, MCKINZIE D J, RUMSEY C L. A natural low-frequency oscillation of the flow over an airfoil near stalling conditions. Journal of fluid mechanics, 1989, 202: 403-442.

[19] ALAM M, SANDHAM N D. Direct numerical simulation of short laminar separation bubbles with turbulent reattachment. Journal of fluid mechanics, 2000, 410: 1-28.

[20] RINOIE K, TAKEMURA N. Oscillating behaviour of laminar separation bubble formed on an aerofoil near stall. The aeronautical journal, 2004, 108(1081): 153-163.

[21] CHENG P. Numerical simulations for rain-wind-induced vibration. Paris: Université Pierre et Marie Curie-Paris VI, 2015.

[22] JING H, XIA Y, LI H, et al. Excitation mechanism of rain-wind induced cable vibration in a wind tunnel. Journal of fluids and structures, 2017, 68: 32-47.

[23] LEMAITRE C, HÉMON P, DE LANGRE E. Thin water film around a cable subject to wind. Journal of wind engineering and industrial aerodynamics, 2007, 95(9): 1259-1271.

[24] MEI V C, CURRIE I G. Flow separation on a vibrating circular cylinder. The physics of fluids, 1969, 12(11): 2248-2254.

第 6 章　悬索桥桥塔尾流区吊索风致振动

6.1 引　　言

悬索桥是目前跨越能力最强的缆索承重体系桥梁结构，直接承受竖向荷载的主梁通过吊索悬吊在主缆上，因此吊索是悬索桥重要的结构构件。与斜拉桥斜拉索类似，悬索桥吊索同样具有柔性大和阻尼小的特点，区别在于：斜拉索越靠近跨中，其长度越大；而吊索则是越靠近桥塔则长度越大。如图 6-1 所示，某悬索桥桥塔附近的吊索长度可达 180m 以上，因此对风荷载更加敏感，也更容易发生大幅度风致振动。

图 6-1　在某悬索桥桥塔上观察位于桥塔附近的长吊索

对图 6-1 中所示的某大跨度悬索桥现场观察结果表明，桥塔影响区域内的流场特征非常复杂。吊索处于该复杂绕流场内，其振动形式也十分复杂。大跨度悬索桥桥塔绕流场内吊索的风致振动具有幅值大、频率低、多阶模态耦合、面内面外耦合等特点。目前，风致振动是吊索最突出的动力响应之一。因此，研究桥塔影响区内吊索振动的发生机理，发展相应的分析及控制方法具有重要的科学意义和工程应用价值。

基于原型监测的大跨度悬索桥桥塔绕流场特征采集受客观条件所限，现场实施难度很大，无法进行系统、科学的研究。因此，本章采用大比例尺模型风洞试验的方法，研究桥塔尾流影响区域内吊索的风致振动特性与机理。

6.2 桥塔尾流区吊索风致振动特征研究[1]

6.2.1 试验模型及布置

本章试验在哈尔滨工业大学风洞与浪槽联合实验室中的大试验段完成。当来流风平行于桥的轴向时，桥塔附近的吊索只受到单塔柱的影响。试验中，桥塔采用 1∶10 的几何缩尺比模型。桥塔塔柱的原型截面为 8.5m×6.5m 的矩形，四个正方形切角尺寸为 0.7m，因此试验模型的截面尺寸为 850mm×650mm，切角尺寸 70mm。桥塔模型的高度为 3.3m，试验设置如图 6-2 所示。风洞试验中，桥塔模型导致的阻塞比为 9.93%。受限于风洞的试验段尺寸，试验中桥塔阻塞比偏高，然而其周期性的漩涡脱落不会受到影响。此外，本章中主要的研究对象是桥塔尾流中的吊索，其几何尺寸很小，阻塞比也非常低。因此，本试验中的桥塔阻塞比虽然略偏大，但也不失风洞试验研究的科学性。

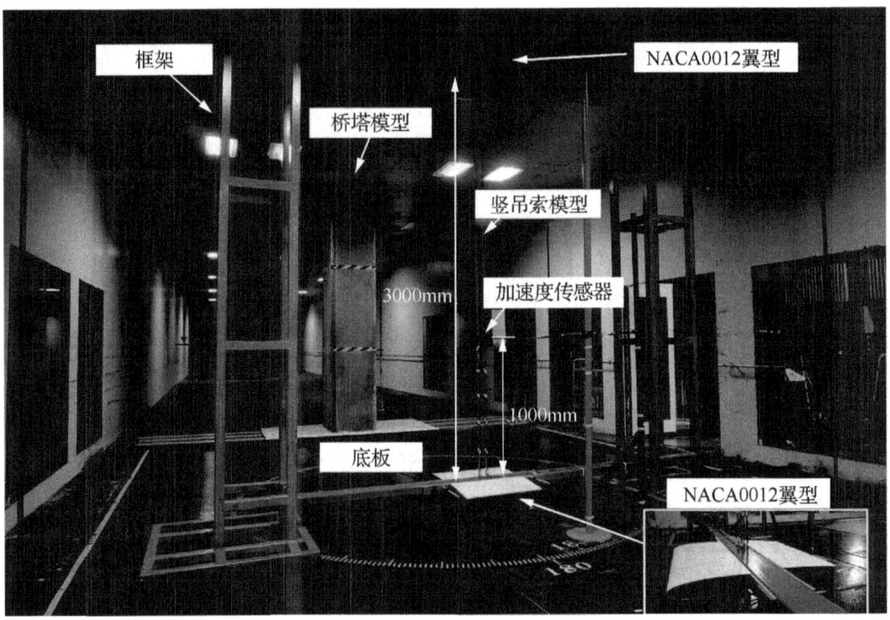

图 6-2　桥塔尾流中吊索模型的试验设置（D4200 工况）

为保证桥塔模型在高风速下的刚度和整体性，该模型用厚度为 12mm 的实木板加工制作而成。桥塔模型布置在一块高于风洞地面 0.1m 的底板上，并通过 8 个特制的固定装置与风洞天花板紧固在一起。在本章所涉及的风洞试验中，桥塔模型始终保持刚性、静止。

试验中用 4 根相同的包塑钢丝绳来模拟一束吊索，如图 6-2 所示。每一根吊索模型均由钢丝绳和外包光滑 PVC 层组成。根据与桥塔模型相同的几何相似比（1∶10），每根钢丝绳直径均为 8.8mm，长度为 3000mm。4 根钢丝绳用 8 个独立的夹具固定在上下两根钢梁上。吊索模型之间的间距同样按照 1∶10 的比例缩尺，在顺风向（in-line，IL）的间距为 30mm，在横风向（cross-flow，CF）的间距为 60mm。吊索模型的单位长度质量为 0.158kg/m。风洞试验中，在上下两个钢梁的前后沿分别布设一个 NACA0012（弦长 c=567.1mm）翼型导流，以消除端部效应对吊索振动的影响，如图 6-2 所示。

在风洞试验中，来流风平行于桥塔的轴线；4 根吊索模型作为一束吊索，分别沿桥塔中心线布置在桥塔尾流中的不同位置，如图 6-3 和图 6-4 所示。基于不同的布置距离，当吊索模型距离桥塔 2.4m 时，该试验工况记为 D2400。同样地，当吊索与桥塔模型的距离为 4.2m、6.0m 和 7.8m 时，试验工况分别记为 D4200、D6000 和 D7800。吊索与桥塔模型间的布置距离也遵守 1∶10 的几何缩尺比，因此各个测试工况分别对应于实桥中的 24m、42m、60m 和 78m，即距离桥塔最近的 4 束吊索。在实桥中第 5 束吊索距离桥塔 96m，距离太远，此时桥塔对吊索风致振动的影响可以忽略。因此，本节试验中仅考虑桥塔尾流对距离桥塔最近的前 4 束吊索的影响。

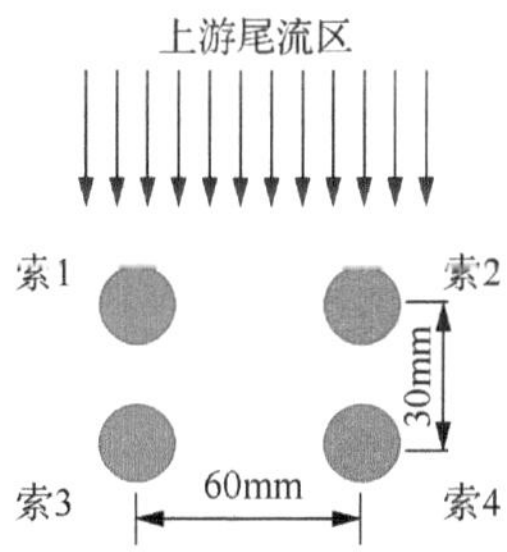

图 6-3　尾流中一束吊索模型示意图

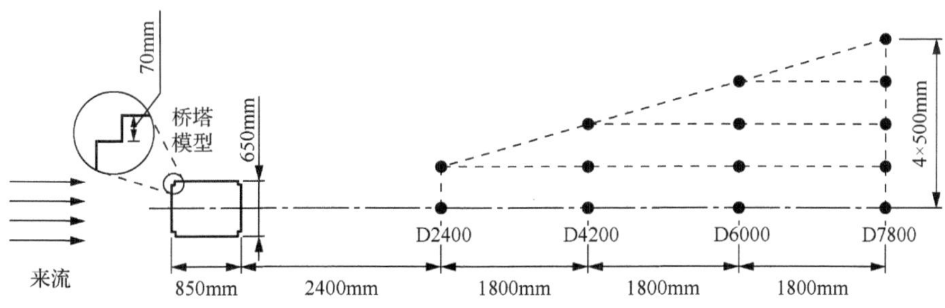

图 6-4　桥塔模型俯视图以及尾流中热线风速探头测点的位置分布

在每根吊索模型距离底端 1.0m 处布设 2 个加速度传感器，用以测试吊索在桥塔尾流中的振动响应（包括 CF 和 IL 两个方向），如图 6-2 所示。加速度传感器采样频率设置为 1000Hz，在每个风速下的采样时间为 60s。吊索模型具有低质量、低阻尼的特性。首先测试在无风条件下索自由振动的加速度时程，可识别出吊索的 1 阶自振频率（f_N）为 3.0Hz，阻尼比为 0.58%。通过夹具调整张拉力，4 根吊索之间的频率误差控制在 1%以内。本节风洞试验中，吊索频率高于实桥中吊索的频率。受限于试验段尺度，较低频率的吊索无法充分张拉，而自振频率更高的吊索会导致极高的锁定风速。因此，本试验经过取舍后最终采用的吊索频率为 3.0Hz。试验中，每个工况分别测试 4 根吊索的自振频率特性，以确保在加载过程中没有因索力松弛等因素导致的频率改变。由于吊索模型细长、柔度大，在频率测试中其高阶模态易被观测。试验中发现，吊索模型的 N 阶模态频率接近于 N 倍基频。同时因为加速度传感器的布设位置正好位于吊索模型全长的三分之一处，吊索振动的 3 阶模态很难被测试出来。

风洞试验中，试验风速范围为 7.9～16.3m/s，步长 0.4m/s。为了对比分析桥塔尾流对吊索风致振动的影响，试验中还考察了移除桥塔模型后单根吊索和一组（4 根）吊索在各风速下的振动响应。

风洞试验中，采用热线风速仪测试桥塔模型的尾流特性。桥塔模型下游热线风速探头的布置位置如图 6-4 中的圆点所示，在每个测点处，热线探头距离地板高度为 1.2m。通过记录桥塔下游不同位置的尾流特性，可以分析得到桥塔尾流中的漩涡脱落频率、平均风速和湍流强度等参数。热线风速仪的采样频率是 1000Hz，在每个风速下的采样时间为 60s。

6.2.2 桥塔尾流区内吊索大幅度风致振动机理

为探索桥塔尾流影响区域内吊索大幅度风致振动机理，统计不同工况下测得的吊索频率比 f/f_N 如图 6-5 所示。在 D2400 工况时，由于大幅振动，吊索模型的轴向拉力增加，其振动频率大于自振频率，即 $f/f_N > 1$。当来流风速逐渐增加时，吊索的振动频率比稳定上升，如图 6-5（a）所示。当来流风速达到 13.1m/s 时，吊索的振动频率 f 约为自振频率 f_N 的 1.39 倍，发生频率失谐现象，即吊索的振动频率明显偏离其自振频率。然而，当来流风速从 13.9m/s 增加到 14.3m/s 时，吊索振动频率突然下降。对于工况 D4200，频率失谐现象与工况 D2400 很相似。随着尾流中测试距离增加，吊索振动频率的失谐特征逐渐减弱，如图 6-5 所示。这个过程与上游桥塔的漩涡脱落频率（由来流风速决定）和漩涡强度（主要由位置决定）有关。

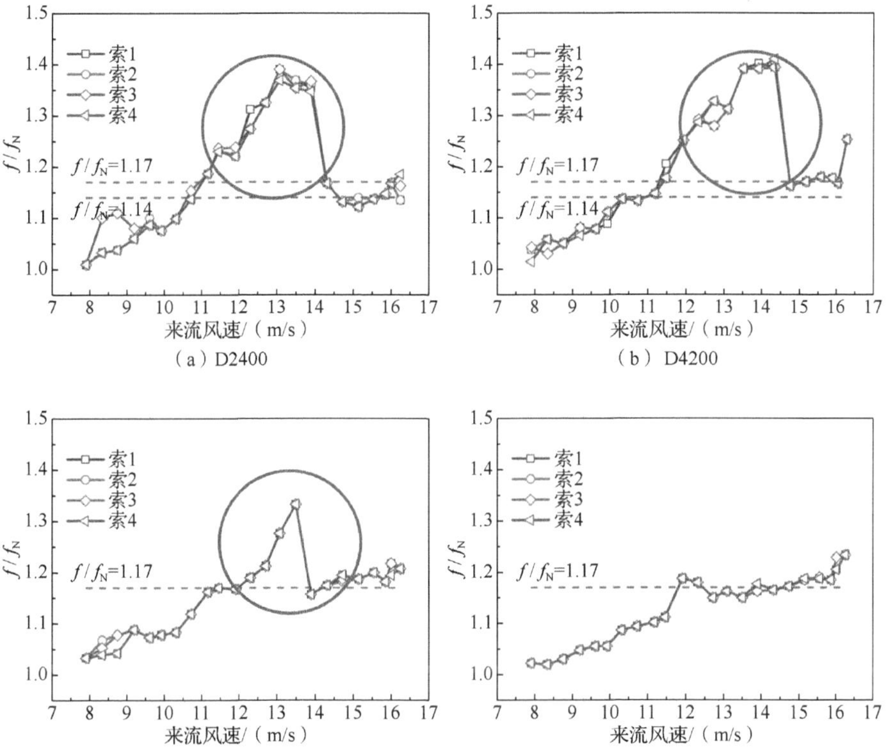

（a）D2400　（b）D4200　（c）D6000　（d）D7800

图 6-5　不同工况下 f/f_N 之比

进一步计算频率比 f_s/f 来研究吊索的振动与来自上游桥塔模型的漩涡脱落之间的相关性，如图 6-6 所示。对于 D2400、D4200 和 D6000 工况，f_s/f 比表现出与来流风速类似的上升趋势。D2400 工况中，在 9.9～13.9m/s 的速度范围内发现 f_s/f 接近 1.0。然而，图 6-5 中显示，从桥塔模型上生成的周期性漩涡脱落频率随来流风速几乎线性增长。因此，在该风速区间内，吊索的振动频率主要由上游桥塔的漩涡脱落频率决定，体现出明显的频率共振特性。吊索模型放置在桥塔模型后面 7.8m 处时，f_s/f 几乎呈线性增加，此时几乎观察不到上游桥塔涡脱对吊索的强迫作用。

从图 6-6 还可以看出，频率共振主要发生在 f_s/f 为 0.95～1.05 时。实桥中，桥塔尾流中吊索的自振频率在 0.45～0.52Hz 的范围内，当发生共振时，上游漩涡脱落频率 f_s 估计为 0.40～0.54Hz。同时，平行来流作用下的悬索桥桥塔的 Sr 为 0.20。据此，可以估算实桥中的共振风速 $U=f_sD/Sr$ 为 13.0～17.6m/s，这与现场观察到吊索大幅度风致振动的风速范围大致吻合。

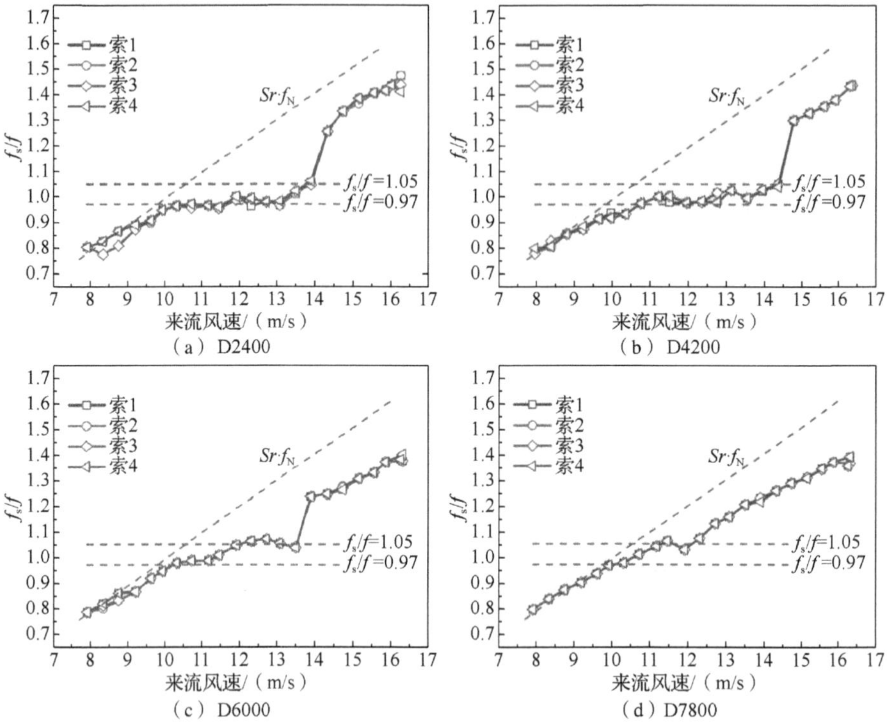

图 6-6　不同工况下 f_s/f 之比

综合图 6-5 和图 6-6 可知桥塔尾流影响区内吊索的大幅振动机理。来流风吹过桥塔塔柱，上游桥塔的漩涡脱落频率随着风速增加而增加。当桥塔漩涡脱落频率接近于吊索的结构自振频率时，吊索的振动频率被锁定。随着来流风速继续增加，桥塔的漩涡脱落频率随之增加。此时，吊索的振动频率亦随之增加，并被锁定到桥塔的漩涡脱落频率附近，形成一个风速锁定区。在风速锁定区内，由于频率共振，吊索振动剧烈且发生频繁的相互碰撞。当上游桥塔的漩涡脱落频率远高于吊索自振频率时，吊索-桥塔尾流之间的频率锁定现象消失，此时吊索的振动逐渐恢复到以抖振为主的响应。

6.2.3　桥塔尾流特征及吊索振动响应

使用热线风速仪测量桥塔模型的尾流特性，并对桥塔模型尾流的脉动风速时程进行 FFT，可以得到在不同来流风速下漩涡从桥塔模型上脱落的频率，如图 6-7 所示。从图 6-7 中可知，对于工况 D2400、D4200 和 D6000，漩涡以无量纲频率 $Sr=0.2$ 从上游桥塔模型脱落。此外，当测试位置距离桥塔模型 7.8m 时（工况 D7800），由于距离太远，热线风速仪所测得的尾流脉动风速中无法识别到规律的漩涡脱落。此时，桥塔周期性涡脱对吊索风致振动的影响作用不明显。实桥中，第 5 组吊索距离桥塔直线距离 96m，桥塔的影响进一步减弱，因此本节仅讨论距桥塔较近的 4 组吊索。

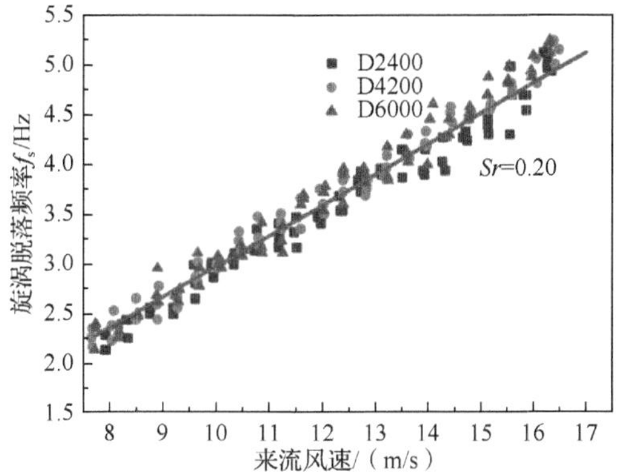

图 6-7　桥塔尾流中旋涡脱落频率与来流风速的关系

通过热线风速仪测得的桥塔模型尾流中来流风速和湍流强度分别如图 6-8 和图 6-9 所示。由于桥塔模型的阻塞效应，尾流中的平均风速相对于来流风速明显减小。

在距离桥塔最近的 D2400 工况，尾流平均风速最小；在试验工况 D4200、D6000 和 D7800 中，平均风速的分布比较类似，更接近于来流风速。在工况 D2400 下，尾流中的湍流强度超过了 30%。随着距离增加，湍流强度也逐渐减小，当测试位置位于桥塔模型下游 7.8m 时，尾流中的湍流强度约为 12.8%。与较高的来流风速和较低的来流湍流强度相比，上游干扰桥塔模型不仅导致尾流速度降低，还显著增加了尾流中的湍流强度，进而改变吊索的风致振动特性。

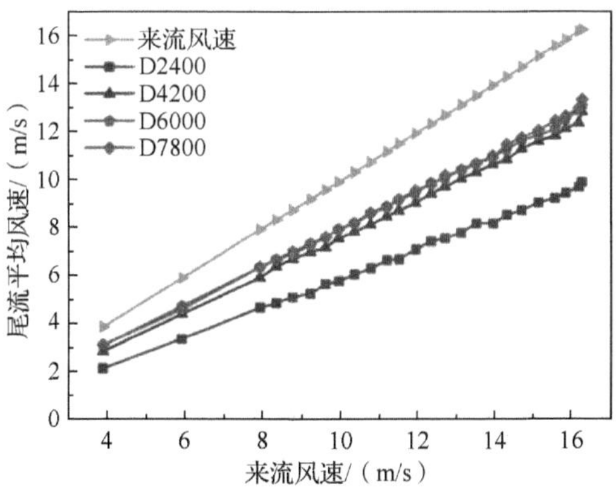

图 6-8　桥塔尾流中不同测点的来流风速变化

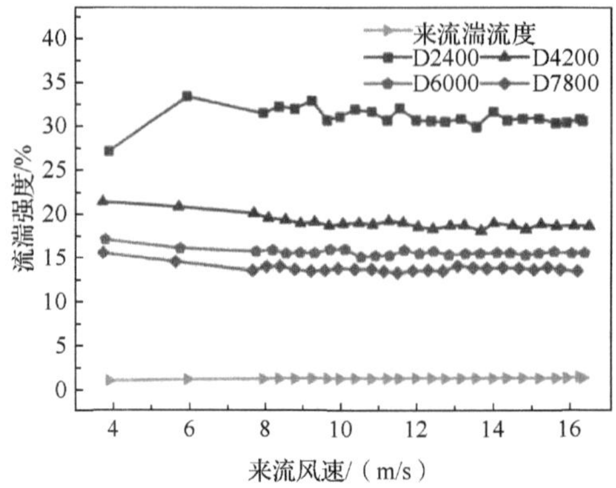

图 6-9　桥塔尾流中不同测点的湍流强度变化

介绍几个重要的频率概念。f 是吊索模型振动的主导频率；f_s 表示一定风速下旋涡从上游桥塔模型上脱落的频率，如图 6-7 所示；f_N 是吊索模型在静止空气中测得的自振频率，即 $f_N = 3.0\text{Hz}$。在风洞试验中，垂直吊索的风致振动主要由其第 1 阶模态决定，因此本章研究中 f 取振动吊索的 1 阶模态频率值。

通过 8 个加速度传感器测得的不同来流风速和不同工况条件下，吊索横风向（CF）和顺风向（IL）的加速度均方根值如图 6-10 所示。从图中可以看出，吊索模型不受上游桥塔干扰时，它们的振动响应类似于单根吊索。吊索模型受到桥塔尾流作用时，振动响应变大。同时，同组内后排两根吊索振动更加剧烈。图 6-11 比较了在没有桥塔干扰的情况下，一根前排吊索（1 号吊索）和一根后排吊索（3 号吊索）的振动响应。结果表明，后排吊索受到前排吊索的干扰，其振动被放大。随着吊索的布置位置远离桥塔模型，其振动响应呈逐渐减小的趋势。对于距离桥塔模型 6.0m 和 7.8m 的吊索，即工况 D6000 和 D7800，它们的振动响应趋势一致，

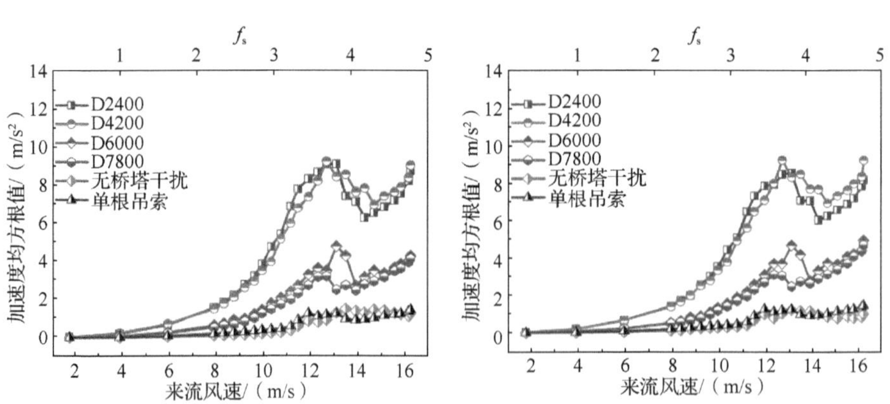

（a）1号吊索　　（b）2号吊索

图 6-10　吊索加速度的均方根值

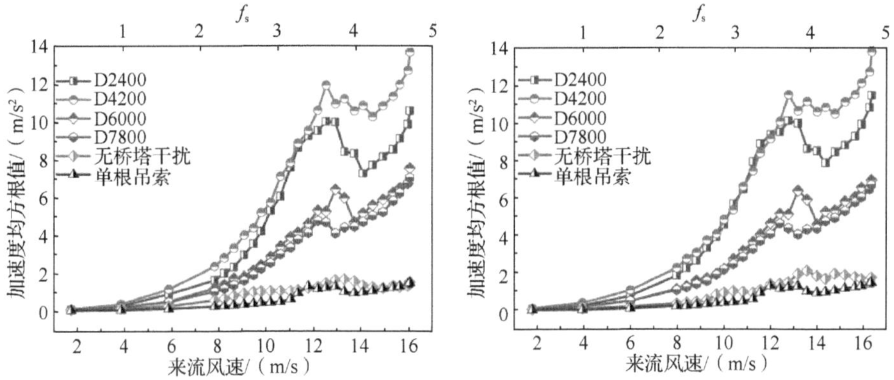

（c）3号吊索　　（d）4号吊索

图 6-10（续）

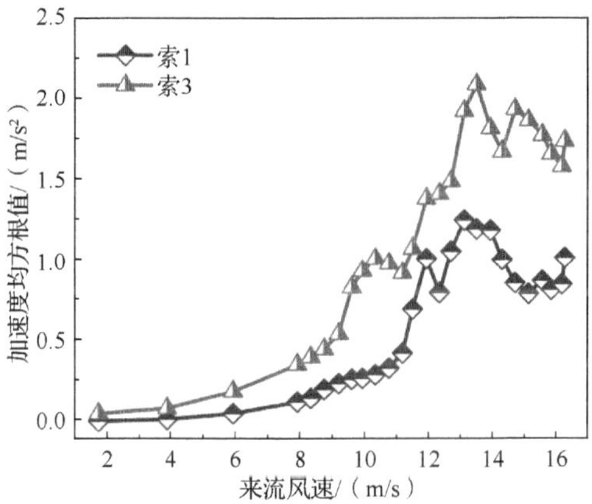

图 6-11　移除桥塔干扰时前、后两根吊索的振动响应

但在远离桥塔的位置，幅值逐渐降低。其原因是，此时吊索远离桥塔，周期性的漩涡脱落作用减弱，同时尾流速度也在桥塔下游位置逐渐恢复。

从图 6-10 中可以看出，来流速度较低，上游桥塔的漩涡脱落频率低于吊索的自振频率时，吊索振动响应随风速缓慢增加。由于桥塔尾流中的高湍流强度，此时为典型的抖振响应（称为低支抖振）。当来流速度增加到 9.9m/s 时，上游漩涡脱落的频率接近吊索模型的自振频率，周期性的尾流与吊索发生共振。从图中观察得知，在 9.9～13.9m/s 的速度范围内，吊索振动响应异常剧烈。此外，在风洞试验期间，在 9.9～13.9m/s 的来流风速范围内还可以观察到前后排吊索之间的频繁碰撞。在此速度范围内，吊索的大幅度振动响应是由桥塔周期性尾流共振作用引起。随着来流风速继续增加，上游桥塔漩涡脱落频率也相应增加。当上游桥塔漩涡脱落频率远离吊索自振频率后，吊索振动继续恢复为以抖振响应为主（称为高支抖振），振动响应逐渐减小。然而，该下降趋势并没有持续很长时间，因为桥塔尾流在朝着吊索的 2 阶自振频率发展，曲线得以再次上升。因此，桥塔尾流中吊索的风致振动是抖振响应和桥塔尾流共振响应的组合。

从图 6-10 中可以看出，风洞试验中，不同位置所对应的工况，受上游桥塔干扰影响的吊索振动响应表现出较强的相似性。在本节中以 D4200 为典型工况，选择 3 个典型风速进行时频分析，即 9.2m/s、11.9m/s 和 16.3m/s，分别代表低支抖振、共振和高支抖振，讨论吊索在桥塔尾流作用下的复杂风致振动响应。

引入的小波变换进行吊索振动信号的时频分析：

$$\psi(t)=\frac{1}{(\sigma^2\pi)^{1/4}}\exp\left(-\frac{t^2}{2\sigma^2}+2\pi\mathrm{j}f_0t\right) \tag{6-1}$$

式中，$\psi(t)$ 为小波函数；f_0 为中心频率；σ 为确定频率带宽。

图 6-12 和图 6-13 显示了来流风速为 9.2m/s 时 2 号及 4 号吊索在 CF 方向振动响应的时频分析结果。对于布置在前排的 2 号吊索，其 1 阶模态频率（f_1=3.20Hz）在整个时程占主导地位，2 阶模态频率（f_2=6.37Hz）仅在有限的时间段内出现。因此，2 号吊索几乎经历单一模态的抖振。此时吊索的 1 阶频率变为 3.20Hz，高于在静止空气中测得的自振频率（f_N=3.0Hz）。对于布置在后排的 4 号吊索，其振动响应也主要受 1 阶模态频率（f_1=3.20Hz）控制，而 2 阶模态频率（f_2=6.28Hz）和 4 阶模态频率（f_4=12.75Hz）也间歇性地出现。因此，由于桥上游桥塔模型和前排吊索的共同干扰，后排 4 号吊索发生多模态抖振。

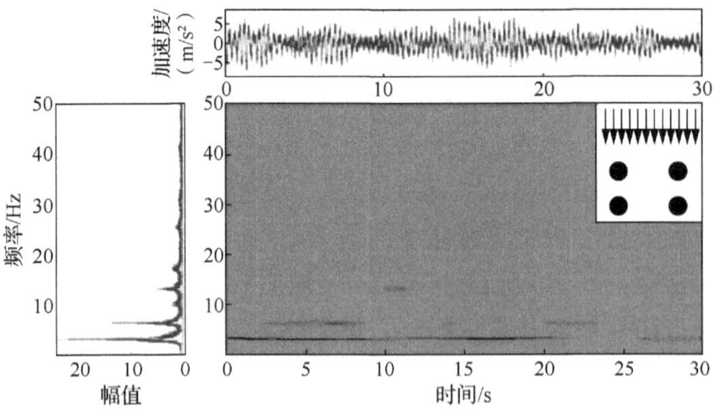

图 6-12　2 号吊索的 CF 方向振动时频分析结果

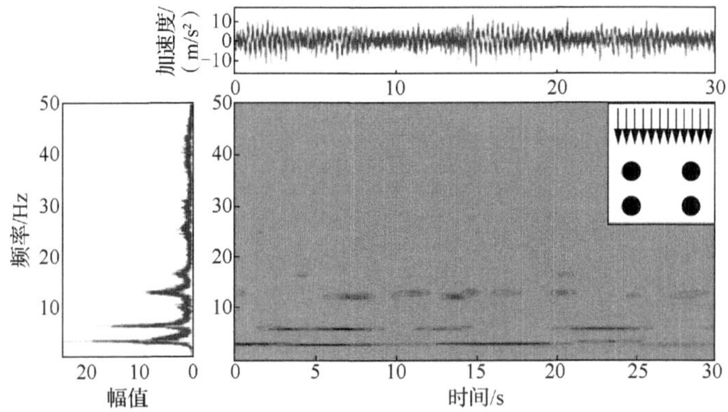

图 6-13 4 号吊索的 CF 方向振动时频分析结果

2 号吊索在 IL 方向上振动的时频分析结果如图 6-14 所示。从图中可以看出，在其振动时程上，主导的是 2 阶模态频率（f_2=6.40Hz）。此外，在 2 号吊索的振动时程中，也可以观察到具有较小振幅的 1 阶模态频率（f_1=3.43Hz）和 4 阶模态频率（f_4=13.5Hz）成分。图 6-14 表明，4 号吊索在 IL 方向的振动也主要由其 2 阶模态频率（f_2=6.40Hz）控制。此外，4 号吊索振动的参与模态变得更加复杂，在整个时程中发现了一些更高阶的模态频率，表明吊索在 IL 方向上发生多模态抖振响应。当尾流高速通过直径很小的前排吊索时，可以产生一些高频和小尺度的漩涡并向下游输运。由于后排吊索受到上游桥塔模型和前排吊索的共同作用，它们的动力响应被进一步放大，导致后排吊索的振动响应大于前排吊索。

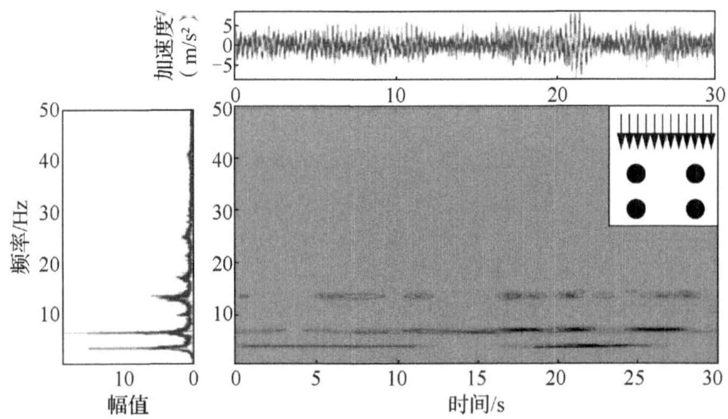

（a）2号吊索

图 6-14 9.2m/s 来流风速下，吊索的 IL 方向振动时频分析结果

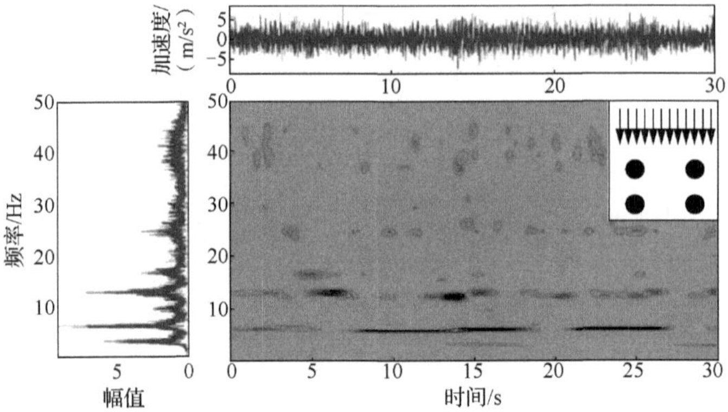

(b) 4号吊索

图 6-14（续）

试验结果分析表明，当来流风速为 11.9m/s 时，上游桥塔生成的周期性漩涡脱落导致吊索发生强迫共振。图 6-15 给出了该风速下 2 号吊索和 4 号吊索的 CF 方向振动的时频分析结果。从图中两根吊索的时频结果中可以看出，吊索在横风向的振动主要由其 1 阶模态频率（f_1=3.75Hz）控制。同样，在 4 号吊索的振动信号中也发现了较高的模态频率成分。来流风速为 11.9m/s 时 IL 方向振动的时频分析结果（图 6-16）表明，1 阶模态频率（f_1=3.69Hz）在 2 号吊索和 4 号吊索的时程中也同时占据主导作用。图 6-15 和图 6-16 表明，在 11.9m/s 的来流风速下，吊索的振动频率被从上游桥塔模型周期性脱落的漩涡锁定。此时吊索在 CF 和 IL 方向均以 1 阶模态频率发生大幅度振动。

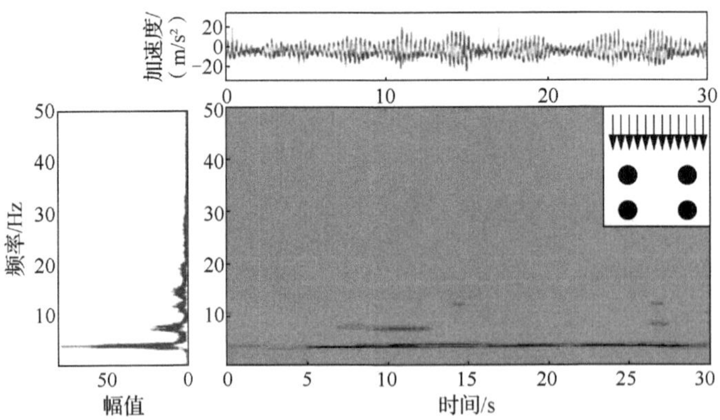

(a) 2号吊索

图 6-15　11.9m/s 来流风速下，吊索的 CF 方向振动时频分析结果

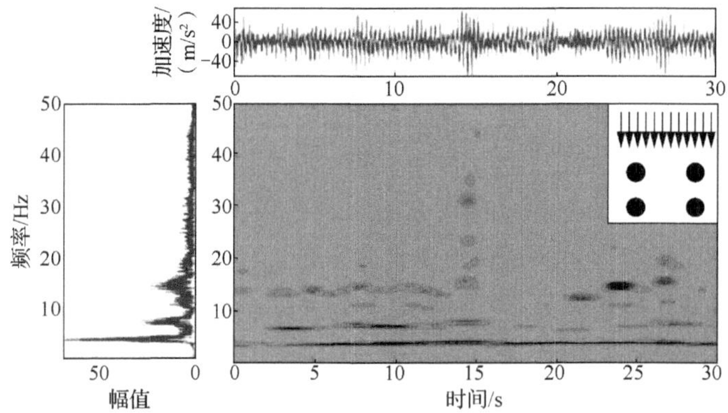

（b）4号吊索

图 6-15（续）

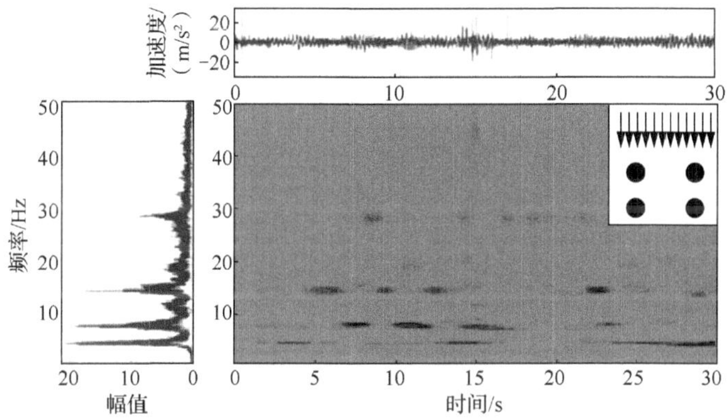

（a）2号吊索

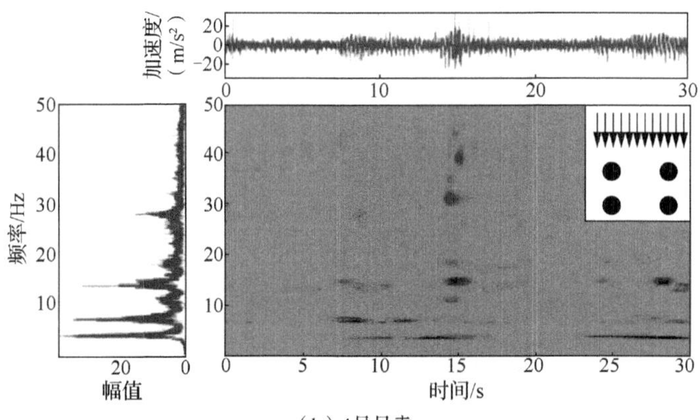

（b）4号吊索

图 6-16　11.9m/s 来流风速下，吊索的 IL 方向振动时频分析结果

当来流速度达到 16.3m/s 时，吊索振动的时频分析结果如图 6-17 和图 6-18 所示。从图中可以看出，2 号吊索由 2 阶模态频率（f_2=7.07Hz）主导其 CF 方向的大幅风致振动；但在 IL 方向上，吊索的振动则由其 2 阶模态频率（f_2=7.17Hz）和 4 阶模态频率（f_4=14.68Hz）共同控制。图 6-7 中结果表明，在该来流风速下，上游桥塔的旋涡脱落频率低于 5.0Hz。因此，此时桥塔的旋涡脱落频率和吊索的 2 阶频率差值较大，共振尚未出现，吊索振动仍然以抖振为主。

此外，虽然 4 号吊索的 CF 方向振动仍由其 2 阶模态频率（f_2=7.07Hz）主导，但在 IL 方向上（图 6-18），其振动仍表现出典型的抖振特征。由于上游桥塔模型和前排 2 号吊索的共同干扰作用，4 号吊索的 IL 方向振动不仅由少数低阶模态频率主导，也发现了多个高阶模态频率参与其中，其振动响应的时频特性变得更加复杂。

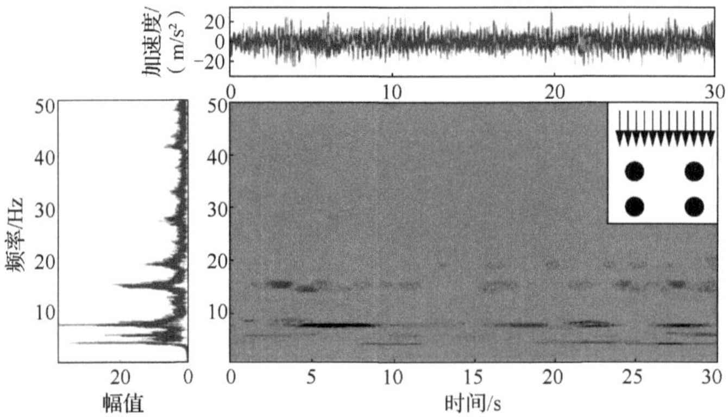

（a）2号吊索

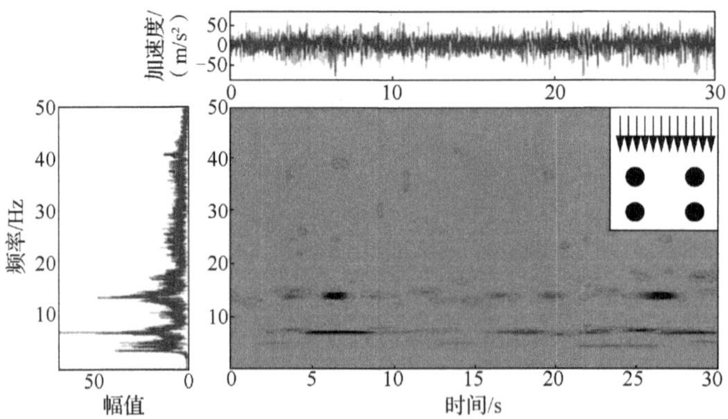

（b）4号吊索

图 6-17　16.3m/s 来流风速下，吊索的 CF 振动时频分析结果

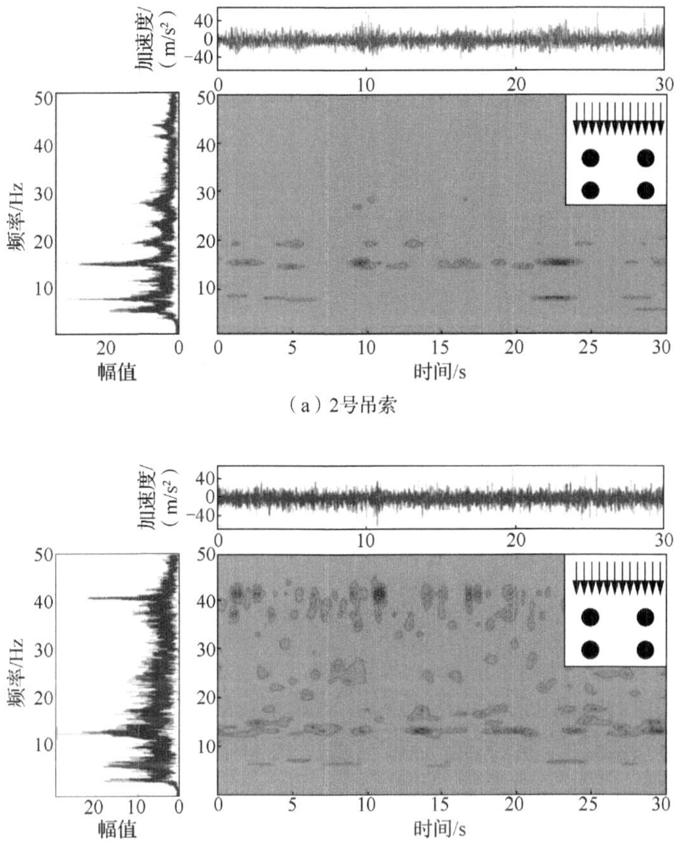

（a）2号吊索

（b）4号吊索

图 6-18　16.3m/s 来流风速下，吊索的 IL 振动时频分析结果

6.3　桥塔尾流区吊索风致振动与碰撞机理研究[2]

6.3.1　CFD 计算模型

本数值计算采用 ANSYS FLUENT 14.5 通用商业计算软件，前处理采用 ICEM 对计算域进行网格划分。为更真实地模拟桥塔尾流区吊索风致振动，桥塔尺寸取为 8.5m（*L*，长度）×6.5m（*B*，宽度），保留 0.7m×0.7m 的切角。吊索直径为 0.088m，近桥塔处吊索与桥塔中心距离为 24m。将桥塔及吊索简化为二维模型，并取桥塔及其周围流域作为计算域，尺寸为 21*B*×46*B*。计算域左侧为入口边界，右侧为出口边界，上下边界采用对称边界，入口与出口湍流强度设置为 5%，并选用 SST *k*-*w* 湍流模型进行模拟计算。桥塔距入口尺寸为 17*B*，距离出口约 29*B*。桥塔

及吊索边界层网格数为 30，其中第一层网格数 $y^+<5$，边界层外网格采用非结构网格以适应结构外形及不同吊索位置的变化，流场计算域与结构表面局部网格划分如图 6-19 所示。本部分选取风向角α为 0°及 20°进行分析，其风向角设置如图 6-19（a）所示。

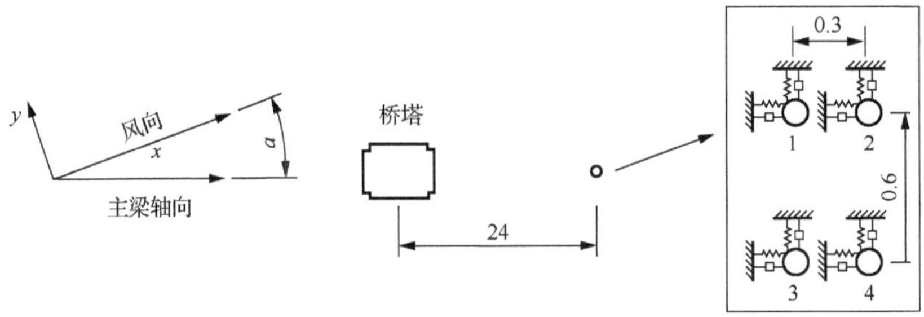

（a）桥塔风向角设置

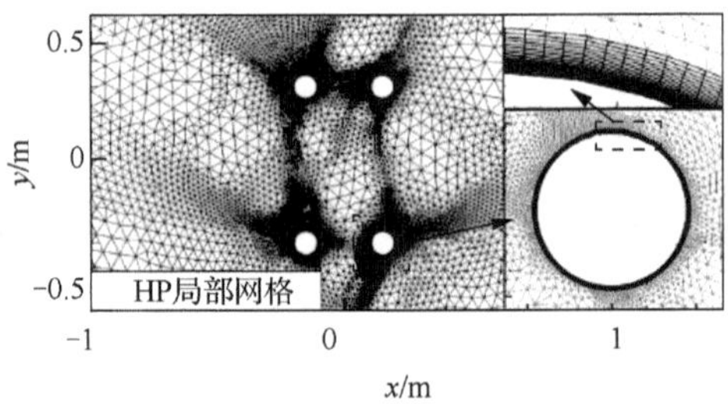

（b）计算域与局部网格划分

图 6-19　桥塔风向角设置以及计算域与局部网格划分（单位：m）

二维吊索运动通过 x 与 y 方向上的弹簧-质量-阻尼运动模型进行如下描述：

$$\ddot{x}_i(t)+2\omega\xi\dot{x}_i(t)+\omega^2x_i(t)=\frac{F_{x_i}(t)}{m} \tag{6-2}$$

$$\ddot{y}_i(t)+2\omega\xi\dot{y}_i(t)+\omega^2y_i(t)=\frac{F_{y_i}(t)}{m} \tag{6-3}$$

式中，F_x和 F_y 分别表示吊索所受 x 与 y 方向上的气动力；m、ω 与 ξ 分别表示单位长度吊索质量、圆频率及阻尼比，其中 m=0.076kg/m，ω=0.5Hz，ξ=0.002；i=1，2，3，4 为 4 个吊索的编号。四个吊索在桥塔尾流区的受迫振动响应通过 UDF 模块进行计算：首先通过 FLUENT 求得吊索表面气动力，并将第 i 步结构状态向量代入 Newmark-β 法递推公式进行第 i+1 步的状态向量计算，并判断吊索是否发生碰撞。若未发生碰撞，保持吊索状态向量不变；若发生碰撞，则根据能量与动量守恒定律，将碰撞后的吊索速度交换。每一步吊索唯一确定后，利用弹簧光顺法和网格重构法重新生成网格节点位置。

为得到吊索碰撞的时间点，吊索碰撞的条件设为净距 $s<0$ 和相对速度 $v_r<0$，以保证吊索碰撞时间距很小且为相互靠近状态。若 t 时刻吊索发生碰撞且在 $t+\Delta t$ 发生分离，如图 6-20 所示，忽略吊索表面摩擦，吊索受到的冲量为

$$\boldsymbol{J}=(1+e)\frac{m}{2}\boldsymbol{v}_{\mathrm{r}}\cdot\boldsymbol{n}\cdot\boldsymbol{n} \tag{6-4}$$

式中，e 为恢复系数；$\boldsymbol{n}$ 为吊索 l 中心指向碰撞吊索 k 的法向向量；$\boldsymbol{v}_{\mathbf{r}}$ 为相对速度向量。

$$\boldsymbol{v}_{\mathrm{r}}=\boldsymbol{u}_{\mathrm{l}}-\boldsymbol{u}_{\mathrm{k}} \tag{6-5}$$

根据计算的冲量大小，得到碰撞后的吊索速度为

$$\boldsymbol{u}_{\mathrm{k}}'=\boldsymbol{u}_{\mathrm{k}}+\frac{\boldsymbol{J}}{m} \tag{6-6}$$

$$\boldsymbol{u}_{\mathrm{l}}'=\boldsymbol{u}_{\mathrm{l}}-\frac{\boldsymbol{J}}{m} \tag{6-7}$$

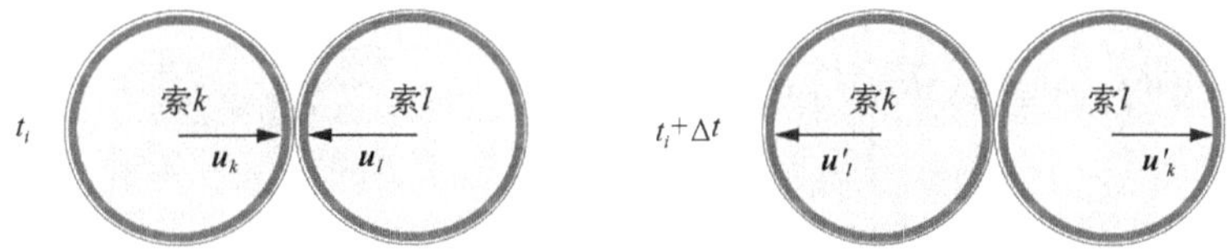

图 6-20　吊索碰撞前后速度变化

6.3.2　桥塔尾流场分析

来流风速设置为 10m/s，相应 $Re=4.45\times10^6$（以桥塔宽度 B 为特征值），此时桥塔及吊索处绕流场涡量云图如图 6-21 所示。由图可知，在 10m/s 来流条件下，桥塔尾缘两侧出现交替脱落的漩涡，且脱落涡尺寸与桥梁尺寸较为接近，并远远大于吊索直径。当桥塔风向角 α=20°时，桥塔上表面与风向交角较大，边界层在前缘转角处发生明显分离，未形成完整的脱落涡结构，且涡量耗散较快，对吊索影响不大。桥塔下表面尾缘处则形成较为完整的脱落涡结构，是控制吊索运动状态的主要因素。

为进一步说明吊点处风速变化情况，两风向角下桥塔尾流区吊点处风速时程曲线与尾流频谱如图 6-22 所示。α=0°时，吊点处尾流 y 方向速度 v_y 均值为 0，其度时程的脉动远大于 v_x 情况，此时 x 向尾流频率为 y 向尾流频率的 2 倍。当 α=20°时，v_x 与 v_y 脉动相近，且波动频率一致，表明此时尾流速度均受到单侧涡的影响。

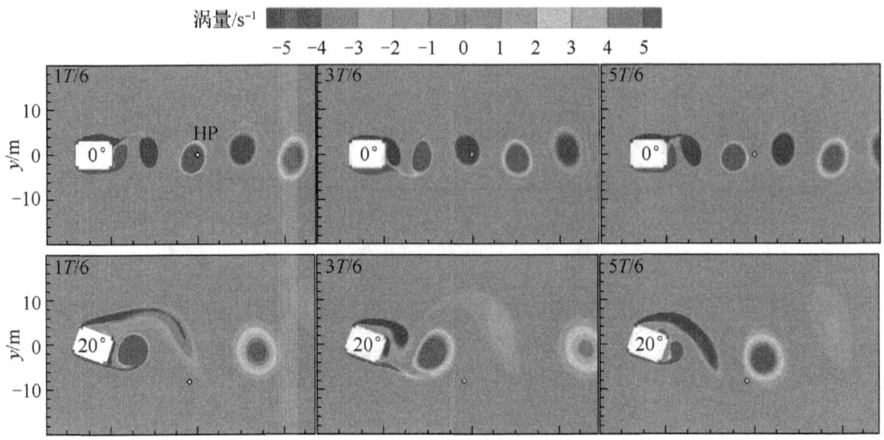

注：T 为周期。

图 6-21　桥塔绕流场涡量云图

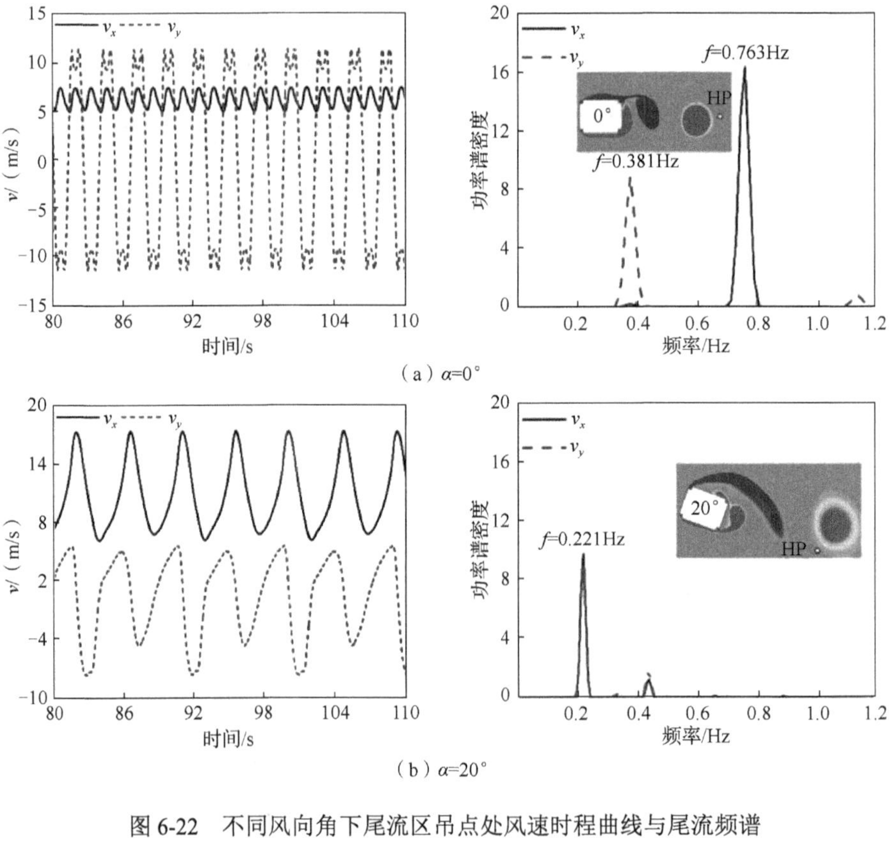

（a）α=0°

（b）α=20°

图 6-22　不同风向角下尾流区吊点处风速时程曲线与尾流频谱

6.3.3　吊索运动及碰撞分析

α=0°及 α=20°下，尾流区吊索加速度时程分别如图 6-23、图 6-24 所示，其中时程上的加速度值突变表示不同吊索间发生碰撞，使索结构状态向量发生变化。由结果可知，两个风向角下吊索均发生碰撞，其中 α=20°时碰撞尤为剧烈。以 α=20°下，t=77.3s、77.4s 及 122.5s 时的流场与吊索运动状态为例进行研究，其结果如图 6-25 所示。由图可知，吊索仅对局部流场存在一定的影响，而对桥塔尾流区大尺度涡结构影响较小，且在发生碰撞时吊索偏离初始位置。t=77.3s 时，吊索 1 与吊索 2 发生碰撞，且此时吊索 3 与吊索 4 相互靠近，并在 t=77.4s 时发生碰撞；t=122.5s 时，吊索 1 与吊索 3 发生碰撞，而吊索 2 与吊索 4 则远离其他吊索。

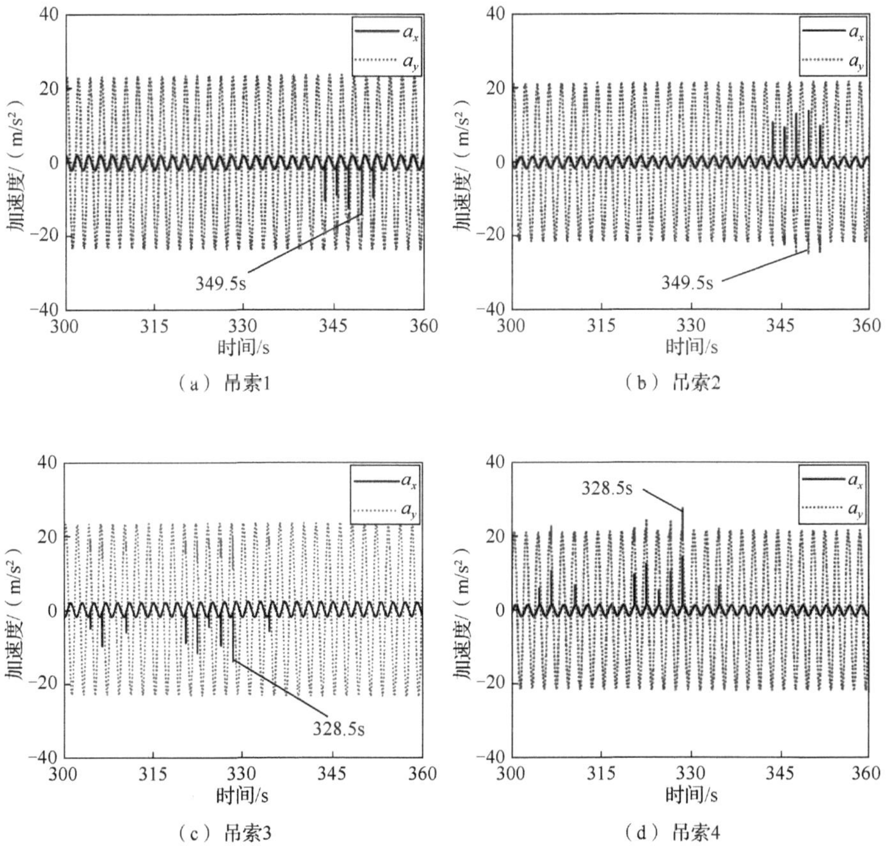

（a）吊索1　（b）吊索2　（c）吊索3　（d）吊索4

图 6-23　α=0°下吊索加速度时程

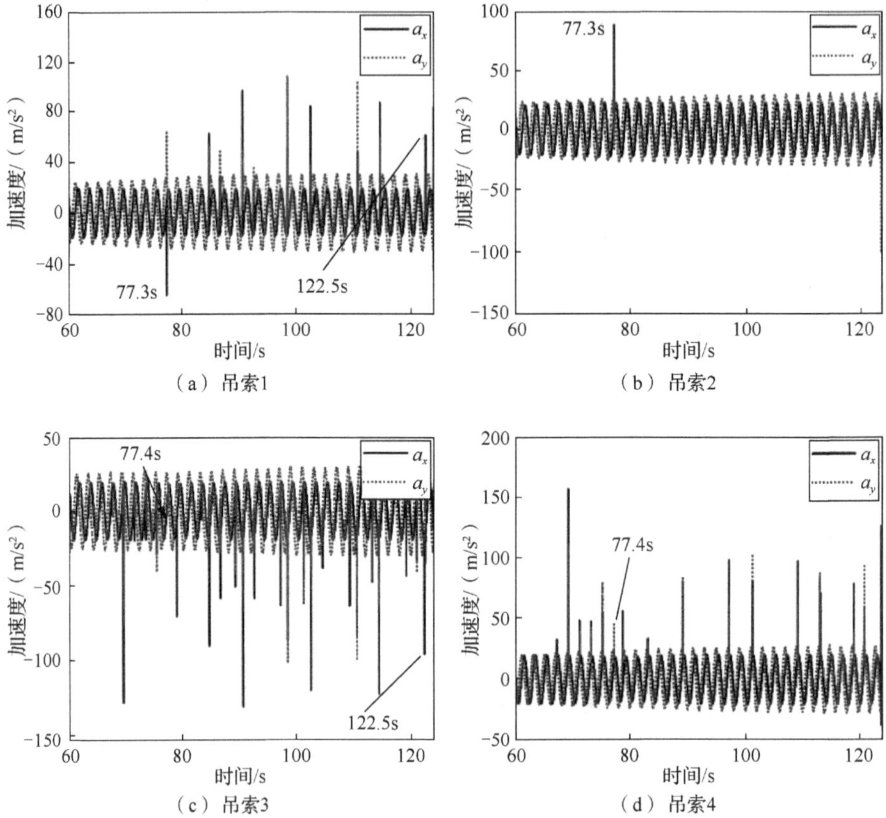

（a）吊索1　（b）吊索2

（c）吊索3　（d）吊索4

图 6-24　α=20°下吊索加速度时程

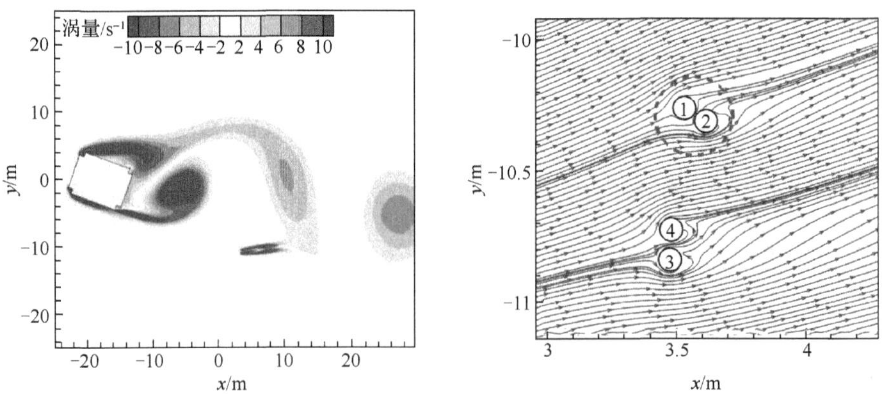

（a）t=77.3s

图 6-25　α=20°时，流场与吊索发生碰撞时的相对位置

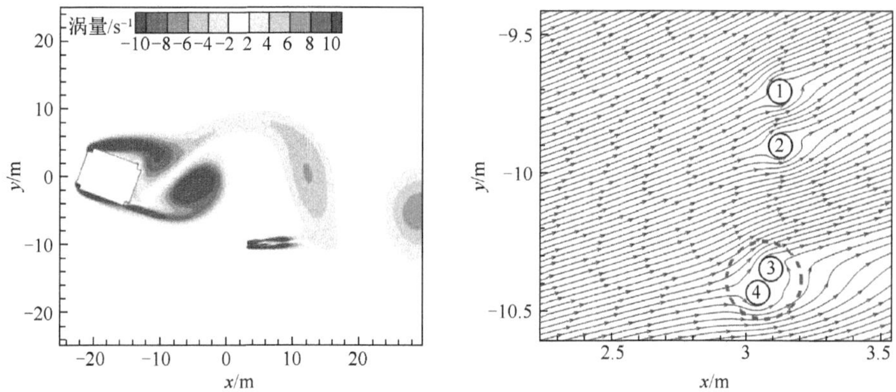

（b）t=77.4s

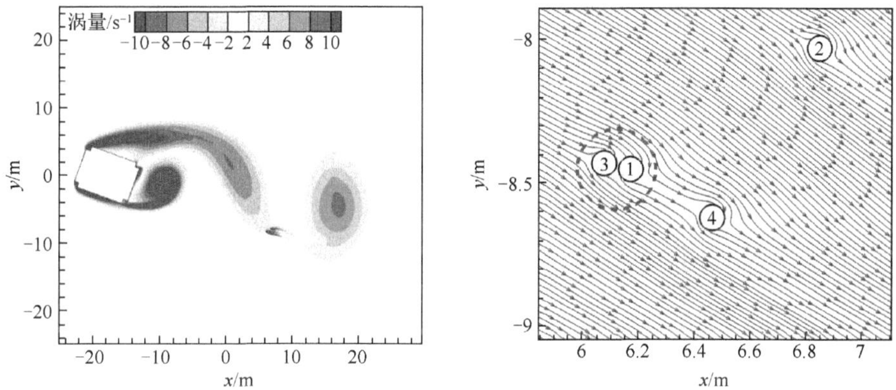

（c）t=122.5s

图 6-25（续）

一个振动周期内，不同风向角下吊索所受气动力系数变化如图 6-26 所示。α=0°时，各吊索间的升力系数和阻力系数差异较小，因此该风向角下吊索虽然发生碰撞，但并不剧烈；α=20°时，周期内吊索间升力系数发生明显差异，且 t 在 122.4～122.8s 内吊索 3 与吊索 1 的升力系数出现突变。由图 6-25（c）可知此刻吊索间出现碰撞，表明气动力的变化差异是吊索碰撞的主要原因。

α=0°及 20°时吊索时程如图 6-27 及图 6-28 所示，由图可知，此时吊索振动位移幅值分别接近 30D 及 40D，远高于吊索在均匀流中发生的涡激振动响应幅值（约为 1D）。结构发生涡激振动时，漩涡脱落频率 $f_s=SrU/D$ 接近结构自身振动频率，来流风速值由吊索尺寸确定。本模拟中，吊索尺寸 D=0.088m，换算可知来流风速 U=0.22m/s。吊索处于桥塔尾流区时，吊索处来流风速均值较高，且受低频周期性脉动作用，$f'=Sr_{桥塔}U/B$。f'接近吊索自身频率时，来流风速在α为 0°及 20°时分别为 12.75m/s 及 22m/s。由此可知，该情况下来流风速分别为均匀流下吊索涡激振动风速的 58 及 100 倍。高风速使吊索气动力增加，因此发生大幅度的振动甚至碰撞。

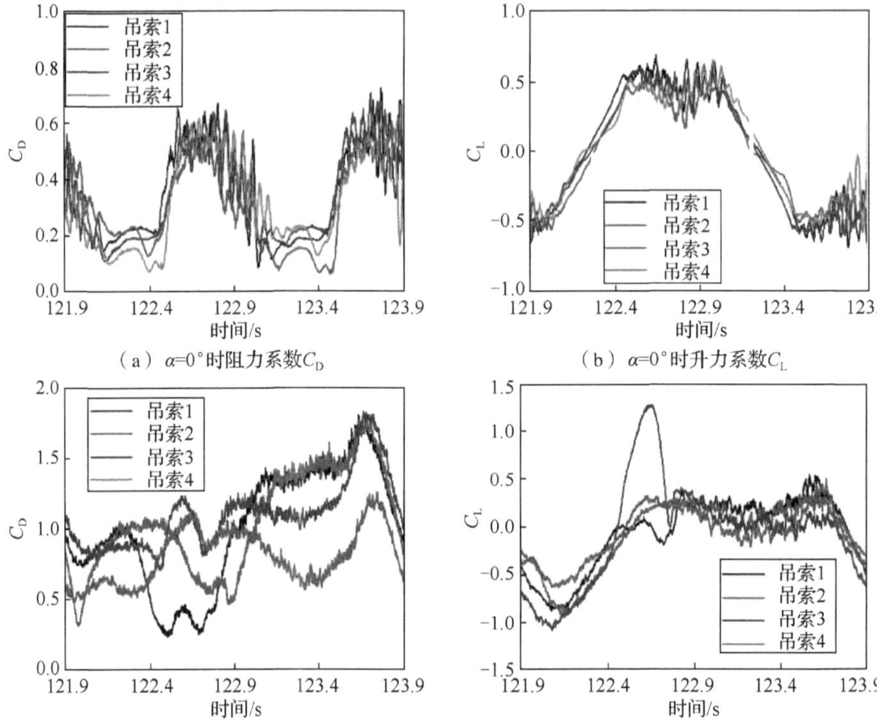

（a）α=0°时阻力系数C_D　（b）α=0°时升力系数C_L

（c）α=20°时阻力系数C_D　（d）α=20°时升力系数C_L

图 6-26　吊索气动力系数变化时程

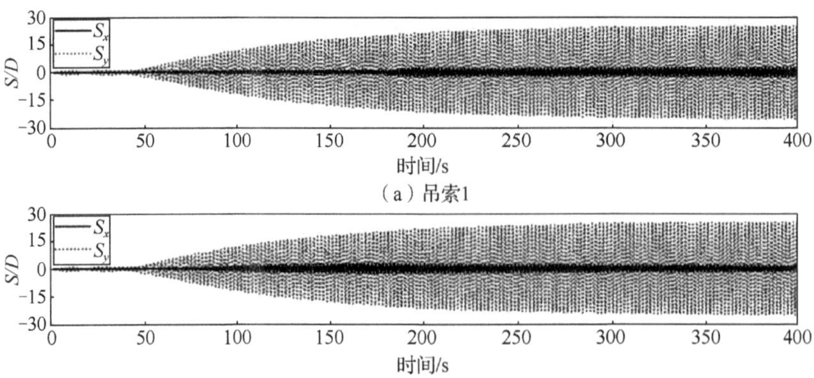

（a）吊索1

（b）吊索2

图 6-27　α=0°时吊索振动响应时程

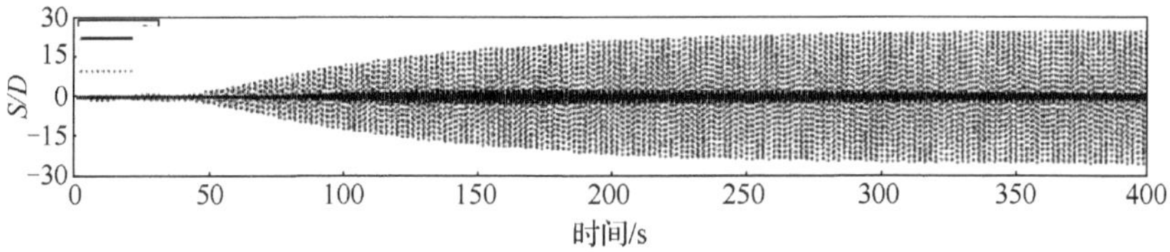

（c）吊索3

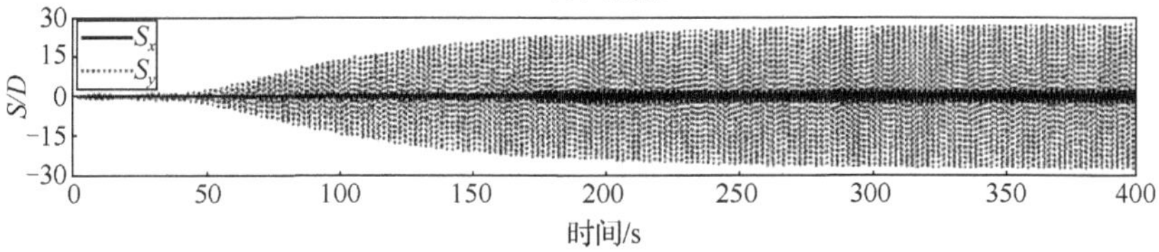

（d）吊索4

注：S_x为顺流向位移；S_y为横流向位移。

图 6-27（续）

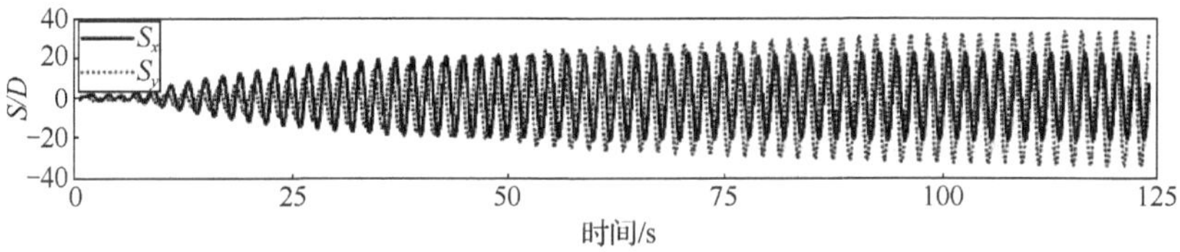

（a）吊索1

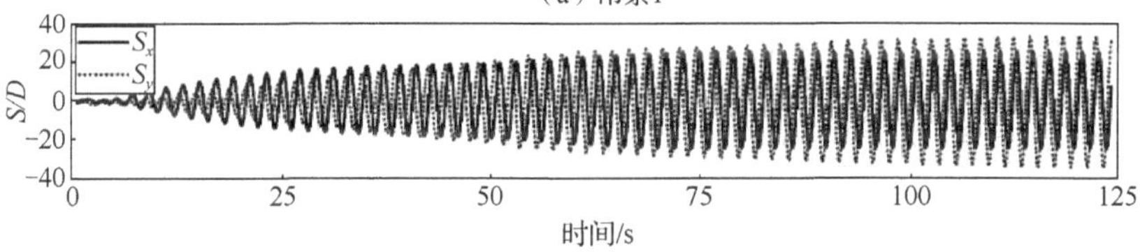

（b）吊索2

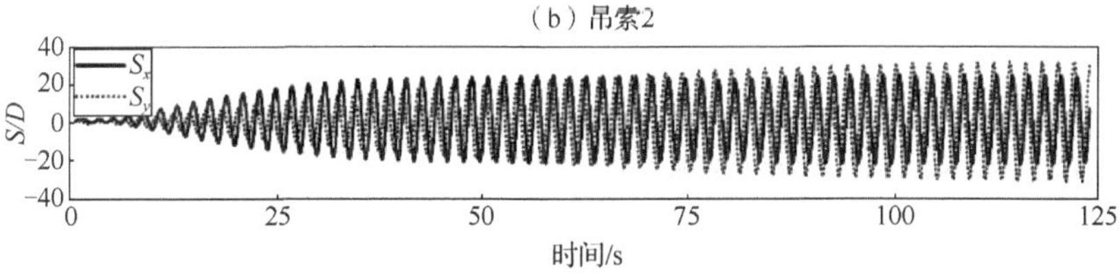

（c）吊索3

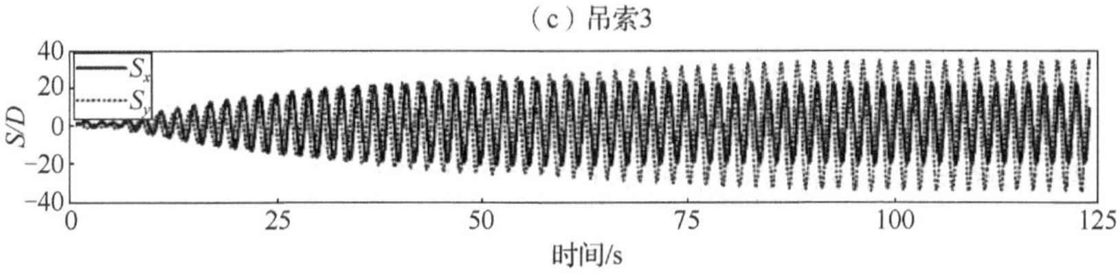

（d）吊索4

注：S_x为顺流向位移；S_y为横流向位移。

图 6-28　α=20°时吊索振动响应时程

6.4　桥塔尾流区三维吊索尾流致振动[3]

6.4.1　吊索控制方程

吊索控制方程类似于弦振动方程：

$$\frac{\partial^2 u}{\partial t^2}=a^2\frac{\partial^2 u}{\partial x^2}+f(x,t) \tag{6-8}$$

式中，u 为吊索位移；$a^2=T/\rho$，T 为结构张拉力，ρ 为结构线密度；$f(x,t)$为单位长度外荷载除以 ρ。该方程推导过程中采用小变形假设，忽略变形引起的 2 阶小量；同时认为结构中张力为定值。弦振动方程为线性方程，满足叠加原理，对于常见的柯西问题：

$$\begin{cases}\dfrac{\partial^2 u}{\partial t^2}=a^2\dfrac{\partial^2 u}{\partial x^2}+f(x,t)\\ t=0:u=\varphi(x),\quad \dfrac{\partial u}{\partial x}=\psi(x)\end{cases} \tag{6-9}$$

方程具有解析解：

$$u\left(x,t\right)=\frac{\varphi(x-at)+\varphi(x+at)}{2}+\frac{1}{2a}\int_{x-at}^{x+at}\psi(\alpha)\mathrm{d}\alpha+\frac{1}{2a}\int_0^t\int_{x-a(t-\tau)}^{x+a(t-\tau)}f(\xi,\tau)\mathrm{d}\xi\mathrm{d}\tau \tag{6-10}$$

式中，u 为弦任意一点处的位移；$\varphi(\cdot)$ 为弦的初始位移函数；$\psi(\cdot)$ 为弦的初始速度函数；α 为波速。

考虑到对于实际悬索桥吊索，弦振动方程中的简化条件难以满足，因此推导实际悬索桥吊索控制方程时采用以下两点基本假设。

（1）悬索桥吊索的抗拉刚度起主导作用，因此吊索可视为理想柔性索结构，忽略吊索的抗弯、抗扭、抗剪刚度。

（2）对于任一吊索结构微元，忽略其竖直方向运动，即微元体仅发生水平面内的运动，同时认为悬索桥吊索不发生扭转与剪切变形。

如图 6-29 所示，在三维笛卡尔坐标系中，取 z 高度处吊索结构微元，在平衡位置（0, 0, z）处微元长度 dz，吊索在水平面内运动，运动到（u, v, z）处时微元发生形变，长度 ds。微元 ds 两端受张拉力（T+τ），其中 T 为吊索索力，τ 为吊索形变引起的弹性力，满足胡克定律，即

$$\tau = EA \cdot \left\{ \left[1 + \left(\frac{\partial u}{\partial z} \right)^2 + \left(\frac{\partial v}{\partial z} \right)^2 \right]^{\frac{1}{2}} - 1 \right\} = EA(\gamma - 1) \tag{6-11}$$

式中，E 为吊索弹性模量；A 为吊索横截面积；γ表示为

$$\gamma = \left[1 + \left(\frac{\partial u}{\partial z} \right)^2 + \left(\frac{\partial v}{\partial z} \right)^2 \right]^{\frac{1}{2}} \tag{6-12}$$

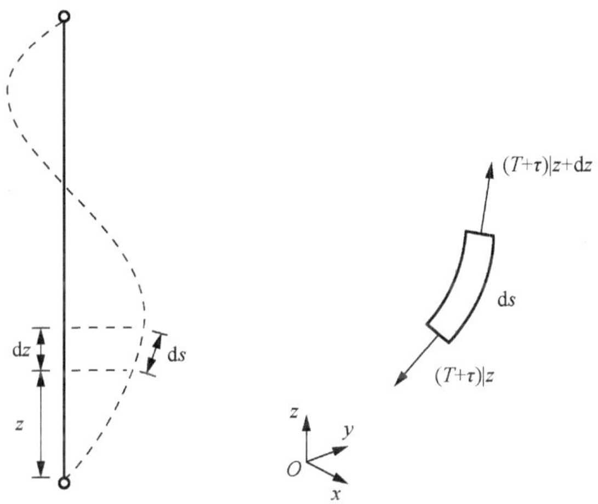

图 6-29　三维吊索模型示意图

结构刚度由张拉力在水平面内的分量提供，则运动微分方程为

$$\begin{aligned} \frac{\partial}{\partial z}\left[(T+\tau) \cdot \frac{\partial u}{\partial s} \right] + f_x(u,v,z,t) = \rho \frac{\partial^2 u}{\partial t^2} + c\frac{\partial u}{\partial t} \\ \frac{\partial}{\partial z}\left[(T+\tau) \cdot \frac{\partial v}{\partial s} \right] + f_y(u,v,z,t) = \rho \frac{\partial^2 v}{\partial t^2} + c\frac{\partial v}{\partial t} \end{aligned} \tag{6-13}$$

式中，f_x 和 f_y 为 x 与 y 方向上作用于单位长度吊索的外荷载；c 为结构的阻尼系数。方程在 x 与 y 方向上具有对称性，因此后续推导以 x 方向为例，y 方向结果同理可得。由几何关系，微元变形前后满足

$$\mathrm{d}s^2 = \mathrm{d}u^2 + \mathrm{d}v^2 + \mathrm{d}z^2 \tag{6-14}$$

偏微分算子有

$$\frac{\partial}{\partial s}=\left[1+\left(\frac{\partial u}{\partial z}\right)^2+\left(\frac{\partial v}{\partial z}\right)^2\right]^{-\frac{1}{2}}\cdot\frac{\partial}{\partial z}=\frac{1}{\gamma}\cdot\frac{\partial}{\partial z} \tag{6-15}$$

将式（6-13）第一项（刚度项）展开求偏导，可写为

$$\frac{\partial}{\partial z}\left[(T+\tau)\cdot\frac{\partial u}{\partial s}\right]=\frac{1}{\gamma^2}\cdot\frac{\partial u}{\partial z}\cdot\frac{\partial(T+\tau)}{\partial z}+(T+\tau)\cdot\frac{\partial u}{\partial z}\cdot\frac{\partial(1/\gamma)}{\partial z}\cdot\frac{1}{\gamma}+(T+\tau)\cdot\frac{1}{\gamma^2}\cdot\frac{\partial^2 u}{\partial z^2} \tag{6-16}$$

$$\frac{\partial \gamma}{\partial z}=\frac{1}{\gamma}\cdot\left(\frac{\partial u}{\partial z}\cdot\frac{\partial^2 u}{\partial z^2}+\frac{\partial v}{\partial z}\cdot\frac{\partial^2 v}{\partial z^2}\right) \tag{6-17}$$

令

$$\kappa=\frac{\partial u}{\partial z}\cdot\frac{\partial^2 u}{\partial z^2}+\frac{\partial v}{\partial z}\cdot\frac{\partial^2 v}{\partial z^2} \tag{6-18}$$

对于索力 T，由于微元水平面内运动假设，满足

$$T=T_0+\rho g\cdot z \tag{6-19}$$

式中，T_0 为吊索底端荷载力；g 为重力加速度。

将式（6-11）、式（6-17）～式（6-19）代入式（6-16），可得

$$\begin{aligned}\frac{\partial}{\partial s}\left[(T+\tau)\cdot\frac{\partial u}{\partial s}\right]=\frac{1}{\gamma^2}\cdot\Bigg\{&\left(\rho g+EA\cdot\frac{\kappa}{\gamma}\right)\cdot\frac{\partial u}{\partial z}\\&+[T_0+\rho g\cdot z+EA\cdot(\gamma-1)]\cdot\left(\frac{\partial^2 u}{\partial z^2}-\frac{\kappa}{\gamma^2}\cdot\frac{\partial u}{\partial z}\right)\Bigg\}\end{aligned} \tag{6-20}$$

同理，对于 y 方向，有

$$\begin{aligned}\frac{\partial}{\partial s}\left[(T+\tau)\cdot\frac{\partial v}{\partial s}\right]=\frac{1}{\gamma^2}\cdot\Bigg\{&\left(\rho g+EA\cdot\frac{\kappa}{\gamma}\right)\cdot\frac{\partial v}{\partial z}\\&+[T_0+\rho g\cdot z+EA\cdot(\gamma-1)]\cdot\left(\frac{\partial^2 v}{\partial z^2}-\frac{\kappa}{\gamma^2}\cdot\frac{\partial v}{\partial z}\right)\Bigg\}\end{aligned} \tag{6-21}$$

由此，可得到两个方向上相互耦合的三维吊索运动控制方程。

采用式（6-22）作为刚度项的吊索运动方程，考虑了吊索运动发生变形从而产生的动态索力变化，吊索结构参数具有较明显的非线性特征。同时，由于未采用小变形假设，方程对于大幅值振动同样具有适用性。

非线性偏微分方程求解，需要进行时空离散，将微分方程转化为差分方程进行逼近求解。对于空间差分，采用具有 2 阶精度的中心差分格式，即

$$\begin{cases}\dfrac{\partial u}{\partial z}=\dfrac{1}{2l}\cdot\left(u_{j+1}^{k}-u_{j-1}^{k}\right)+o(h^2)\\ \dfrac{\partial v}{\partial z}=\dfrac{1}{2l}\cdot\left(v_{j+1}^{k}-v_{j-1}^{k}\right)+o(h^2)\\ \dfrac{\partial^2 u}{\partial z^2}=\dfrac{1}{l^2}\cdot\left(u_{j-1}^{k}-2u_{j}^{k}+u_{j+1}^{k}\right)+o(h^2)\\ \dfrac{\partial^2 v}{\partial z^2}=\dfrac{1}{l^2}\cdot\left(v_{j-1}^{k}-2v_{j}^{k}+v_{j+1}^{k}\right)+o(h^2)\end{cases}\tag{6-22}$$

式中，l 为空间差分中所采用的等分长度，对于总长为 L 的吊索，等分为 N 段，则 $l=L/N$；j 为节点号，取值范围为 1 到 $N+1$；k 为时间步序号。

时间差分采用显式 4 阶龙格–库塔法，在每个时刻 k 先进行空间离散，之后进行数值迭代，将式（6-13）转化成微分方程组形式：

$$\dot{y}=f(y,t)\tag{6-23}$$

对于该初值问题，初始条件为

$$y(t_0)=y_0\tag{6-24}$$

迭代过程为

$$y_j^{k+1}=y_j^k+\frac{h}{6}(K_1+K_2+K_3+K_4)\tag{6-25}$$

式中，h 为时间步长；K_1～K_4 为中间迭代值：

$$\begin{cases}K_1=f(y^k,t^k)\\ K_2=f\left(y^k+\dfrac{h}{2}\cdot K_1,t^k+\dfrac{h}{2}\right)\\ K_3=f\left(y^k+\dfrac{h}{2}\cdot K_2,t^k+\dfrac{h}{2}\right)\\ K_4=f(y^k+h\cdot K_3,t^k+h)\end{cases}\tag{6-26}$$

为保证迭代精度，计算每个 K 值时均更新一次空间离散的差分值。

6.4.2 桥塔尾流区三维吊索气动力

桥塔尾流区速度均方根值大，且具有特定的主频成分，满足一定风速条件时，吊索发生大幅振动。桥塔与吊索高度往往超过百米，根据《公路桥梁抗风设计规范》（JTG/T 3360-01—2018），考虑风剖面引起的来流风速随高度变化，有

$$U(z)=U_{10}\cdot\left(\frac{z}{10}\right)^{a_0} \tag{6-27}$$

式中，U_{10}为重现期100年的年平均最大风速数学期望值；a_0为地表粗糙度系数，其取值由周边地貌类型确定。由此可确定桥塔不同高度处的来流风速。

桥塔尾流区吊索所受到的脉动风荷载可按下式进行计算：

$$w_{\text{kf}}(z,t)=\mu_{\text{s}}\rho_{\text{air}}v_{\text{zf}}(t)v_{\text{mean}} \tag{6-28}$$

式中，$w_{\text{kf}}(z, t)$为结构高度z处脉动风荷载时程；μ_{s}为吊索的风荷载体型系数，取为1.25；ρ_{air}为空气密度，标准大气压下取1.225；$v_{\text{zf}}(t)$为高度z处的桥塔尾流区内吊索当前位置的风速脉动时程；v_{mean}为高度z处的桥塔尾流区内吊索当前位置的风速平均值。

桥塔尾流区速度脉动主要是由桥塔周期性漩涡脱落引起，其主频满足斯特劳哈尔（Strouhal）定律，即

$$f_{\text{s}}(z)=Sr\cdot\frac{U(z)}{D_{\text{tower}}} \tag{6-29}$$

式中，$f_{\text{s}}(z)$为z高度处的桥塔漩涡脱落频率，即尾流区风速主频；Sr为桥塔Strouhal数，与桥塔截面外形有关；D_{tower}为桥塔特征长度。据此，高度z处的风速时程可写为

$$v_{\text{zf}}(t)=\sqrt{2}v_{\text{rms}}\cdot\sin(2\pi f_{\text{s}}\cdot t) \tag{6-30}$$

式中，v_{rms}为高度z处的桥塔尾流区内吊索当前位置的风速均方根值。对于$v_{\text{mean}}(u, v, z, t)$与$v_{\text{rms}}(u, v, z, t)$，可通过CFD技术计算桥塔尾流场分布获得。

当上游桥塔的漩涡脱落频率f_{s}与吊索自振频率相一致时，激发尾流区吊索的尾流致振。至此，可确定单位长度处吊索荷载$f(u, v, z, t)$为

$$f(u,v,z,t)=w_{\text{kf}}(u,v,z,t)\cdot d_{\text{cable}} \tag{6-31}$$

式中，d_{cable}为吊索直径。

6.4.3 桥塔尾流区三维吊索风振算例

对于国内某在建悬索桥，每个吊点由两根吊索组成索股，最长的吊索长度为265m，1阶自振频率约0.34Hz，易受桥塔尾流作用产生大幅风致振动。取45°风

偏角（常遇风向）条件下，塔后前 4 排吊索作为研究对象，其计算参数取值如表 6-1 所示。

表 6-1　某超大跨径悬索桥塔后前 4 排吊索参数

吊索	塔-索距离/m	索长/m	延米质量/（kg/m）	阻尼比/%	张拉力/kN	基频/Hz
1	22	265	48.6	0.3	1564	0.34
2	38	260			1130	0.29
3	54	253	25.1		1256	0.44
4	70	246			1294	0.46

为了验证三维吊索振动控制方程以及算法稳定性，采用自由振动方法代入前 4 排吊索参数，赋予吊索结构初始位移，数值计算吊索自由振动情况，吊索中部节点运动时程曲线如图 6-30 所示。由图可见，通过输入索长、索力、质量等参数，计算得到的振动时程曲线其动力特性参数包括频率与阻尼比，均与实际结果完全吻合，由此可证明模型与算法的正确性。

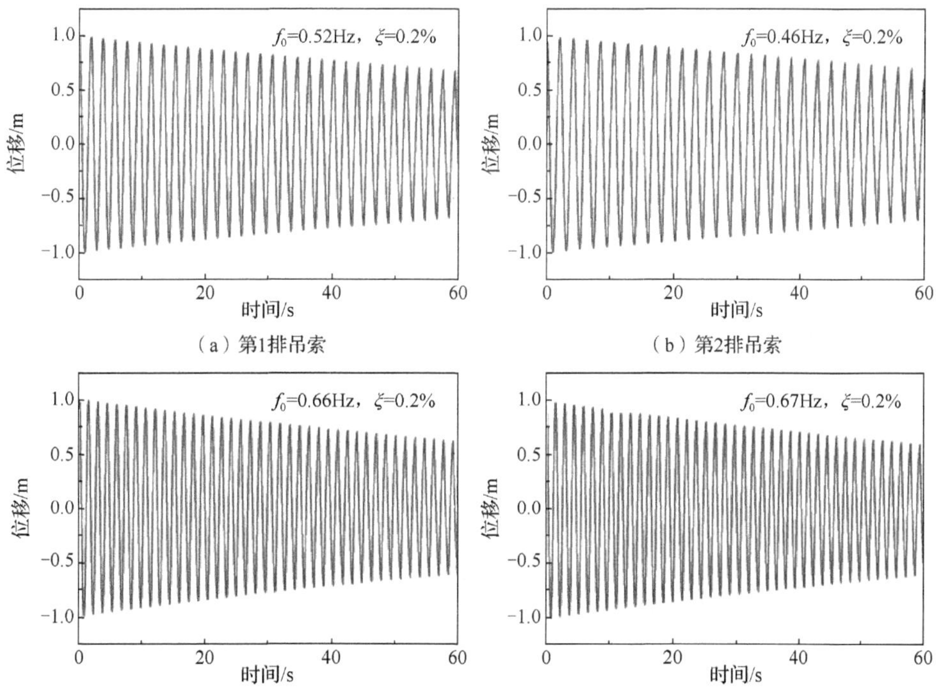

（a）第1排吊索　（b）第2排吊索

（c）第3排吊索　（d）第4排吊索

图 6-30　吊索自由振动时程曲线

桥塔尾流场速度时程通过 CFD 方法获取，采用 RANS 模型进行计算，桥塔尺寸、吊索位置、尾流风速监测区域等如图 6-31 所示。

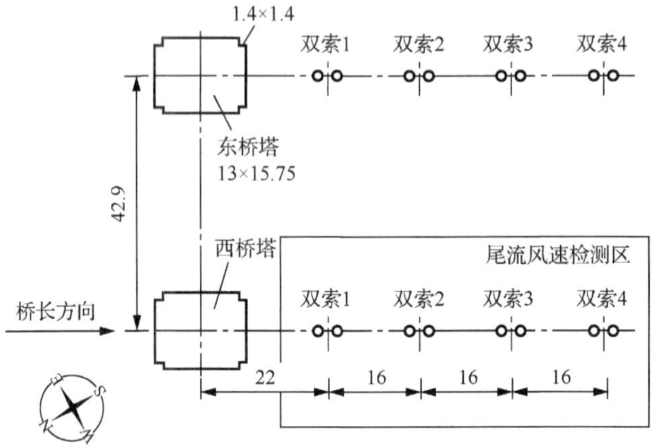

图 6-31　桥塔尾流区吊索相对位置图（单位：m）

CFD 计算获得尾流区风速时程，对桥塔尾流场风速进行统计，获得顺风向与横风向的 $v_{mean}(u, v, z, t)$分布与 $v_{rms}(u, v, z, t)$分布，10m/s 风速下尾流场如图 6-32 所示。

对于顺风向平均速度而言，其中心线靠近桥塔范围内存在明显回流区，平均流速为负值，而越往下游和两侧平均风速越大；对于脉动风速而言，顺风向 $y=0$ 两侧存在较大的峰值区域，而横风向在 y 轴靠近桥塔处存在峰值区域。

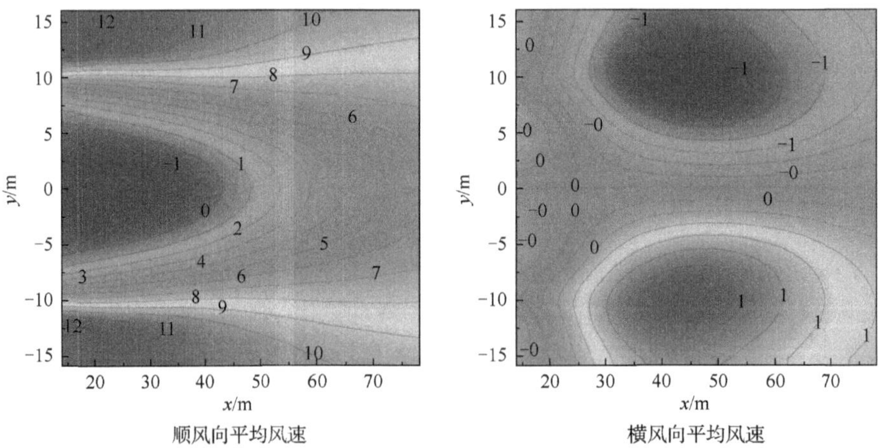

(a) v_{mean} (u,v,z,t) 分布

图 6-32　桥塔尾流场 $v_{mean}(u, v, z, t)$分布与 $v_{rms}(u, v, z, t)$分布（单位：m/s）

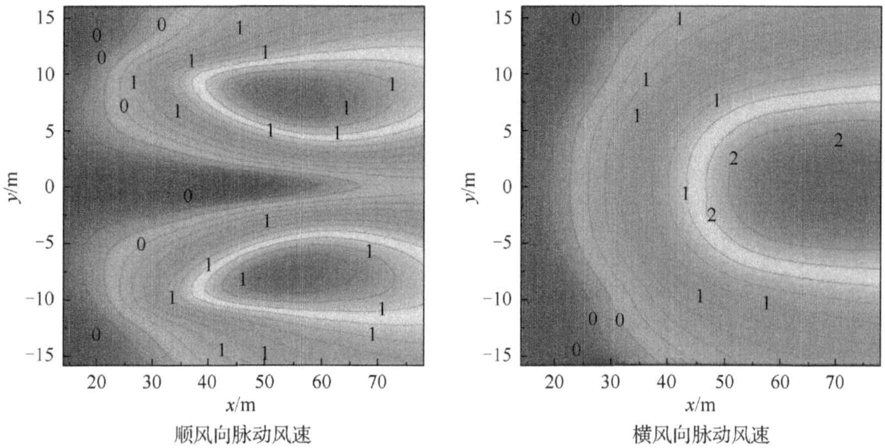

（b）v_{rms}（u,v,z,t）分布

图 6-32（续）

对于桥塔尾流区吊索而言，当上游漩涡脱落频率接近于吊索某阶模态频率时，吊索发生最大振幅。对于 10m 高度基准风速的取值，选取 5m/s 到 50m/s，间隔 5m/s。由于高度越高，风速越大，上游桥塔的漩涡脱落过程越快，尾流场中的主频频率越大。经数值模拟确定该尺寸的带切角桥塔截面 *Sr* 数约为 0.19。通过计算发现，在基准风速取为 20～40m/s 时，尾流区主频覆盖第 1 排到第 4 排吊索的 1 阶模态频率。由此可以预见的是，在较大风速下吊索桥塔尾流致振动主要以 1 阶振动为主。

采用有限差分方法，利用方程（6-13）对桥塔尾流区 4 排吊索进行数值求解，统计不同基准风速下吊索振动最大位移，如图 6-33 所示。

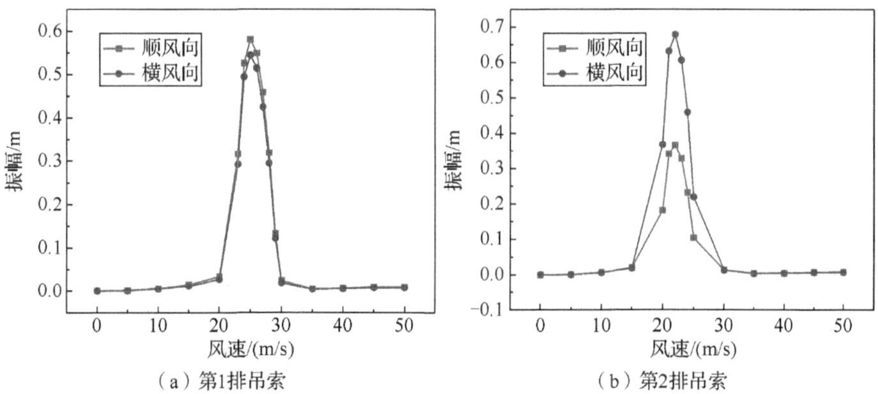

图 6-33　前 4 排吊索振幅-风速曲线

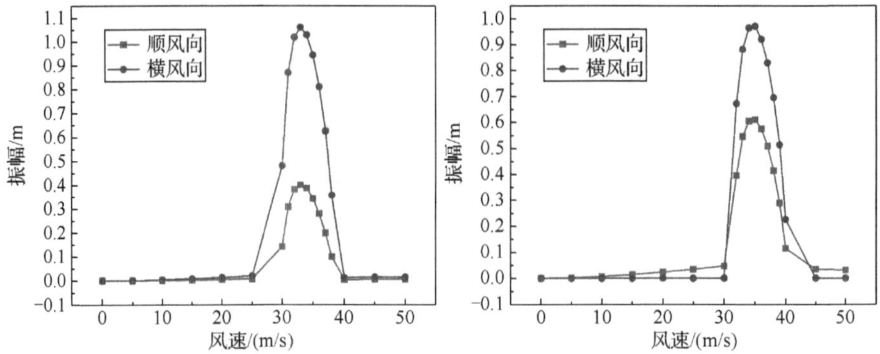

（c）第3排吊索　（d）第4排吊索

图 6-33（续）

6.4.4　小结

本节提出了桥塔尾流区三维吊索尾流致振的非线性运动控制方程和气动力模型，并对某超大跨径悬索桥算例进行计算。主要结论如下。

（1）数值计算表明，本书提出的三维吊索桥塔尾流致振的非线性控制方程能够很好地吻合实际吊索的运动特征，同时非定常气动力模型可以较好预测吊索的起振风速与振动特征。

（2）吊索桥塔尾流致振通常表现为高风速下的低频振动模式，当上游桥塔尾流频率与吊索某阶振动模态频率相接近时，吊索具有较大振幅，由于风剖面的存在，其发生的风速区间较大，需要对不同风速剖面进行逐级计算和分析。

6.5　工程应用——某大桥桥塔尾流致吊索振动分析

6.5.1　季风下桥塔区吊索振动特性分析

某大桥在主跨 1/4 断面、1/2 断面和 3/4 断面共布置了 8 个超声风速仪，每个断面前后各布置 1 个，用以监测来流风场风速，安装位置如图 6-34 和图 6-35 所示。为了监测桥面的振动信息，在主跨 1/4 断面、1/2 断面、3/4 断面及边跨 1/2 断面布置了 12 个单向加速度传感器，每个断面布置 3 个（2 个用以监测桥面竖向加速度，1 个用以监测桥面侧向加速度），安装位置如图 6-36 所示。

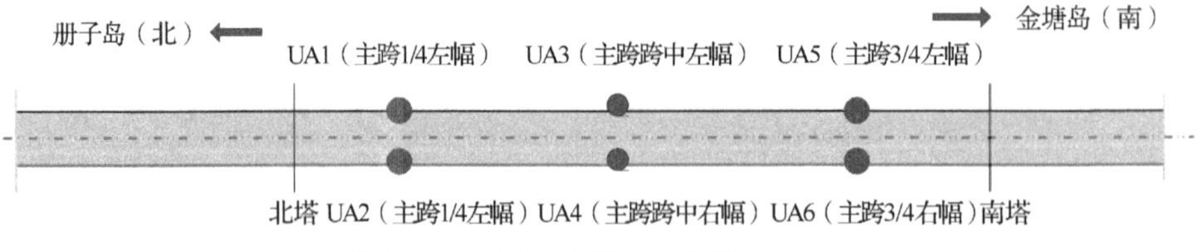

图 6-34　超声风速仪安装位置（一）

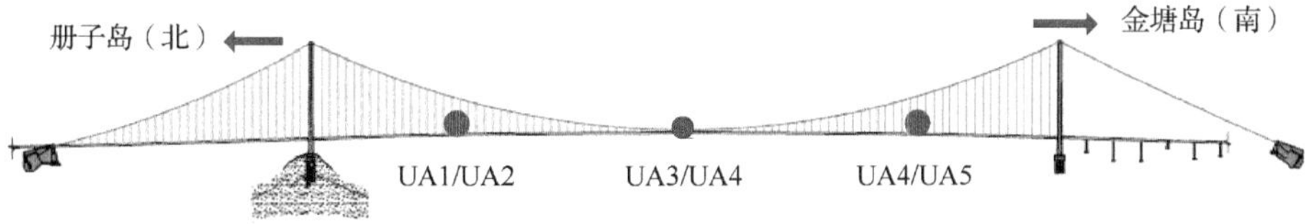

图 6-35　超声风速仪安装位置（二）

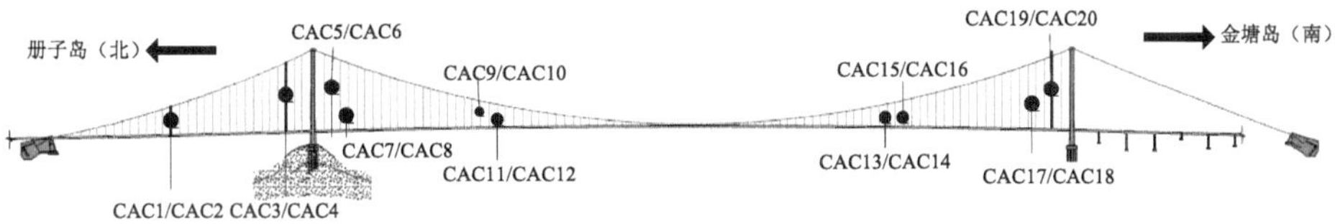

图 6-36　大桥吊杆加速度传感器布置示意图

该桥吊杆的加速度均方根值如图 6-37 所示。从图中可知，南塔 20 号吊杆（CAC20）和北塔 5 号吊杆（CAC5）的加速度值较大，因此吊杆振动响应的分析以 CAC20 号吊杆和 CAC5 号吊杆为主。

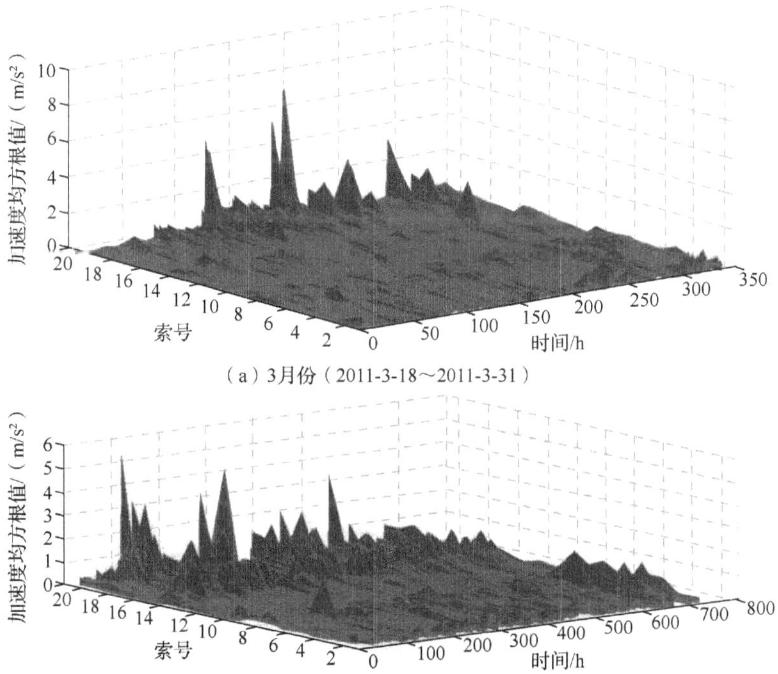

（b）4月份（2011-4-1～2011-4-30）

图 6-37　吊杆加速度均方根值响应

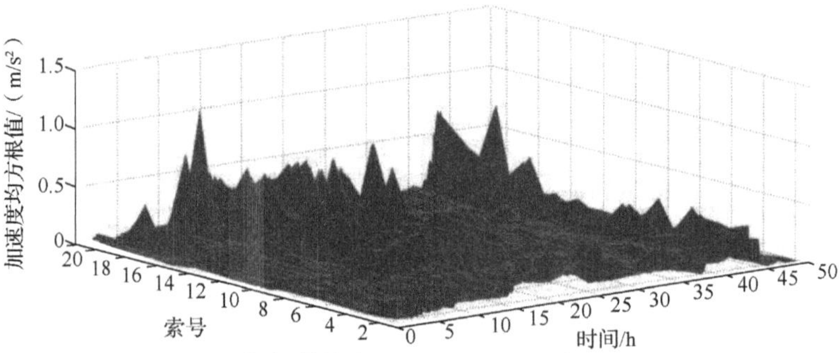

（c）5月份（2011-5-30～2011-5-31）

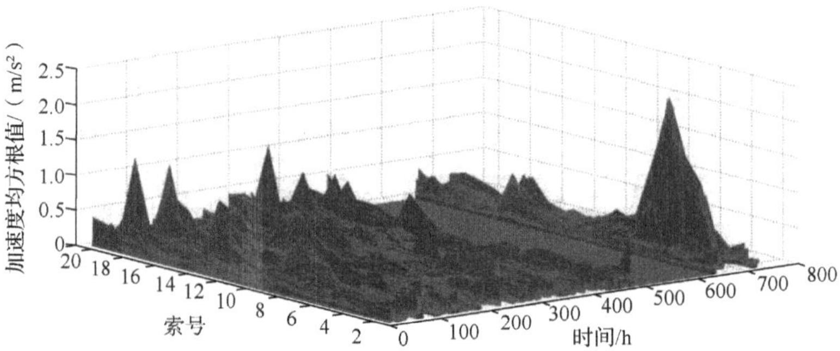

（d）6月份（2011-6-1～2011-6-30）

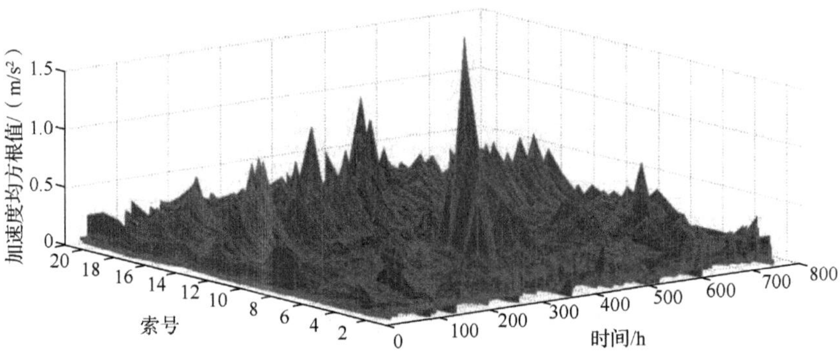

（e）7月份（2011-7-1～2011-7-31）

图 6-37（续）

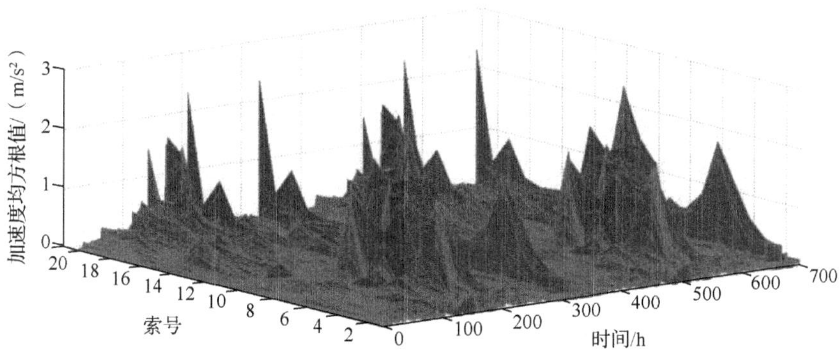

（f）8月份（2011-8-1～2011-8-25）

图 6-37（续）

选取 2011 年 3 月 25 日 7:20～7:30 时间段进行分析，CAC20 吊杆振动加速度均方根为 7.45m/s^2，位移最大幅值为 0.013m（图 6-38），从 CAC20 吊杆振动频谱特性图 6-39 中可知，此时 CAC20 吊杆振动是一个单模态振动，振动频率为 14.99Hz。

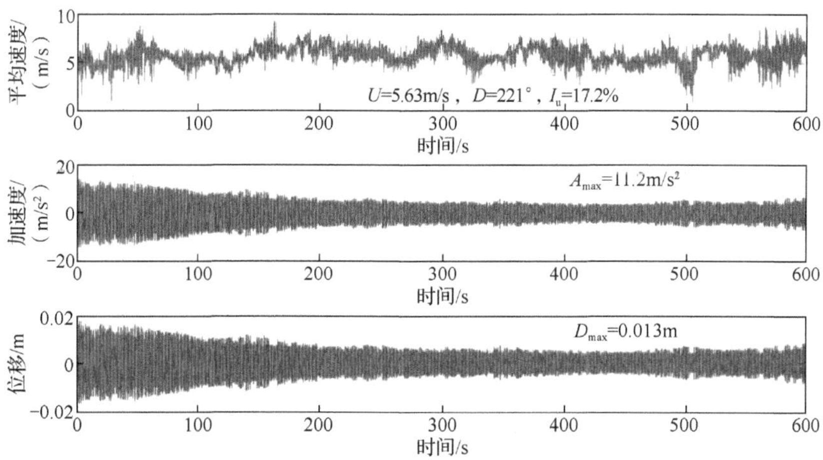

图 6-38　大桥 CAC20 吊杆加速度及位移时程

（3 月 25 日 7:20～7:30）

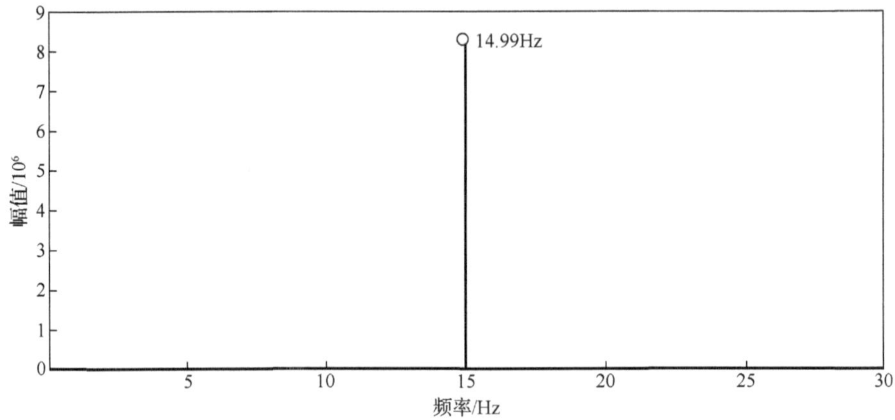

图 6-39　大桥 CAC20 吊杆振动频谱特性

（3 月 25 日 7:20～7:30）

选取 2011 年 6 月 28 日 7:40～7:50 时间段进行分析，CAC5 吊杆振动加速度均方根为 2.23m/s^2，最大位移幅值为 0.18m（图 6-40）。如图 6-41 所示，CAC5 吊杆的振动为多模态振动，频率主要分布区间为 0.42～15Hz。

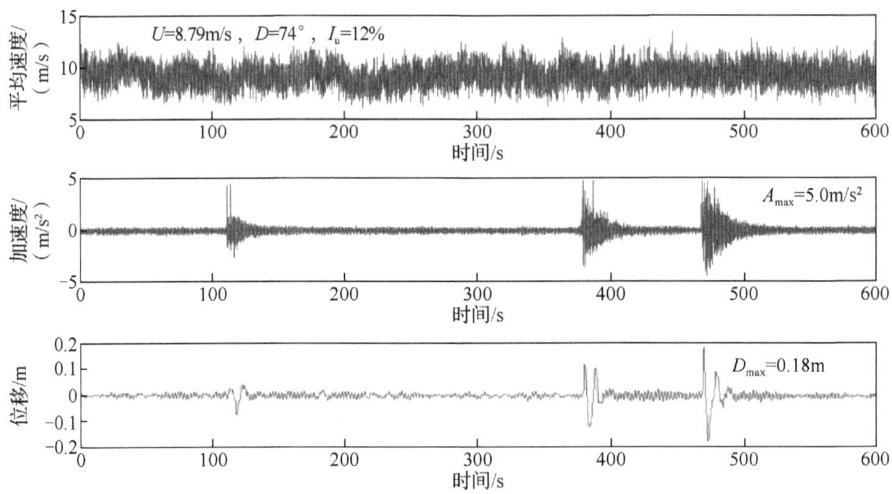

图 6-40　大桥 CAC5 吊杆加速度及位移时程

（2011 年 6 月 28 日 7:40～7:50）

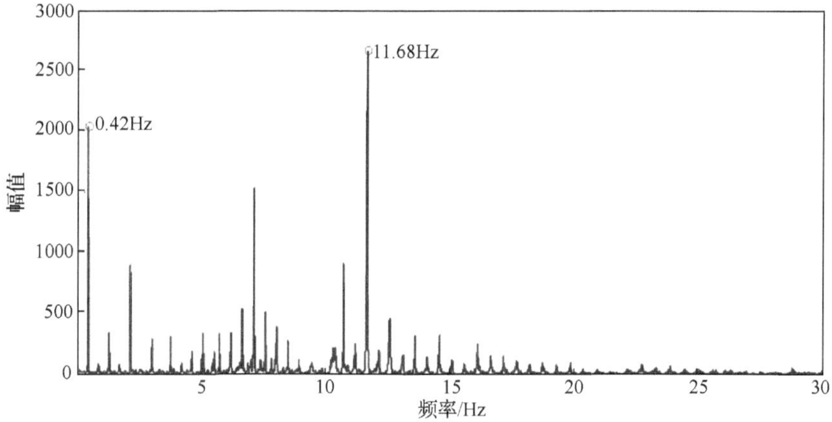

图 6-41　大桥 CAC5 吊杆振动频谱特性
（2011 年 6 月 28 日 7:40～7:50）

6.5.2　台风下桥塔区吊索振动特性分析

如图 6-42、图 6-43 所示，2011 年 8 月 6 日 19:00 至 2011 年 8 月 7 日 5:00，台风持续时间 11h 左右。通过对大桥桥面风速的数据分析得到：主跨 1/4 跨处最大风速 26.93m/s；主跨 3/4 跨处最大风速 25.80m/s；主跨跨中处最大风速 24.31m/s。

大桥吊杆的振动响应如图 6-44 所示。吊杆振动响应的分析以 CAC20 号吊杆和 CAC5 号吊杆为主。

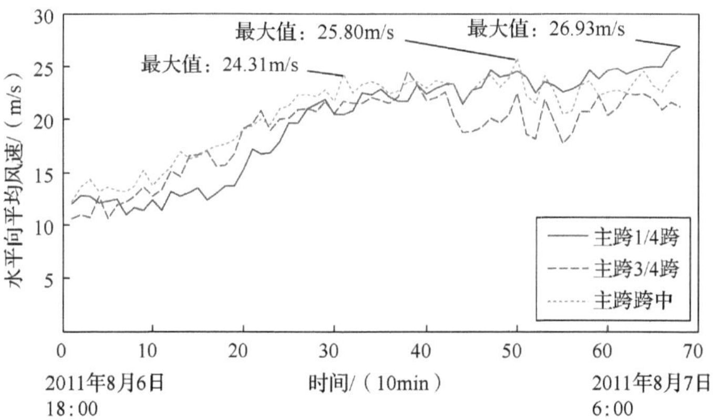

图 6-42　台风影响下大桥桥面平均风速随时间的变化

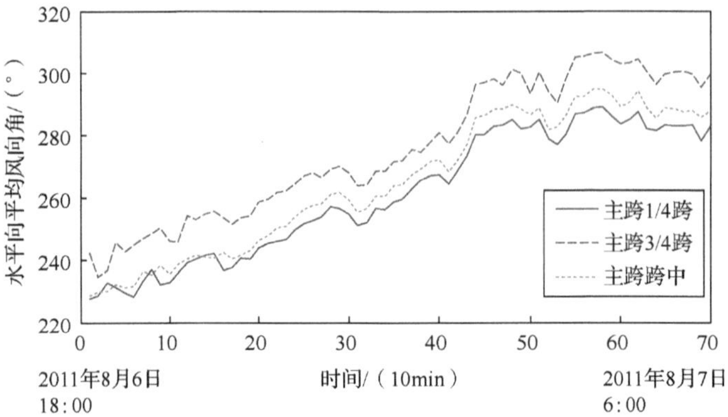

图 6-43　台风影响下大桥桥面平均风向角随时间的变化

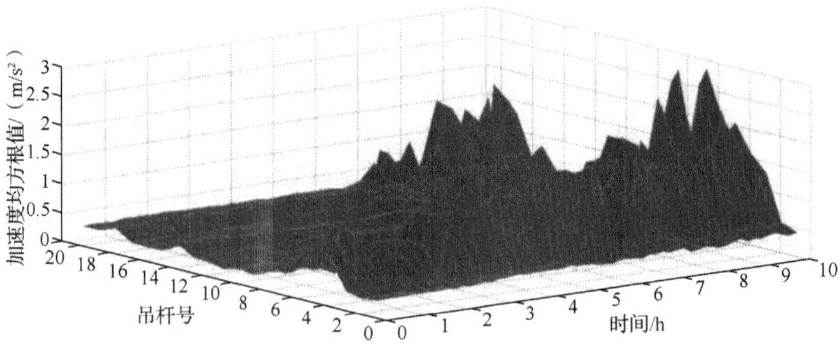

图 6-44　大桥不同斜拉索振动响应（加速度均方根）
（2011 年 8 月 7 日 19:00～8 月 8 日 4:00）

选择 2011 年 8 月 7 日 4:40～4:50 时间段来分析 CAC20 吊杆的振动特性，CAC20 吊杆振动加速度均方根为 1.72m/s^2，将这 10min 的加速度时程调出，积分得到 CAC20 吊杆的位移时程，位移的最大值为 0.2m（图 6-45），分析此时 CAC20 吊杆振动频谱特性（图 6-46），此时 CAC20 吊杆振动是一个多模态振动，振动频率分布较宽。

选择 2011 年 8 月 7 日 4:10～4:20 时间段分析 CAC5 吊杆的振动特性，CAC5 吊杆振动加速度均方根为 3.05m/s^2，位移的最大值为 0.58m（图 6-47）。CAC5 吊杆的振动是多模态振动，最低频率为 0.42Hz（图 6-48）。

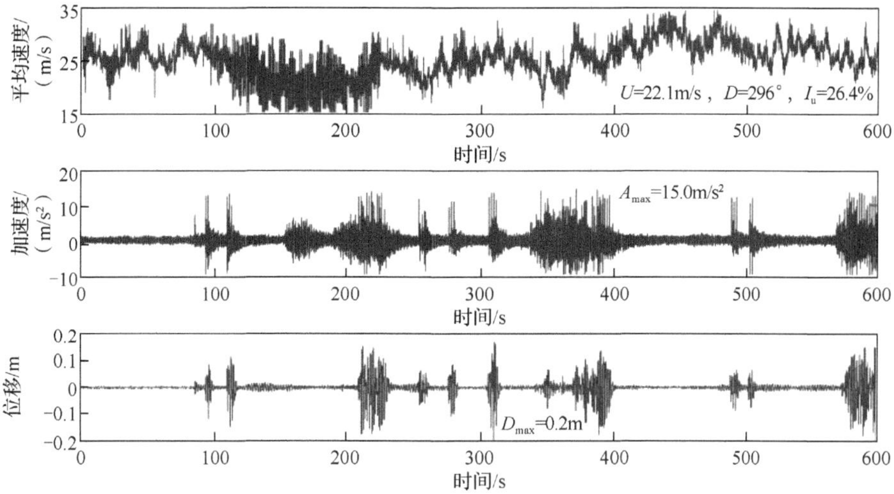

图 6-45　大桥 CAC20 吊杆加速度及位移时程（2011 年 8 月 7 日 4:40～4:50）

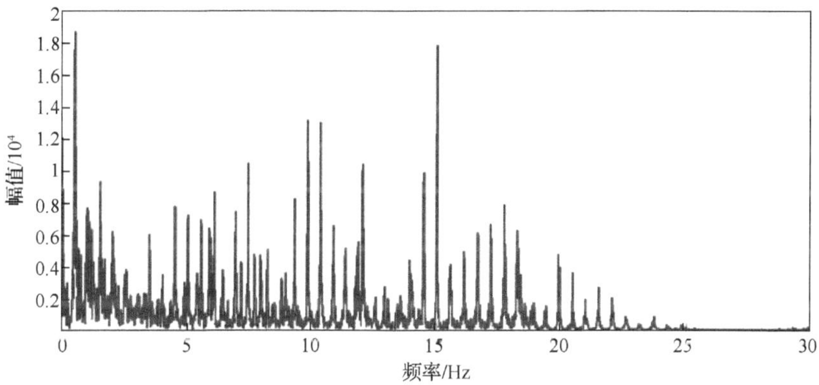

图 6-46　大桥 CAC20 吊杆振动频谱特性（2011 年 8 月 7 日 4:40～4:50）

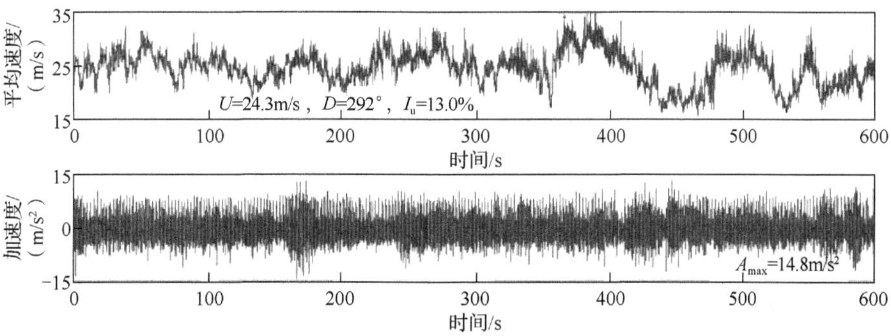

图 6-47　大桥 CAC5 吊杆加速度及位移时程（2011 年 8 月 7 日 4:10～4:20）

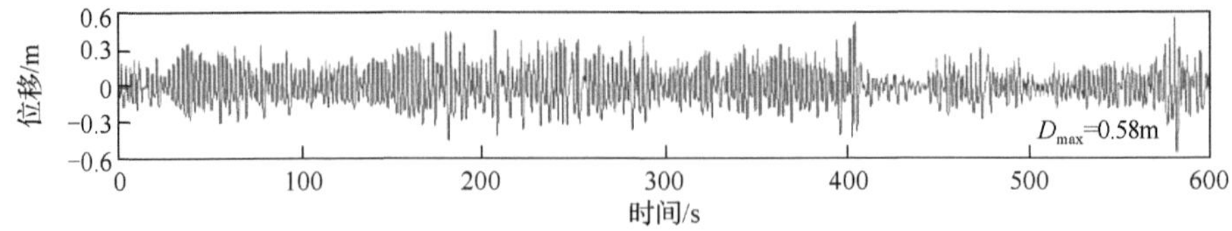

图 6-47（续）

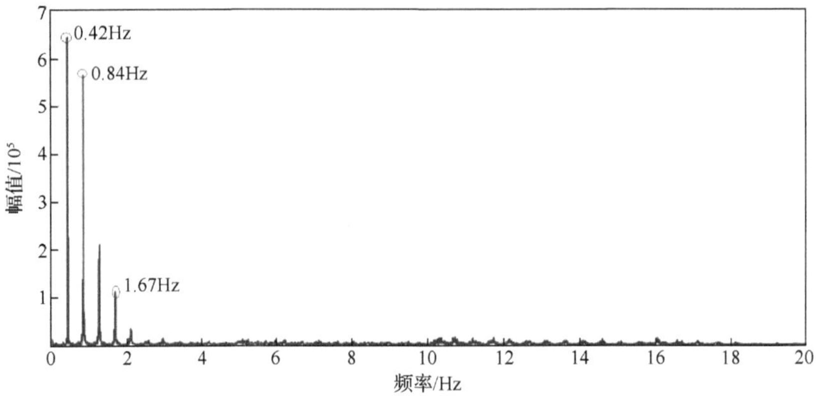

图 6-48　大桥 CAC5 吊杆振动频谱特性（2011 年 8 月 7 日 4:10～4:20）

6.6　小　　结

本章系统研究了悬索桥桥塔尾流区的特征以及在该区域内垂直吊索的复杂风致振动，得到的主要结论如下。

（1）通过风洞缩尺试验研究了悬索桥桥塔尾流影响区的特征以及在该影响区内垂直吊索的复杂风致振动，发现上游桥塔漩涡脱落给吊索施加了低频周期性激励，诱发低频气动力，从而激发了吊索的大幅度振动，且发生频繁碰撞。

（2）采用 CFD 数值模拟方法对桥塔尾流区吊索振动与碰撞进行研究，发现在来流与桥塔间的不同风向角下，桥塔尾流对下游吊杆施加不同的气动力，使得吊索间气动力系数差异变大，易引起吊索横流向与顺流向的剧烈运动，甚至发生碰撞。同时，验证了风洞试验结果，即引起吊索大幅振动的主因是桥塔尾流中主导频率与吊索自振频率接近所引起的共振。

（3）提出了桥塔尾流区三维吊索尾流致振的非线性控制方程与非定常气动力模型，较好地预测了吊索发生桥塔尾流致振的振动特征与形式，为实际工程应用提供了计算方法。

（4）对某大桥桥塔附近吊索的风致振动进行了现场监测和分析，发现该区域吊索在高风速下发生了复杂的多模态低频大幅振动现象。根据前述风洞试验和理论分析结果，可知塔尾流中吊索的风致振动是抖振响应和桥塔涡脱共振响应的组合振动。

参 考 文 献

[1] CHEN W, GAO D, LI H, et al. Wake-flow-induced vibrations of vertical hangers behind the tower of a long-span suspension bridge. Engineering structures, 2018, 169: 188-200.

[2] CHEN W L, YANG W H, XU F, et al. Complex wake-induced vibration of aligned hangers behind tower of long-span suspension bridge. Journal of fluids and structures, 2020, 92: 102829.

[3] CHEN W L, HUANG Y W, MENG H. Wake-induced vibration of a suspender cable in the rear of a bridge tower. Journal of fluids and structures, 2020, 99: 103166.

第 7 章　柔性索结构流动控制

7.1　引　　言

索结构的风致振动多为限幅振动，但索的柔度大、起振风速低，低风速下即有可能发生振动，若不加以控制会造成锚固端的疲劳损伤，破坏端部的腐蚀防护装置，影响构件使用寿命。索振动控制主要分为机械阻尼控制与气动控制，后者也称流动控制。

根据是否有外界能量输入，流动控制措施主要分为两类，即主动控制措施和被动控制措施。主动控制措施是在流场中施加适当的扰动，实现对流动的控制，通过额外能量的输入，在需要的时间和区域达到局部或者全局流动的控制效果；由于主动控制措施需要额外的能量输入来维持控制效果，成本较高，通常会使结构变得更加复杂。被动流动控制措施主要通过改变气动外形或表面特征等方式实现对流动的控制；其成本较低，不需要额外能量输入，在预设状态下有较好的控制效果，但对环境的适应能力较低，当实际流动偏离预设状态时控制效果可能减弱或消失。

主动流动控制措施包括注入动量、行波壁控制、介质阻挡放电流动控制和主动吸吹气（吸气/吹气）流动控制等方法。注入动量是通过对边界层注入角动量，达到延迟边界层分离的目的，进而影响绕流场状态，抑制尾流区漩涡的交替脱落，可显著降低结构的阻力和升力脉动[1,2]。行波壁控制[3,4]是一种直接削弱圆柱结构边界层剪切流来控制流动的主动控制措施。将圆柱壁面设计成柔性可变的表面，通过主动控制装置在表面产生向后驻点运动的行波，在行波运动过程中波谷处可以产生稳定的随行波运动的小尺度漩涡。壁面的运动可以增加边界层的动量，小涡的存在产生了“流体滚动轴承效应”，使层流边界层更趋近于湍流边界层，进一步推迟了流动分离，显著减小结构受到的气动力。同时行波壁控制还可以明显抑制圆柱结构的横流向和顺流向涡激振动[5]。行波壁控制对圆柱结构的流动控制和振动控制具有较好的效果，但直接应用到实际工程中难度较大，因此介质阻挡放电技术被认为是实现上述控制方案的一种手段。Choi[6]在平板上设置等离子体发生器阵列，实现了等离子体激励产生行波。目前介质阻挡等离子体控制在圆柱绕流的控制中主要集中在流场控制和升力和阻力控制方面[7-11]，在圆柱表面布置等离子体激励器可以对流体输入动量，推迟边界层分离，同时等离子激励产生的漩涡或者射流可以改变圆柱尾流的形态，有效地控制圆柱绕流，显著降低升力系数和阻力系数，抑制涡激振动。

圆柱结构的被动控制措施通常包括表面凸起、表面凹槽、内部开槽、被动吸吹气、仿生表面等。表面凸起进一步可分为表面缠绕螺旋线和表面球形凸起等。Lee 和 Kim[11]在圆柱表面螺旋形缠绕了 3 条丝线，这种螺旋形的表面凸起增加了圆柱尾流的三维流动，尾流沿展向呈现周期性变化，漩涡形成区变得窄而长，削弱了周期性漩涡脱落。Korkischko 和 Meneghini[12]在圆柱表面设置 3 条螺旋形的条板来进行圆柱的振动控制，在合适的螺距和板高下可以成功地抑制圆柱的涡激振动和尾流致振。当螺旋线的尺寸小于临界尺寸时，其对圆柱流场的控制作用并不明显[13]，这是由于表面凸起的幅度太小，不足以改变圆柱表面边界层，对流动分离的影响太小；且圆柱结构的 S_G 数较小，在强烈的流固耦合作用下，周期性的漩涡脱落会重新发展，采用螺旋线或螺旋条板控制圆柱结构也有可能再次发生涡激振动[14]。采用一定间距按螺旋形布置的半球形凸起控制的圆柱也可以得到与螺旋线和螺旋列板类似的控制效果[14,15]。

表面凹槽是在圆柱表面加工 V 形或者 U 形的凹槽，表面凹槽可以将圆柱各个流动模态对应的雷诺数提前[16]，U 形凹槽的减阻效果优于 V 形凹槽，其减阻和控制尾流的效果随着雷诺数的增加而增加，当 $Re=1.4\times10^5$ 时，阻力系数最大降低 18.6%，漩涡形成区长度延长 50%以上[17,18]。Lee 等[19]使用微电子技术在圆柱表面实现了峰间距为 300μm 的 V 形凹槽，在 $Re=3.6\times10^3$ 时阻力系数降低了 7.6%，当 $Re=3.6\times10^4$ 时阻力系数增加了 4.2%。

本章介绍柔性索结构控制方法中的主动吸吹气流动控制、被动吸吹气流动控制和非一致表面控制措施，分析其流动控制效果及流动控制机理。

7.2　主动吸吹气流动控制

7.2.1　主动吸气控制

1. 数值模拟

斜拉索的风致振动主要是由尾流区漩涡脱落引起的。通过控制斜拉索尾部的周期性漩涡脱落，来抑制斜拉索非定常气动力，进而控制斜拉索振动，采用主动吸气控制[20,21]的方法可以达到这一目的。

本节介绍在分离点主动定常吸气对拉索气动力的控制效果。如图 7-1 所示，控制对象是刚性圆柱模型，直径 D 为 50.8mm，长度 L 为 304.8mm，沿着轴向开

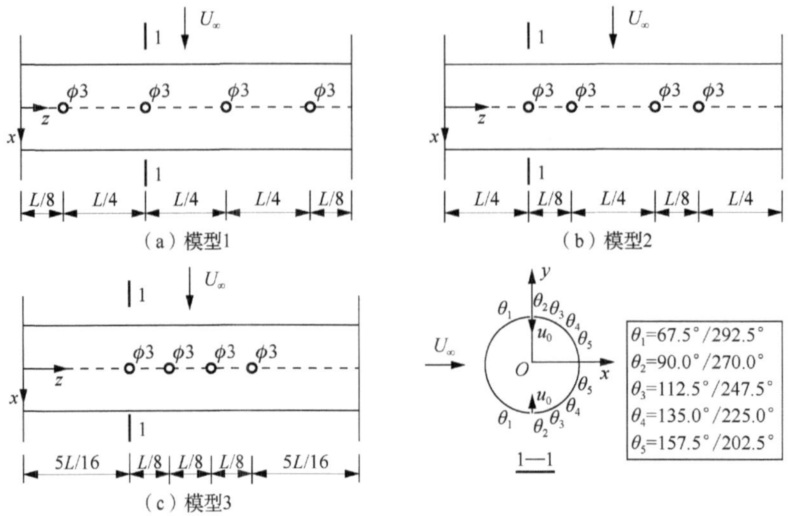

图 7-1　主动吸气气孔设置及气孔方位角示意图

吸气孔，每排 4 个，2 排气孔上下对称。按照每排 4 个气孔的展向排布方式分为 3 种模型。根据气孔环向位置的不同又分为 5 种气孔角度分布方式。根据圆柱表面吸气孔吸气流量的不同，分为 5 种吸气工况：20L/min、40L/min、60L/min、80L/min 和 95L/min，吸气孔直径为 3mm，吸气速度分别为 5.89m/s、11.79m/s、17.68m/s、23.58m/s 和 28.00m/s，采用式（7-1）定义吸气系数 C_μ：

$$C_\mu=2\left(\frac{U_{\text{suc}}}{U_\infty}\right)^2\left(\frac{S_{\text{suc}}}{DL_{\text{ref}}}\right) \tag{7-1}$$

式中，U_{suc} 为吸气速度；U_∞ 为来流风速，本研究中采用 8m/s 来流风速；S_{suc} 为一个截面上的吸气孔总面积；L_{ref} 为一个截面吸气孔控制的有效长度，对于模型 1、模型 2 和模型 3 分别等于 $L/4$、$3L/16$ 和 $L/8$。

经计算，模型 1 的吸气系数分别为 0.004、0.0159、0.0357、0.0635 和 0.0895，模型 2 的吸气系数分别为 0.0053、0.0212、0.0476、0.0846 和 0.1193，模型 3 的吸气系数分别为 0.0079、0.0317、0.0713、0.1269 和 0.1790。吸气流量等于 0 时的工况为无控工况，对应吸气系数等于 0。

首先从气动力的角度研究吸气孔角度对控制效果的影响，定义 3 种模型在各个吸气孔方位角下的阻力控制效果（有控工况/无控工况下平均阻力系数）和升力控制效果（有控工况/无控工况下升力系数均方根值），并用 η_c 表示，如图 7-2 所示。3 种模型气动力均在 90°达到极小值点，说明气孔角度在 90°时对模型的控制效果最好。将气孔角度设定为 90°，3 种模型在各个吸气系数 C_μ下的气动力控制效果如图 7-3 所示。3 种模型中模型 1 的控制效果最差，但在各个吸气系数下依然具有一定的控制效果，在 C_μ=0.0895 时升力脉动依然可以减小 50%以上，模型 2 和模型 3 的控制效果均优于模型 1。根据气动力控制效果随吸气系数变化的曲线可以看出，随着吸气系数继续增大，控制效果先增大，后趋于平稳。从阻力系数和升力系数来看模型 2 最先达到平稳状态，大吸气系数下阻力减小 25%以上，升力均方根值减小 90%以上。

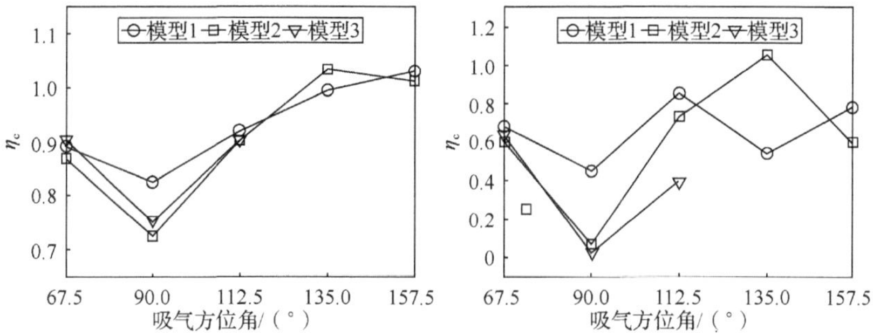

（a）阻力系数　　（b）升力系数

图 7-2　不同吸气孔方位角下升力和阻力控制效果

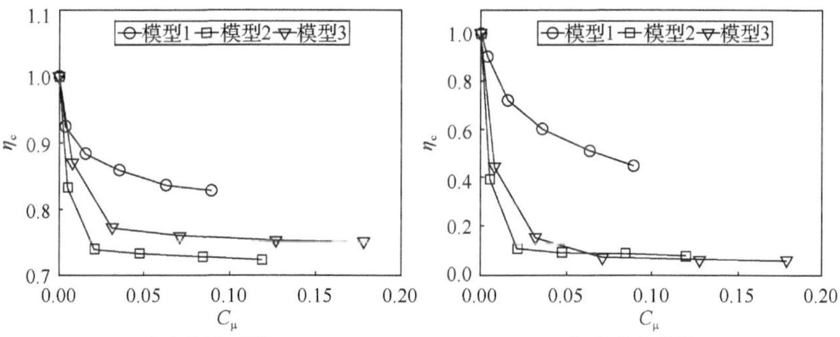

（a）阻力系数　　（b）升力系数

图 7-3　不同吸气系数下升力和阻力控制效果

模型 2 在各个吸气系数下跨中截面的表面压力分布如图 7-4 所示，图中黑色曲线是无控圆柱的表面压力系数 C_p 平均值和均方根值分布。对于有控工况，各个吸气系数下模型背风面压力系数均大于无控工况，背风面压力系数的提高直接减小了模型受到的阻力。当吸气系数大于 0.0053 时，跨中截面压力分布基本重合，当吸气系数等于 0.0053 时图中表面压力分布的曲线介于无控工况和大吸气系数工况之间，与上文中气动力结果相吻合。图 7-4（a）中压力系数平均值的极小值点被认为是模型表面正压梯度区和逆压梯度区的转变点，无控工况下该转变点约为 71.8°，在吸气系数等于 0.0053 时压力梯度转变点前移，约等于 69.8°，在大吸气系数下进一步前移到约 66.7°，压力梯度转变点的变化侧面反映了流动分离点的变化。

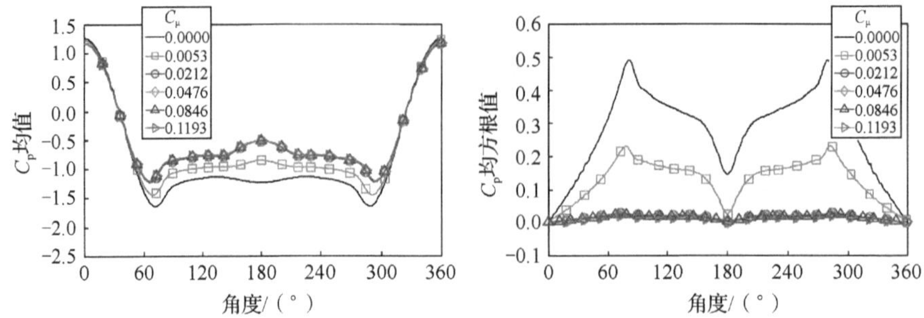

（a）压力系数平均值　　（b）压力系数均方根值

图 7-4　模型 2 跨中截面表面压力分布

表面定常吸气可以改变模型沿展向的流动，为揭示该变化的规律，分析圆柱结构展向不同位置的压力分布和流动。图 7-5 为截面划分示意图，其中 P1 位于跨中截面，P3 和 P5 位于吸气孔位置。图 7-6 给出了吸气系数为 0.0212 时气孔 H2 附近的 4 个典型截面的表面压力系数平均值。P1 和 P2 截面的负压区压力系数平均值明显高于无控工况，分离点前移。P3 截面与吸气孔截面重合，在吸气孔附近压力较小，压力梯度转变点附近表面压力系数小于无控工况，压力梯度转变后逆

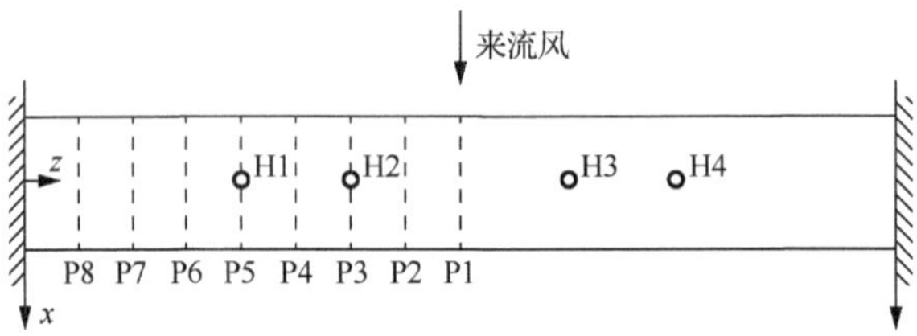

图 7-5　模型 2 截面划分图

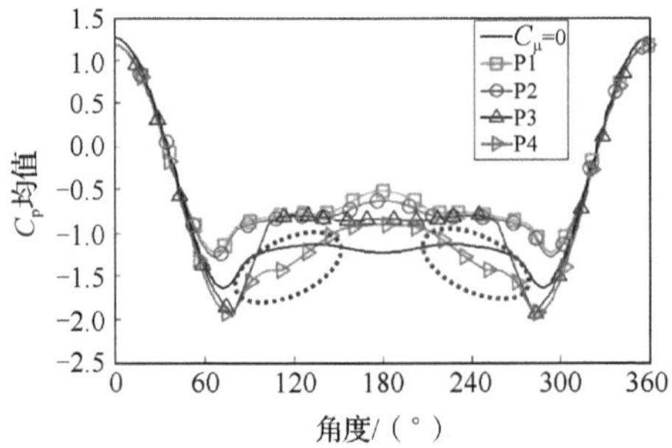

图 7-6　模型 2 不同截面压力分布图

压梯度极大，表面压力迅速增大并超过了无控工况。P4 截面的压力分布呈现不同的规律，正压梯度与 P3 截面类似，逆压梯度比 P3 截面有所减小，逆压区表面压力上升缓慢，逆压梯度区间较大，最终在后驻点处压力系数依然大于标准圆柱模型。

定常吸气对拉索气动力的控制效果主要取决于对脱落漩涡的影响程度。在吸气系数较小时，模型尾部周期性的涡脱未被有效抑制。如图 7-7（a）所示，模型 2 在吸气系数等于 0.0053 时，在无气孔表面发生了剪切层分离，在气孔附近分离被延迟。流动分离的延迟使尾流漩涡区有变窄的趋势，从涡量三分量图中可以看出，在分离点附近产生了三维空间特征的漩涡结构。由于吸气量较小，三维流动较弱，每个吸气孔单独工作，模型整体的漩涡脱落过程并没有被显著改变，因此模型依然有较大的平均阻力和脉动升力。

图 7-7（b）是模型 2 在吸气系数为 0.1193 时的涡量分布图。尾流中发生了明显的三维流动，同一截面上下两侧的气孔以及相邻气孔处的流动发生了汇流，在 4 个孔的中心处产生了明显的三维涡结构。由于吸气产生的三维涡结构干扰了尾流场展向相关性，周期性的漩涡脱落过程被抑制，有利于减小模型的阻力平均值和升力均方根值。模型 2 在吸气系数为 0.1193 时，气孔附近平面的时均流线和湍动能（turbulent kinetic energy，TKE）分布如图 7-8 所示。其中，图 7-8（a）是无控工况的时均流线和湍动能图，在尾流中有两个对称的反向旋转的漩涡，尾流场中湍动能较大，流动的脉动性较强。在模型 2 的 P1 平面处，漩涡与无控工况相比变得狭长，两个涡间距变大，且尾流场中湍动能明显降低。在 P2 平面处则可以看到一个不规则的漩涡对，而位于气孔 H1 和 H2 之间的 P3 平面处则看不到展向主涡的存在，进一步说明了汇流的中心是位于在气孔 H1 和 H2 之间的平面，而非气孔所在的平面。

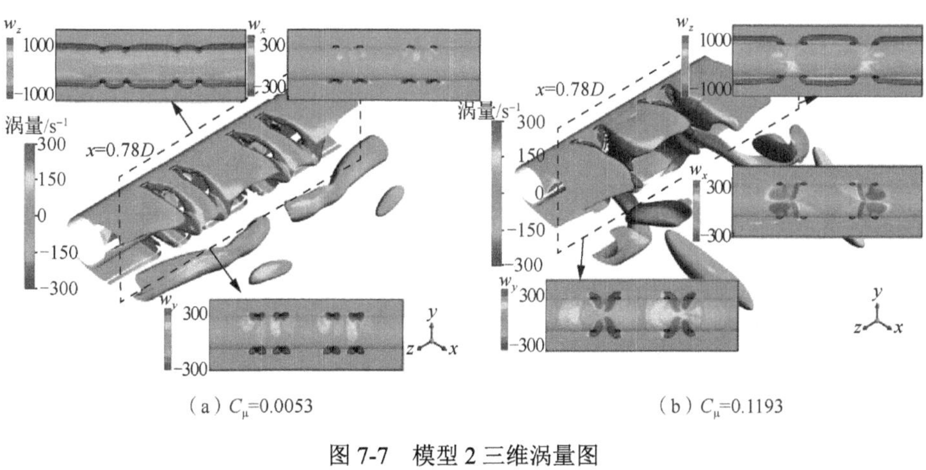

（a）C_μ=0.0053　　（b）C_μ=0.1193

图 7-7　模型 2 三维涡量图

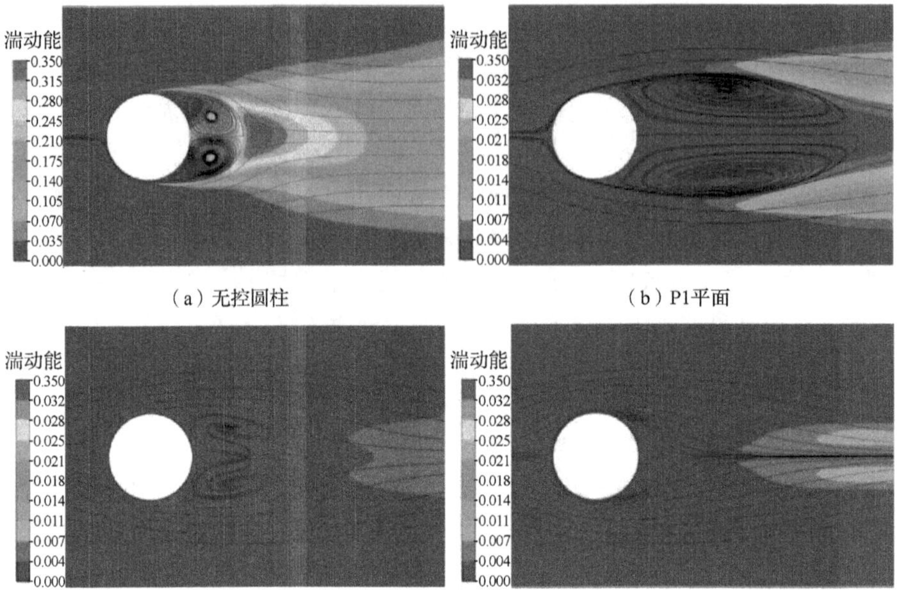

（a）无控圆柱　（b）P1平面

（c）P3平面　（d）P4平面

图 7-8　无控圆柱和模型 2 时均流线和湍动能图

2. 试验研究

试验模型所用参数与数值模拟研究中的参数保持一致[22]。图 7-9 是模型表面展开示意图，0°是前驻点位置，吸气孔位于 90°和 270°，展向位置与模型 2 相同，每个吸气孔直径是 3mm，吸气流量分别为 20L/min、40L/min、60L/min、80L/min 和 95L/min，吸气流量为 0 时代表无控工况。其中跨中截面和其右侧第一排吸气孔所在的截面为测压截面，分别表示为截面 1 和截面 2，截面 1 等角度布置 32 个测压孔，截面 2 由于吸气孔的存在布置了 30 个测压孔。

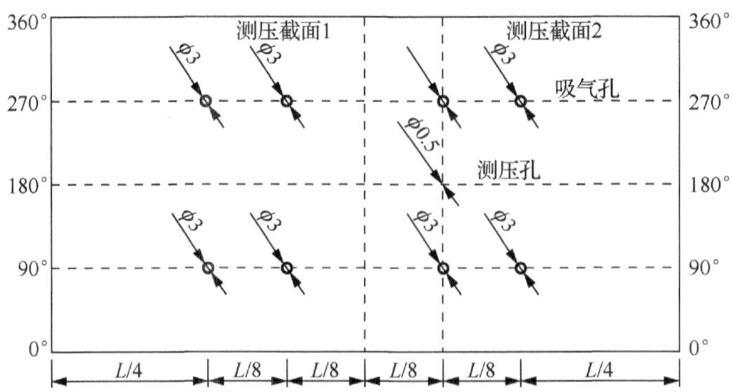

图 7-9　试验模型表面展开图

两个测压截面表面压力系数平均值和均方根值如图 7-10 和图 7-11 所示，其中黑色曲线表示无控工况，在定常吸气控制下截面 1 负压区压力系数增加，吸气流量小于 40L/min 时流量的增加对负压区压力系数的增加作用较为显著，流量大于 40L/min 后流量的增加不再对负压区压力系数的提高产生明显的效果。对于截面 2，定常吸气使正压梯度区延长，在压力梯度转换点附近的平均压力系数低于无控工况，反映了流动分离的延迟。有控工况下逆压梯度远大于无控工况，使有控时逆压梯度区表面压力提升较快，负压区压力系数依然高于无控工况。从表面压力均方根分布可以看出定常吸气可以有效降低表面脉动压力，吸气流量大于 40L/min 后控制效果趋于收敛，继续增大吸气量对控制效果提升不大。

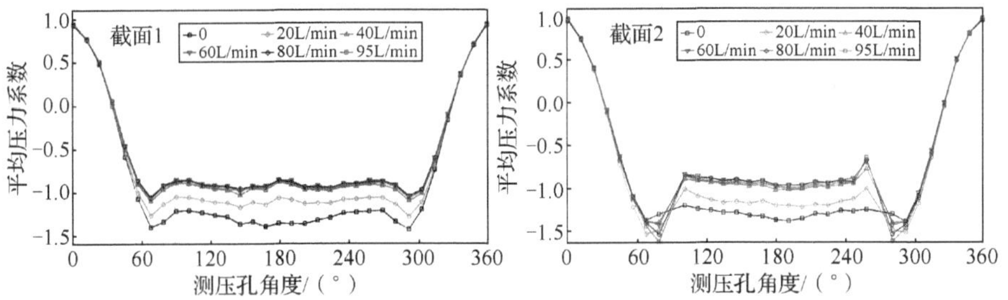

（a）截面1　（b）截面2

图 7-10　表面压力系数平均值

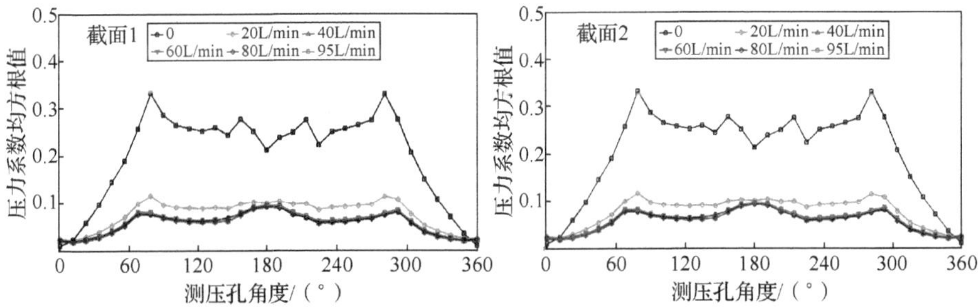

（a）截面1　（b）截面2

图 7-11　表面压力系数均方根值

对两个截面的表面压力积分可以得到单位长度阻力系数和升力系数的时程，进而可以算出定常吸气控制下截面 1 和截面 2 单位长度升力和阻力降低率。图 7-12 是两个被测截面各吸气系数下阻力系数平均值和升力系数均方根值的降低率，阻力系数平均值降低率在流量大于 40L/min 后趋于平缓，升力系数均方根值降低率在流量大于 20L/min 后趋于平缓。

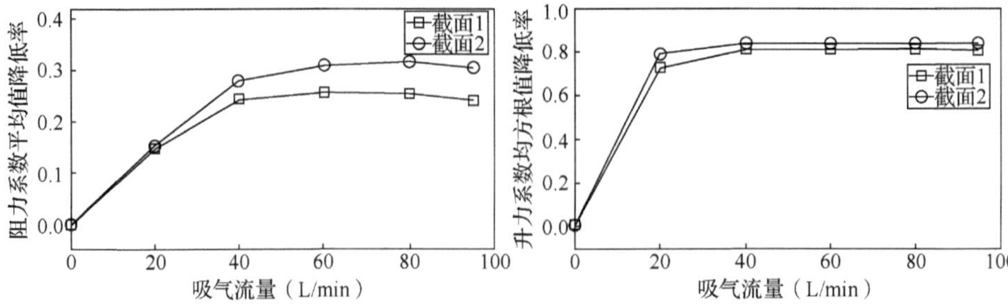

（a）阻力系数平均值降低率　（b）升力系数均方根值降低率

图 7-12　阻力系数平均值和升力系数均方根值降低率

图 7-13 是截面 2 不同吸气流量下的瞬时涡量图，吸气流量为 0 时，脱落涡在模型背风侧形成并发展。吸气流量为 20L/min 时，脱落涡生成和发展的位置向下游推移，但依然可以看出交替脱落的漩涡。当吸气流量等于 40L/min 和 95L/min 时已看不到交替脱落的漩涡，更接近于向下游发展的两个剪切层，漩涡脱落被完全抑制。

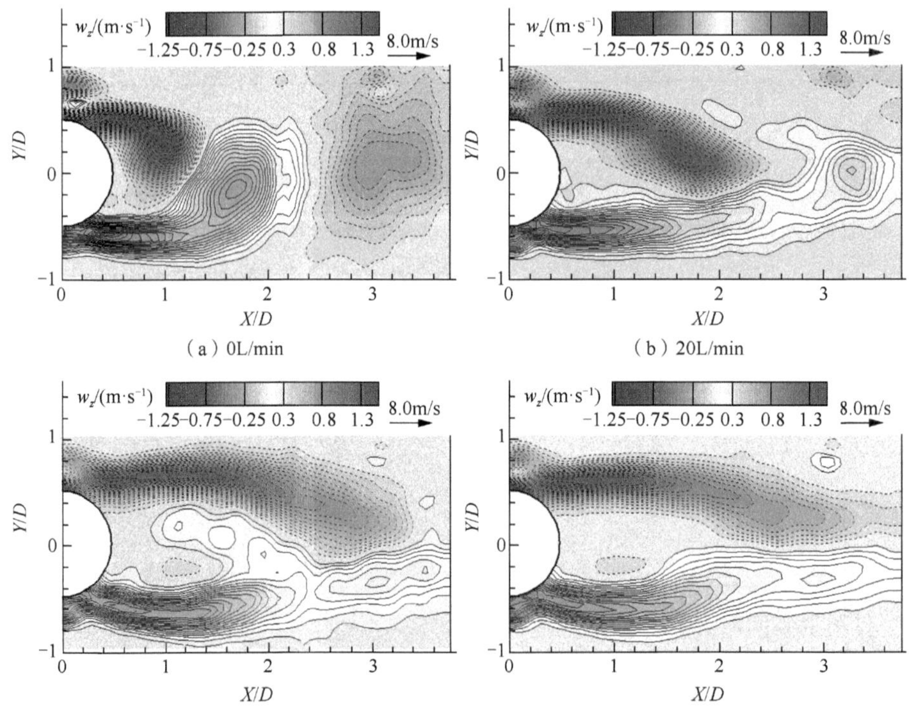

（a）0L/min　（b）20L/min

（c）40L/min　（d）95L/min

图 7-13　截面 2 瞬时涡量图

7.2.2　主动吸吹气控制

7.2.1 节中介绍在分离点附近吸气可以抑制流动分离，在一定的展向布置方式下可以形成三维流动的漩涡，打乱尾流中周期性的漩涡脱落，增加流动的三维性，进而减小模型的阻力和脉动升力。本节介绍一种在前后驻点施加主动吹吸气的控制方法，通过在迎风侧吸气和背风侧吹气（windward suction and leeward blowing，WSLB）直接对尾流漩涡施加扰动，探究该方法对圆柱形拉索节段模型的控制机理。

研究对象为长度 800mm（L）、直径 100mm（D）的刚性圆柱，定义坐标原点为圆柱跨中截面的中心，沿轴向为 Z 轴，顺流向为 X 轴，横流向为 Y 轴，如图 7-14 所示。在前、后驻点位置分别设置 4 个吸、吹气孔，每个气孔直径 10mm，每排气孔展向间距 $L/8$，风速 5m/s，雷诺数 Re 约为 3.33×10^4，接近于实桥拉索的雷诺数 Re。

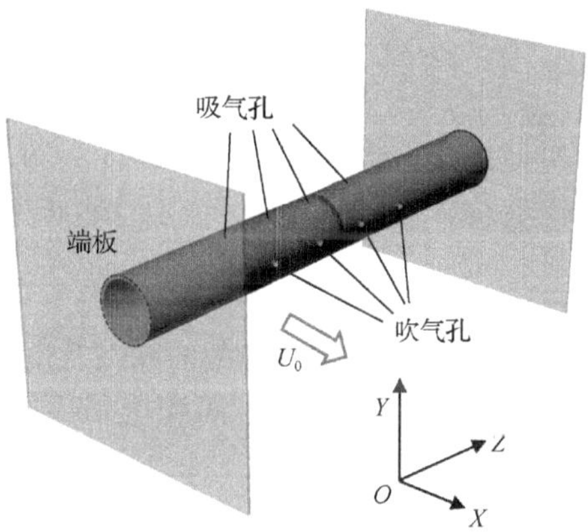

图 7-14　拉索结构节段模型示意图

测压截面位于跨中截面，沿截面一周均匀布置 36 个测点进行表面压力测量，试验过程中每个吸吹气孔的流量设定为 0～90L/min，间隔 22.5L/min，吸吹气流量为 0 作为无控工况，按 7.2.1 节同样的方式定义吸吹气系数 C_μ，吸吹气流量及对应的系数如表 7-1 所示。

表 7-1　吸吹气工况汇总表

吸吹气流量/（L/min）	0	22.5	45.0	67.5	90.0
吸吹气速度/（m/s）	0	4.7745	9.5490	14.324	19.098
吸吹气系数 C_μ	0	0.0144	0.0574	0.1290	0.2292

主动吸吹气控制下圆柱在不同工况下的表面压力分布如图 7-15 所示，黑色曲线表示无控工况的表面压力分布。方位角为 90°～270°时（背风侧），表面压力系数分布存在平稳且较宽的负压区，在施加了主动吸吹气控制之后，圆柱背风侧的负压区压力系数明显上升。可见，主动吸吹气控制可以有效地减小模型受到的压差阻力。

图 7-15（b）是各吸吹气系数下模型表面压力系数均方根值分布，在无控时模型表面脉动压力较大，施加主动吸吹气控制后，背风侧脉动压力有所降低，且吸吹气系数越大，脉动压力降低越显著。

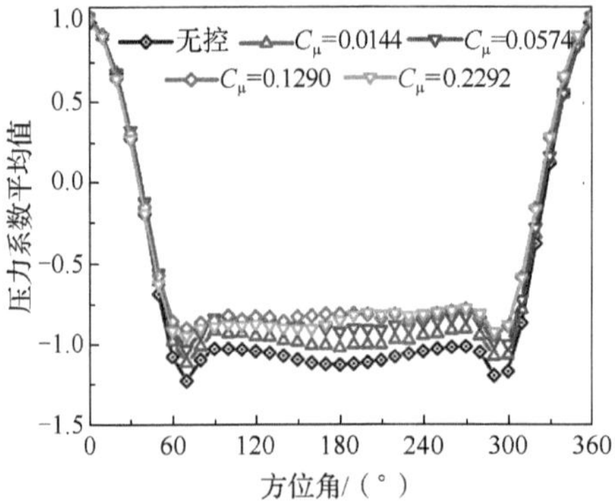

（a）压力系数平均值

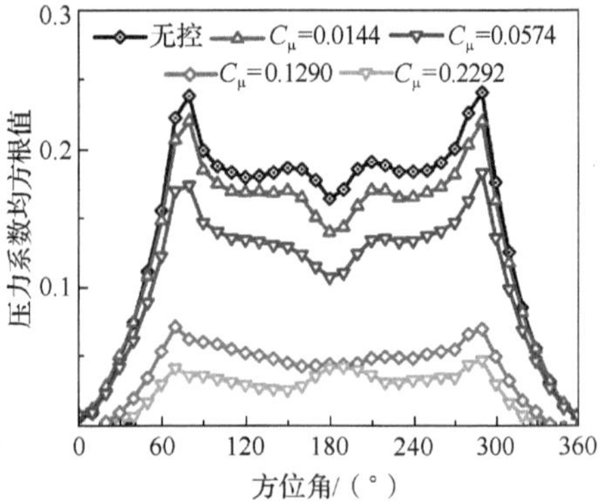

（b）压力系数均方根值

图 7-15　模型表面压力分布图

采用二维粒子图像测速技术对模型跨中截面和气孔所在截面进行流场可视化分析，得到被测平面内速度场，在此基础上对速度场进行本征正交分解（proper orthogonal decomposition，POD），通过 POD 有利于获取流场各阶模态以及对应的能量占比。图 7-16 是各工况下前 100 阶 POD 模态的能量累计图，由于前几阶模态包含了大尺度流场结构，因此各个工况下前几阶的模态能量占比很高，高阶模态反映的是小尺度流场结构，能量占比较低。

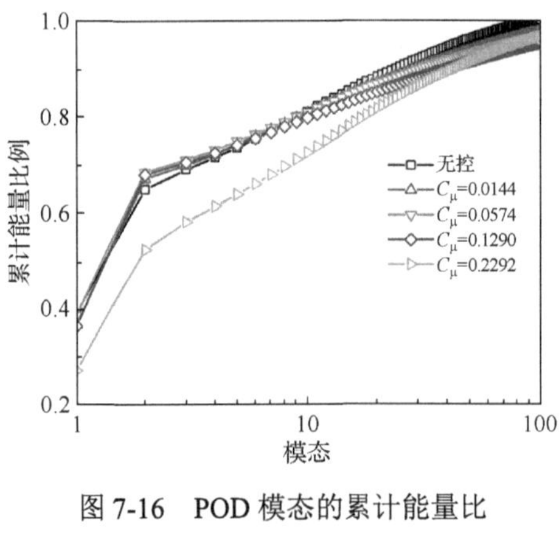

图 7-16　POD 模态的累计能量比

以前 4 阶 POD 模态为例，给出无控和有控圆柱尾流场涡量的模态分析结果，如图 7-17 所示。图 7-17（a）为无控工况前 4 阶模态的涡量图，第 1 阶和第 2 阶为正对称模态，代表尾流场中的反对称结构，表示在圆柱尾部反对称脱落的大尺度漩涡；第 3 阶和第 4 阶为反对称模态，表示流场中小尺度的对称漩涡结构。在施加 C_μ=0.0144 的吸吹气控制之后，第 1 阶模态中出现了从后驻点气孔中吹出的漩涡结构，第 2 阶模态与无控差别较小，此时的吸吹气控制对第 1 阶的影响较大。C_μ=0.0574 时，第 1 阶模态中尾部的吹气作用更加强烈，尾流中的漩涡结构向下游推移，说明漩涡形成区延长，随着 C_μ的增加主动吹气的效果逐渐增强，对各阶模态的影响程度也在逐渐增大。当 C_μ=0.2292 时，气孔吹出的气流扰动占主导，改变了模型绕流场中的周期性漩涡脱落。

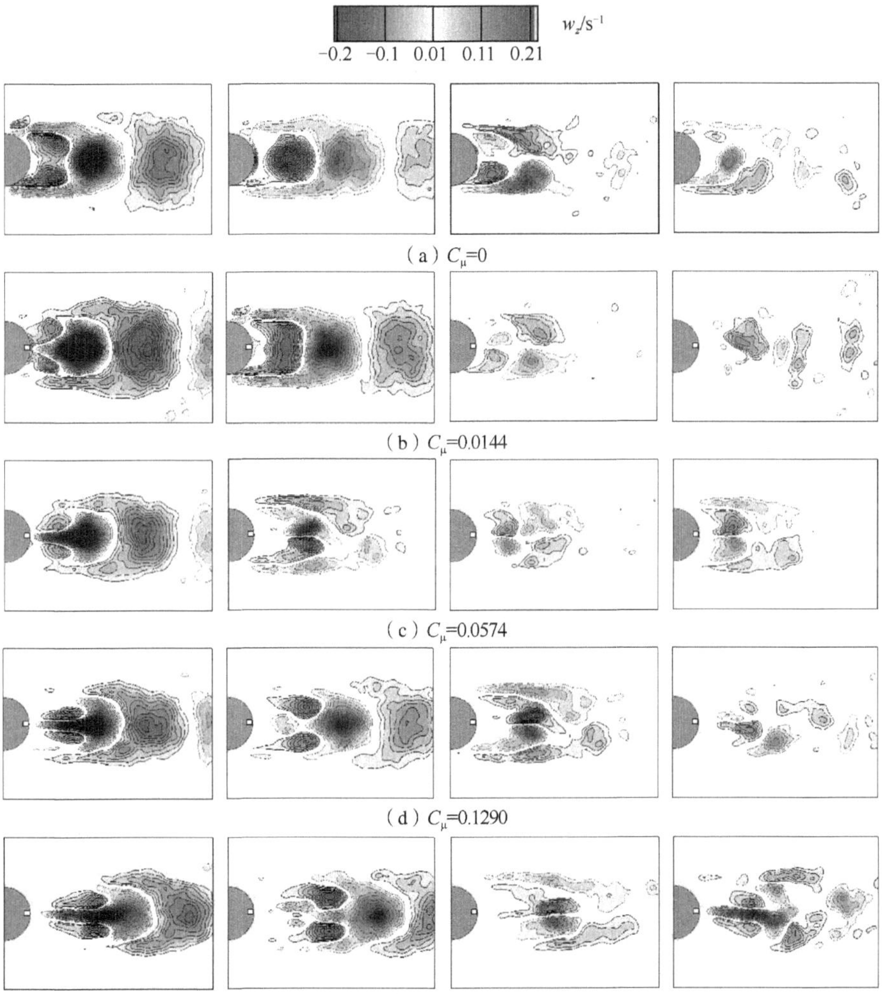

（a）C_μ=0

（b）C_μ=0.0144

（c）C_μ=0.0574

（d）C_μ=0.1290

（e）C_μ=0.2292

注：横坐标范围 0*D*～4*D*，纵坐标范围−1.5*D*～1.5*D*，从左到右依次为 1～4 阶。

图 7-17　各吸气系数下前 4 阶模态 POD 结果

POD分析可以研究流场的流动模态，也可以对流场进行重构，采用前6阶POD模态重构无控和有控工况下的流场，其中无控工况重构后的时均流线和湍动能如图7-18所示。模型背风侧有两个对称的漩涡，涡核大约在 $X/D=0.8$ 处，在 $X/D=1.5$ 左右的位置为流线图中的一个鞍点，圆柱中心到鞍点的距离可以认为是漩涡形成区长度，为 $1.5D$，且尾流中的湍动能较大。

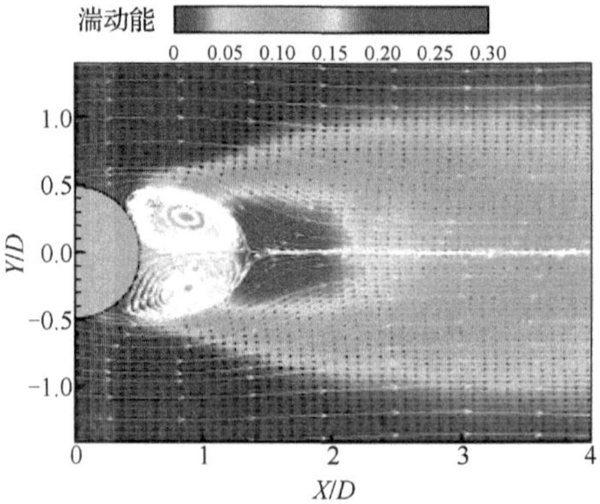

图7-18　无控圆柱跨中截面时均流线和湍动能图

主动吸吹气控制下气孔所在截面处的瞬时涡量图如图7-19所示，可以看到模型后驻点处有一对由于吹气产生的漩涡对，该漩涡对的存在把原本贴近模型后壁面生成的漩涡向下游推移。吸吹气系数越大则吹出气流形成的漩涡对尺度越大，对脱落涡的干扰作用也越大，有利于阻绝上下剪切层的相互作用。其时均流线和湍动能图如图7-20所示，尾流中的漩涡受到尾部气流干扰，流场中的湍动能显著降低。

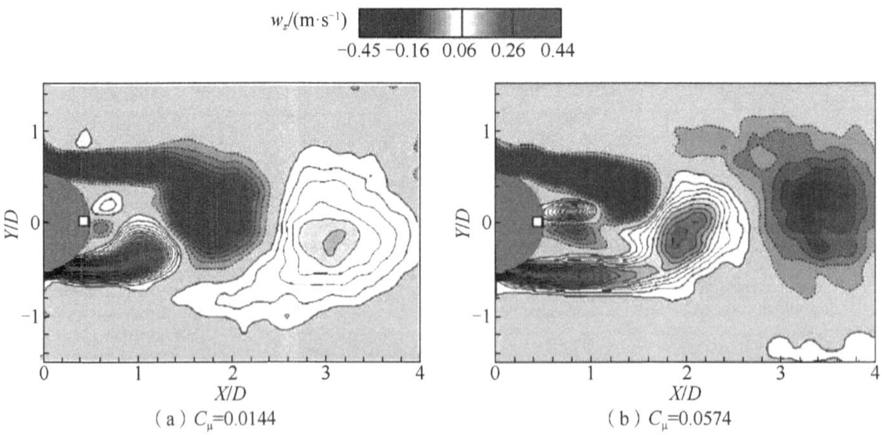

(a) $C_\mu=0.0144$　　(b) $C_\mu=0.0574$

图7-19　模型吸吹气孔截面瞬时涡量图

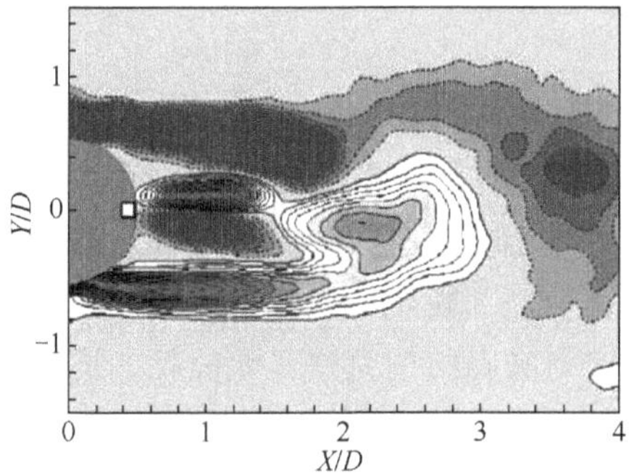

（c）C_μ=0.1290

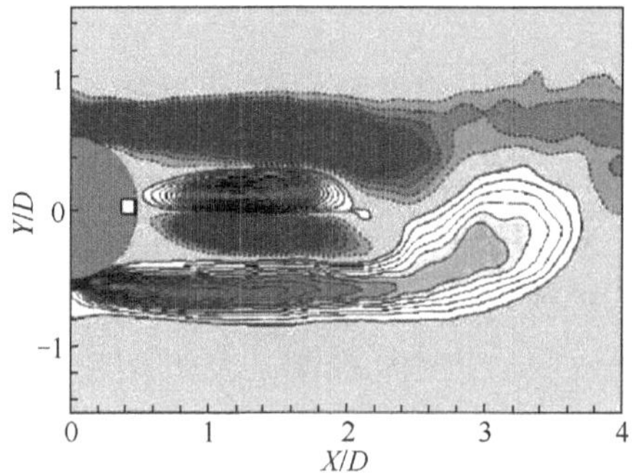

（d）C_μ=0.2292

图 7-19（续）

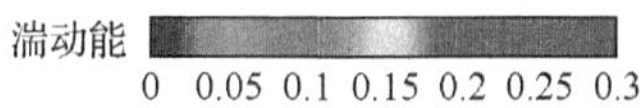

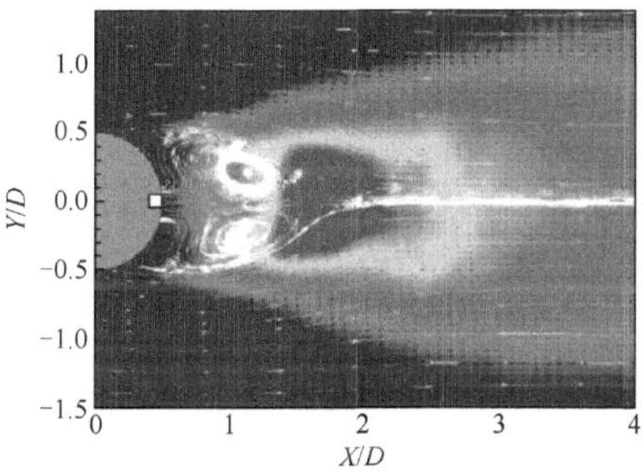

（a）C_μ=0.0144

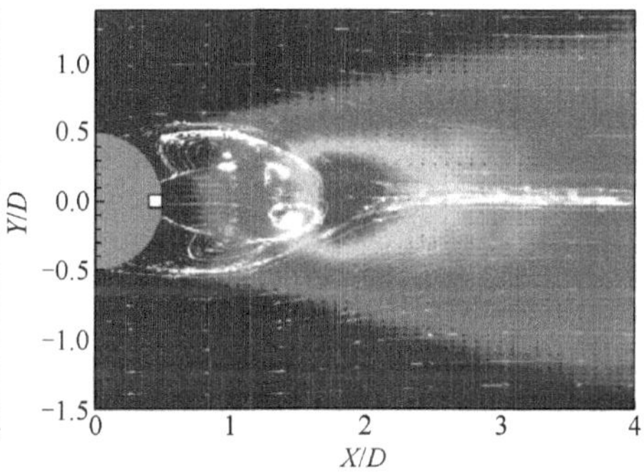

（b）C_μ=0.0574

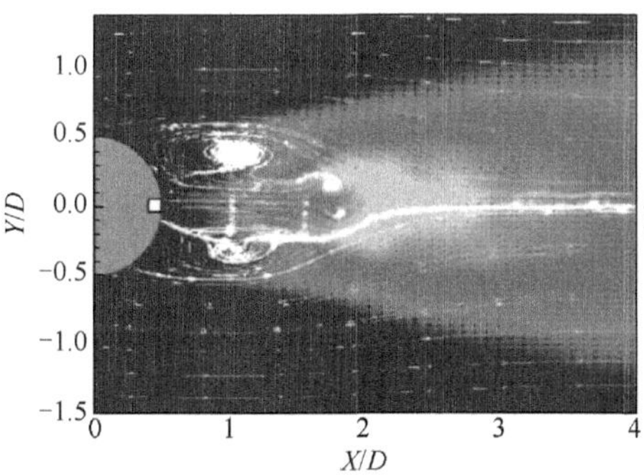

（c）C_μ=0.1290

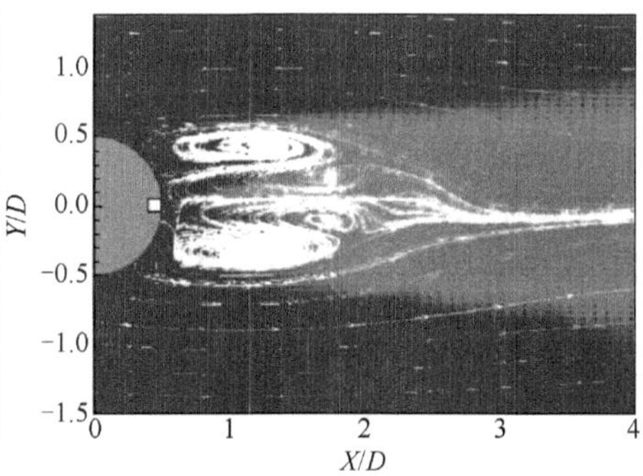

（d）C_μ=0.2292

图 7-20　模型吸吹气孔截面时均流线和湍动能图

7.3 被动吸吹气流动控制

主动吸吹气通过在结构表面吸入或吹出气流干扰漩涡的脱落过程，进而控制结构的流场。借助结构表面的前后压差，无须外部能量输入产生吸吹气效果，称为被动吸吹气流动控制。被动吸吹气流动控制具有结构简单、无能耗、适用性广的优势，相较于主动吸吹气能更方便地应用于工程实际。

7.3.1 中央开槽控制

拉索阻力主要来源于表面的前后压差，且拉索表面的压力梯度与流动分离息息相关。在条件允许的情况下，通过开槽的方式在圆柱结构内部产生一个通道连接圆柱结构的前后表面，在压差作用下通道间自发产生气流，这种通过内部开槽进行流动的方式称为中央开槽控制[23,24]。

中央开槽圆柱模型如图 7-21 所示，模型外径（D）是 50mm，全长 504.5mm，沿着模型的前后驻点中央开槽，为保证模型的整体性，槽的纵向长度是 400mm，开槽宽度（S）是 2.5～7.5mm，间隔 1.25mm，对应开槽宽度与直径的比值分别为 0.05、0.075、0.1、0.125 和 0.15。

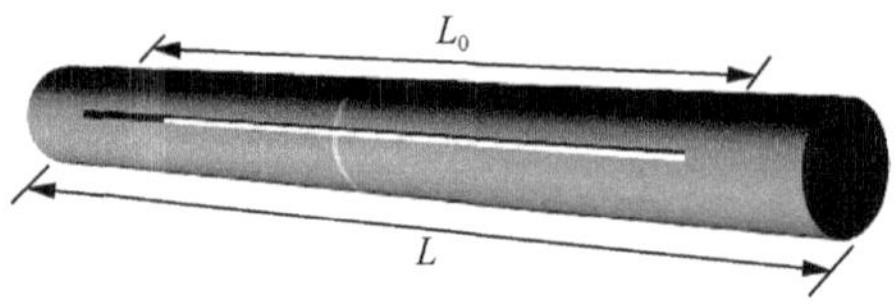

图 7-21　中央开槽圆柱模型示意图

1. 开槽宽度

在本小节中保持开槽方向与来流风方向一致，研究开槽宽度对流动控制效果的影响，试验中雷诺数 Re=2.67×10^4。图 7-22 给出了有控和无控工况下模型表面压力分布。中央开槽的圆柱模型背风面的压力分布明显高于无控工况，此结果说明开槽使模型受到的阻力减小；同时背风面压力分布均方根值的幅值明显低于无控工况，说明圆柱中央开槽可以抑制模型所受的脉动风荷载。从压力系数均方根值分布图中还可以看出 S/D=0.05 时表面压力系数脉动值最小，随着开槽宽度的增大，表面压力均方根值有增大的趋势，但始终小于无开槽圆柱。

通过对测压结果沿模型表面进行积分可以计算作用于拉索模型上的升力，各个工况下升力系数的均方根值如图 7-23 所示，在圆柱中央开槽的方法可以有效地减少作用在模型上的升力脉动幅值，*S/D* 等于 0.05 的工况下升力系数的均方根值最小，此时升力脉动的均方根值减小了 81.78%。随着 *S/D* 的增加，升力系数的均方根值呈现上升的趋势。当 *S/D* 超过 0.125 时，升力系数的均方根值趋于稳定。在 Baek 和 Karniadakis[25]的研究中，升力控制取得最佳效果时的 *S/D* 随着雷诺数的增加而降低，在雷诺数为 500 的情况下，最佳 *S/D* 为 0.16；雷诺数为 1000 时，最佳 *S/D* 为 0.12。可以认为当雷诺数为 2.67×10^4 时，最佳开槽率不大于 0.05。

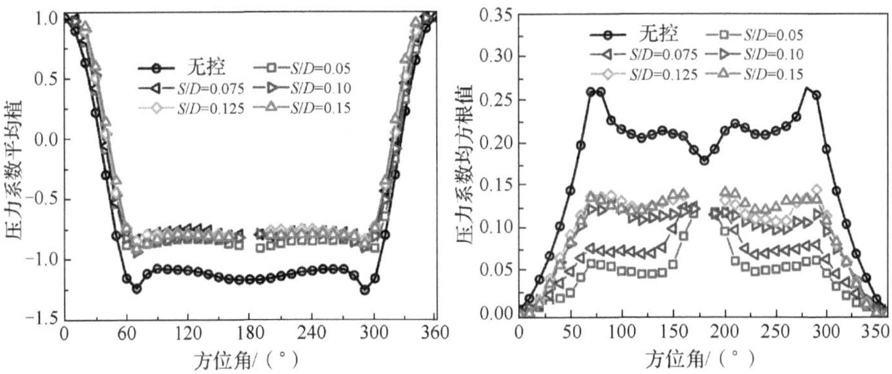

（a）压力系数平均值　　（b）压力系数均方根值

图 7-22　中央开槽拉索模型表面压力分布

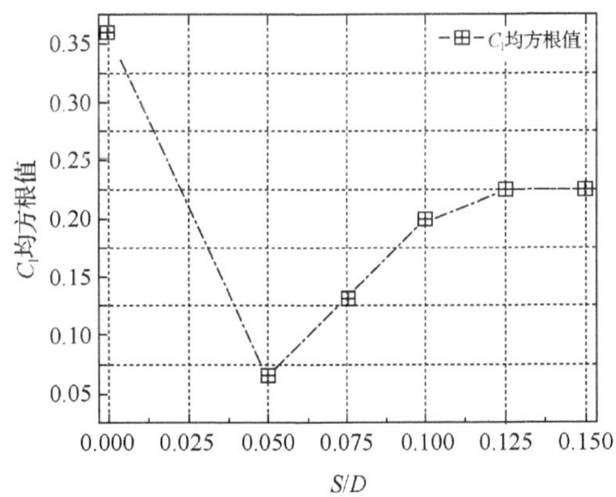

图 7-23　开槽拉索模型升力系数均方根值

对开槽拉索模型受到的升力时程进行快速傅里叶变换（FFT）可以得到升力的频谱，如图 7-24 所示，无控工况下升力系数时程的主频率为 32.6Hz，相应的 *Sr* 为 0.204。*S/D*=0.05 时主频率消失，*S/D* 超过 0.075 时升力主频显著降低，随着 *S/D* 的增大，主频和幅值均有所增加。

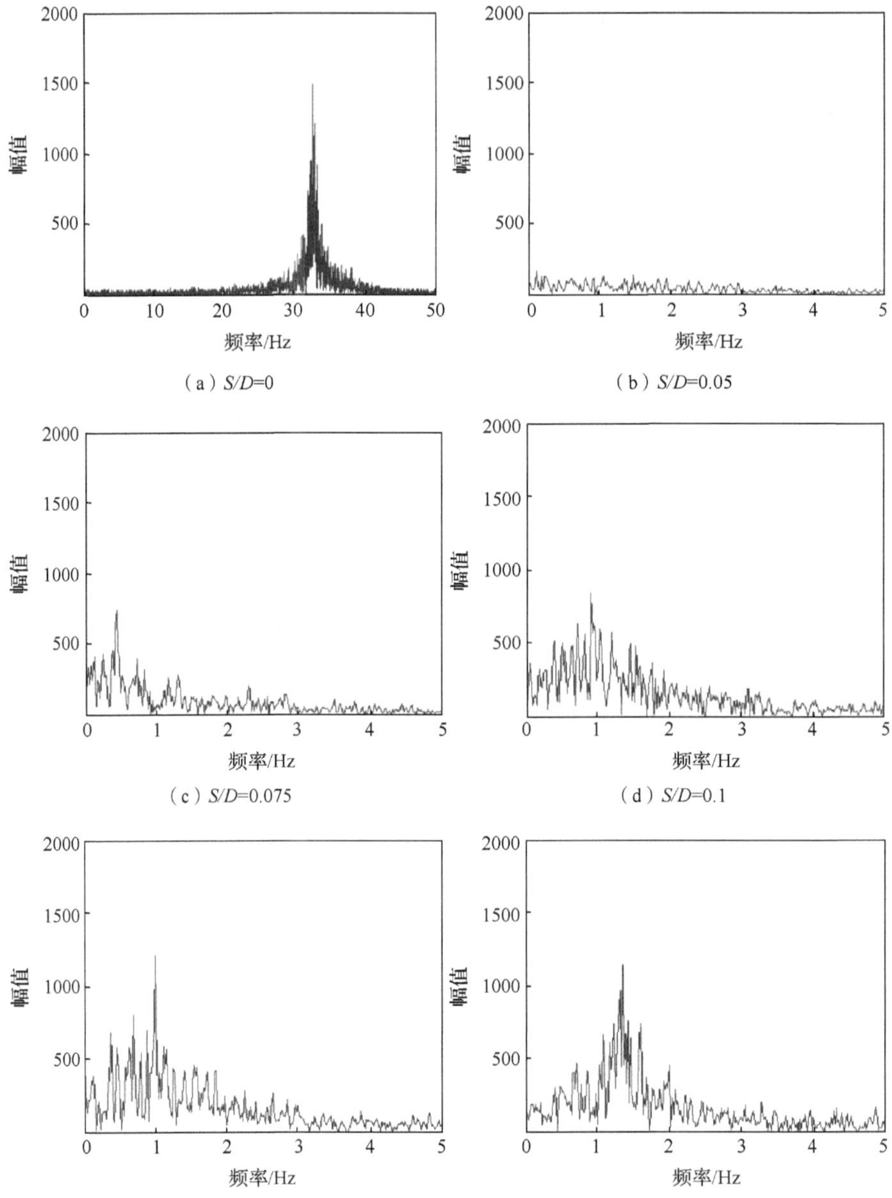

（a）$S/D=0$　（b）$S/D=0.05$

（c）$S/D=0.075$　（d）$S/D=0.1$

（e）$S/D=0.125$　（f）$S/D=0.15$

图 7-24　中央开槽拉索模型不同工况下升力频谱

为了揭示开槽拉索模型的控制机理，从流场的角度进行分析，采用 POD 方法来处理 PIV 结果，使用能量占比较高的前几阶 POD 模态重构流场结构，可以更清晰地反映出圆柱绕流主要的流场特性。图 7-25 为各工况下圆柱模型的瞬时涡量图，无控圆柱尾部有一对反对称的漩涡从圆柱两侧交替脱落，对于中央开槽的圆柱模型，一对由射流形成的对称漩涡在靠近圆柱的近壁面形成。这对反向的射流涡拉长了圆柱两侧的剪切层，并使交替脱落的卡门涡街被迫分离，漩涡生成区域被推向尾流中更远的位置。同时，随着 S/D 值增加，被动射流逐渐加强，射流产生的漩涡强度也随之增加。当 S/D 大于 0.10 时，在强射流的作用下，圆柱尾部的漩涡几乎分离为两列平行分布的涡，此时的尾涡脱落的模式已转化为对称模式。

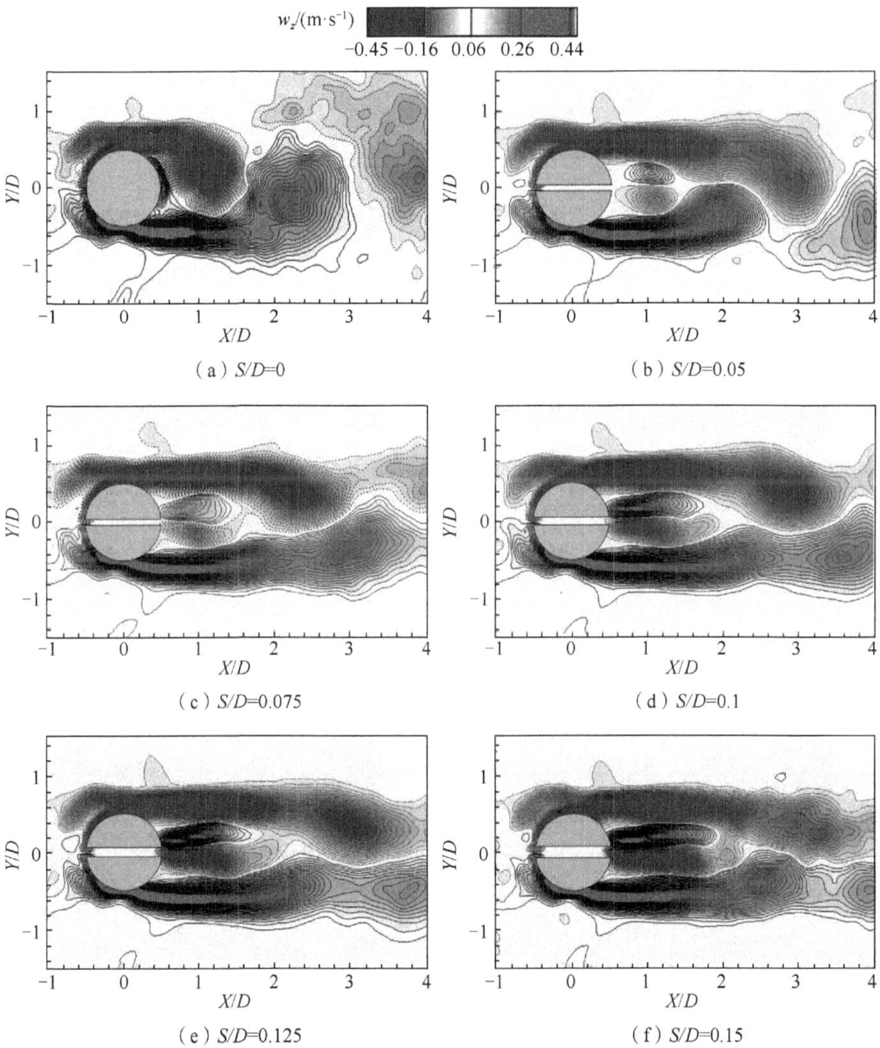

(a) S/D=0　(b) S/D=0.05

(c) S/D=0.075　(d) S/D=0.1

(e) S/D=0.125　(f) S/D=0.15

图 7-25　中央开槽拉索模型瞬时涡量图

各工况下模型跨中截面的时均流场结构如图 7-26 所示。对于中央开槽模型，可以观察到流线从尾部滞点处的槽口吹出，并且与圆柱的回流区流场相互作用。S/D 小于 0.10 时，被动射流与圆柱分离流相互作用，在圆柱尾流上下各形成一个回流区；S/D 超过 0.10 后，开槽圆柱模型的尾流模式就像两个并排的 D 形柱体，回流区长度（圆柱体中心和鞍点之间的长度）随着 S/D 增加而伸长。

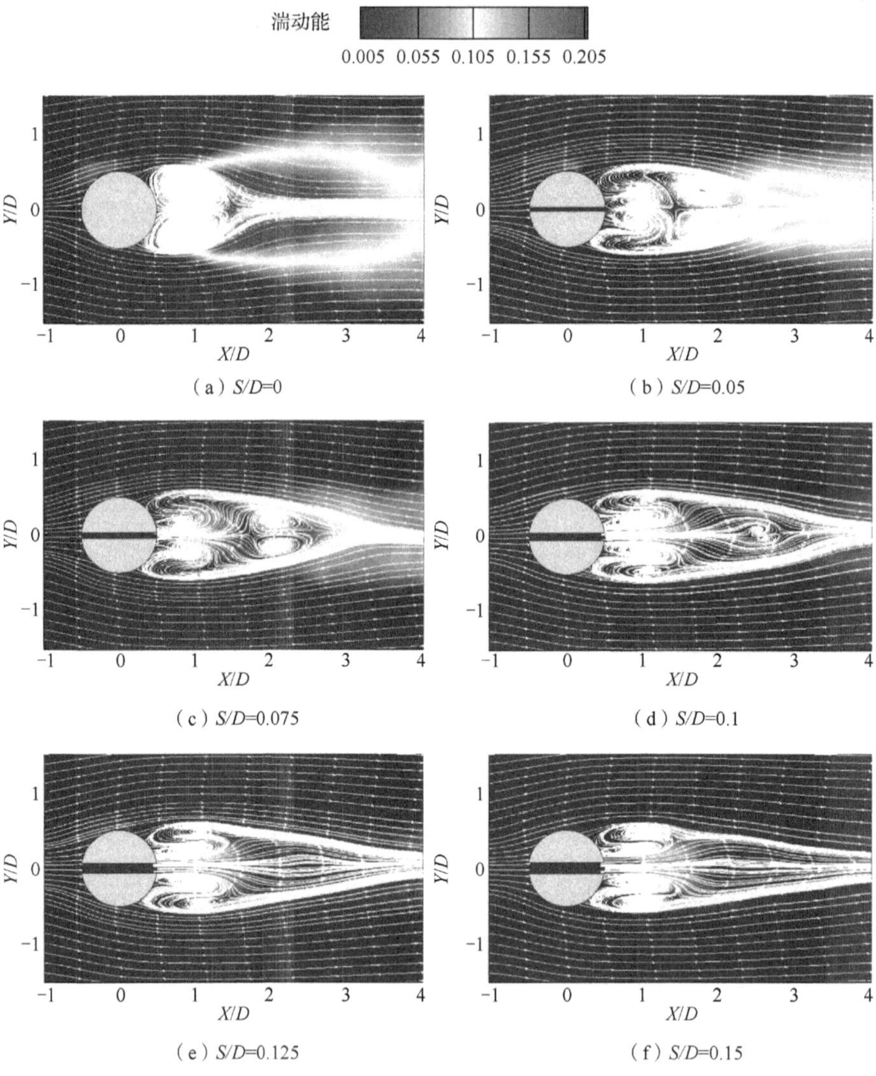

(a) S/D=0　(b) S/D=0.05

(c) S/D=0.075　(d) S/D=0.1

(e) S/D=0.125　(f) S/D=0.15

图 7-26　中央开槽拉索模型时均流场图

湍动能的大小可以用来评估尾流的脉动特征。与无控圆柱相比，开槽圆柱模型尾部的湍动能大幅降低，作用在圆柱的表面压力和气动力脉动幅值均得到抑制。

2. 开槽拉索风攻角

本节研究来流风攻角α对开槽圆柱绕流的影响，试验过程中α变化范围为0°～90°，间隔 15°，当α等于 0°时中央槽与来流方向平行。槽的宽度S为 3.75mm。

各攻角下无控和开槽圆柱的表面压力分布如图 7-27 所示，当风攻角较小时（$\alpha \leqslant 30°$）开槽圆柱背风侧平均压力比无控情况有所提升。这表明了在低攻角下圆柱开槽具有减阻作用。当α为 30°～45°时，背风侧基底压力下降到与无控圆柱相近的水平。随着攻角α继续增加，负压区域明显减小，表明这些工况下阻力系数增大。同时，由负压区分布可知，开槽圆柱的分离点出现了延迟。图 7-27（b）是表面压力系数均方根值，表明对于小攻角下的开槽圆柱，柱体背风侧脉动压力幅度显著降低，圆柱开槽抑制了非定常气动升力。当攻角α增大时，开槽圆柱上的脉动压力分布也在增加，不断接近并最终超过了无控工况下的圆柱表面压力分布，表明作用在圆柱模型上的脉动升力幅值将显著增大。

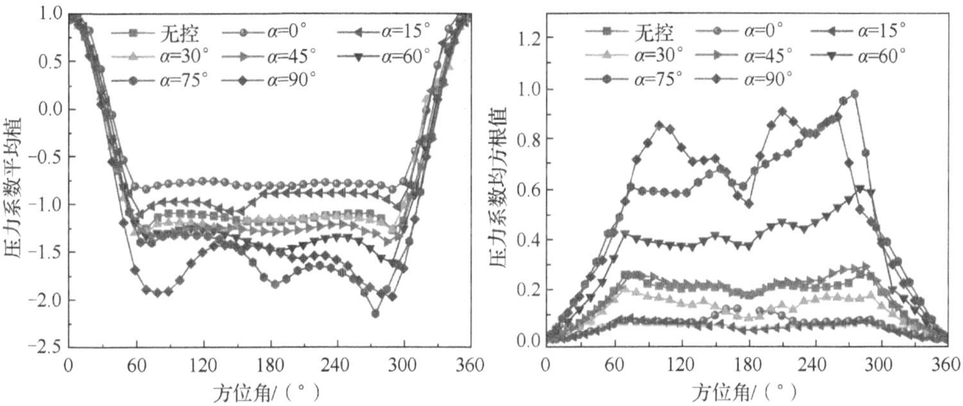

（a）压力系数平均值　　（b）压力系数均方根值

图 7-27　中央开槽拉索模型各风攻角下表面压力分布

根据测压结果积分得到的各攻角工况下的阻力系数平均值$\bar{C}_D$、升力系数平均值$\bar{C}_L$和升力系数均方根值C_L'，如图 7-28 所示。虚线表示无控圆柱模型中，阻力系数平均值为 1.19，升力系数均方根值为 0.39。对于开槽模型，与无控工况相比，低攻角下其阻力系数平均值和升力系数均方根值都明显减小，说明此条件下开槽具有良好的减阻、减振效果。随着攻角的增加，阻力系数平均值和升力系数均方根值整体呈现增加的趋势，在 45°左右开始接近标准圆柱模型并且之后超过标准圆柱模型，在 75°攻角下达到极值。此时平均阻力系数比无控圆柱高 27.7%，而升力系数均方根值是无控圆柱的 3 倍左右，控制效果恶化，说明中央开槽控制效果受风攻角的影响较大。对于无控圆柱来说升力系数平均值始终等于 0，开槽拉索模型由于中央槽的存在升力系数的平均值不再等于 0，在攻角超过 45°之后升力系数平均值显著上升，最大达到了 1.16 左右。

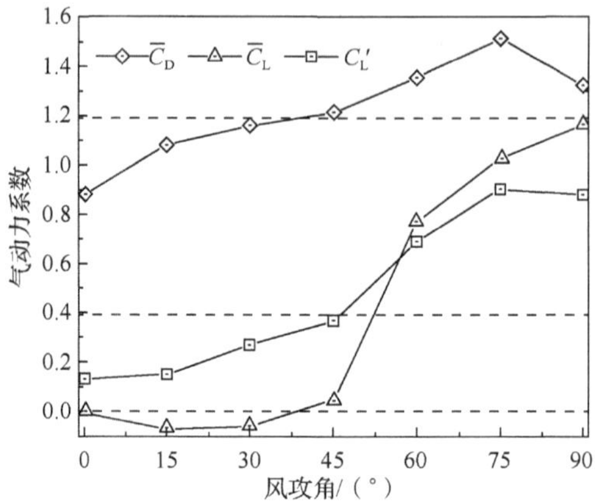

图 7-28　中央开槽拉索模型各风攻角下气动力系数

图 7-29 给出在各风攻角下模型跨中的瞬时涡量图，在无控圆柱后部发现一对反对称的漩涡结构从圆柱壁面两侧脱落，形成卡门涡街。α=0°时在圆柱模型尾部产生一对小尺度的对称射流，拉长了交替脱落的涡街，导致漩涡形成区域被推向更下游的区域。随着 α 增加，倾斜的射流涡与分离流之间的相互作用逐渐减弱，当 α=45°时，虽然仍能发现较弱的射流，但其作用很弱，此时的圆柱尾流模式与无控圆柱的尾流模式非常类似。当 α 从 60°增加到 90°时，在圆柱表面的吸气侧存在漩涡，在槽的另一侧也形成了反向旋转的强漩涡。综上所述，在低攻角下开槽圆柱流动控制效果为正，大攻角下控制效果则为负。

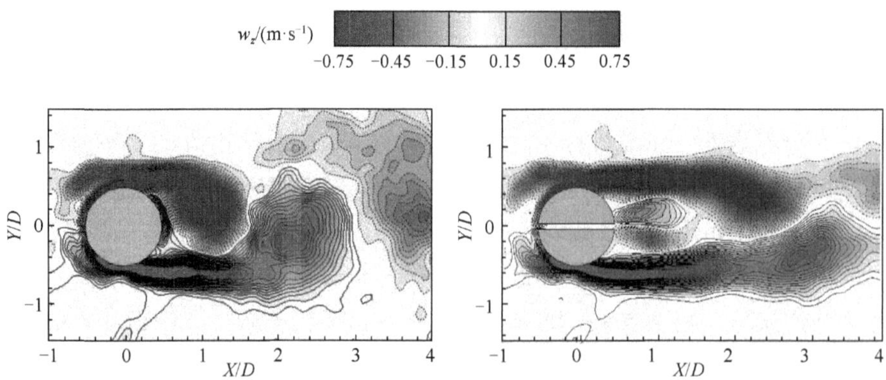

（a）无控工况　　（b）α=0°

图 7-29　中央开槽拉索模型各风攻角下瞬时涡量图

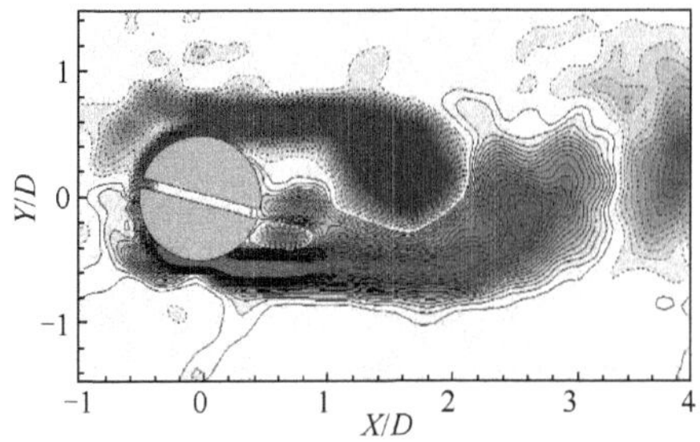

（c）α=15°

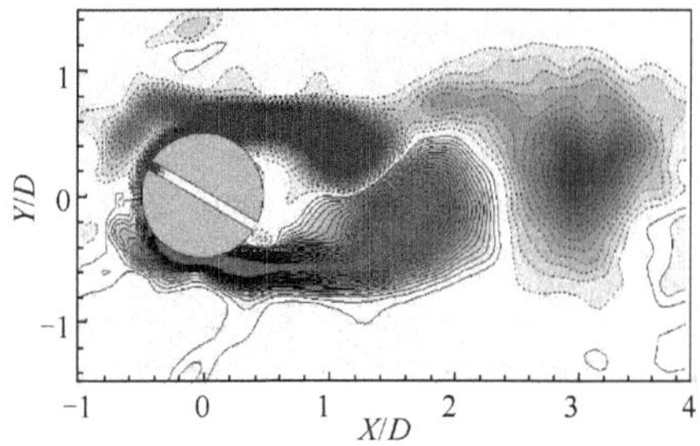

（d）α=30°

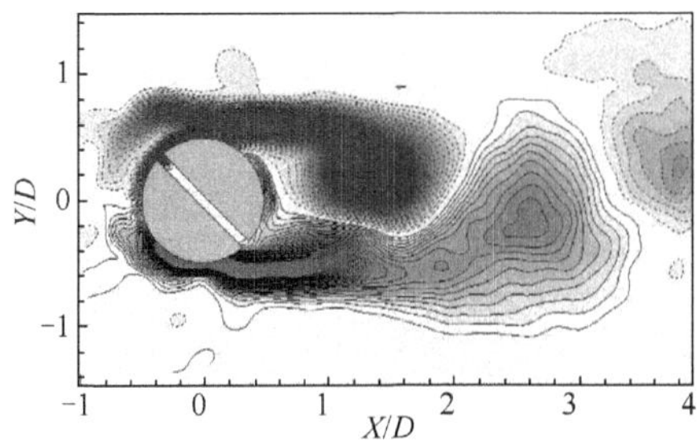

（e）α=45°

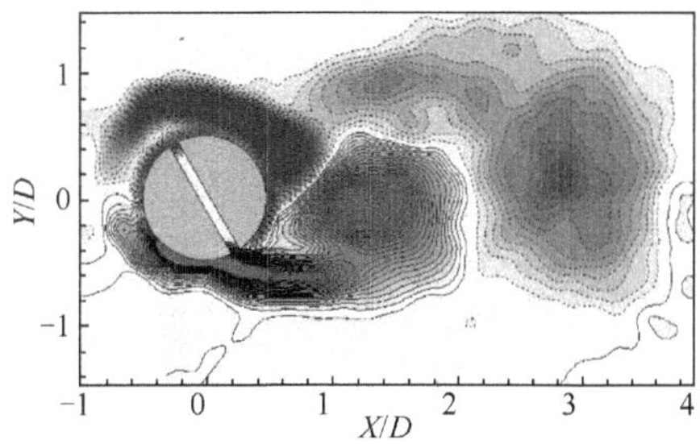

（f）α=60°

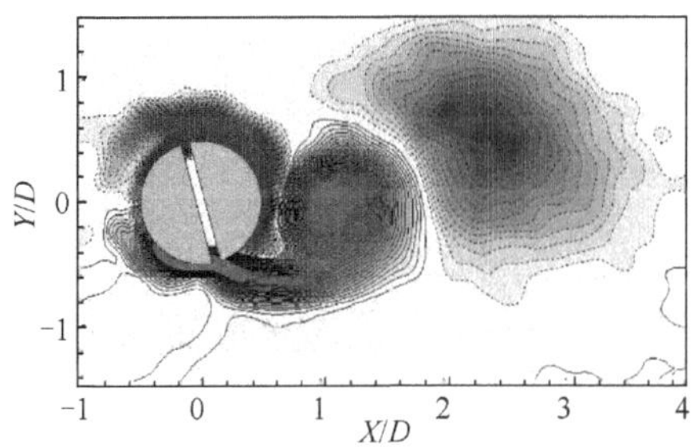

（g）α=75°

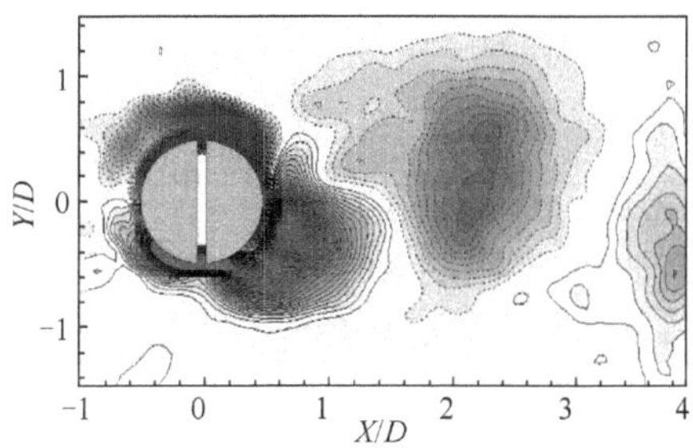

（h）α=90°

图 7-29（续）

为了进一步了解被动射流机理，对模型近尾流区进行详细的流动测量。图 7-30（a）显示了α=0°时开槽圆柱体尾部的时均流线图，当狭缝产生被动射流并输送到尾流中时，它与回流区的反方向气流相互作用，并使之向两侧迁移。之后，开槽形成的被动射流与剪切层相互作用，并一起向下游输运，最终在圆柱尾流中形成了两对漩涡。图 7-30（b）给出了α=45°下开槽圆柱周围的时均流线，中央槽只有少量的气流形成并喷射到尾流中。此外，射流与分离剪切层之间的相互作用很弱，对圆柱绕流的影响效果几乎可以忽略不计。图 7-30（c）是α=90°时开槽圆柱绕流的时均流线图。由于边界层中自发的抽吸作用，边界层中的低能量气体已被移除。同时，开槽附近的流体沿着垂直于槽的圆柱表面流动，因此两侧的流动分离虽然没有被完全抑制住，但已明显推迟。

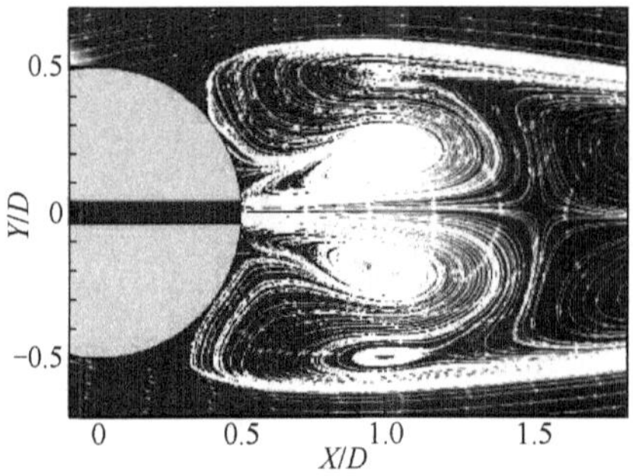

（a）α=0°

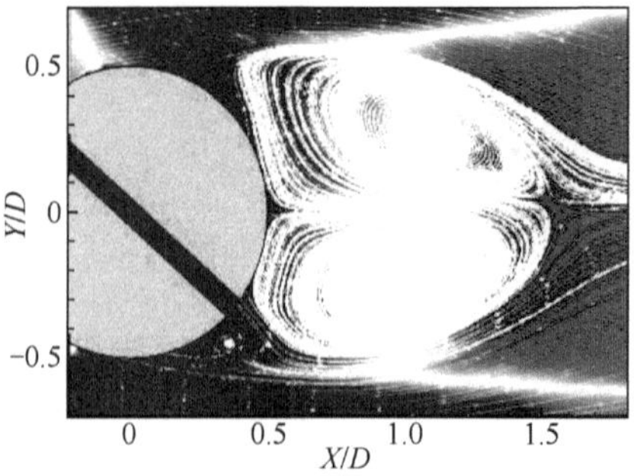

（b）α=45°

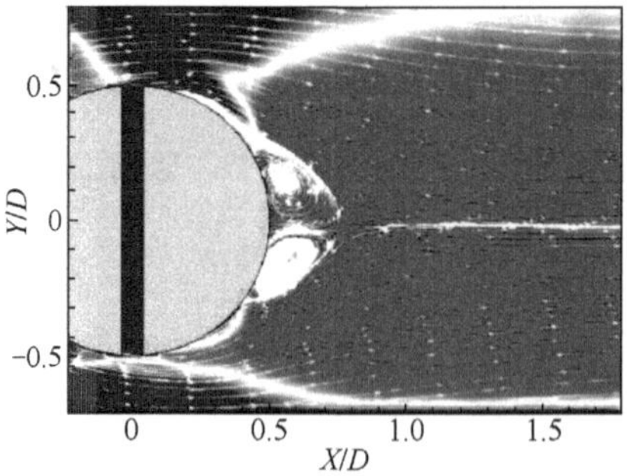

（c）α=90°

图 7-30　中央开槽拉索模型近尾流区时均流线

α=90°时中央开槽拉索模型近尾流区的漩涡强度如图 7-31 所示。可以看出在槽的上端发生了边界层吸气，能够承受更大逆压梯度的气流紧紧黏附在圆柱壁面上并沿着吸气侧表面移动，导致这一侧的流动分离被大大延迟。另外，一个漩涡在槽缝下方生成，由于该槽缝可以被认为是零净质量触发器，在槽缝下侧将同时

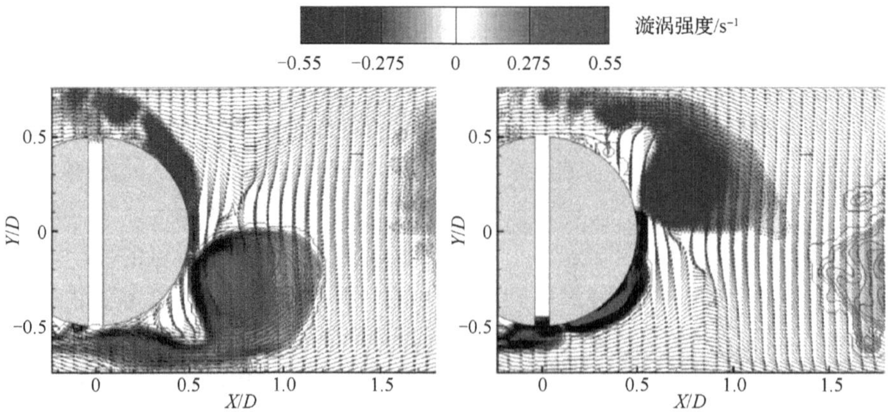

图 7-31　中央开槽拉索模型 90°风攻角下漩涡强度图

发生吹气，剪切应力减小，漩涡在近尾流处脱落。此后，下端槽缝变为吸气端，边界层的吹吸气过程以相反的方式自发进行。在没有任何外部能量输入的情况下，90°的竖向开槽可以自发实现周期性的边界层吸吹气。

7.3.2　被动吸吹气套环控制

陈文礼等将被动吸吹气通道从索身转移到索表面，通过在索表面附加中空套环实现被动吸吹气控制，如图 7-32 所示。空气在迎风侧和背风侧压差的作用下从前驻点的气孔流入套环，经过套环内部预留的流动通道从后驻点的气孔吹出，在不破坏结构的前提下自发地实现了被动吸吹气控制。

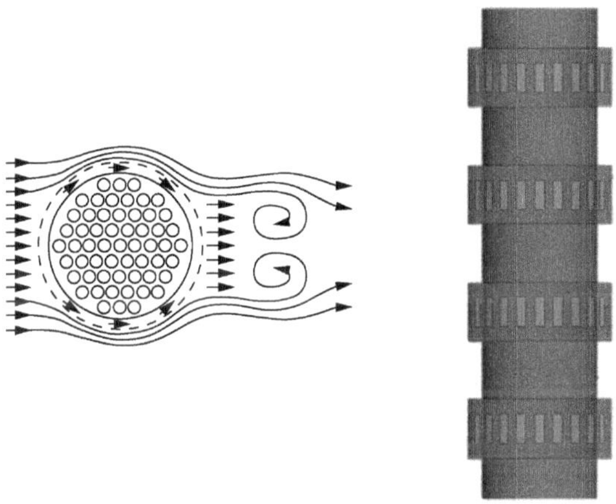

图 7-32　被动吸吹气套环

本节采用数值模拟和风洞试验的方法研究被动吸吹气控制套环表面的气孔数量、径向厚度、雷诺数、开孔宽度和高度以及展向布置的间距等对圆柱形拉吊索结构气动力的影响规律[26-30]。

1. 被动吸吹气套环气孔数量

1）数值模拟

研究被动吸吹气套环气孔的数量对套环的控制效果 [26,27]，拉索节段模型的直径 D 为 100mm，被动吸吹气套环的内径等于圆柱结构的直径，套环外半径与内半径的差值为套环的径向厚度，为 5mm，其与圆柱直径的比值为 5%。套环沿着圆柱轴向的高度为 0.5D；气孔为方形孔，每个气孔高度为套环高度的一半，等于 0.25D；气孔的宽度用圆心角表示，为 7.5°，多孔布置时相邻气孔中心点之间的圆心角为 15°。套环开孔情况如图 7-33 所示，迎风侧气孔数量分别为 1 个、3 个、

5 个、7 个、9 个、11 个和 13 个，这些迎风侧的气孔作为进气孔，每个工况下在背风侧对称设置出气孔，气孔总数量依次为 2 个、6 个、10 个、14 个、18 个、22 个和 24 个，将对应工况用 H1～H13 表示，H0 表示无控标准圆柱，各工况下套环的三维示意图如图 7-34 所示。

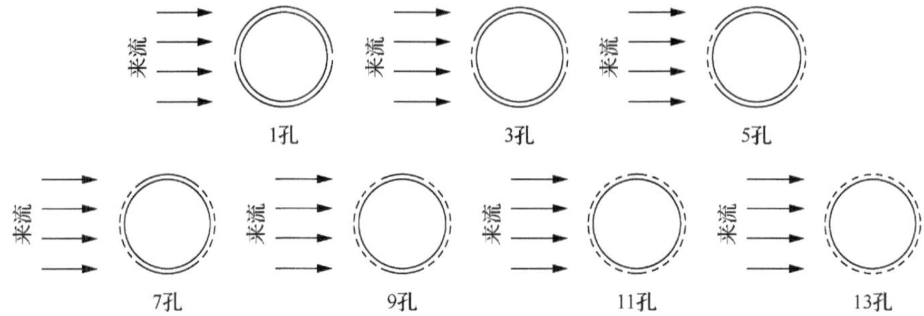

图 7-33　被动吸吹气套环气孔数量工况示意图

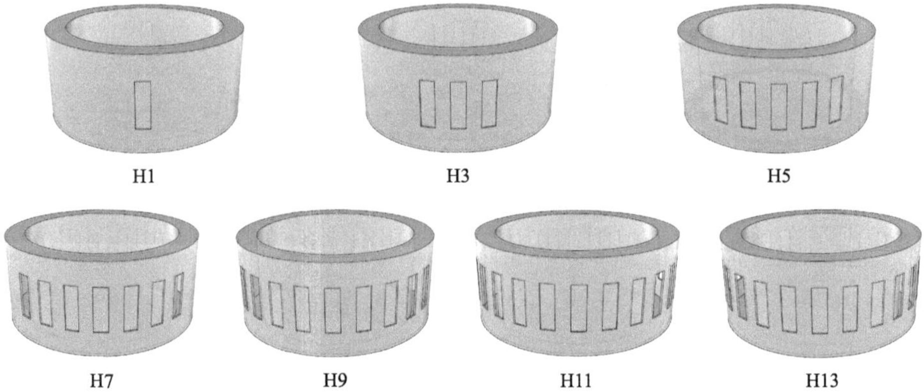

图 7-34　被动吸吹气套环气孔数量工况示意图

图 7-35 和 7-36 为 H0～H13 工况下跨中截面压力系数平均值和压力系数均方根值分布，0°为前驻点。图 7-35 中黑色标记为 H0 的压力系数平均值，前驻点压力系数平均值为 1，在之后压力迅速减小，在经过一小段逆压梯度后在背风侧表面形成了一段相对稳定的负压区，迎风侧和背风侧的压力差提供了被动吸吹气套环的动力来源。

H1 工况下模型表面负压区压力系数比 H0 工况略有升高，且压力系数均方根值相较于 H0 工况有明显的下降，说明 H1 工况下被动吸吹气套环起到了一定的控制效果。在 H3～H13 工况下，模型背风侧负压区压力系数显著提高，表面压力系数均方根值大幅降低，在 H5～H13 工况下压力系数脉动几乎为零。

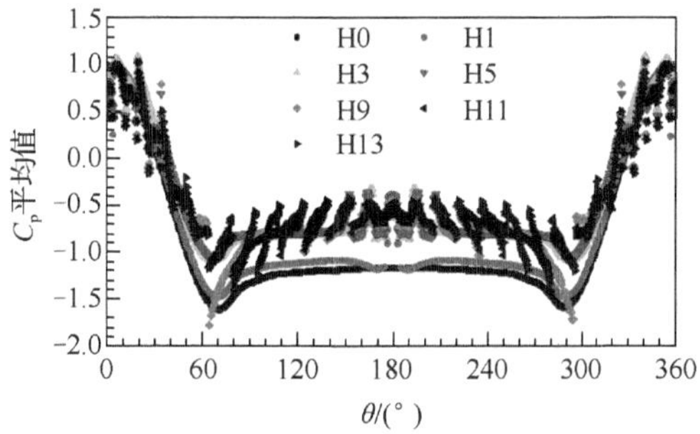

图 7-35　跨中截面压力系数平均值分布

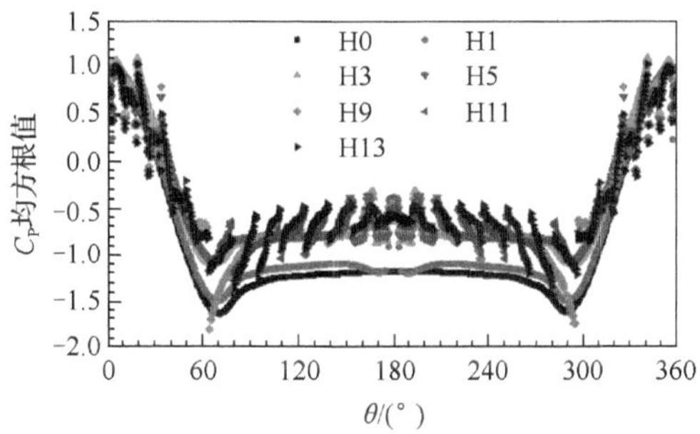

图 7-36　跨中截面压力系数均方根值分布

将圆柱表面压力和切向摩擦力沿圆周进行积分，并在横风向和顺风向进行分解，可以得到圆柱模型的阻力 F_D 和升力 F_L。图 7-37 是 H1～H13 工况下模型气动力控制效果，H1 的控制效果不显著，而 H3～H13 成功地减小了圆柱的阻力，升力脉动减小了 90%以上，升力主频几乎消失，如图 7-38 所示。

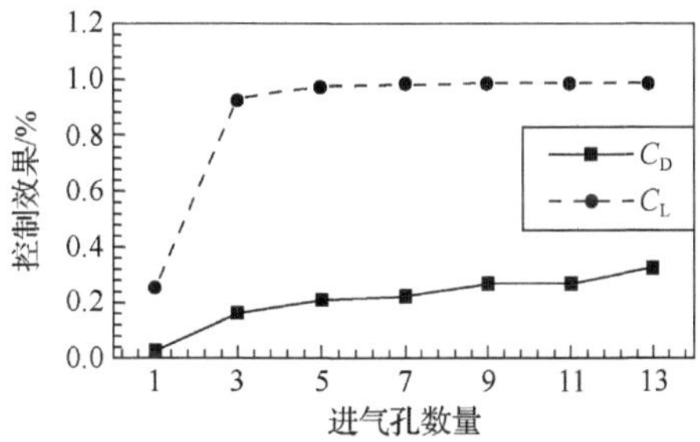

图 7-37　H1～H13 工况下模型气动力控制效果

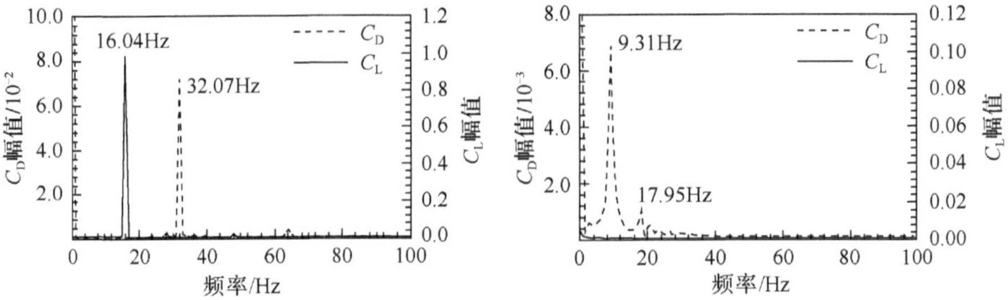

（a）H1　　（b）H13

图 7-38　H0 和 H13 的阻力频谱和升力频谱

通过对圆柱流场的改变，被动吸吹气套环可以实现对圆柱气动力的控制。分析有控和无控工况下圆柱模型的尾流场特性，有利于揭示套环的控制机理。图 7-39（a）是 H0 的瞬时涡量结果，剪切层卷起并在尾部形成交替脱落的漩涡。在 H1 工况下，在出气孔处有吹出的气流，但由于流量太小不足以对尾流漩涡产生明显的影响，因此其尾流与 H0 很接近。在 H3 工况下，背风侧出现了一对小的漩涡，将漩涡形成区向下游推移，抑制了漩涡的交替脱落。随着进出气孔数量的增加，尾流的卡门涡基本被抑制，在 H13 工况下，形成了狭长的带状剪切层。图 7-40 是 H0 和 H13 跨中截面的时均流线和平均压力图。H0 工况中圆柱的后方是一对小而集

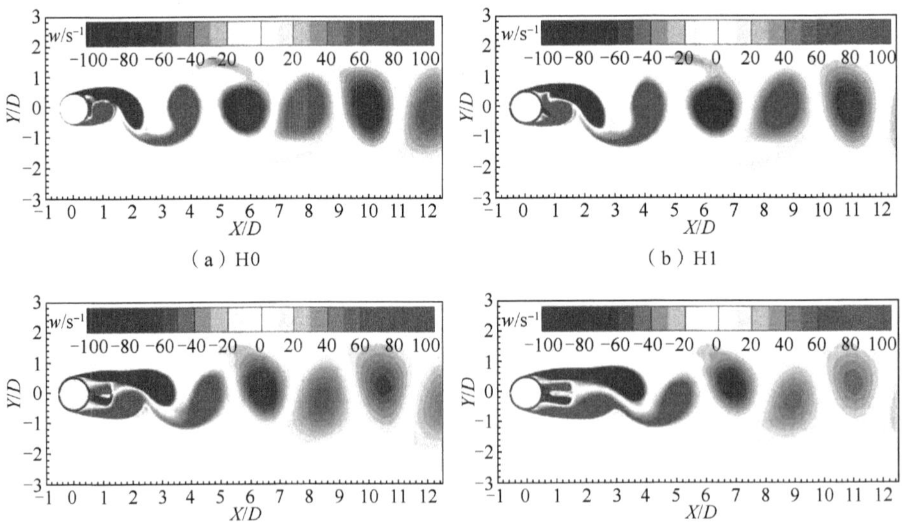

（a）H0　　（b）H1

（c）H3　　（d）H5

图 7-39　H0～H13 跨中截面瞬时涡量

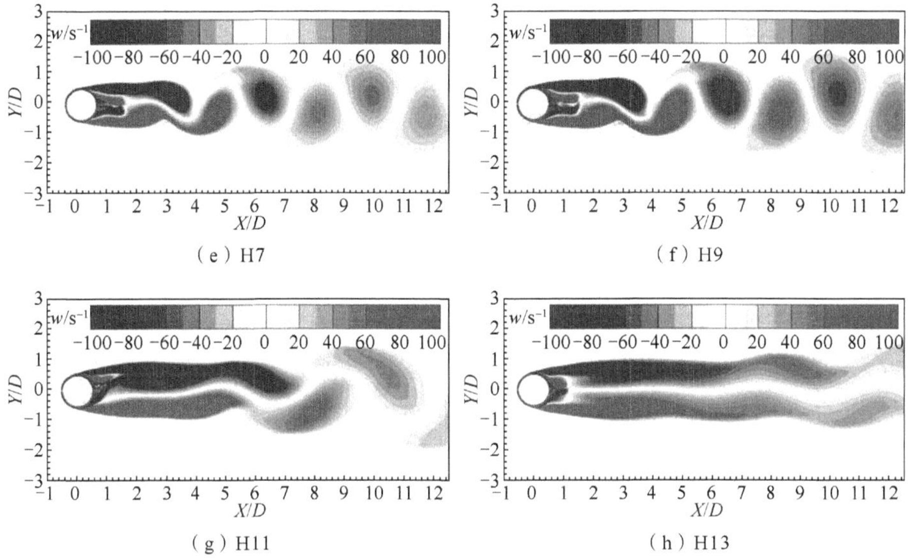

（e）H7　（f）H9

（g）H11　（h）H13

图 7-39（续）

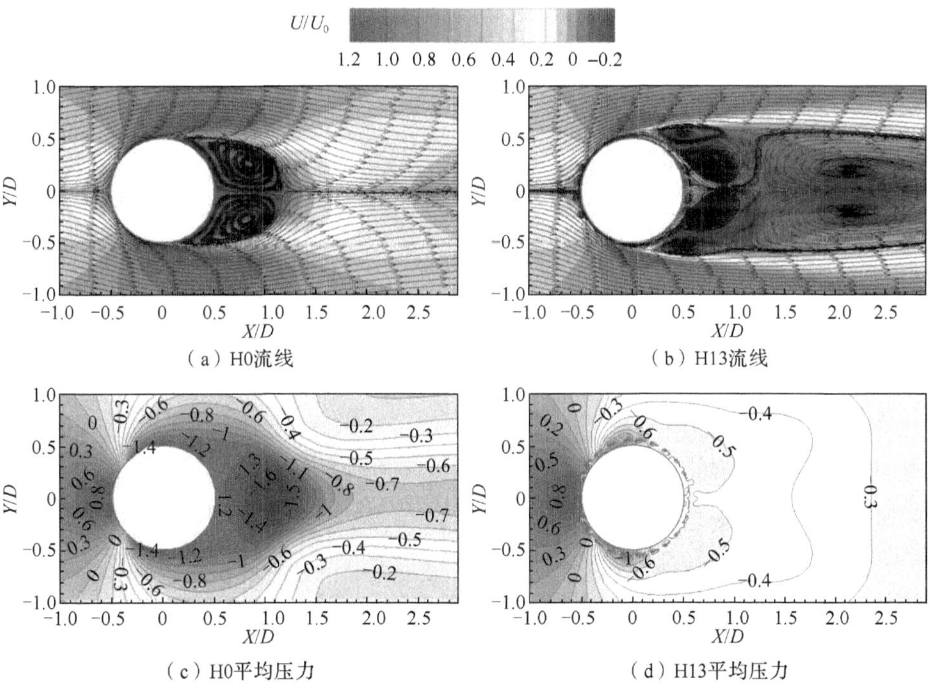

（a）H0流线　（b）H13流线

（c）H0平均压力　（d）H13平均压力

图 7-40　H0 和 H13 跨中截面流场时均流线和平均压力

中的反向漩涡对；H13 工况中在套环作用下尾流出现了 4 个小尺度涡，两侧剪切层卷起的漩涡在远尾流场中形成，且强度明显减弱，有利于减小模型的升力脉动。H0 工况的平均压力分布显示尾流中有一个明显的低压中心；在 H13 工况下低压中心消失，尾流静压提高，有利于减小模型的阻力。

2）试验研究

试验索模型的直径 D 是 70mm，长度 484mm，套环内径 70mm，外径 78mm，套环内外壁厚 0.5mm，内部空腔厚度 3mm，与直径的比值约为 4.3%，套环高度 30mm，气孔数量 24 个，高度为 15mm，相邻气孔中心线夹角为 7.5°。套环工况设置为 4 种进气孔数量，分别为 1 个、5 个、9 个和 13 个，记为 N1、N5、N9 和 N13，背风面对称设置出气孔[28]。为方便比较，按式（7-2）定义无量纲吸气系数 C_{suc} 来表征各工况下控制强度。

$$
\begin{aligned}
C_{\mathrm{suc}} &= \frac{S_{\mathrm{suc}}}{DH} = \frac{1}{DH}\sum_{i=1}^{N}\left(0.5H \times \frac{7.5}{360}\pi D\cos\theta_i\right) \\
&= 0.0104\pi\sum_{i=1}^{N}\cos\theta_i
\end{aligned}
\tag{7-2}
$$

式中，S_{suc} 为每个吸气孔在垂直于来流方向的面积投影；D 为圆柱模型的直径；H 为每个套环的高度；θ_i 为第 i 个吸气孔中心线与来流方向的偏角；N 为迎风面布置的吸气孔数量。根据定义，4 个控制工况对应的吸气系数 C_{suc} 分别为 0.0327、0.1524、0.2313 和 0.2483。

试验过程中套环沿展向紧密排布，如图 7-41 所示，在两端各设置一个端板缓解端部效应，试验风速 8m/s，对应雷诺数约 3.9×10^4，在跨中截面设置一个测压截面测量表面压力分布，通过表面压力积分统计各个工况下模型跨中位置单位长度平均阻力和脉动升力，并采用 PIV 技术测量跨中截面流场结构。

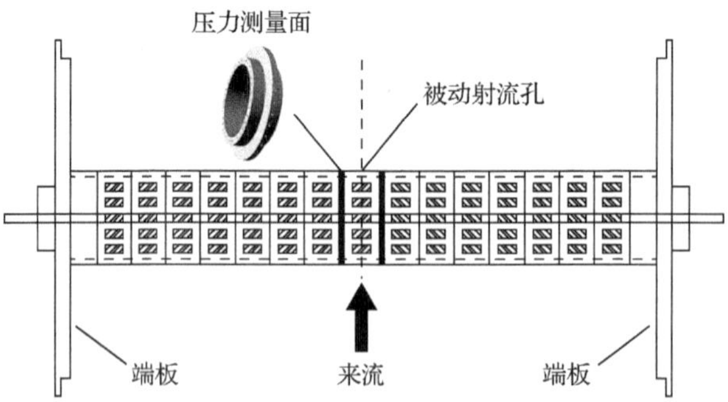

图 7-41　套环布置示意图

各工况下模型跨中截面表面压力系数分布如图 7-42 所示，升力系数和阻力系数随等效吸气系数变化如图 7-43 所示。被动吸吹气套环对于改善表面压力分布、减小模型阻尼和升力系数脉动值具有较为显著的作用。在满布气孔的 N13 工况下控制效果最好，压力系数的均方根值减小 90.6%。

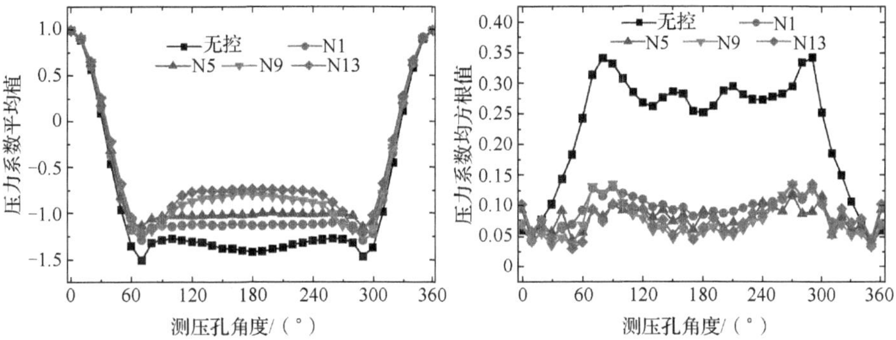

（a）表面压力系数平均值　（b）表面压力系数均方根值

图 7-42　不同吸气孔数量下模型表面压力系数分布

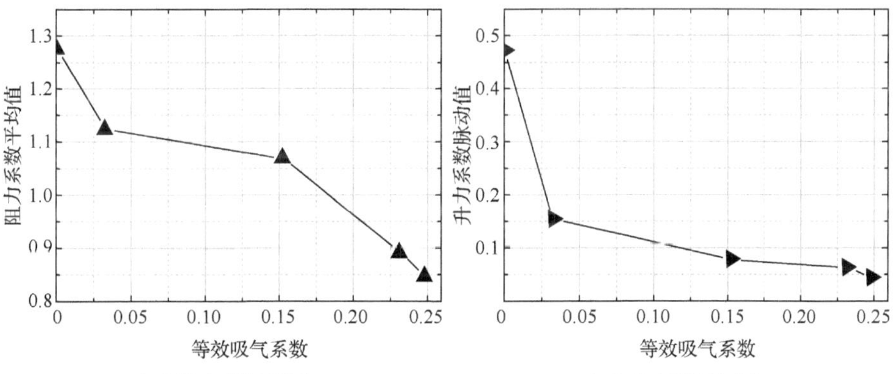

（a）阻力系数平均值　（b）升力系数脉动值

图 7-43　被动吸吹气套环升力系数和阻力系数随等效吸气系数变化

4 种工况下跨中截面的瞬时涡量图如图 7-44 所示，时均流线和湍动能如图 7-45 所示。N1 工况下圆柱后驻点出现了吹出气流，在一定程度上影响了漩涡脱落，减小了模型受到的气动力。在 N5、N9 和 N13 工况下可以看到交替脱落的漩涡受到抑制，尾流呈现近于平行的两列漩涡。N1～N9 工况下，来流风角度有所变化时控制效果会减弱，而 N13 工况由于套环为均匀布置气孔，其控制效果不受来流风角度变化的影响，具有工程实际意义。

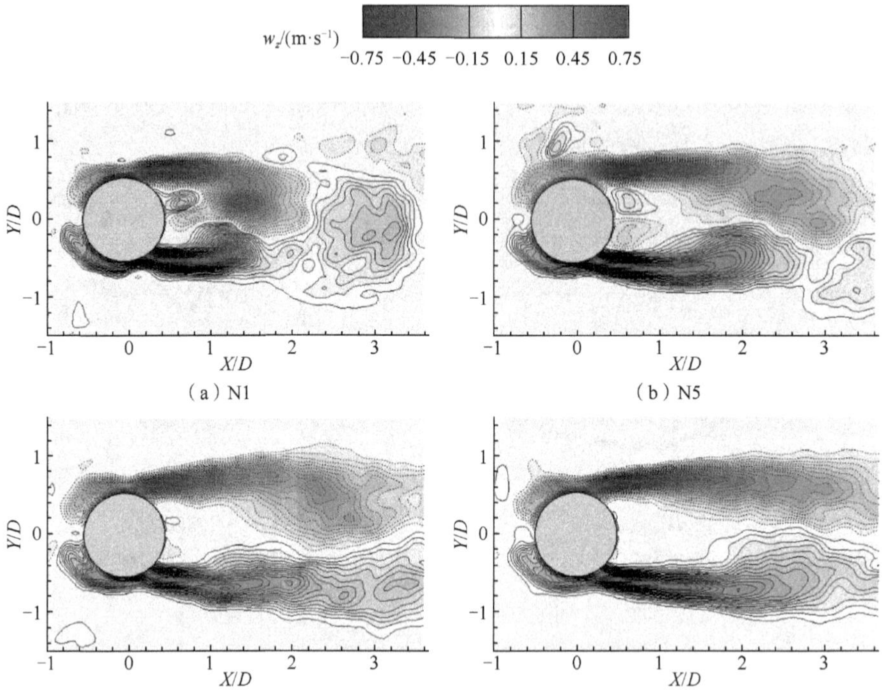

（a）N1　（b）N5

（c）N9　（d）N13

图 7-44　不同吸气量下跨中截面瞬时涡量

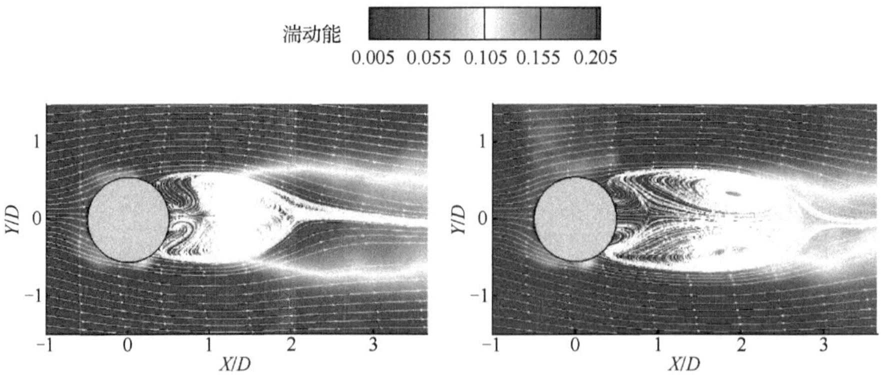

（a）N1　（b）N5

图 7-45　不同吸气量下跨中截面时均流线和湍动能

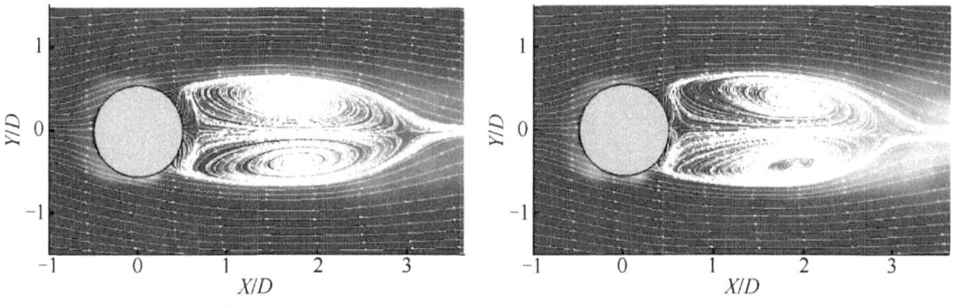

（c）N9　　（d）N13

图 7-45（续）

2. 被动吸吹气套环径向厚度

被动吸吹气套环上均匀布置气孔对流场的控制效果较好，且更能适应桥梁工程中复杂的风环境，在此基础上分析套环径向厚度对控制效果的影响[27]。套环径向厚度 T 分别取 1.25mm、2.50mm、5.00mm、7.50mm、10.00mm 和 15.00mm，与圆柱直径的比值分别为 0.0125、0.0250、0.0500、0.0750、0.1000 和 0.1500，并将相应工况命名为 T0125、T0250、T0500、T0750、T1000 和 T1500，雷诺数取 5.0×10^4，接近实桥斜拉索情况。

不同径向厚度下套环外表面压力系数分布如图 7-46 所示，在 T0125 工况下，套环背风侧压力系数平均值低于无控工况，且压力系数均方根值高于无控工况，表明套环径向厚度与直径比值为 0.0125 时，被动套环未改善圆柱的绕流场，反而增大了表面脉动压力。套环厚度与直径比值不小于 0.0250 时，模型表面压力分布有所改善。在图 7-47 所示的气动力系数控制效果中显示 T0125 工况阻力系数和升力系数脉动控制效果为负，T0250～T1500 工况下控制效果显著，从升力脉动控制的角度看 T0500 的控制效果最好。

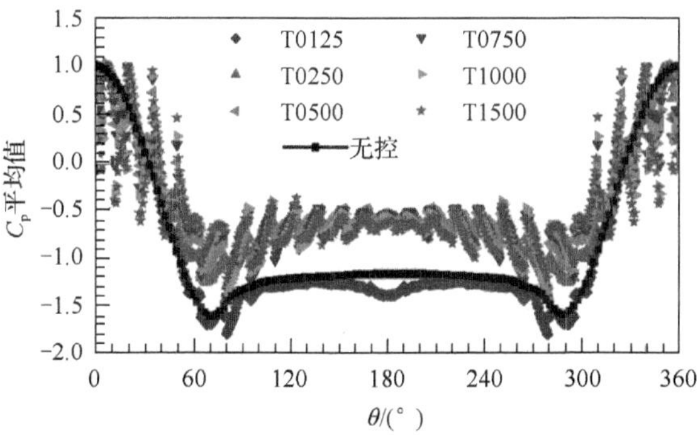

（a）压力系数平均值

图 7-46　表面压力系数分布

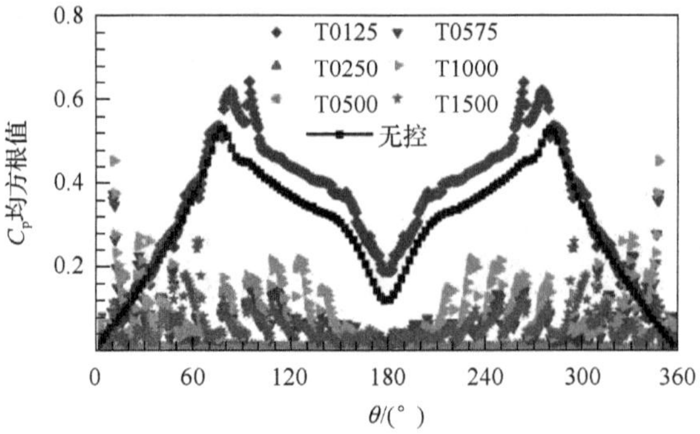

（b）压力系数均方根值

图 7-46（续）

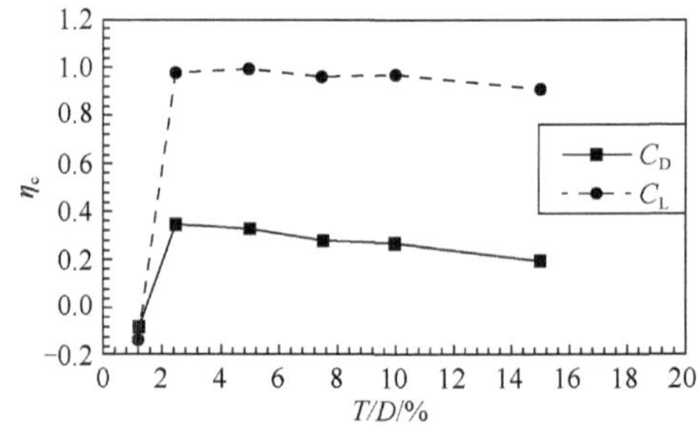

图 7-47　各工况下气动力系数控制效果

不同径向厚度下跨中截面瞬时涡量如图 7-48 所示。在 T0250 工况下交替脱落的漩涡得到了明显的抑制，尾流漩涡产生了拉伸和变形，漩涡形成区向下游推移。在 T0500 工况下漩涡脱落基本被抑制，在 T0750～T1500 工况下漩涡脱落又重新出现，套环径向厚度越大漩涡脱落也越强，但依然可以从背风区看到明显的射流，具有一定的控制效果。

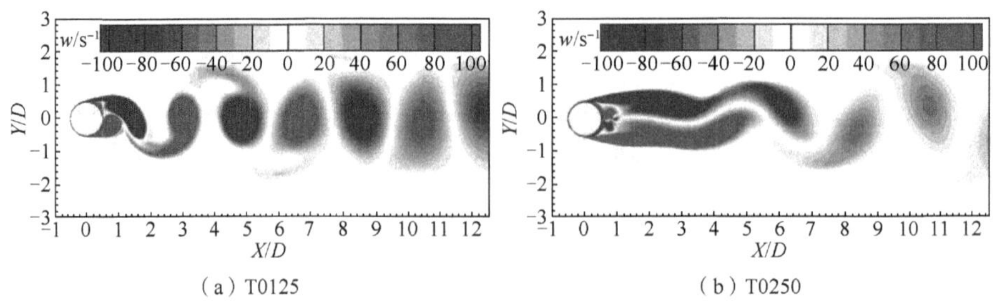

（a）T0125　　（b）T0250

图 7-48　T0125～T1500 跨中截面瞬时涡量

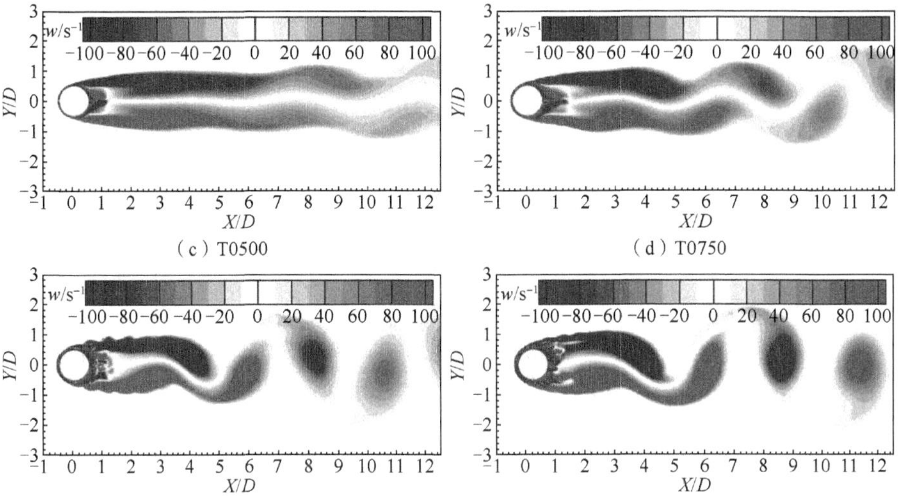

（c）T0500　（d）T0750

（e）T1000　（f）T1500

图 7-48（续）

3. 被动吸吹气套环雷诺数效应

本小节研究亚临界区内被动吸吹气套环的雷诺数效应[27]，套环外表面气孔数量 24，径向厚度与直径的比值为 0.05。采用数值模拟方法进行研究，雷诺数 Re 分别取 1.0×10^3、1.0×10^4、1.0×10^5、1.5×10^5 和 2.0×10^5。

不同雷诺数下套环的气动力控制效果和跨中截面瞬时涡量如图 7-49 和 7-50 所示，雷诺数较低时，未产生有效的吹出气流，反而由于套环的存在增大了模型的外径，使升力和阻力控制效果为负。在 $Re=1.0\times10^4$ 时已经体现了较好的控制效果，虽然尾流仍然是交替脱落的漩涡，但吹出气流极大地削弱了漩涡对模型的作用力，有效地控制了索结构节段模型的升力和阻力。随着雷诺数继续增大到 1.0×10^5 以上，在背风区可以形成足够的吹出气流，漩涡脱落被抑制，升力和阻力的控制效果也有所提升。

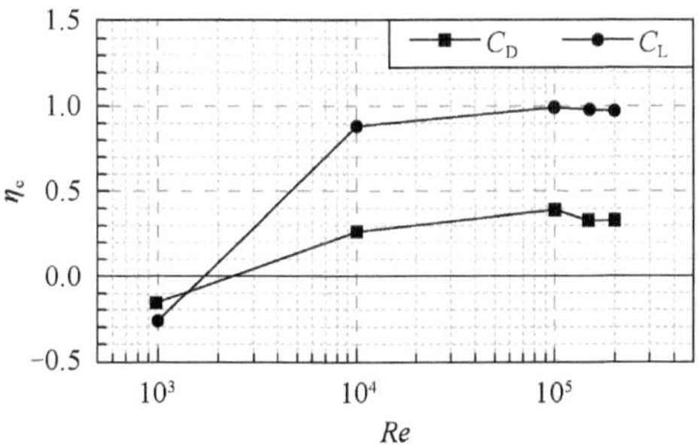

图 7-49　不同雷诺数下套环的气动力控制效果

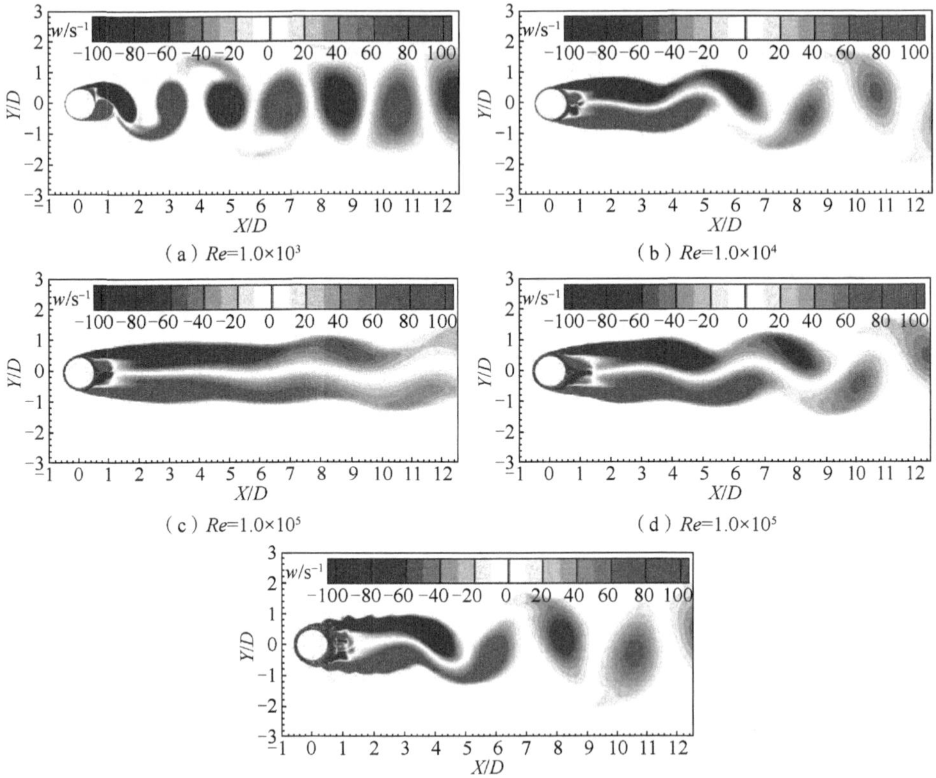

(a) Re=1.0×10³　(b) Re=1.0×10⁴

(c) Re=1.0×10⁵　(d) Re=1.0×10⁵

(e) Re=1.0×10⁵

图 7-50　不同雷诺数下跨中截面瞬时涡量

4. 被动吸吹气套环开孔宽度和高度

用套环中一个气孔对应的圆心角大小来表示套环开孔的宽度，或称为套环开孔角度，气孔的高度占套环总高度的百分比来表示套环开孔高度，套环开孔角度分别为 3.75°、7.5°、11.25°、15°和 22.5°，对应开孔数量分别为 48 个、24 个、16 个、12 个和 8 个，套环开孔高度与套环高度的比值分别为 0.25、0.50、0.75 和 1.0[29,30]。

被动吸吹气套环开孔宽度对模型气动力系数的影响如图 7-51 所示，各个开孔宽度下套环均有较好的控制效果，开孔宽度的变化对阻力平均值的影响较小，升力系数均方根值在开孔角度为 7.5°时最低，随着角度的增加，升力脉动有所增大。图 7-52 所示是不同套环开孔高度下模型气动力系数，开孔高度越大，对阻力的控制效果越好，随着开孔高度的增加，升力系数均方根值呈现先减小后增大的趋势。在开孔高度与套环总高度的比值为 0.5 时，控制效果最优。涡激振动幅值主要取决于升力均方根值，因此套环开孔角度和开孔高度的最优参数为 7.5°和 0.5D。

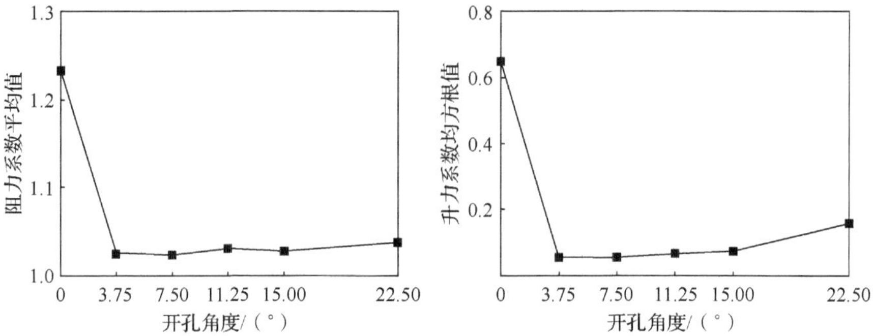

（a）阻力系数平均值　　（b）升力系数均方根值

图 7-51　不同开孔宽度下模型气动力系数

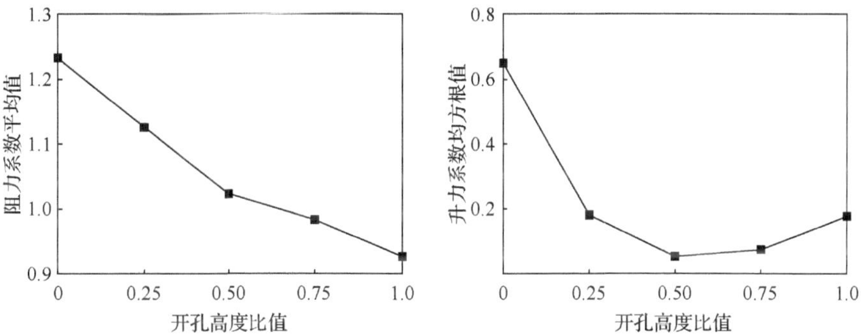

（a）阻力系数平均值　　（b）升力系数均方根值

图 7-52　不同开孔高度下模型气动力系数

5. 被动吸吹气套环展向间距效应

斜拉索的长度通常为数百米，被动吸吹气套环沿斜结构轴向的布置方式也是需要重点考虑的问题。采用风洞试验研究套环展向间距对控制效果的影响[31]。

套环的布置方式分为两个方案。第一个方案为套环外置，即在圆柱上按一定间距布置套环，此时套环相对于圆柱表面是凸起的，相邻套环之间存在空隙，如图 7-53（a）所示，记为 P1。第二个方案为套环内置，即将套环与套环之间的空隙补平，使得模型表面保持平整，如图 7-53（b）所示，记为 P2。套环中心距 S 依次取为 30mm、90mm、150mm、180mm、210mm 和 270mm。选择套环外径 78mm 为特征长度 D，套环中心距与特征长度的比值 S/D 分别为 0.3846、1.1538、1.9231、2.3077、2.6923 和 3.4615。

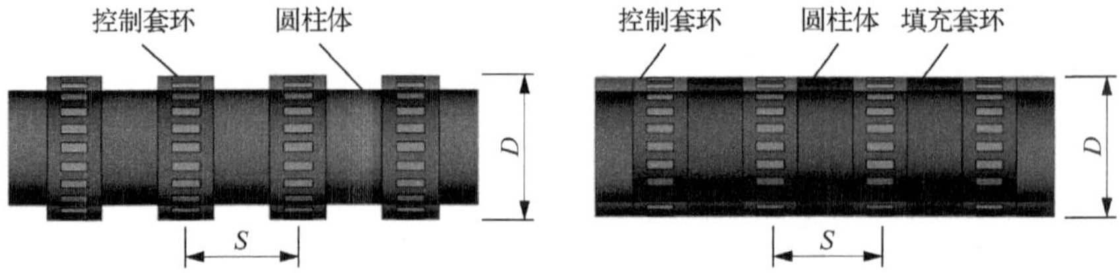

（a）方案一　　（b）方案二

图 7-53　套环布置方案

首先对方案一模型跨中截面压力分布进行测量，结果如图 7-54 所示。黑色曲线表示无控工况。在间距最小（即 S/D=0.3846）时，负压区压力系数最高，随着间距的增大负压区压力系数越来越低，在 S/D=3.4615 时略低于无控工况。压力系数脉动值表现出了类似的规律，方案一套环布置得越多控制效果越好，当套环间距大于约 $3D$ 的时候控制为零甚至为负。图 7-55 表示方案二中模型跨中截面压力系数变化情况。套环越密集控制效果越好，随着套环间距的增大表面压力分布会越来越接近无控工况。图 7-56 给出了通过测力结果算得的两种方案下不同间距被动

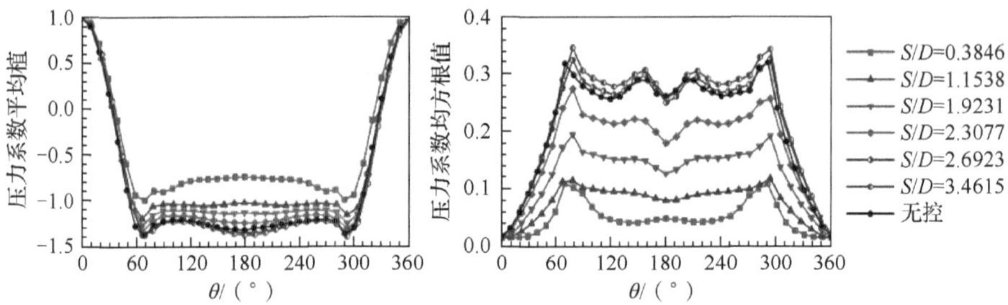

（a）压力系数平均值　　（b）压力系数均方根值

图 7-54　方案一模型跨中截面压力系数分布

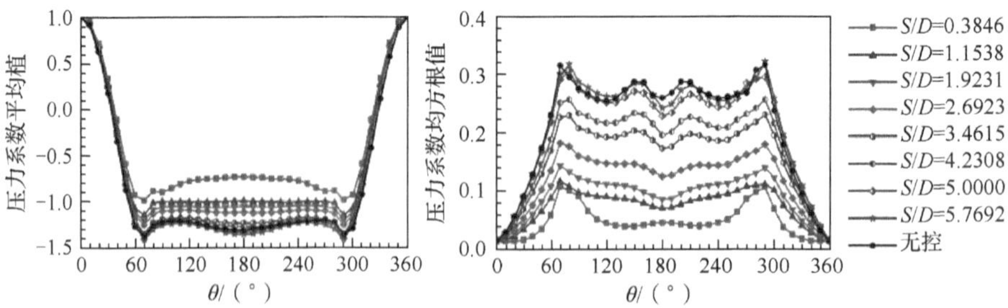

（a）压力系数平均值　　（b）压力系数均方根值

图 7-55　方案二模型跨中截面压力系数分布

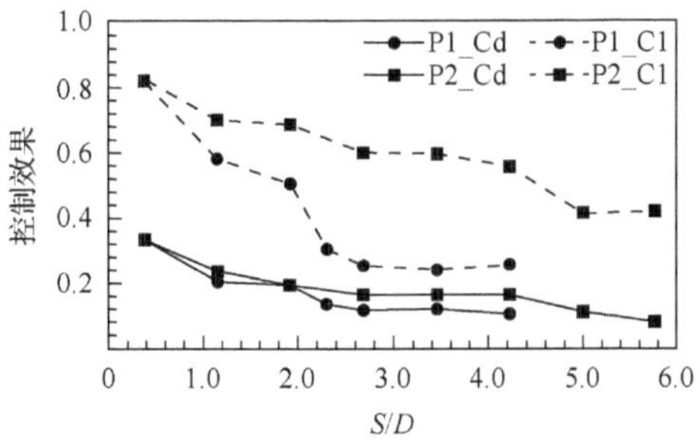

图 7-56　不同间距下套环控制效果

吸吹气套环控制效果汇总，阻力和升力的控制效果都表现出了随套环中心距增大而下降的趋势，与表面压力测量结果相吻合。两种方案在 S/D=0.3846 工况下均为套环密布，属于相同的情况，因此升力和阻力控制效果相等，除此之外各个间距下套环内置的控制效果优于套环外置的情况。

图 7-57 是无控和 S/D=0.3846 两种工况下尾流时均流线和湍动能结果。无控工况的绕流场中，可以看到两个大尺度漩涡，伴随着较大的湍动能，说明尾流场速度脉动较大。为了更仔细地测量模型壁面附近的流动，拍摄模型的细部流场，如图 7-57（b）所示，可以明显看到在模型表面发生流动分离。模型布置被动吸吹气套环时，时均流场结构如图 7-57（c）和（d）所示，在套环吹出气流的作用下，尾流漩涡明显延长，湍动能减弱，从流场细部详图中可以看到从气孔中吹出的气流在近壁面形成了一系列小漩涡，将主涡与模型表面分割开，进一步削弱了主涡对模型的作用。

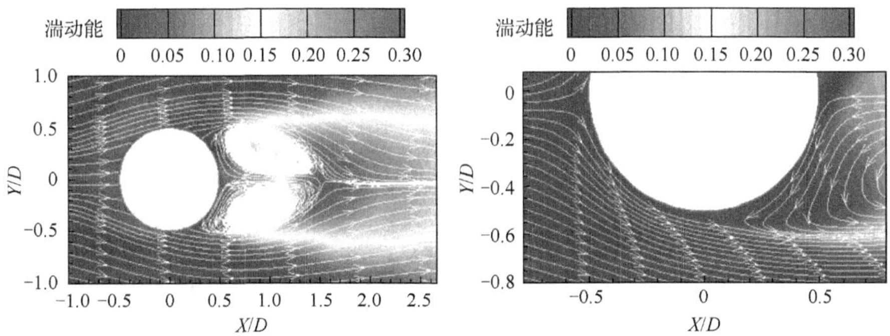

（a）无控　（b）无控细部详图

图 7-57　无控和有控工况下时均流线和湍动能

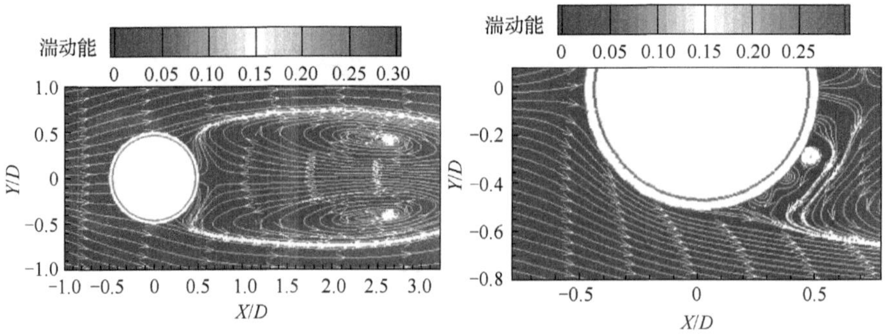

(c) S/D=0.3846　　(d) S/D=0.3846

图 7-57（续）

模型尾流瞬时涡量结果如图 7-58 所示，在无控工况中模型尾流区有两个明显的方向相反的漩涡。S/D=0.3846 时，尾流漩涡的交替脱落基本被抑制，两侧剪切层基本平行地向下游运动，在空间上相互分离，这与前文数值模拟的结果较为吻合。

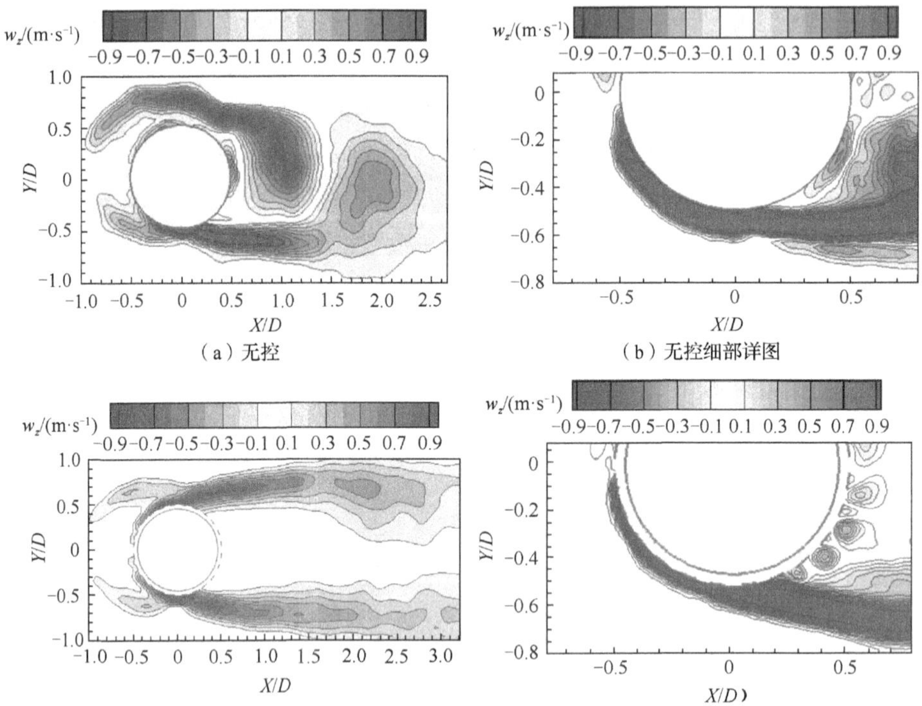

(a) 无控　　(b) 无控细部详图

(c) S/D=0.3846　　(d) S/D=0.3846细部详图

图 7-58　无控和有控工况下瞬时涡量

6. 被动吸吹气套环柔性索模型涡激振动控制

被动吸吹气套环对三维柔性斜拉索涡激振动控制试验在哈尔滨工业大学土木工程学院风洞与浪槽联合实验室进行，索模型及套环布置如图 7-59 所示。模型长度为 8.31m，直径为 98.36mm，模型两端固定，俯仰角和倾斜角分别为 45°和 23.39°，面内振动前 3 阶模态频率为 2.31Hz、4.17Hz 和 6.36Hz，面外振动前 3 阶模态频率为 2.14Hz、4.03Hz 和 6.21Hz，各阶模态阻尼比均为 4%左右。被动吸吹气套环厚 4mm，高 50mm，气孔高度为套环高度的一半，均匀布置 24 个吸吹气孔。试验过程中套环等间距布置在索模型表面，套环个数分别为 53 个、29 个和 15 个，对应套环间距为 150mm、274mm 和 530mm，工况定义为 C53、C29 和 C15。在距柔性索模型底端 $L/6$ 位置布置两个加速度传感器测量索模型两个方向的振动加速度，并通过积分获得涡激振动位移响应。

图 7-59　柔性索模型及套环布置

图 7-60 为有无套环情况下柔性索模型涡激振动的响应，可以看出，在工况 C53 控制下，斜拉索振动振幅比无控工况下降了 50%。随着套环数量的减少，其控制效果也逐渐减弱。有控工况下起振风速比无控工况略低，是因为被动吸吹气套环的射流改变了无量纲漩涡脱落频率，从斜拉索上脱落的漩涡将在相对较低的风速区间锁定到自振频率。

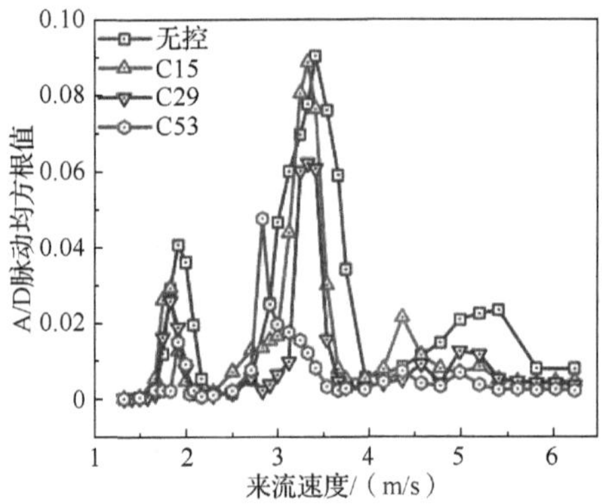

（a）平面内振动

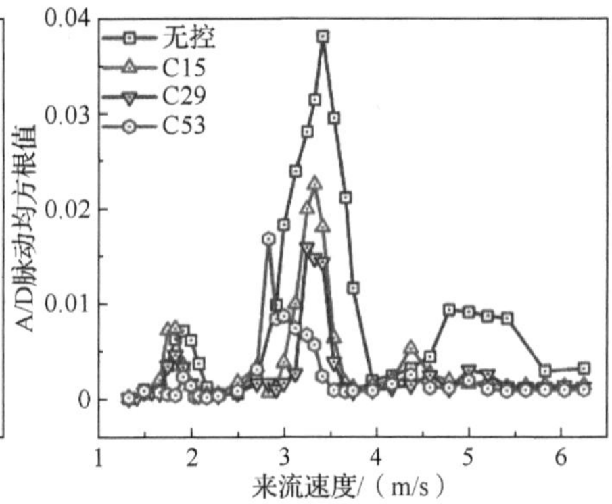

（b）平面外振动

图 7-60　柔性索模型涡激振动响应

7.3.3　被动吸吹气控制工程应用

某大跨度拱桥主跨为 336m，如图 7-61（a）所示。其主梁采用双层板桁组合梁，主拱采用抛物线形，拱肋为钢箱梁柔性拱，矢高 60m。吊杆采用平行钢丝拉索，全桥设有 3 排共 57 组吊杆，每组吊杆含 2 根平行钢丝索，最大长度约 59m，并在长度最大的一组吊杆上布置被动吸吹气套环，进行流动控制。对同一横截面处无控、有控的两根吊索上分别布置加速度传感器进行加速度采集，如图 7-61（b）所示，同时对来流风速进行全天候采集，以便对无控、有控吊索的位移振动响应、振动形式和主要振动模态进行分析。

根据 2020 年 12 月至 2021 年 2 月这 3 个月内无控拉索及有控拉索的加速度响应数据，每 10min 为一组统计该时间段内的加速度均方根值。此外，由于个别时间段内无控拉索振动响应较大，导致其加速度数据出现了超量程现象，因此将这部分数据予以剔除。

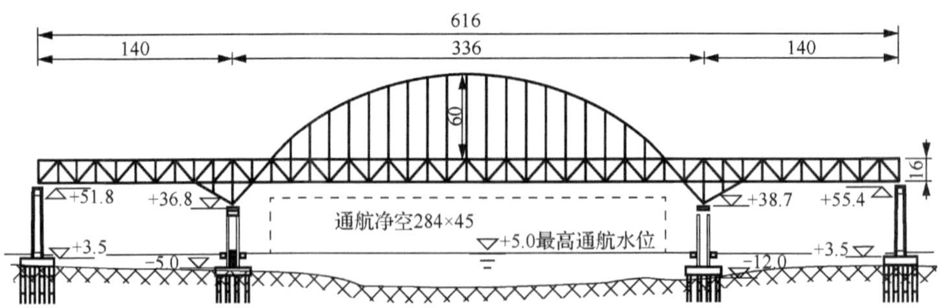

（a）某拱桥总体立面布置（单位：m）

图 7-61　被动吸吹气套环工程应用

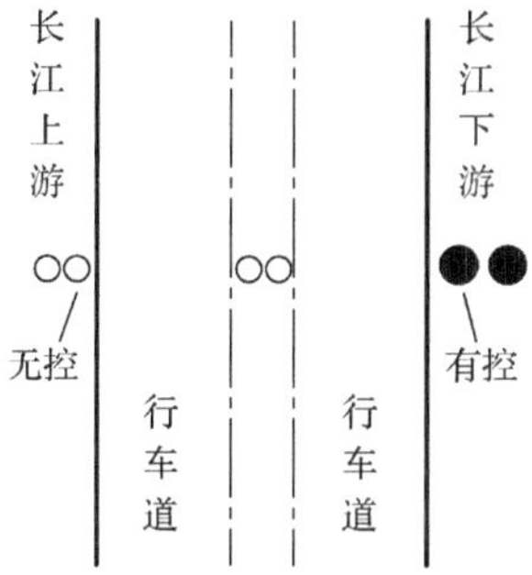

（b）监测吊索位置

（c）实桥及套环布置示意图

图 7-61　被动吸吹气套环工程应用

对 3 个月内无控拉索与有控拉索的加速度数据进行统计分析，得到两拉索加速度响应均方根值如图 7-62 所示。对比可知，在相同横截面上，有控拉索的加速度响应在整体上要比无控拉索的小。以振动响应较大的 2021 年 1 月 16 日为例，分析无控与有控吊索的振动形式和主要振动模态。

1 月 16 日拉索振动响应最大的时间约在 12:00～14:00。12:00～14:00 的来流风速时程如图 7-63（a）所示；由该时间段内的加速度时程可积分求得对应的位移时程如图 7-63（b）所示。统计发现，在 12:00～14:00 来流风速主要分布在 3～9m/s，此时无控拉索的位移响应均方根值为 3.3×10^{-5}m；而采用被动吸吹气控制的拉索，其位移响应均方根值为 1.1×10^{-5}m。故以无控拉索为对照，有控拉索的位移响应均方根值减小了 66.7%。

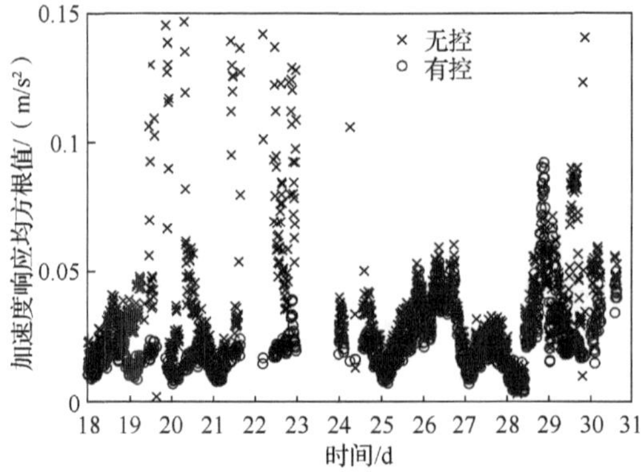

（a）2020年12月

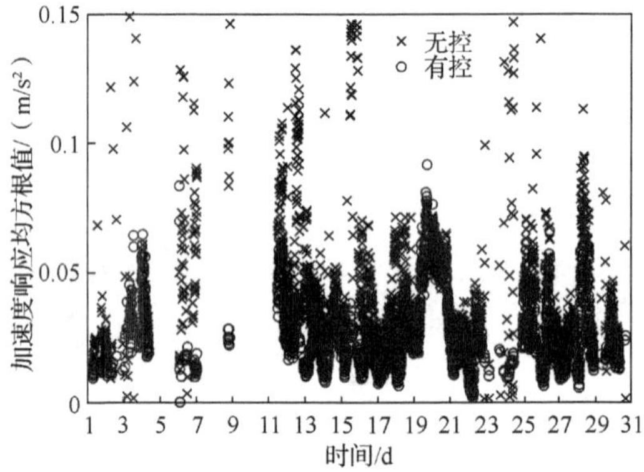

（b）2021年1月

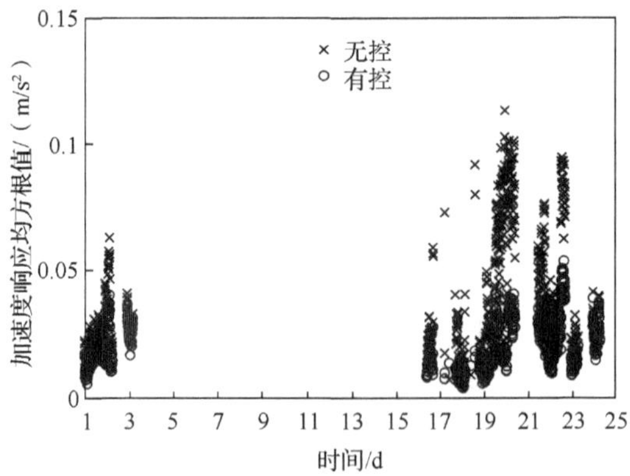

（c）2021年2月

图 7-62　无控、有控吊索加速度响应均方根值

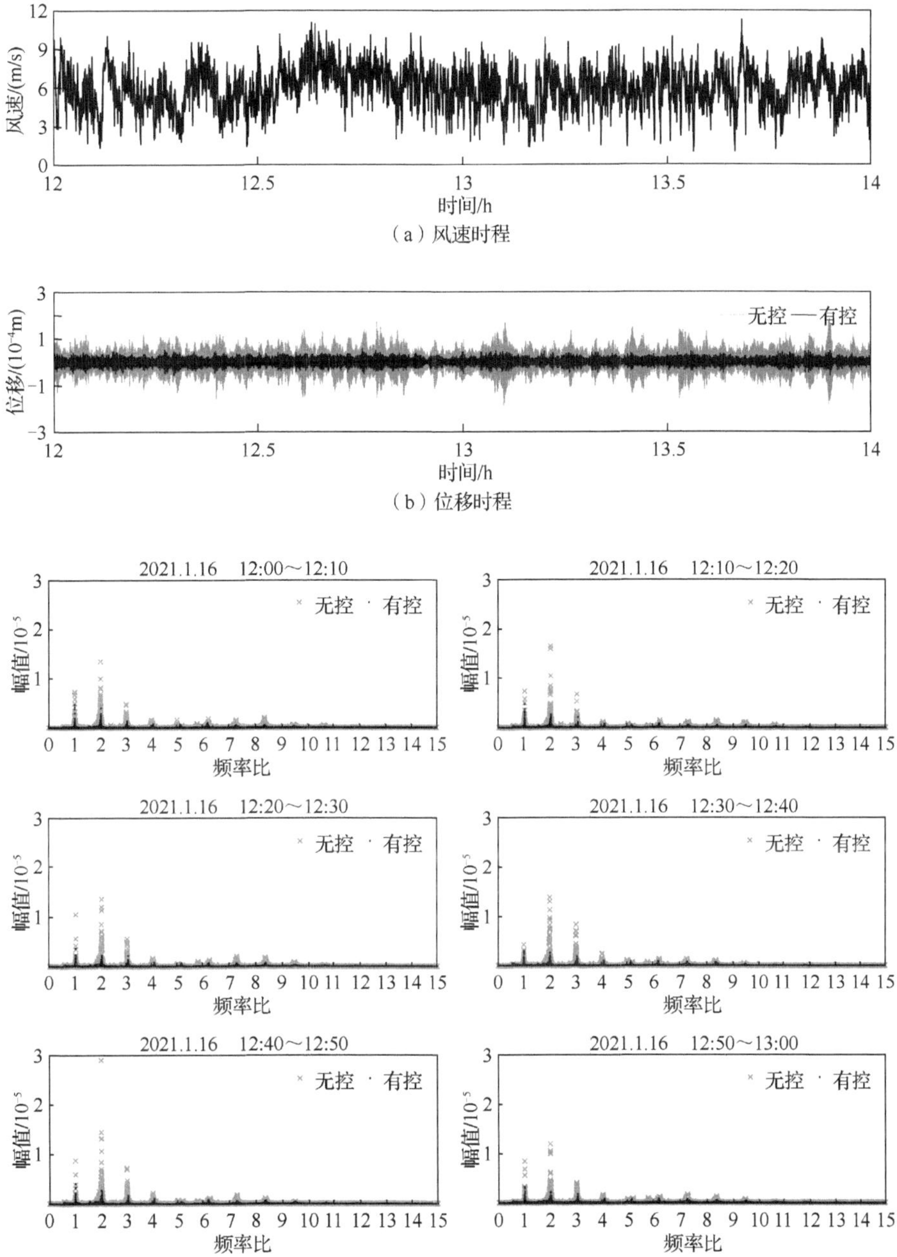

图 7-63　2021 年 1 月 16 日 12:00～14:00 吊索的风速时程、位移时程及位移频谱

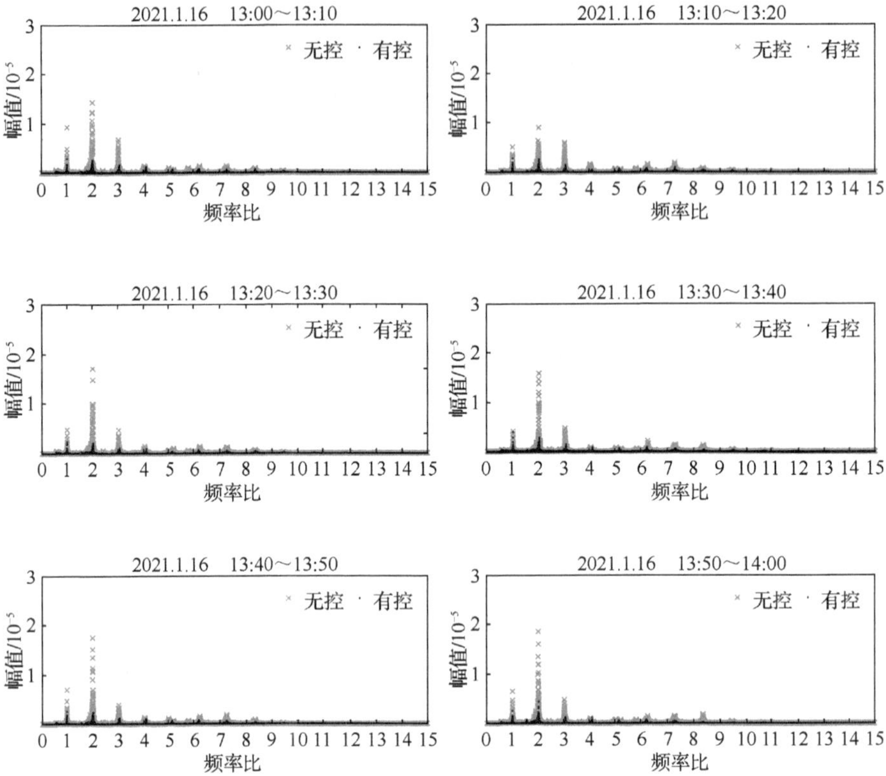

（c）位移频谱

图 7-63（续）

将 12:00～14:00 的位移时程均分 12 份，即每 10min 为一段分别进行频谱分析，其频谱如图 7-63（c）所示。其中，水平轴为实际频率除以各自基频得到的频率比，无控拉索与有控拉索的基频分别为 1.624Hz、1.648Hz。可以看到在 3～9m/s 风速下，拉索均发生了 1 阶、2 阶、3 阶主导的多阶涡激振动，且振动模态主要集中在 1 阶～8 阶。对比显示在被动吸吹气控制下，有控拉索位移响应对应的频率幅值（尤其是 1 阶、2 阶、3 阶频率幅值）被明显抑制。

此外，对该实测风速下的理论涡激振动模态进行估计，其结果如图 7-64 所示。可以看到，理论涡激振动模态主要分布在 1 阶～11 阶，与位移模态分析结果吻合。

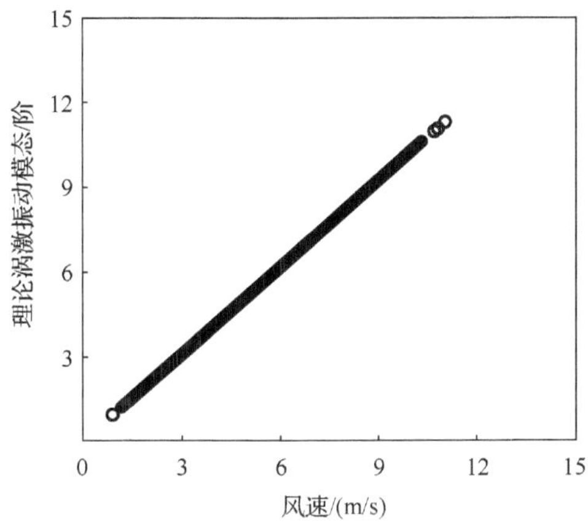

图 7-64　理论涡激振动模态

7.4　非一致表面流动控制

7.4.1　海豹胡须仿生非一致表面拉索

德国生物学家 Dehnhardt 等[32,33]发现了海豹是通过探测生物的尾迹进行捕猎，其胡须具有灵敏的探测能力。2007 年 Schulte-Pelkum 等[34]对海豹的追踪能力再次进行了试验，用另外一只海豹提前在水中游动产生尾迹，更加真实地模拟生物产生的尾迹，发现海豹可以通过胡须追踪生物游动的原始轨迹，具有很高的准确性。2010 年 Hanke 等[35]通过统计 13 根海豹胡须的几何外形给出了海豹胡须形状的具体数据，如图 7-65 所示。其中，a、b、k、l 是两个椭圆形控制截面的参数，分别为 0.595mm、0.24mm、0.475mm、0.29mm；M 是两个控制截面中心点之间的距离，为 0.91mm；α、β是控制截面的俯仰角，分别为 15.27°和 17.6°。通过 PIV 和直接数值模拟对海豹胡须外形、海狮胡须外形以及标准圆柱的水动力和流场结构进行观察比较，海豹胡须受到的水动力远小于海狮胡须和标准圆柱。从流场可以看出，海豹胡须模型尾流区的卡门涡被一个复杂的三维涡取代，沿展性流动分离点也有所改变，漩涡形成区向下游推移，在模型表面的尾流区之间形成了一个

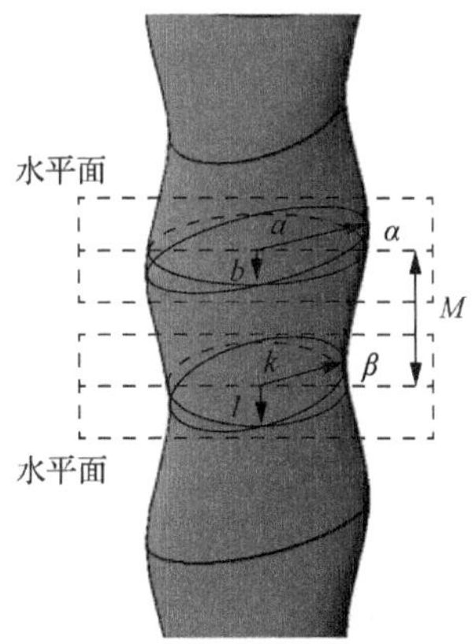

图 7-65　海豹胡须外形示意图

间隙，减小了尾流区的流动对模型的作用力。2011 年 Miersch 等[36]研究了海豹胡须模型和海狮胡须模型的差别，认为两者接收信号的机制有所不同：海豹通过改变胡须的外形来减小胡须本身产生的噪声，提高感官性能；而海狮的胡须在游动中会有一个基本的载波信号，海狮通过感受这个信号的变化来获得外界水流的信息。2012 年 Witte 等[37]用立体微型粒子测速试验和直接数值模拟研究了海豹胡须模型的三分力系数和流场，结果表明海豹胡须升力系数和阻力系数的波动性比圆柱模型的降低了 90%，海豹胡须尾流区的漩涡形成区在更接近下游的位置，且漩涡形成后很快就会破碎分解。

2012 年 Valdivia 等[38]率先将海豹胡须外形应用到传感器中，用海豹胡须状柱体结构代替圆柱结构制作了海豹胡须传感器，减小了柱体结构自身产生的噪声信号，提高了传感器的探测能力。Beem 等[39]改进了海豹胡须传感器，可以测出水流的方向和速度。Kottapalli 等[40]将海豹胡须形状应用到压电微型流量传感器上，提高了微型传感器的灵敏度，可测的最小流速可以达到 193μm/s。Beem 等[41]研究了海豹胡须微型传感器抑制涡激振动的机理，在海豹胡须传感器横截面的长轴与来流方向一致时，海豹胡须传感器受到的涡激振动非常小，在另一个方向则可以将信号放大，将圆柱、椭圆柱和海豹胡须状柱放置在大尺度圆柱的尾流区内时，海豹胡须传感器会受到垂直于长轴方向的侧向流速，从而引起振荡，此时海豹胡须传感器以来流的频率振动，其斯特劳哈尔数与上游的大尺度圆柱的斯特劳哈尔数保持一致，从而可以判断上游方向物体的大小和形状，证明了海豹胡须传感器可以从上游结构的尾流场中获得能量，因此具有很高的灵敏度。Kottapalli 等[42]研究了海豹胡须状压电微型流量传感器和圆柱形压电微型流量传感器，从传感器对流量变化的灵敏度和准确性以及对涡激振动的控制效果进行研究，海豹胡须传感器涡激振动的幅值远远小于标准圆柱发生涡激振动的幅值，这种抑制涡激振动的能力来源于海豹胡须传感器独特的波浪表面。

Wang 和 Liu[43]通过试验对比研究了海豹胡须状模型、波浪形圆柱、标准圆柱和椭圆柱的流场，海豹胡须状模型的尾流区流动的脉动性是最低的，沿展向的流动也表现出了差异性，尾流区流动的相关性系数处在较低的水平，从动态模态分解得到的模态的功率谱密度来看，海豹胡须状柱模型功率谱密度的峰值远小于另外 3 个模型，使尾流区更加稳定。Jie 和 Liu[44]采用大涡模拟的方法对上述 4 个模型进行了数值模拟的研究，结果表明，相比较其他模型，海豹胡须状柱的尾流负压区的压力系数最大，尾流漩涡小而破碎，尾流区速度和表面压力的波动都有所减小，有利于减小气动力、抑制振动。Wang 和 Liu[45]补充了海豹胡须状模型在不同风攻角下的涡激振动试验，在风攻角不超过 30°时模型很稳定，当风攻角太大时观测到了 3 个维度的振动，且幅值较大；并且指出鞍平面和节平面处的漩涡脱落有着不同的频率，是影响海豹胡须状柱在低风攻角下稳定性的重要因素。Chen 等[46]和闵祥威[47]将海豹胡须的特点应用到斜拉索模型中设计了海豹胡须仿生非一致表面拉索模型进行被动流动控制，通过风洞试验验证了其控制效果。

仿生拉索模型如图 7-66 所示，仿生拉索同样具有两类控制截面，第一类控制截面的长短轴分别为 a 和 b，第二类控制截面的长短轴分别为 l 和 k，倾斜角统一取为 16°，控制截面间距为 M，模型具体尺寸和编号如表 7-2 所示。

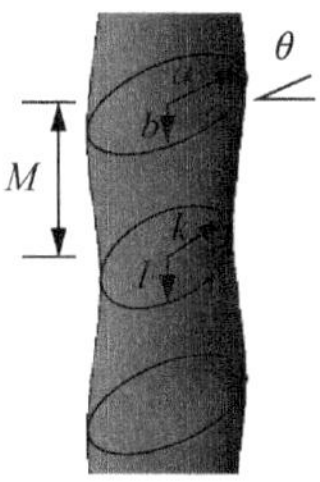

图 7-66　海豹胡须仿生非一致表面拉索模型示意图

表 7-2　海豹胡须仿生非一致表面拉索模型尺寸汇总表

模型编号	a/mm	b/mm	k/mm	l/mm	M/mm	θ/（°）	D_h/mm
模型#1	39.7	31.8	33.1	38.2	70	16°	70
模型#2	39.7	31.8	33.1	38.2	105	16°	70
模型#3	39.7	31.8	33.1	38.2	140	16°	70
模型#4	39.7	31.8	33.1	38.2	175	16°	70
模型#5	39.7	31.8	33.1	38.2	210	16°	70

注：标准圆柱直径为 70mm。

仿生斜拉索模型为非一致表面模型，不同展向位置截面不同，3 个典型截面的布置如图 7-67（a）所示。截面#1 和截面#3 为两个控制截面，两个控制截面之间的一个过渡截面为截面#2。试验过程中的来流风角度设置为 0°～180°，间隔 22.5°，被测截面在各风攻角下的位置如图 7-67（b）所示。PIV 测量了 3 个顺流向平面和 1 个展向平面，如图 7-68 所示。试验风速 8m/s，对应雷诺数约为 3.9×10^4，是实际拉吊索结构在发生风致振动时常见的雷诺数。

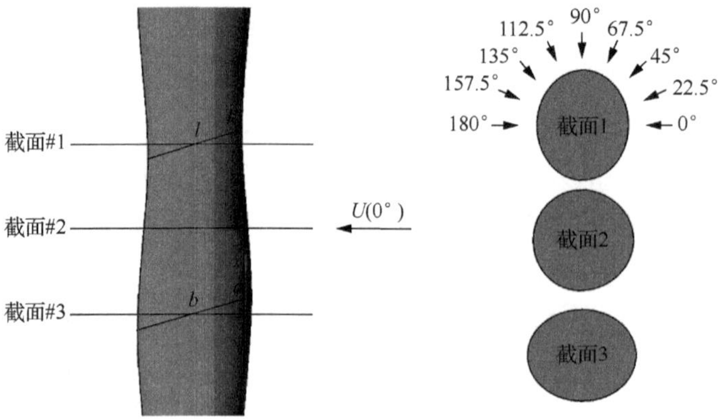

（a）被测截面　　（b）来流风角度

图 7-67　被测截面位置及来流风角度示意图

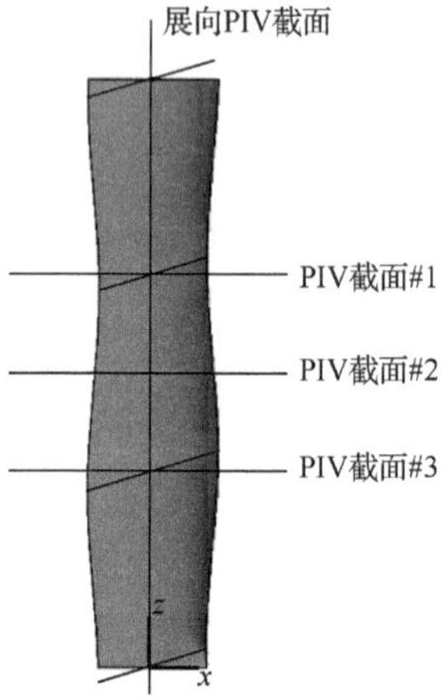

图 7-68　PIV 试验被测截面

通过双天平测力可以得到拉索模型气动升力（F_L）和气动阻力（F_D），按下式进行无量纲化：

$$
\begin{cases}
C_D = \dfrac{F_D}{0.5\rho U_0^2 DL} \\
C_L = \dfrac{F_L}{0.5\rho U_0^2 DL}
\end{cases}
\tag{7-3}
$$

式中，C_D 为模型受到的阻力系数；C_L 为模型受到的升力系数；F_D 为双天平测得的阻力合力；F_L 为双天平测得的升力合力；ρ 为空气密度，等于 1.225g/m^3；U_0

为来流风速，等于 8m/s；D 为特征长度，等于 70mm；L 为节段模型的长度，本节是 770mm。

标准圆柱测得的阻力系数平均值为 1.22，升力系数的均方根值为 0.44。引入标准化阻力系数和标准化升力系数，标准化阻力系数定义为仿生斜拉索模型的阻力系数除以标准圆柱模型的阻力系数平均值，标准化升力系数定义为仿生斜拉索模型的升力系数除以标准圆柱模型的升力系数均方根值。图 7-69 是仿生拉索模型#1～模型#5 在 0°～180°风攻角下的标准化阻力系数平均值。

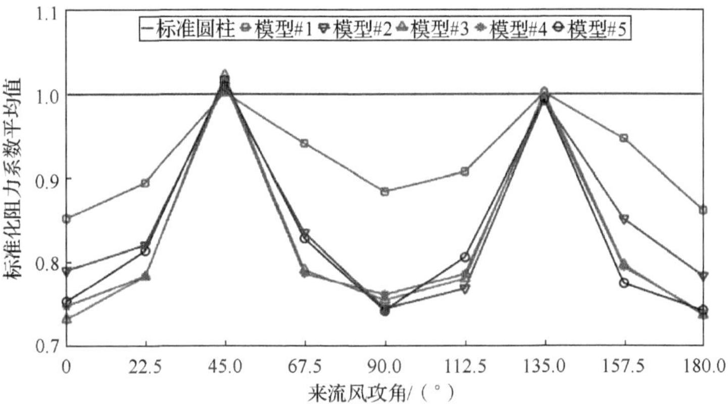

图 7-69　仿生斜拉索模型标准化阻力系数平均值

图 7-69 中黑色水平直线代表标准圆柱的标准化阻力系数平均值。空心正方形标记的直线为模型#1 的标准化阻力系数平均值，0°风攻角下标准化阻力系数平均值为 0.85，即与标准圆柱相比降低了 15%。风攻角变大时，阻力系数平均值开始上升，22.5°风攻角下标准化阻力系数平均值为 0.89，风攻角为 45°时阻力系数也达到了一个极值点，标准化阻力系数接近标准圆柱的结果，等于 1.00，控制效果消失。随着风攻角继续增大，阻力系数开始降低，风攻角等于 90°时出现了一个极小值点，标准化阻力系数为 0.88。风攻角继续增大时，阻力系数开始增加，135°风攻角下达到极大值点，控制效果消失，标准化阻力系数等于 1.00。风攻角超过 135°之后，阻力系数开始降低，控制效果开始增大，180°风攻角下标准化阻力系数等于 0.86。

图 7-69 中曲线分别表示的是模型#2～模型#5 的标准化阻力系数平均值，其阻力系数的变化趋势与模型#1 类似，45°和 135°风攻角下阻力系数出现两组峰值，风攻角为 0°、90°和 180°时阻力系数较小，流动控制效果好，偏离这些角度时阻力系数变大，45°和 135°下阻力系数与标准圆柱接近，控制效果消失。5 个仿生拉索模型中模型#2～模型#5 的控制效果基本相同，在较优的风攻角下阻力均可降低

20%以上，最优时降低了约 27%。模型#1 的控制效果明显低于其余 4 个模型，多数角度下其阻力系数平均值降低的幅度仅为最优模型的一半。

图 7-70 是仿生拉索模型#1～模型#5 的标准化升力系数均方根值。通过对比 5 个模型的标准化升力系数可以看出，模型#3 和模型#4 的控制效果较好，升力系数最大降低率约 92%。与标准化阻力系数的规律类似，仿生模型对升力的控制效果受风攻角的影响较大，在 45°和 135°附近较小的角度区间内控制效果略差，多数角度下具有良好的控制效果。

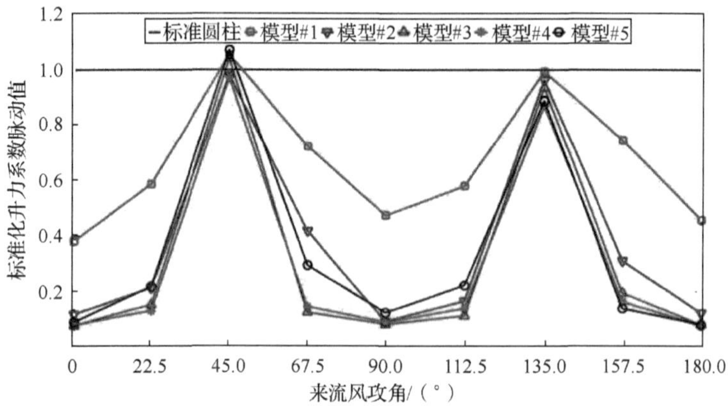

图 7-70　仿生斜拉索模型标准化升力系数均方根值

图 7-71 是模型#3 的 3 个截面的表面压力系数平均值和均方根值，水平轴是测压孔对应的角度，0°测孔位于前驻点位置。图中黑色空心圆标记的直线是标准圆柱的表面压力分布，0°测压孔的压力系数平均值等于 1，并且在 0°～67.5°急剧减小，在此阶段模型表面为顺压梯度，模型表面边界层内的空气在顺压梯度和黏性力的共同作用下向后流动。在 67.5°之后模型表面为逆压梯度，模型表面边界层内的空气需同时克服逆压梯度和黏性力进行流动，空气的动能不断消耗，当流体无法克服逆压梯度之后将与壁面脱离，发生流动分离的现象。流动分离之后模型表面压力基本维持在分离点处的水平，很难再有大的回升，在尾部产生较宽的负压区，标准圆柱表面负压区压力系数平均值相对平稳。

与标准圆柱的表面压力分布相比，在 45°攻角和 135°攻角下 3 个测压截面的表面压力系数平均值与圆柱表面压力系数平均值分布比较接近。其余角度下，仿生斜拉索负压区的压力系数明显提高，有利于减小模型受到的阻力，这与测力试验得到的结论较为吻合。

图 7-71（b）、（c）和（d）所示为模型#3 的 3 个被测截面在各个风攻角下压力系数均方根值的分布情况。表面压力系数均方根值越大对模型表面的作用力越

剧烈，模型升力的波动性越大，减小模型表面压力系数的均方根值有利于减小模型受到的脉动荷载。

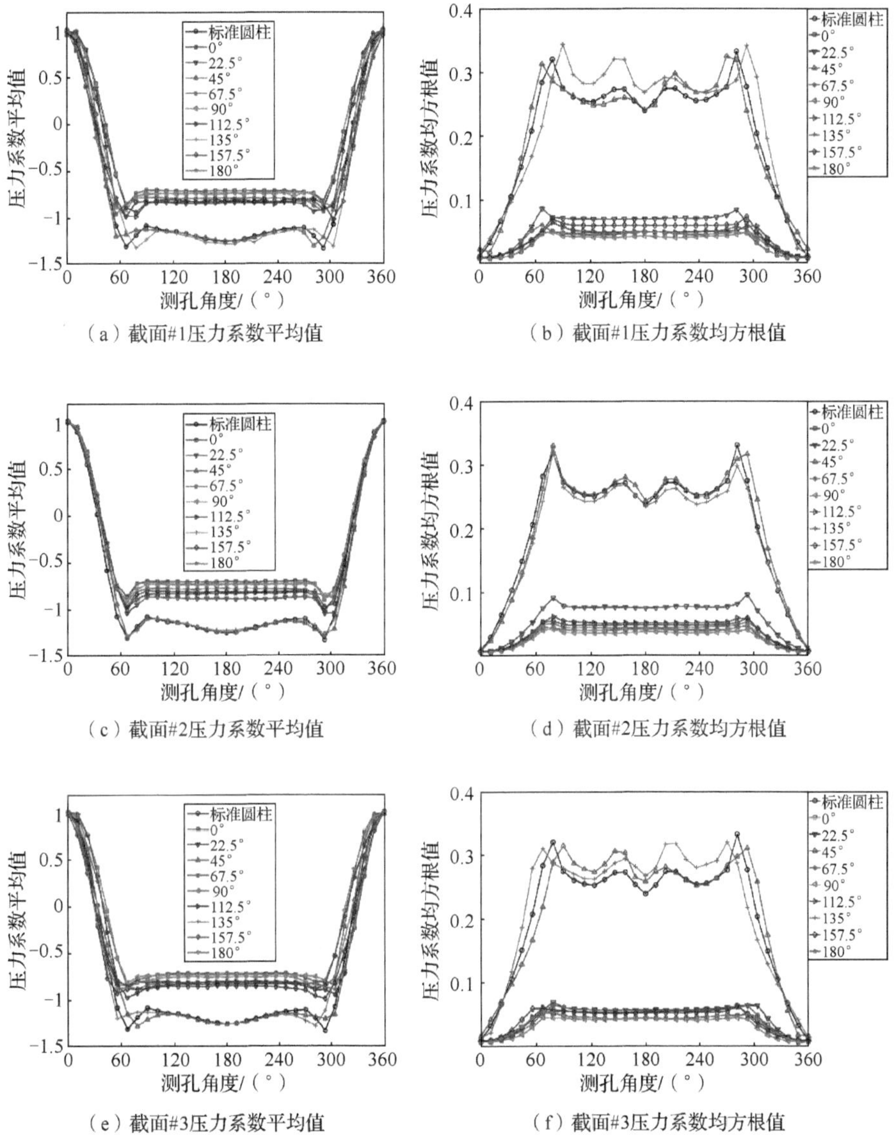

（a）截面#1压力系数平均值　（b）截面#1压力系数均方根值

（c）截面#2压力系数平均值　（d）截面#2压力系数均方根值

（e）截面#3压力系数平均值　（f）截面#3压力系数均方根值

图 7-71　模型#3 表面压力系数平均值和均方根值

标准圆柱和仿生拉索模型的流场如图 7-72 所示，坐标原点位于模型的轴心，图 7-72（a）所示为标准圆柱的瞬时流场，可以看出壁面处涡量很大，在壁面附近的边界层内流动以剪切流为主，流动中剪切应力较大，剪切层流经圆柱后在尾部卷起，形成了大尺度的漩涡，并且产生交替脱落。图中标准圆柱尾流区中有两个方向相反的漩涡，下侧的漩涡逆时针旋转，且正在发展过程中，上侧的漩涡为顺时针旋转，已经发展成熟并从壁面脱落。此时下侧漩涡在圆柱的正后方，上侧漩涡紧贴下侧漩涡，基本处在圆柱的正后方。说明圆柱尾流区交替脱落的漩涡距离模型表面较近，漩涡大而完整，对模型的作用力较强。图 7-72（b）～（f）是模型#3 截面#1 在 0°～180°风攻角下的流场结果，可以看到 0°风攻角下模型尾部同样存在一对反向漩涡，此时刻下侧漩涡即将发展成熟，上侧漩涡已经脱落。下侧漩涡在模型中心后方偏下的位置，涡心大约在 2.0D 的位置，上侧漩涡在模型后方偏上的位置，涡心大约在 2.6D 的位置，涡心处的涡量小于标准圆柱。说明此时模型#3 截面#1 尾部漩涡向下游推移，在近尾流区靠近模型表面的位置出现了涡量接近零的区域，减弱了漩涡脱落的周期性，有利于减小模型表面压力系数的脉动性和升力的脉动性。

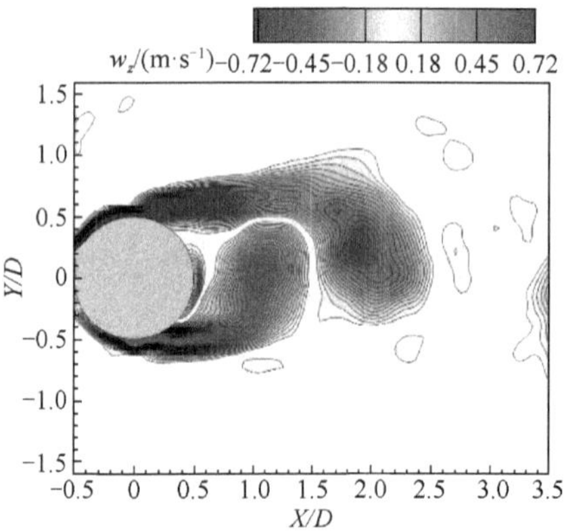

（a）标准圆柱

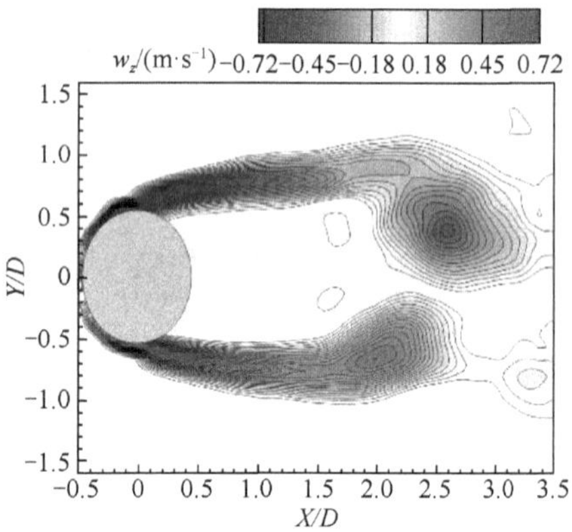

（b）模型#3，0° 风攻角

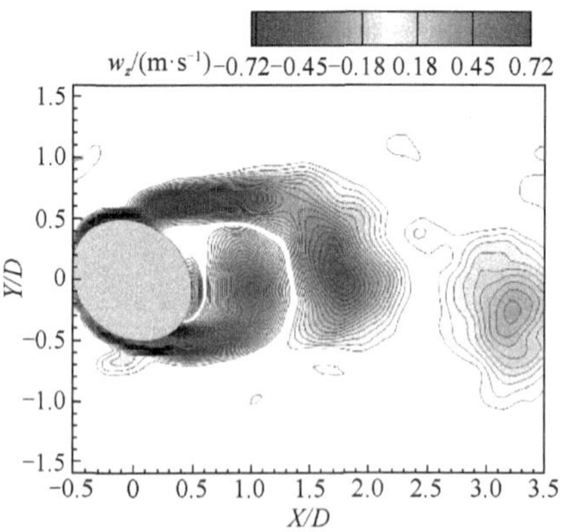

（c）模型#3，45° 风攻角

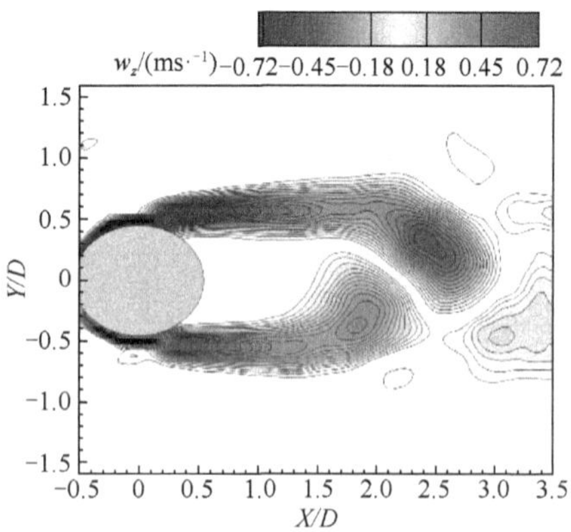

（d）模型#3，90° 风攻角

图 7-72　标准圆柱和模型#3 截面#1 瞬时流场

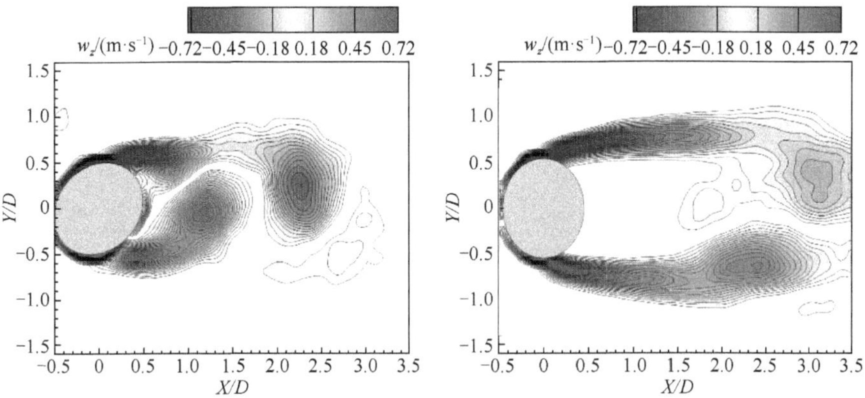

（e）模型#3，135° 风攻角　　（f）模型#3，180° 风攻角

图 7-72（续）

在 45°和 135°攻角下漩涡在近尾流区形成、发展和脱落，与标准圆柱类似，且涡量较大，这也解释了在测力和测压试验中该角度下流动控制效果较差的原因。在 90°和 180°攻角下漩涡又出现在远离壁面的位置，漩涡强度较低，近尾流区为涡量较小的过渡区，有利于减弱漩涡对模型表面的作用。

图 7-73 是标准圆柱模型和仿生拉索模型的时均流线和时均湍动能。图中黑色线代表流场中的时均流线，在尾部有两个形状对称方向相反的漩涡，这两个漩涡所在的区域代表了模型尾部的漩涡形成区，认为漩涡形成区的宽度为最高点到最低点的距离，长度为圆心到漩涡形成区边界最远处的距离。标准圆柱尾部漩涡形成区的宽度约为 1.0*D*，长度约为 1.5*D*。图中颜色表示的是标准化湍动能，在圆柱两侧远离尾流区的地方湍动能较小，在圆柱后 1.0*D* 附近湍动能开始明显增大，在 1.7*D* 附近的位置湍动能达到最大值。

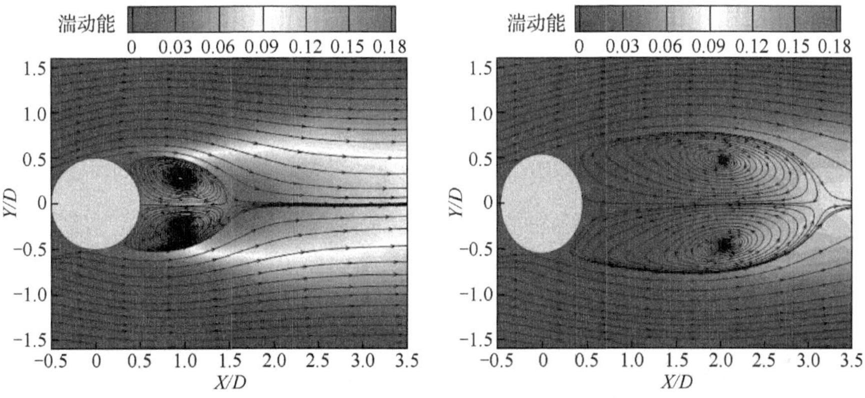

（a）标准圆柱　　（b）模型#3，0° 风攻角

图 7-73　标准圆柱和模型#3 截面#1 时均流线和时均湍动能

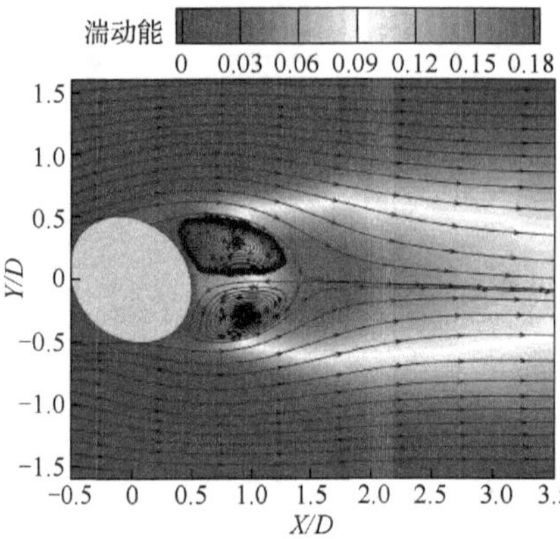

（c）模型#3，45° 风攻角

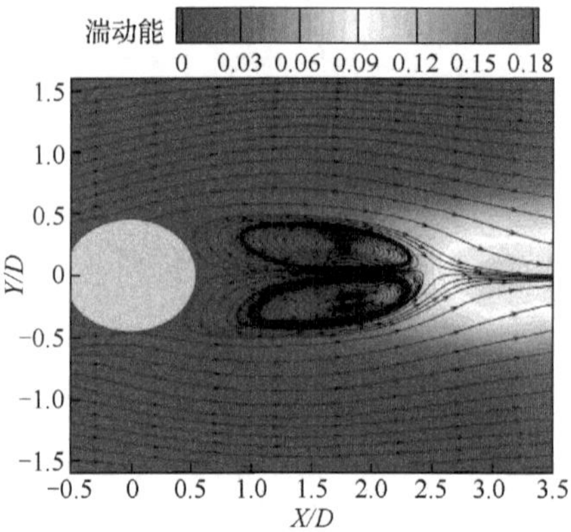

（d）模型#3，90° 风攻角

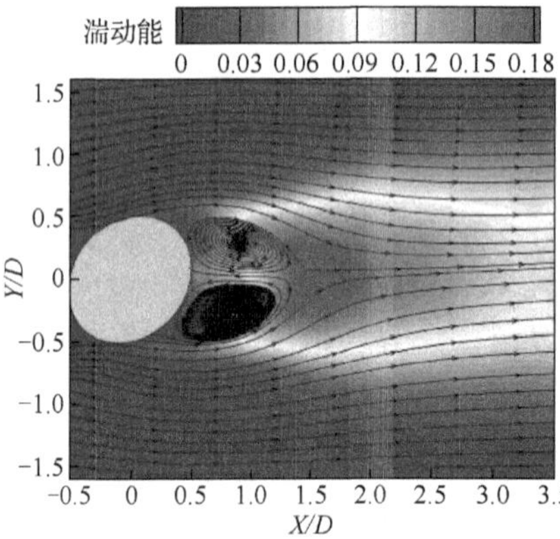

（e）模型#3，135° 风攻角

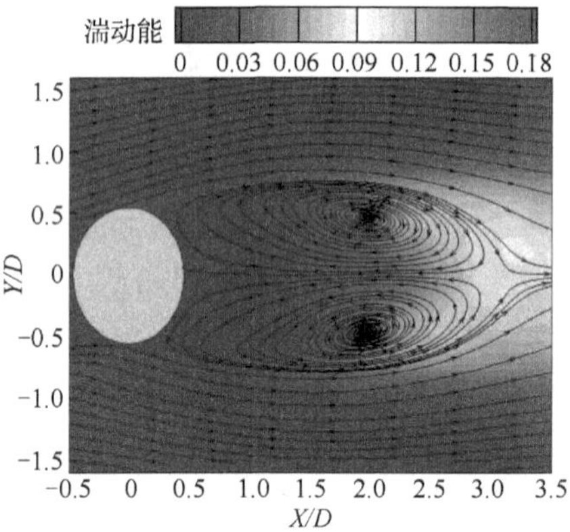

（f）模型#3，180° 风攻角

图 7-73（续）

模型#3 在 0°和 180°风攻角下尾流区有两个大尺度的漩涡，与标准圆柱相比漩涡的尺寸增大，尾流漩涡形成区长度约为 3*D*。伴随着漩涡形成区长度的增加，湍动能较大的区域向下游推移，且流场内湍动能极大地降低，其中近尾流区湍动能的降低直接降低了模型受到的阻力和气动力的脉动。在 45°和 135°风攻角时尾流场的漩涡形成区长度减小，约为 1.4*D*，漩涡形成区的减小使能量更加集中，近尾流区的湍动能增大，增加了模型的阻力和升力脉动，控制效果减弱。

展向流场结果有利于更直观地研究流场沿模型轴向的变化，如图 7-74 所示，图中黑色曲线表示的是时均流线，云图表示的是尾流场中顺流向速度分量的大小，流场区域大小为 4.0*D*×4.5*D*，*X* 轴方向为 0～4.0*D*，*Z* 轴方向为-1.0*D*～3.5*D*，*Z* 轴与模型的中心轴线重合。图 7-74（a）是标准圆柱的展向流场，在 1.5*D* 的位置出现了一条直线，直线附近流体的顺流向速度为 0，直线前方区域流动方向与来流方向相反，为回流区，称这条直线为漩涡形成区的边界。可以看出在模型附近的区域为逆流区，最靠近模型表面的区域顺流向速度较小，接近 0，在 X/D=1.0 附近的位置逆流的速度达到最大，此处为展向涡的涡胚生成和发展的主要区域。标准圆柱后不同截面处漩涡形成区的宽度处处相等，沿展向流动一致性较强，尾流的主涡为二维漩涡，展向流动相关性较强，模型受到的气动力较大。模型#3 在 0°风攻角下，如图 7-74（b）所示，时均流线图中同样出现了漩涡形成区的边界线，与标准圆柱相比，模型#3 的漩涡形成区的边界线向下游推移，且不再是一条直线，更接近正弦曲线。其中截面#1 处（Z/D=0）漩涡形成区的长度最大，约等于 3.1D，截面#3 处（Z/D=2.0）漩涡形成区的长度最小，约等于 2.6D，截面#2 处（Z/D=1.0）漩涡形成区长度约为 2.9D，顺流向 PIV 试验的结果中截面#1～截面#3 的漩涡形成区长度分别为 3.1D、3.0D 和 2.6D，顺流向 PIV 和展向 PIV 测量结果基本吻合。展向流场进一步证明了仿生表面使漩涡形成区延后，沿展向漩涡的尺度发生了有规律的变化，此时截面#1 迎风高度最大，且漩涡形成区长度最大，截面#3 迎风高度最小，漩涡形成区长度最小。

在 45°和 135°风攻角下模型#3 的展向流场漩涡形成区的边界线是一条直线，该风攻角下不同截面处尾流漩涡形成区的长度相等，约等于 1.5D，与标准圆柱的结果相等且与顺流向 PIV 试验的结果相吻合。回流区内顺流向流速梯度较大，速度变化剧烈，控制效果较差。

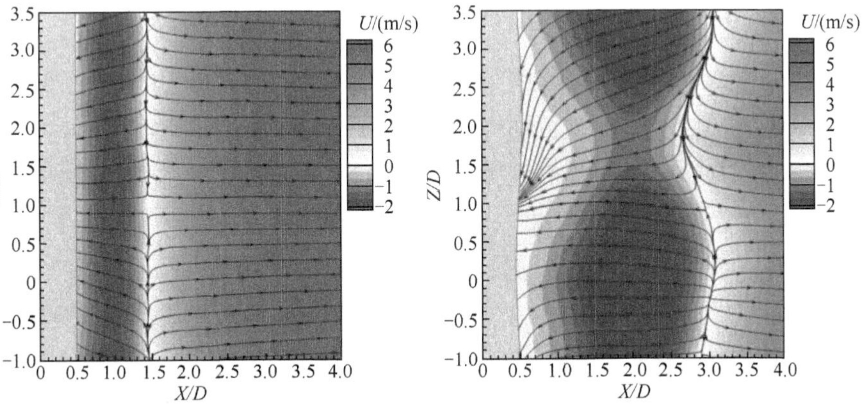

（a）标准圆柱　　（b）模型#3，0° 风攻角

图 7-74　模型#3 展向 PIV 截面时均流线图和顺流向速度分量图

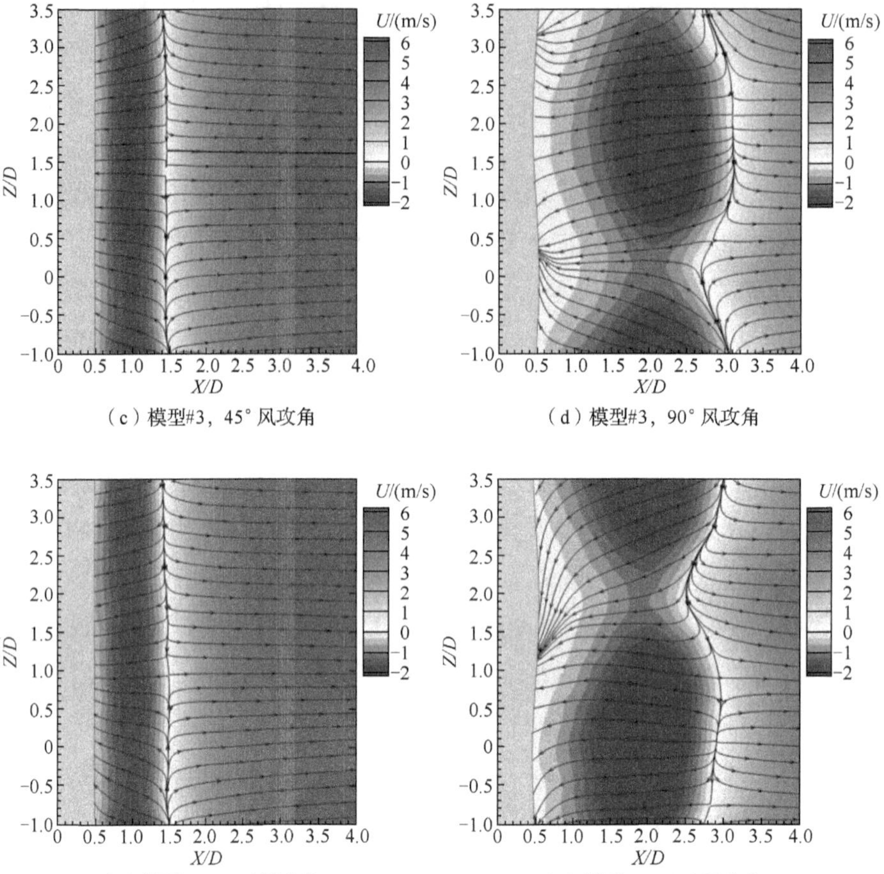

（c）模型#3，45° 风攻角

（d）模型#3，90° 风攻角

（e）模型#3，135° 风攻角

（f）模型#3，180° 风攻角

图 7-74（续）

试验结果表明仿生拉索模型的控制截面间距存在一个最优的范围，为 1.0*D* 时控制效果较差，在 2.0*D* 和 2.5*D* 时控制效果较好，继续增大到 3.0*D* 时控制效果反而略有下降。海豹胡须仿生非一致拉索模型对风攻角极为敏感，当控制截面主轴与来流风风向之间的夹角为 45°左右时控制效果几乎消失。有控工况下仿生表面可以提高负压区的压力系数平均值，降低压力系数均方根值，无控情况下模型表面压力分布与标准圆柱很接近；仿生表面减弱了漩涡脱落的周期性，直接减小了升力对模型的动荷载效应，有利于抑制涡激振动，且改变了尾流沿展向的分布。不同截面处漩涡形成区尺度和顺流向速度分布有所不同，呈现三维流动，进一步减小了模型的气动力，抑制了涡激振动。仿生表面还改变了模型尾部漩涡形成区的位置，在有控情况下模型两侧漩涡涡胚形成的位置向下游推移，在近尾流区形成了一个流动相对稳定的过渡带，减弱了尾流对模型的作用力，进一步减小了模型的阻力和升力脉动。

7.4.2 螺旋形表面拉索

具有椭圆形倾斜控制截面和波浪表面的海豹胡须仿生非一致表面拉索对来流风的方向比较敏感，风攻角变化时升力系数和阻力系数有较大的变化，螺旋形非一致表面拉索可以较好地解决这一问题。将控制截面沿轴线平移的同时进行旋转可以得到螺旋形仿生非一致表面拉索模型，如图 7-75 所示。其中，a 和 b 是控制截面的长半轴长和短半轴长；λ是进行旋转时的螺距，等于 $8D$；θ为倾斜角，等于 16°。螺旋形拉索模型尺寸和编号如表 7-3 所示。通过风洞试验验证螺旋形表面拉索的控制效果，试验风速 8m/s，雷诺数约为 3.9×10^4，模型长度是 560mm，等于 1 倍螺距。

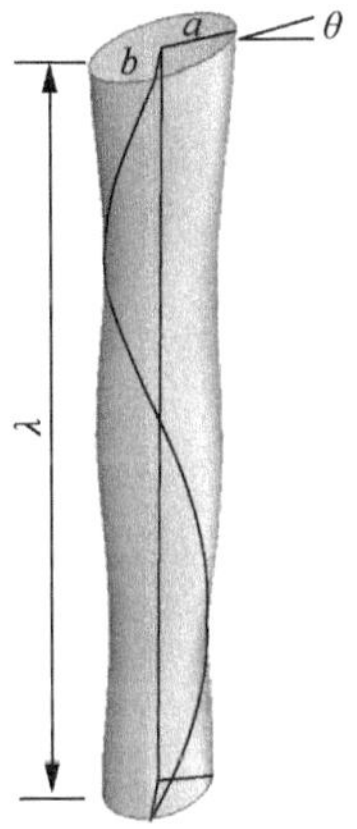

图 7-75 螺旋形仿生非一致表面拉索模型示意图

表 7-3 螺旋形非一致表面拉索模型尺寸汇总表

模型编号	a/mm	b/mm	λ/mm	θ/（°）	D_h/mm
模型#H1	38.2	33.5	560	16°	70
模型#H2	40.1	32.2	560	16°	70

引入一个用于表征波浪表面变化幅度的参数——纵横比（AR），定义为椭圆形典型控制截面在垂直主轴平面上投影的长短轴之比，采用下式计算：

$$\mathrm{AR}=\frac{a\cdot\cos\theta}{b} \tag{7-4}$$

模型#H1 的纵横比为 1.1，模型#H2 的纵横比为 1.2。螺旋形非一致表面拉索具有良好的对称性，理论上不受风攻角的影响，其标准化气动力系数如表 7-4 所示。模型#H1 和模型#H2 的标准化阻力系数平均值等于 0.75 和 0.65。与标准圆柱相比，仿生斜拉索模型的纵横比从 1.1 增加到 1.2 时，阻力系数降低率从 25%增加到 35%。纵横比为 1.1 时，螺旋形拉索的标准化升力系数均方根值为 0.44，纵横比增加到 1.2 时标准化升力系数均方根值降低到 0.05，升力的脉动几乎消失。

表 7-4　螺旋形非一致表面拉索模型标准化气动力系数

项目	模型#H1	模型#H2
标准化阻力系数平均值	0.75	0.65
标准化升力系数均方根值	0.44	0.05

虽然螺旋形拉索模型整体气动力不受风攻角影响，但不同截面处的表面压力分布是不同的。为研究模型表面压力分布沿轴向的变化，需测量一个螺距内不同截面的表面压力分布。为简化试验，仅在跨中设置一个测压截面，如图 7-76（a）所示，通过改变风攻角来实现一个螺距内不同位置截面表面压力分布的测量，风攻角设置如图 7-76（b）所示。

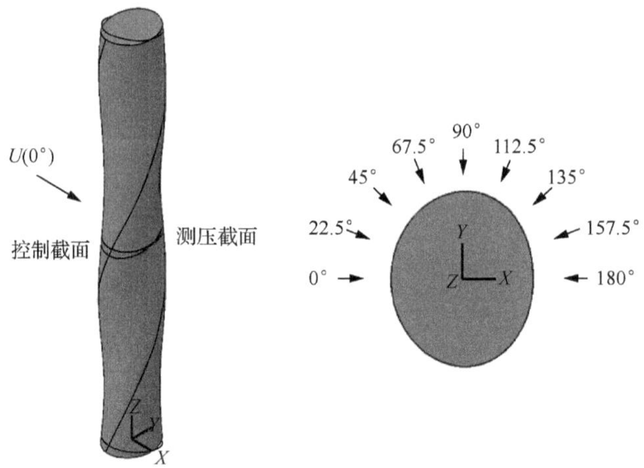

（a）测压截面　　（b）风攻角

图 7-76　螺旋形拉索模型测压截面和风攻角示意图

螺旋形拉索模型在 0°～180°风攻角下的表面压力分布如图 7-77 和图 7-78 所示，图中黑色曲线为标准圆柱的结果。螺旋形拉索模型的负压区压力系数的平均值明显有所提高，并且随着风攻角的改变，压力系数平均值略有变化，但变化较小，负压区压力系数的均方根值显著降低，模型沿展向不同位置压力分离点有微小的变化。由于模型表面在不同风攻角下变化较小且测点数量有限，无法准确地评价流动分离点在各个风攻角下的变化，但从上下表面正压梯度区压力系数平均值的比较结果中可以得到一个总体的趋势：随着风攻角从 0°增加到 90°，正压梯度区相同位置压力系数平均值减小；模型表面负压区的宽度也趋于减小；随着风攻角从 90°增加到 180°，正压梯度区相同位置压力系数平均值增大，模型表面负压区的宽度趋于增加。说明在 0°和 180°风攻角下模型表面负压区相对较宽，流动分离提前；在 90°风攻角下模型表面负压区相对较窄，流动分离延后，证明了流动沿展向发生了变化。

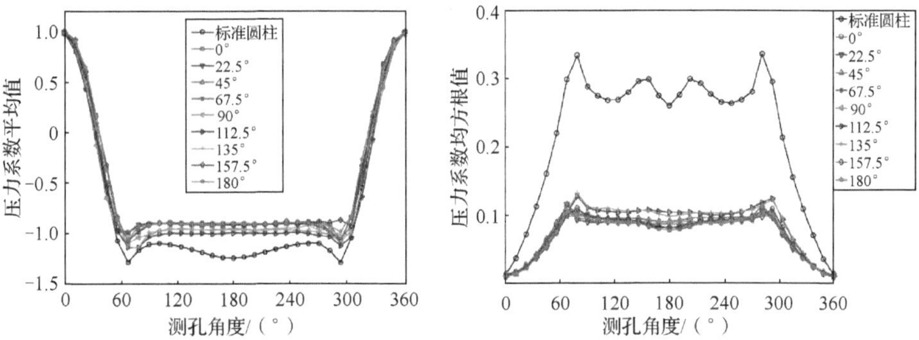

（a）压力系数平均值　　（b）压力系数均方根值

图 7-77　螺旋形拉索模型#H1 表面压力系数平均值和均方根值

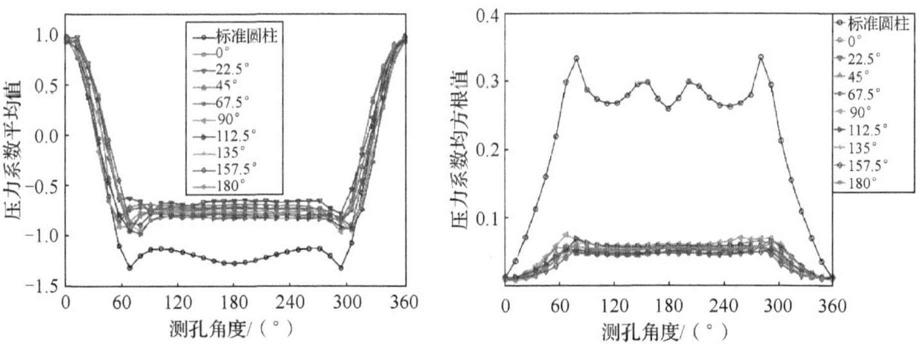

（a）压力系数平均值　　（b）压力系数均方根值

图 7-78　螺旋形拉索模型#H2 表面压力系数平均值和均方根值

对测压截面所在的平面进行流场可视化，结果如图 7-79 和图 7-80 所示。从瞬时流场图中可以看出在各个风攻角下螺旋形仿生斜拉索被测截面两侧漩涡明显向下游移动，在尾部靠近模型表面的区域产生了一个涡量极小的过渡带，有利于减弱漩涡对模型的作用力，两侧的漩涡在向下游发展的同时有向两侧发展的趋势，

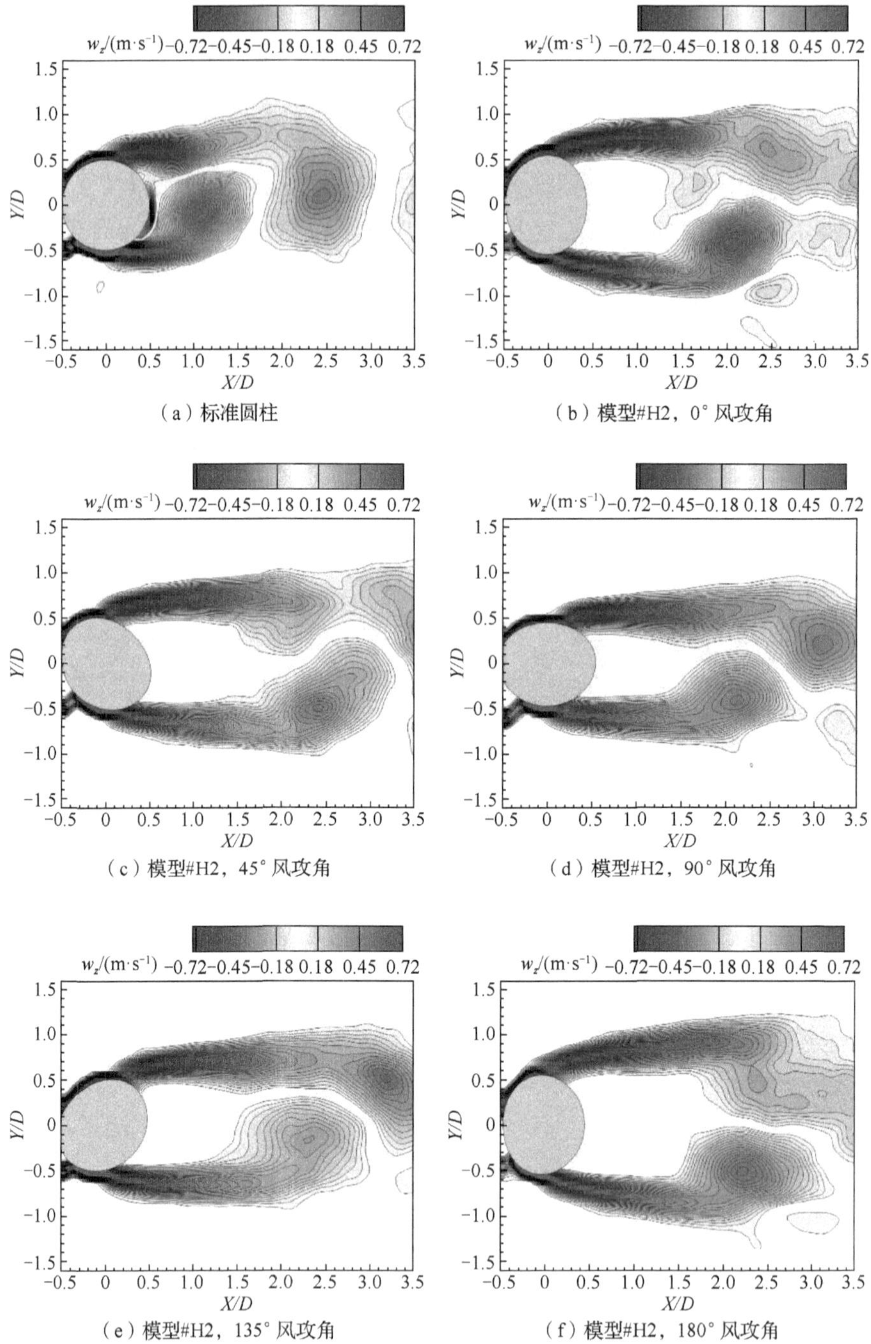

（a）标准圆柱　（b）模型#H2，0° 风攻角

（c）模型#H2，45° 风攻角　（d）模型#H2，90° 风攻角

（e）模型#H2，135° 风攻角　（f）模型#H2，180° 风攻角

图 7-79　标准圆柱和模型#H2 瞬时流场图

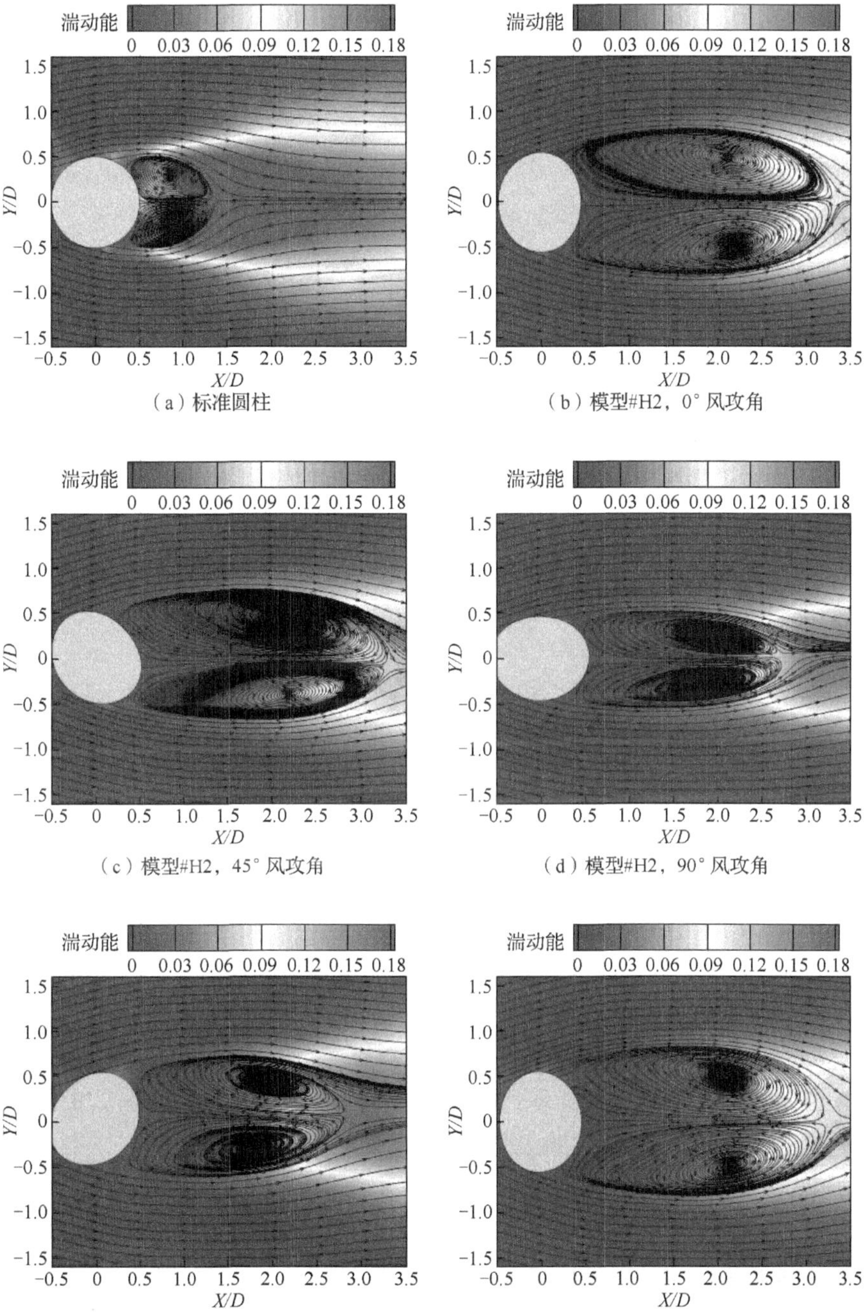

（a）标准圆柱　（b）模型#H2，0° 风攻角

（c）模型#H2，45° 风攻角　（d）模型#H2，90° 风攻角

（e）模型#H2，135° 风攻角　（f）模型#H2，180° 风攻角

图 7-80　标准圆柱和模型#H2 时均流场图

即漩涡形成区的宽度变大，且漩涡发生了一定程度的畸变。从时均流场图中也可以看出漩涡形成区变长，在 0°～180°风攻角下漩涡形成区长度依次为 3.2*D*、3.3*D*、2.7*D*、2.8*D* 和 3.2*D*。仿生斜拉索尾流区湍动能明显降低，漩涡的延后也使湍流强度较大的区域向下游推移，显著降低了近尾流区的湍动能。在风攻角从 0°变化到 180°的时候漩涡形成区的宽度发生了先变窄后变宽的变化，迎风高度大的截面尾流区宽而长，迎风高度小的截面尾流区较为狭长，尾流漩涡沿展向发生了规律性的变化。

螺旋形非一致表面拉索模型的流动控制机理与海豹胡须仿生非一致表面拉索模型的控制机理具有较多的共同点，尾流的漩涡形成区下移，近尾流区出现了一个过渡带，隔绝了尾流漩涡和结构的表面，减弱了尾流区不稳定的流动对模型的作用力。不同的是，螺旋形拉索的流场受风攻角影响较小，随着风攻角的改变，同一截面处尾流漩涡尺度有所变化，但始终具有良好的控制效果。仿生表面使模型尾流呈现了三维的流动姿态，减小了流动沿展向的一致性。

7.5　小　　结

本章介绍了三类柔性索结构的流动控制手段，包括主动吸吹气流动控制、被动吸吹气流动控制和非一致表面流动控制。三类流动控制手段的控制机理总结如下。

（1）主动吸吹气流动控制在索结构表面施加主动扰动，进而控制索表面的剪切层，改变漩涡脱落过程以达到流动控制的目的，在分离点附近或前后驻点施加主动吸吹气控制均可以达到良好的控制效果。

（2）被动吸吹气流动控制可以从来流风中获取能量自发地产生吸吹气效应，包括中央开槽控制和被动吸吹气套环控制等。中央开槽控制在索内部产生一个连接前后驻点的通道，空气从前驻点流入经过通道从后驻点流出，缓解前后表面压差，此外索结构的漩涡交替脱落模式趋于对称模式，有效抑制了升力的脉动。然而中央开槽控制对风攻角较为敏感，在中央槽与来流风方向一致时才能达到最优的控制效果。被动吸吹气套环控制在索表面附加中空套环，套环表面均匀开孔，空气从前驻点的气孔流入套环，经过套环内部预留的流动通道从后驻点的气孔吹出，在不破坏索结构的前提下自发产生被动吸吹气。套环背风侧的吹出气流同样可以抑制漩涡的交替脱落，达到减阻、减振的效果，并且控制效果不受风攻角的影响，装置简单，具有良好的应用前景。

（3）非一致表面流动控制是基于仿生的流动控制手段，非一致表面现象在自然界中广泛存在，如海豹胡须和蔓生植物等。仿生非一致表面拉索具有椭圆形的截面和波浪状的表面，仿生非一致表面增大了流动的三维特性，将漩涡形成区向下游推移，在近尾流区产生了一个稳定的过渡区，减弱了不稳定的尾流漩涡对模型表面的作用力，有效地减小了索结构的阻力和升力脉动，具有良好的流动控制效果。

参 考 文 献

[1] KORKISCHKO I, MENEGHINI J R. Suppression of vortex-induced vibration using moving surface boundary-layer control. Journal of fluids and structures, 2012, 34(3): 259-270.

[2] MUDDADA S, PATNAIK B S V. An active flow control strategy for the suppression of vortex structures behind a circular cylinder. European journal of mechanics-B/fluids, 2010, 29(2): 93-104.

[3] XU F, CHEN W L, BAI W F, et al. Flow control of the wake vortex street of a circular cylinder by using a traveling wave wall at low Reynolds number. Computers and fluids, 2017, 145: 52-67.

[4] 吴清宇. 圆柱绕流场行波壁主动流动控制的数值模拟研究. 哈尔滨: 哈尔滨工业大学, 2013.

[5] WU C J, Wang L, WU J Z. Suppression of the von Kármán vortex street behind a circular cylinder by a travelling wave generated by a flexible surface. Journal of fluid mechanics, 2007, 574: 365-391.

[6] CHOI K S, JUKES T, WHALLEY R. Turbulent boundary-layer control with plasma actuators. Philosophical transactions of the royal society A: mathematical, physical and engineering sciences, 2011, 369(1940): 1443-1458.

[7] WHALLEY R D, CHOI K S. Turbulent boundary-layer control with plasma spanwise travelling waves. Experiments in fluids, 2014, 55(8): 1-16.

[8] 苏长兵, 宋慧敏, 李应红, 等. 基于等离子体激励的圆柱绕流控制实验研究. 实验流体力学, 2006, 20(4): 45-48.

[9] JUKES T N, CHOI K S. Flow control around a circular cylinder using pulsed dielectric barrier discharge surface plasma. Physics of fluids, 2009, 21(8): 084103.

[10] 王建明, 江海亮, 明晓杰, 等. 等离子体激励参数对圆柱绕流影响的风洞实验研究. 科学技术与工程, 2017, 17(35): 149-155.

[11] LEE S J, KIM H B. The effect of surface protrusions on the near wake of a circular cylinder. Journal of wind engineering and industrial aerodynamics, 1997, 69: 351-361.

[12] KORKISCHKO I, MENEGHINI J R. Experimental investigation of flow-induced vibration on isolated and tandem circular cylinders fitted with strakes. Journal of fluids and structures, 2010, 26(4), 611-625.

[13] EKMEKCI A. Circular cylinders fitted with small-scale straight and helical wires: A comparative study on the wire-induced critical effects. Experimental thermal and fluid science, 2014, 53: 179-189.

[14] BEARMAN P, BRANKOVIĆ M. Experimental studies of passive control of vortex-induced vibration. European journal of mechanics-B/fluids, 2004, 23(1): 9-15.

[15] OWEN J C, BEARMAN P W, SZEWCZYK A A. Passive control of VIV with drag reduction. Journal of fluids and structures, 2001, 15(3-4): 597-605.

[16] KO N W M, LEUNG Y C, CHEN J J J. Flow past V-groove circular cylinders. AIAA journal, 1987, 25(6): 806-811.

[17] LEUNG Y, KO N. Near wall characteristics of flow over grooved circular cylinder. Experiments in fluids, 1991, 10(6): 322-332.

[18] LIM H C, LEE S J. Flow control of circular cylinders with longitudinal grooved surfaces. AIAA journal, 2002, 40(10): 2027-2036.

[19] LEE S J, LIM H C, HAN M, et al. Flow control of circular cylinder with a V-grooved micro-riblet film. Fluid dynamics research, 2005, 37(4): 246-266.

[20] CHEN W L, CAO Y, LI H, et al. Numerical investigation of steady suction control of flow around a circular cylinder. Journal of fluids and structures, 2015, 59: 22-36.

[21] 曹勇. 基于定常吸气的圆柱绕流场流动控制的数值模拟研究. 哈尔滨: 哈尔滨工业大学, 2013.

[22] CHEN W L, HU H, LI H. Suppression of vortex shedding from a circular cylinder by using a suction flow control method//51st AIAA Aerospace Sciences Meeting Including the New Horizons Forum and Aerospace Exposition. Grapevine, Texas: American Institute of Aeronautics and Astronautics, 2013: 103.

[23] GAO D L, CHEN W L, LI H, et al. Flow around a circular cylinder with slit. Experimental thermal and fluid science, 2017, 82: 287-301.

[24] 高东来. 斜拉索绕流场的被动流动控制研究. 哈尔滨: 哈尔滨工业大学, 2014.

[25] BAEK H, KARNIADAKIS G E. Suppressing vortex-induced vibrations via passive means. Journal of fluids and structures, 2009, 25(5): 848-866.

[26] CHEN W L, WANG X J, XU F, et al. Passive jet flow control method for suppressing unsteady vortex shedding from a circular cylinder. Journal of aerospace engineering, 2017, 30(1): 04016063.

[27] 王响军. 斜拉索涡激振动被动吹气控制的数值模拟与试验研究. 哈尔滨: 哈尔滨工业大学, 2016.

[28] CHEN W L, GAO D L, YUAN W Y, et al. Passive jet control of flow around a circular cylinder. Experiments in fluids. 2015, 56(11): 1-15.

[29] 任晓鹏. 圆柱振荡尾流与涡激振动的被动吹气控制方法研究. 哈尔滨: 哈尔滨工业大学, 2018.

[30] XU F, CHEN W L, DUAN Z D, et al. Large eddy simulation of passive jet flow control on the wake of flow around a circular cylinder. Computers and fluids, 2020, 196: 104342.

[31] CHEN W L, WANG X J, GAO D L. Self-suction and self-jet control on wind loads and turbulent flow structures over a circular cylinder. Journal of aerospace engineering, 2019, 32(1): 04018132.

[32] DEHNHARDT G, MAUCK B, BLECKMANN H. Seal whiskers detect water movements. Nature, 1998, 394(6690): 235-236.

[33] DEHNHARDT G, MAUCK B, HANKE W, et al. Hydrodynamic trail-following in harbor seals(Phoca vitulina). Science, 2001, 293(5527): 102-104.

[34] SCHULTE-PELKUM N, WIESKOTTEN S, HANKE W, et al. Tracking of biogenic hydrodynamic trails in harbour seals(Phoca vitulina). Journal of experimental biology, 2007, 210(5): 781-787.

[35] HANKE W, WITTE M, MIERSCH L, et al. Harbor seal vibrissa morphology suppresses vortex-induced vibrations. Journal of experimental biology, 2010, 213(15): 2665-2672.

[36] MIERSCH L, HANKE W, WIESKOTTEN S, et al. Flow sensing by pinniped whiskers. Philosophical transactions of the royal society B: biological sciences, 2011, 366(1581): 3077-3084.

[37] WITTE M, HANKE W, WIESKOTTEN S, et al. On the wake flow dynamics behind harbor seal vibrissae-A fluid mechanical explanation for an extraordinary capability//Nature-inspired fluid mechanics. Berlin: Springer, 2012: 271-289.

[38] VALDIVIA Y P V, SUBRAMANIAM V, TRIANTAFYLLOU M. Design of a bio-inspired whisker sensor for underwater applications. Procedings of IEEE Sensors. Taipei: IEEE, 2012: 1-4.

[39] BEEM H, HILDNER M, TRIANTAFYLLOU M. Calibration and validation of a harbor seal whisker-inspired flow sensor. Smart materials and structures, 2012, 22(1): 014012.

[40] KOTTAPALLI A G P, ASADNIA M, HANS H, et al. Harbor seal inspired MEMS artificial micro-whisker sensor//2014 IEEE 27th International Conference on Micro Electro Mechanical Systems(MEMS). San Francisco: IEEE, 2014: 741-744.

[41] BEEM H R, TRIANTAFYLLOU M S. Wake-induced 'slaloming' response explains exquisite sensitivity of seal whisker-like sensors. Journal of fluid mechanics, 2015, 783: 306-322.

[42] KOTTAPALLI A G P, ASADNIA M, MIAO J M, et al. Harbor seal whisker inspired flow sensors to reduce vortex-induced vibrations//2015 IEEE 28th International Conference on Micro Electro Mechanical Systems(MEMS). Estoril, Portugal: IEEE, 2015: 889-892.

[43] WANG S, LIU Y. Wake dynamics behind a seal-vibrissa-shaped cylinder: a comparative study by time-resolved particle velocimetry measurements. Experiments in fluids, 2016, 57(3): 1-20.

[44] JIE H, LIU Y Z. Large eddy simulation and proper orthogonality decomposition of turbulent flow around a vibrissa-shaped cylinder. International journal of heat and fluid flow, 2017, 67: 261-277.

[45] WANG S, LIU Y Z. Flow structures behind a vibrissa-shaped cylinder at different angles of attack: Complication on vortex-induced vibration. International journal of heat and fluid flow, 2017, 68: 31-52.

[46] CHEN W L, MIN X W, GAO D L, et al. Experimental investigation of aerodynamic forces and flow structures of bionic cylinders based on harbor seal vibrissa. Experimental thermal and fluid science, 2018, 99: 169-180.

[47] 闵祥威. 斜椭圆截面仿生斜拉索模型气动力与尾流特性研究. 哈尔滨: 哈尔滨工业大学, 2019.